In the Collected Studies series:

W.H.C. FREND
Religion Popular and Unpopular in the Early Christian Centuries

FRANÇOIS HALKIN
Saints moines d'Orient

FRANÇOIS HALKIN
Martyrs Grecs. IIe-VIIIe s.

PAUL J. ALEXANDER
Religious and Political History and Thought in the Byzantine Empire

NICOLE THIERRY
Peintures d'Asie Mineure et de Transcaucasie aux Xe et XIe s.

JEAN RICHARD
Orient et Occident au Moyen-Age: contacts et relations (XIIe-XVe s.)

JEAN RICHARD
Les relations entre l'Occident et l'Orient au Moyen-Age

CLAUDE CAHEN
Turcobyzantina et Oriens Christianus

MARIUS CANARD
Miscellanea orientalia

GUSTAVE E. VON GRUNEBAUM
Islam and Medieval Hellenism: Social and Cultural Perspectives

CHARLES PELLAT
Etudes sur l'histoire socio-culturelle de l'Islam (VIIe-XVe s.)

RICHARD N. FRYE
Islamic Iran and Central Asia (7th-12th Centuries)

C.E. BOSWORTH
The Medieval History of Iran, Afghanistan and Central Asia

J.A. BOYLE
The Mongol World Empire, 1206-1370

VLADIMIR MINORSKY
The Turks, Iran and the Caucasus in the Middle Ages

Communautés syriaques en Iran et Irak des origines à 1552

Fr. Jean Maurice Fiey, O.P.

Jean Maurice Fiey

Communautés syriaques en Iran et Irak des origines à 1552

VARIORUM REPRINTS
London 1979

British Library CIP data

Fiey, Jean Maurice
Communautés syriaques en Iran et Irak des origines à 1552. – (Collected studies series; CS106).
1. Iran – Church history 2. Christians in Iran – History 3. Iraq – Church history 4. Christians in Iraq – History
I. Title II. Series
275.5 BR1115.17

ISBN 0-86078-051-1

Published in Great Britain by Variorum Reprints
20 Pembridge Mews London W11 3EQ

Printed in Great Britain by Kingprint Ltd
Richmond Surrey TW9 4PD

VARIORUM REPRINT CS106

TABLE DES MATIERES

Ce volume est composé de 382 pages

PREFACE

Les statistiques publiées sur l'Iran à l'occasion des changements dramatiques récents révèlent que la population de ce pays, environ 34 millions, est à 99% musulmane, en grande majorité chiite.

Quant au petit reste, les chrétiens orientaux y figurent pour un total approximatif de 170.000 âmes (soit 0,52%). Parmi eux on compte 135,000 arméniens, dont les ancêtres furent amenés par Shah ʿAbbās au début du XVIIe siècle.

Ceux dont on ne parle guère sont les quelque 30.000 *syriaques orientaux* ("Assyriens" étiquetés nestoriens, et "Chaldéens" unis à Rome). Ces Syriaques sont en fait les survivants en Iran de la grande et glorieuse Eglise de Perse, dont les missions s'étendaient jusqu'en Inde, au Thibet et en Chine.

Ce que fut naguère l'extension de cette Eglise sur le territoire de l'Iran actuel, comment elle s'y propagea et s'y éteignit presque, son apport à la civilisation du pays, c'est ce que les études groupées dans le présent volume essaient de détecter.

On y a joint quelques pages sur la présence chrétienne historique dans ce qui fut la capitale du grand empire des Sassanides, les Villes Royales (Séleucie, Ctésiphon et leurs satellites), que les Syriaques appelaient Mahozé, et les Arabes al-Mada'in, aujourd'hui un site archéologique au sud de Bagdad, en Irak.

Quant au dernier article, il essaie de retracer l'histoire chrétienne du centre oriental du patriarcat d'Antioche, c'est à dire de l'Eglise *syriaque occidentale* (plus tard appelée "Jacobite"), dont les membres contribuèrent eux aussi à l'évangélisation de l'Iran, mais dont les traces en ont complètement disparu. Cette ville, située au nord de Bagdad, est appelée en syriaque Tagrīt, en arabe Takrīt. Elle est elle-même aujourd'hui entièrement musulmane.

JEAN MAURICE FIEY, O.P.

Beyrouth,
avril 1979

IRAN SYRIAQUE

I

LES COMMUNAUTÉS SYRIAQUES EN IRAN DES PREMIERS SIÈCLES À 1552

Il y a plusieurs Églises dont la langue liturgique est le syriaque. Celles qui nous intéressent ici sont l'*Église Syrienne Orientale* et l'*Église Syrienne Occidentale*. Cette dernière, quelquefois qualifiée, après le Concile de Chalcédoine en 451, de *Monophysite*, était rattachée directement au siège d'Antioche. Certains l'appelleront encore Jacobite quand Jacques Baradée en aura répandu la doctrine dans l'empire perse après 553.

L'Église Syrienne Orientale, à proprement parler Église de l'Empire Perse, ayant à sa tête le catholicos-patriarche siégeant dans la capitale des Parthes et des Sassanides, Ctésiphon et Veh Ardashir, était indépendante d'Antioche depuis le IVe siècle et avait en grande partie adopté le Nestorianisme, surtout à partir de 485/486.

L'Histoire générale de cette Église de Perse a été abondamment étudiée, surtout par des maîtres comme Labourt, qui publia en 1904 son *Histoire du Christianisme dans l'Empire Perse jusqu'à la conquête arabe* (celle-ci en 635), et le Cardinal Eugène Tisserant qui compléta le travail dans son article classique *Nestorienne (Église)*, du *Dictionnaire de Théologie Catholique* en 1931.

En langue persane il faut signaler surtout le livre du défunt maître Sa'id Nafisi, *Masihiat der Iran ta sadr-i Islam*, paru en 1964.

Ces ouvrages, pour ne citer que les principaux, donnent l'histoire générale de l'Église de Perse, histoire glorieuse autant que mouvementée.

Ce que je voudrais esquisser aujourd'hui c'est l'histoire des quinze premiers siècles des deux Églises Syriennes, orientale et occidentale, en Iran proprement dit. En effet, ce que l'on appelait en syriaque le *Beth Parsayé*, le pays des Perses (par opposition au *Beth Romayé*, la Syrie byzantine) comprenait nettement deux régions, de la division desquelles les anciens avaient très fort le sens quand ils parlaient d'*Iran* et *an-Iran*. Ceci se traduisait du point de vue civil par l'existence de deux centres : le centre religieux et traditionnel, surtout du temps des Sassanides, le Fars, autour d'Istakhr, où se trouve la plus grande concentration de temples de feu et de reliefs royaux rupestres, et le centre administratif et commercial, surtout opérationnel, Ctésiphon, fondée par les Arsacides et reprise par les Sassanides qui la doublèrent bientôt de Veh Ardashir.

Le Christianisme «perse» eut évidemment pour centre les Villes Royales; vous savez qu'on peut y fixer la fondation de la première église, la future église patriarcale de Kokhe, entre 79 et 116 de l'ère chrétienne. Pour les auteurs syriaques Ctésiphon était le centre de ce qu'ils appelaient le Beth Aramayé, la Babylonie ancienne.

Parti d'Edesse et passé par Nisibe, le Christianisme se répandit tout le long des rives du Tigre dans les provinces d'Athor (l'ancienne Assyrie de Ninive), d'Adiabène (Erbil), du Beth Garmai (Kerkuk) et, au sud du Beth Aramayé, de Mésène (Basrah).

Dans le désert mésopotamien, c'est-à-dire le Beth Arabayé, le pays des Arabes, il s'égrena aussi le long des routes de caravanes et de l'Euphrate. Les grandes tribus arabes chrétiennes sont bien connues, les plus célèbres étant peut-être les Ibadites de Hira, gouvernés par les Lakhmides, à qui les Sassanides avaient confié la garde de leur frontière et le contrôle des tribus (et des diocèses) à l'ouest du Golfe, et les Taghlibites nomades qui eurent deux évêchés, à Ana sur l'Euphrate et à Djazira ibn Umar sur le Tigre.

Les districts que nous venons de mentionner rapidement formaient nettement le cœur de l'Église de Perse, autour de ce qu'on appellera les Métropoles Intérieures.

D'un autre côté, quand, en 629, l'avance d'Héraclius permit aux dissidents qui avaient refusé le Nestorianisme de s'organiser, le catholicat syrien occidental de Takrit, futur maphrianat, ne dépassa pas les limites de la partie du Beth Parsayé contrôlée effectivement par les Byzantins.

La question se pose donc dès le début : l'Église de Perse fut-elle également l'Église d'Iran?

Suivons le Christianisme au delà de la vallée du Tigre, à travers les montagnes, vers l'est.

Il faut ici laisser parler la carte. Avec cette réserve cependant que, notre documentation étant très fragmentaire, il est souvent impossible de décider si la première date où l'on constate la présence du Christianisme ici ou là constitue son apparition véritable. Il est souvent possible, quelquefois probable, que la date de fondation d'un diocèse (par exemple) soit plus ancienne que la date de sa première attestation dans les textes. Toutefois, laissant la porte ouverte à l'hypothèse, nous devons nous contenter de ces jalons bien fixés.

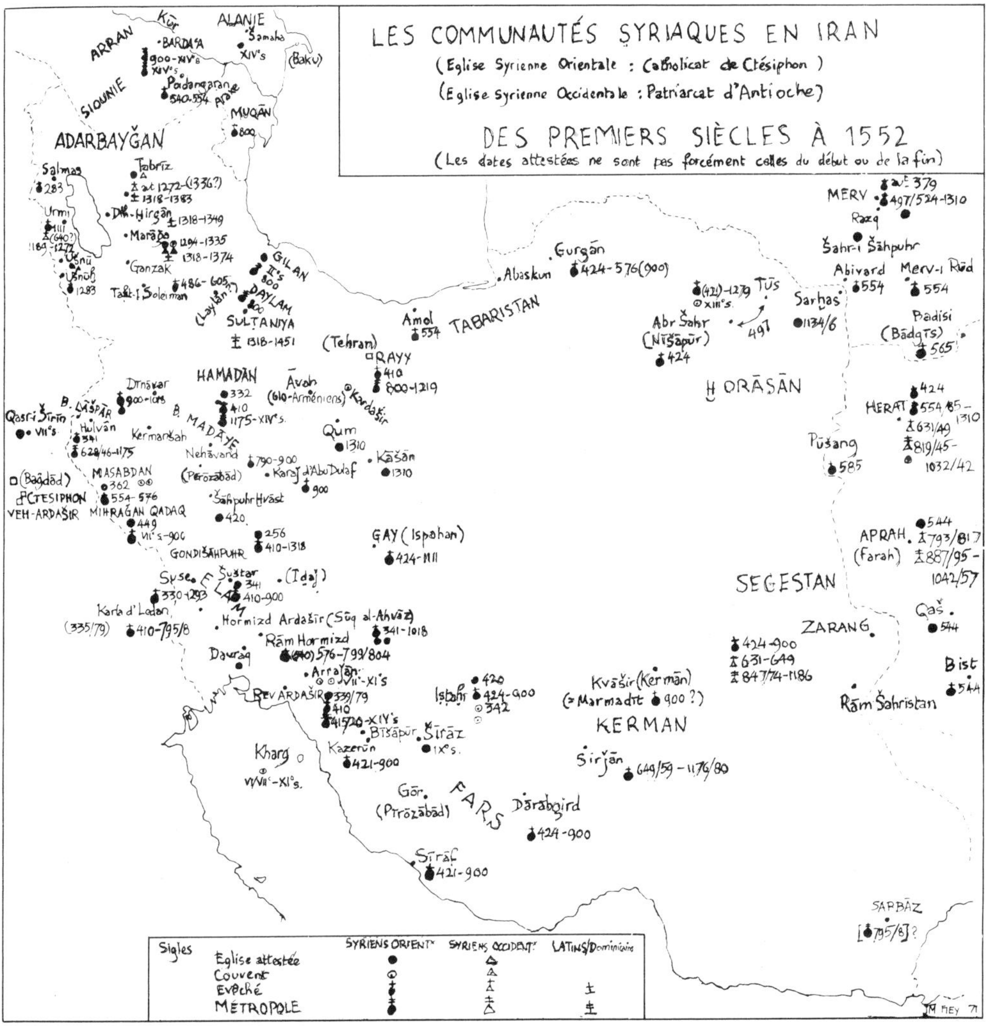

Que nous révélent donc les dates reportées sur la carte?

D'abord, pour la fin du premier siècle et le cours du deuxième, un vague brouillard de traditions, dont il est difficile de dire si elles sont anciennes, ou tardives. Plusieurs villes d'Iran prétendent faire remonter leur christianisme à des Apôtres: Salmas-Khosrowa à Barthélemy, Rew-Ardashir à Thomas, Urmi aux Rois Mages retour de la Nativité, etc… Plus modestes sont les villes ou provinces (Beth Lapat-Gondisapor et le Khuzistan, le Fars, le Gilan …) qui se réclament de l'évangélisateur de l'Orient, le disciple Mar Mari.

Le premier témoignage écrit vient du *Liber Legum Regionum*, de Philippe, disciple de Bardesane, écrit entre 196 et 226, qui vante l'influence morale et civilisatrice du christianisme sur (pour ce qui est de l'Iran) les Perses et les Gèles. Les premiers, dit-il, ne prennent plus désormais leurs sœurs et filles pour épouses, et les femmes des seconds, tout en gardant leur résistance au travail, se montrent plus discrètes sur leurs compagnies. Ici encore il serait exagéré d'idylliser une généralisation, comme il serait téméraire de n'attribuer au texte qu'une valeur oratoire et symbolique.

Il faut l'avouer, surtout si l'on fait abstraction de la trouble *Chronique d'Erbil* du pseudo Mshiha Zkha, on devine plutôt que l'on ne voit la présence du christianisme en quelques rares points de l'Iran jusqu'à la fin de la dynastie arsacide-parthe.

La peinture offerte par le IIIe siècle, bien que très fragmentaire, est nettement plus précise. Il n'y a pas grand chose encore sous le premier sassanide, Ardashir, couronné le 26 septembre 226.

Sapor premier, au contraire, en transportant des centaines de milliers de captifs faits au cours de ses expéditions victorieuses jusqu'à Antioche, peut être considéré comme le véritable implantateur du christianisme en Elam, en Médie, en Fars, en Gilan et dans d'autres provinces dont les évêques participeront, au début du Ve siècle, aux premiers synodes dont les actes nous soient parvenus.

Le roi lui-même, dans l'inscription de Naqsh-i Rustam que l'on a appelée ses *Res Gestae* (et qui comporte une version grecque) énumère les villes qu'il prit au cours de trois campagnes et ajoute : « Et des hommes pris sur l'Empire romain, sur les Non-Iraniens, nous en avons emmené en déportation. Et dans tout l'empire d'Iran, en Parthie, en Susiane et dans l'Asorestan, et dans chaque autre pays où il y avait des domaines de notre père, de nos grands-pères et de nos ancêtres, là nous les avons établis. » Les textes syriaques préciseront dans quelques cas les lieux de provenance des captifs qui fondèrent ou rebâtirent telle ou telle ville; le cas le plus célèbre est celui de l'évêque même d'Antioche, Demetrianus, qui fut emmené avec son peuple, en 256, à la « meilleure Antioche de Sapor », Gondisapor.

Malgré l'ascension de la caste sacerdotale, représentée par le Mage Kartir, et l'établissement d'un Zoroastrisme jaloux, qui aboutit au supplice de Mani en 276 et à une réaction contre les autre religions, dont les « Nazaréens » et les « Chrétiens » qui, nous dit Kartir à la Kaaba de Zoroastre, furent « abattus », malgré cela l'afflux des déportés continua avec les victoires des Sassanides. De nouvelles villes se fondèrent partout, Ram-Hormizd par Hormizd Ier, en 272/3, Karmanshah par le futur Vahram Ier, etc ...

La montée des Sassanides se poursuit pendant le long règne de Sapor II, qui abandonne la résidence d'été de ses prédecesseurs, Gondisapor, pour Karka d'Ledan (Iwan-i Karkhah) qu'il peuple de captifs de «Arob, Beth Zabdai, Sindjar, Arzun, Qardu, Arménie et autres lieux». Quand nous en viendrons à l'apport de christianisme à l'Iran, nous verrons que ces captifs étaient surtout des artisans qualifiés dont les rois avaient besoin en différents domaines.

La grande persécution qui éclata en 541 et dura quarante ans (conséquence de l'adoption du christianisme par l'ennemi romain, Constantin), nous dévoile l'étendue du christianisme en Iran proprement dit. On trouve, parmi les victimes, des évêques du Beth Lashpar (Hulwan) et d'Hormizd Ardashir (Suq al-Ahwaz), des chrétiens de Rew Ardashir, d'Istakhr, de Shushtar, des soldats du Gilan, etc. Dado, chef de l'armée au Beth Madayé (Hamadan) les avait précédés dans le martyre en 332.

La Grande Tuerie du Khuzistan en 341, qui épargna en principe, «seuls de tout l'Orient», les «fils des Grecs» déplacés, prouve que le christianisme n'était pas resté limité à ces derniers. Les martyrs que nous avons cités ont des noms syriaques, d'autres ont des noms perses. On signale même des cas de conversion de populations locales à la vue de la constance des martyrs dans les supplices. Un petit exemple : quand 275 chrétiens amenés du Beth Zabdai vers Karka d'Ledan traversent le Masabdan, des bergers païens, eux-mêmes déplacés du Kerman, embrassent la religion des persécutés.

Avant de quitter le IVe siècle, il ne faudrait pas minimiser parmi les facteurs d'expansion du christianisme les efforts délibérés de certains prédicateurs missionnaires. Ainsi par exemple l'évêque Miles de Rayy, vers 350, lui-même venu du Magisme, qui essaie inutilement pendant trois ans de convertir les habitants de Suse. D'après l'hagiographe, l'évêque, désespéré, appela le châtiment divin sur la ville. Elle fut détruite par Sapor II.

Un autre exemple remarquable est celui de Bar Saba, qui évangélisa Merw entre 370 et 400. Le travail avait été préparé par une sœur/femme de Sapor, exilée et donnée en mariage à Shirwan, marzban de Merw et aspahbed du Khorasan. La princesse s'était bornée à convertir des «Grecs». Sapor étant mort en 379, Bar Saba put convertir également des Mages et ses disciples se répandirent, dit la Chronique, dans toutes les villes du Khorasan. Notons que le changement de religion, du Magisme au Christianisme ne manquait pas de risques, même sous les monarques sassanides les plus libéraux, car l'apostasie de la religion officielle était considérée comme une trahison, un passage à l'An-Iranisme. Jusqu'aux derniers jours de l'empire sassanide, d'anciens Mages paieront de leur vie l'audace de leur conversion.

A l'orée du Ve siècle, quand les premiers documents synodaux commencent à nous renseigner, nous nous trouvons devant une efflorescence extraordinaire de diocèses syriens orientaux, tous rattachés à l'Église de Ctésiphon devenue maintenant officiellement nestorienne :

— en Fars il y a des évêques à Bih Shahpur (Kazrun), Darabgerd, Siraf, Istakhr, et a Rew Ardashir qui deviendra métropole entre 415 et 420;

— en Elam (Beth Huzaye, Khuzistan) : à Hormizd Ardashir (Suq al-Ahwaz), Shushtar, Gay (Ispahan), et à Gondisapor, métropole depuis 410;

— au Beth Madayé, futur Djibal, et au Beth Lashpar, futur Kurdistan : à Hamadan, Hulwan et Rayy, ces deux dernières futures métropoles;

— en Adharbaydjan : à Ganzak;

— en Hyrcanie : à Gurgan, où l'on précise que le diocèse était une « déportation »;

— au Khorasan : à Abr Shahr (Nishapur), Tus, Merw, et Hérat, ces deux dernières métropoles au VIe siècle;

— au Segestan : à Zarang...

sans compter toutes les autres villes dont l'évêché, attesté au VIe siècle, existait peut-être déjà au Ve.

Dès le Ve siècle également, le christianisme a commencé à quitter les villes et les centres commerciaux échelonnés le long des routes, pour pénétrer dans les campagnes et les montagnes. L'exemple de Yazdin, lui-même ancien Mage, et de son neveu Péthion, montre ces deux moines rayonnant dans le Beth Madayé, le Masabdan, le Mihragan Qadaq et même (en Iraq) dans le Beth Darayé et en Maishan, évangélisant des villages et bâtissant des églises, convertissant même le Mobed de Dinawar, Adhor Hormizd, et sa fille Anahit, qui seront martyrisés en 448.

Nous venons de mentionner des moines. On sait l'importance du monachisme pour le christianisme oriental : le couvent était le plus souvent l'école de théologie, les moines fournissaient les missionnaires, et ce fut parmi eux que, bientôt, se recrutèrent exclusivement les évêques. Le professeur Nafisi a énuméré, d'après le *Mu'djam al-Buldan* de

Yaqut al-Hamawi, une série de couvents parmi lesquels il est facile de relever ceux qui se trouvaient en Iran proprement dit; j'ai moi-même ajouté plusieurs noms à cette liste. La grande vague de monachisme, issue d'Abraham de Kashkar (1e moitié du VIe siècle) atteindra l'Iran après la période où nous sommes maintenant, le Ve siècle. En ce siècle on note déjà cependant quelques moines ou supérieurs d'ébauches de couvents: Bar Shewya martyrisé avec ses dix moines en 549 à Istakhr; Badma, en Elam, martyrisé en 376/7; l'enfant voué (fils du pacte) Vahunam, martyrisé à Ganzak avant 379; Klilisho et son disciple Saba-Gushnazad, près de Dinawar, mort en 487, et il y en a probablement d'autres.

S'il est vrai que le christianisme des villes neuves fut surtout d'origine grecque, c'est-à-dire d'importation (disons: étranger), il s'iranisa vite (même si le grec restait en seconde langue), adopta la forme locale de doctrine, le nestorianisme, et se doubla rapidement de recrues autochtones. Nous voyons par exemple que Gondisapor comptait dès le temps de Sapor 1er deux églises, l'une appelée «des Rum», l'autre «des Karmaniens». On y priait en grec et en syriaque. De même verra-t-on un peu plus tard Jean de Daylam fonder deux couvents côte à côte près d'Arradjan, l'un, des frères «Syriens», où l'on priait en grec, et l'autre, des frères «iraniens», où l'on priait en syriaque.

Ce pluralisme intégré à l'intérieur de l'Église d'Iran était quelquefois facilité par les autorités elles-mêmes. C'est ainsi que, voulant favoriser leur adaptation, Sapor avait mélangé la «tribu» romaine qu'il avait transportée à Karka d'Ledan lors de sa fondation aux trente tribus perses également déplacées. Ce morcellement aidera à la diffusion du christianisme.

Le VIe siècle nous offre à peu près la même image que le précédent. Dès le début du siècle, Kavat Ier restaure Arradjan, où il installe des captifs de Mayafarqin et d'Amed, appelant la ville «la meilleure Amed de Kavat», et quand, en 540, Chosroès Ier veut édifier son palais près de Ctésiphon, dont subsiste l'Arc prestigieux (le Taq Kisra), il transporte d'Antioche la main d'œuvre spécialisée. Leur camp de travail, une luxueuse ville romaine avec bains, hippodrome et églises, s'appellera «la meilleure Antioche de Chosroès». Pour cette troisième Antioche (appelée par les Arabes, Al-Rumiya) il amena de la seconde, Gondisapor, un gouverneur grec assimilé.

On possède, vers cette même année 540, une liste des églises de Gondisapur. Au nombre de quatre, deux ont des noms syriaques: Mar Abraham et Bar Nahla, les deux autres des noms iraniens:

la maison de Mihr Bozid et la maison de Yazd-i Dad, avec respectivement 10, 11, 3 et 5 prêtres. Les signataires de ce même document donnent un aperçu de la chrétienté de Gondisapor au milieu du VIe siècle : il y a un chef des ouvriers royaux, un général, des marchands, dont le président de la guilde, les chefs des argentiers, des orfèvres, des étameurs, etc.

A la même époque encore, des captifs de Syrie (de Resh ʿAyna, Ras al ʿAyn) sont vendus aux Huns Hephtalites et transportés dans le district de Baghis, aujourd'hui sur la frontière soviéto-afghane, « dans la région où l'on ne trouve pas la paix ». Ils y convertissent des autochtones et présentent l'un d'entre eux au patriarche Mar Aba, en 549, pour la consécration épiscopale. La nouvelle sera déjà connue de Cosmas Indicopleustes, qui signalera l'extension du christianisme chez les Huns.

Jusqu'à maintenant nous n'avons rencontré que des implantations de l'Église syrienne orientale, c'est-à-dire l'Église nestorienne, l'Église de Perse proprement dite. Même des « Syriens » transplantés, nous venons de le voir, s'adressent au catholicos de Ctésiphon pour avoir un évêque.

Au début du VIIe siècle, la situation va changer. Des défections retentissantes dans les rangs nestoriens, celle de l'archiâtre royal Gabriel de Sindjar, celle de la reine Shirin elle-même, feront relever la tête à tous les éléments anti-nestoriens, à qui Jacques Baradée avait donné un clergé au milieu du VIe siècle. De 609 à 628, Gabriel arrivera à empêcher la nomination d'un titulaire au siège catholical. C'est pourquoi les captifs d'Edesse, déportés en Iran en 609, garderont leur rite syrien occidental.

Ces premiers éléments seront bientôt rejoints, en 628, par 900 marchands « jacobites » et arméniens. Entrés en territoire perse avec l'armée d'Héraclius, ils furent pris à l'intérieur du pays par l'anarchie et l'insécurité des dernières années des Sassanides. Ne pouvant retourner chez eux, ils s'enfoncèrent vers l'intérieur, en Khorasan, Segestan, Gurgan, Adharbaydjan.

Vers 640 ils obtinrent d'Antioche des évêques qui régiraient les diocèses de Herat, Zarang, Adharbaydjan (peut-être Urmi?), du port marchand d'Abaskun au Gurgan, et plus tard, de Farah au Segestan.

Nous venons de renconter pour la première fois les marchands qui prennent la relève des déportés comme « agents vecteurs » du christianisme. La descente massive des 900 marchands syriens en 628 ne dut pas être la seule, surtout si l'on se souvient de ce qu'écrivait

St. Jérôme dès 403 de ces mêmes Syriens, «les plus avides et les plus mercantiles des hommes»: «Leur amour du lucre, disait-il, leur fait courir le monde; maintenant que l'empire romain est troublé par la guerre, ils poussent la folie du commerce jusqu'à chercher les richesses au milieu des glaives et des meurtres des malheureux. Ils fuient la pauvreté au prix des plus grands périls». On peut donc penser que, au minimum, les marchands syriens profitèrent des accalmies de la guerre endémique entre les Perses et Byzance pour s'infiltrer «entre les glaives». C'était déjà grâce à eux que «les Huns apprennent le psautier» disait St. Jérôme, qui ajoutait lyriquement: «les frimas de la Scythie brûlent de la chaleur de la foi».

Nous retrouverons plus tard les marchands, alors «iraqiens», accueillant dans leur caravane l'évêque Elie, vers l'an 800, jusqu'au Muqan, ou se trouvant là pour expliquer au roi des Keraïtes sa vision de Saint Georges, en 1007/8, préparant ainsi la conversion de 200.000 personnes.

Le fait que des marchands agissent en fourriers du christianisme n'est donc pas nouveau au VIIe siècle; ce qui est nouveau c'est qu'à partir de ce temps ils se substituent presque entièrement, dans ce rôle, aux déportés.

Ce qui est nouveau aussi c'est qu'en passant sur ce qui était naguère le territoire réservé à l'Église de Perse, ils gardent leur obédience syrienne occidentale, créant ainsi une seconde Église, monophysite, qui (al-Biruni le remarquera au Xe siècle) restera toujours minoritaire par rapport au nestorianisme, mais dont les centres demeureront également vivaces pendant plusieurs siècles.

Pendant le même VIIe siècle, l'Église syrienne orientale continue à avancer: le métropolite Elie de Merw rapporte la conversion d'un roi des Turcs vers 650; le moine Jean, prisonnier des pillards Daylamites, leur prêche l'Evangile, et Rabban Sapor en Elam convertit des païens et des Kurdes.

Le milieu et la fin du siècle voient également le reflux de nombreux moines d'Iraq, fuyant les conditions troublées des années qui séparent l'apparition des premières troupes musulmanes de l'établissement ferme de la conquête. On note alors ce Rabban Sapor dont nous venons de parler (et dont le couvent près de Dulab est peut-être à identifier au Dayr Hamin de Yaqut), Rabban Malkisho fondateur du Couvent Neuf de Gondisapor, les couvents de Shuhalmaran et d'Abraham au Masabdan, de Georges de Merw à Razq près de Merw, de Rabban Gorguis dans la montagne de Fars, etc. Le mouvement se prolongera au début du VIIIe siècle avec le couvent de David bar Notara près de Merw, un couvent de religieuses à Dawnaq près de Nahawand, et d'autres dont on ne connaît que les noms : Dayr Ablaq dans la région d'Ardashir Khurra, Dayr Khandaf au Khuzistan, Dayr Zor sur la route de l'Ahwaz, Dayr Ghadr près de Hulwan dont le dernier moine sera tué par Abu Nuwas et qui sera transformé en lieu de distraction. Dayr Ardashir entre Rayy et Qum, Dayr Mikhraq en Khuzistan, Dayr-i Shaykh Ibrahim à Singan près d'Ushnu, un couvent des SS. Pierre et Paul « sur la frontière iranienne », et j'en oublie certainement.

J'ai mentionné il y a un instant la conquête musulmane. L'épilogue à l'ère sassanide se joua, comme on le sait, à Merw en Khorasan, où le dernier Yazdegerd mourut misérablement, en 651, assassiné chez un meunier; Abu 'l Qasim Firdawsi rapporte qu'il fut enterré par des moines, des fils des « Rum » que ses ancêtres avaient déportés.

Les luttes qu'entraîna la conquête de l'Iran stabilisèrent le front chrétien pendant près d'un siècle, disons jusqu'au patriarcat de Timothée le Grand, qui régna de 780 à 823.

Sous ce patriarche nestorien fameux, « on peut affimer sans crainte de se tromper, a-t-on écrit, que l'Église nestorienne connut sa plus grande expansion et son plus éclatant prestige »; il est vrai que, de son temps, les moines nestoriens « passèrent les mers jusqu'aux Indes et en Chine, n'ayant pour tout bagage qu'un bâton et leur besace ». A cette époque, le Turkestan, la Mongolie et le Tibet furent évangélisés. « Timothée amena à la foi chrétienne le Haqan du royaume des Turcs et d'autres rois qui correspondaient avec lui ». Tout cela est vrai; mais la fidelité à la vérité historique nous oblige à dire que, en Iran même, les expéditions missionnaires de Timothée se soldèrent par un échec.

Que voyons-nous en Iran? A côté de l'élévation du siège de Rayy au rang de métropole, Timothée lance une expédition missionnaire vers le Gilan et le Daylam, « pays de barbares qui étaient si éloignés de la civilisation et de toutes bonnes œuvres... Ils adoraient (encore à la fin du VIIIe siècle) les arbres, les bois sculptés, les animaux, les poissons, les reptiles, etc; tout ceci en plus de l'adoration du feu et des astres ».

Faisant fonds sur le meilleur des couvents dont il disposait, Beth 'Awe, le patriarche y choisit comme futur métropolite un candidat tout à fait idoine; ascète pieux, le moine Shuhalisho (c'était son nom), bien que de race arabe, était également versé en syriaque et en persan.

Comment donc expliquer l'échec du nouveau prélat? La principale cause fut qu'il s'appuya beaucoup trop sur ce que nous appelons maintenant « les moyens riches », voyageant en grand équipage et essayant d'impressionner, car, pense encore son biographe Thomas de Marga, « ils étaient barbares et avaient besoin de voir quelque chose de la grandeur et de la gloire extérieure pour être inclinés à s'approcher avec amour du christianisme ». Le résultat fut que des bandits de grand chemin ne virent dans cet appareil que des richesses à piller, et assassinèrent le métropolite.

Non vaincu par cet échec, Timothée voulut doubler la vigueur de l'attaque. Au lieu d'une métropole commune au Gilan et au Daylam, il scinda le territoire en deux et chercha, toujours à Beth ʿAwe, des candidats. Hélas, l'enthousiasme des moines s'était rafraîchi depuis le « martyre » de Shuhalisho. Le patriarche « avait pressé d'accepter la charge tous ceux qui pouvaient le faire, mais aucun ne voulut prendre sur lui un tel labeur pour l'amour de Dieu ».

Après cet aveu, le patriarche fut « obligé » (le mot est également du chroniqueur) de désigner deux pieux frères, l'un relieur, l'autre calligraphe et les envoya avec quinze moines parmi lesquels ils se choisiraient des évêques pour les pays « au delà du Gilan et de Daylam ». En fait, sept diocèses suffragants furent créés.

Timothée voulut également envoyer un évêque au Muqan. Cette fois il trouva un très saint homme, le moine Elie, qui, à pied, son bâton surmonté d'une croix à la main et son Evangile pendu au cou, partit avec une caravane de marchands vers sa destination. Tous ces bons moines firent beaucoup de miracles et, dit-on, beaucoup de conversions. Quand Elie voulut revoir Beth ʿAwe, après de nombreuses années, il y mourut. Je ne sache pas qu'il ait été remplacé au Muqan, où l'on n'entend plus parler de diocèse par la suite.

D'ailleurs, aucune des trois éparchies fondées par Timothée ne se retrouve un siècle plus tard, dans les *Tables* d'Elie de Damas. Il semble bien que la grande poussée missionnaire de Timothée en Iran du nord n'eut pas de lendemain. Déjà de son temps le patriarche autoritaire avait du mal à trouver des candidats pour les « trônes » qui, hors des « villes florissantes et des pays civilisés », n'étaient pas « établis et princiers ». Ses successeurs, d'ailleurs tous éphémères, n'eurent ni sa trempe ni son autorité pour poursuivre l'attaque.

Je ne veux pas diminuer les dangers de telles expéditions, au moment où des conditions politiques troublées ajoutaient l'insécurité à la dureté normale du climat et à la sauvagerie de la population;

mais, il faut le reconnaître, le zèle missionnaire des moines s'était également émoussé. Entraîné au jeûne et aux privations, toujours ascète et quelquefois mystique, le moine du IXe siècle a peur de perdre non pas tellement sa tranquillité que sa bienheureuse solitude. Dès le VIIe siècle nous voyons ce phénomène se dessiner quand le même couvent de Beth 'Awe refuse au patriarche du temps l'établissement d'une école apostolique à l'intérieur du couvent.

Au IXe siècle cette passivité est encore plus forte. Timothée se plaint amèrement dans une de ses lettres à son ami Serge, métropolite d'Elam, du manque d'hommes capables de diriger les Églises lointaines. Un supérieur de couvent pressenti décline la charge, qu'il trouve trop lourde. Moines et scholastiques sont sourds aux prières du patriarche, ils sont même insensibles à ses menaces. Ils allèguent les dangers du voyage, le mauvais climat, la pauvreté des sièges. En fait, dit Timothée, cela vient de l'esprit d'insoumission.

Le cas extrême, toujours du temps de Timothée, est ce moine Hnanisho que le patriarche nomme métropolite de Sarbaz, au Beloutchistan, et qui accepte bien le sacre mais recule au moment de partir vers «ces plaines incultes» et ces «solitudes sauvages» (comme dit al-Istakhri) et préfère retourner à sa cellule. On verra un cas semblable vers 1070 pour un évêque syrien occidental du Segestan, Philoxène; on verra plusieurs évêques déserter leurs sièges pour revenir en des pays plus hospitaliers: Abraham évêque de Gay (Ispahan), du temps même de Timothée, Jean, métropolite syrien occidental de Zarang vers 1130, etc. Les patriarches pourront interdire et excommunier ces évêques, le défaitisme finira par prévaloir, et la pénurie d'hommes forcera les responsables à sacrer des gens peu idoines, tel cet évêque illégitime-repenti, que le patriarche d'Antioche Georges, en 767, re-consacrera parce qu'il voulait bien aller «aux régions inférieures du Segestan et de Hérat».

Dès le temps de Timothée le résultat commence à se faire sentir: les longues vacances des sièges ont déjà entraîné la décadence des diocèses. En Elam même, prêtres et fidèles «ont une conduite plus inspirée par les principes païens et par les lois des Mages de Zoroastre que par le christianisme».

En l'an 900, en plein milieu de ce marasme, produit tant de l'essoufflement spirituel des Églises que des circonstances politiques instables, (les dynasties locales se combattent et se succèdent à un rythme accéléré dans toutes les parties de l'Iran) la statistique appelée *Tables d'Elie de Damas* fait le point et fournit la liste des diocèses syriens orientaux d'Iran, répartis en sept éparchies :

— Rayy, dont dépend Gurgan ;

— Hérat, à laquelle est rattaché le Segestan ;

— Merw, avec ses trois suffragants mystérieux de Dayr Hans, Damadut et A'bar Sanai ;

— Qand, probablement Samarqand des Turcs ;

— La Perside, la plus importante, avec 8 évêchés ; Shiraz, Istakhr, Shabur, Karman ; Darabgerd, Siraf, Marmadit (?) et l'île de Soqotra ;

— Barda'a, en Arménie Ière ;

— et enfin Hulwan, avec les évêques de Dinawar, Hamadan, Nehawand et Kardj d'Abu Dulaf.

La place ne nous permet pas de suivre en détail les vicissitudes de ces diocèses, sur lesquels nos connaissances se bornent la plupart du temps à quelques noms d'évêques, fantômes dont on ignore les actes et la vie.

* * *

Une période de paix, succédant à des ravages épouvantables, rendra un peu de vie à un coin de l'Église d'Iran. L'Adharbaydjan n'avait guère joué de rôle dans la vie de l'Église (ni d'ailleurs du royaume) quand Hulagu, en 1256, choisit pour sa capitale Maragha, à laquelle succéda Tabriz sous les derniers Ilkhans.

A cette époque, le centre de gravité de la province ecclésiastique se déplace de l'ouest à l'est du lac de Reza'iya. Grâce à deux hommes de grande valeur, le maphrien Grégoire bar Hebraeus, pour les Syriens occidentaux, et le patriarche mongol Yahwalaha III pour les Syriens orientaux, l'Église connaît une période de prospérité qui se traduira sur le plan intellectuel (nous le verrons plus loin) et aussi sur le plan des constructions. De cette époque datent plusieurs églises et les derniers couvents élevés en terre iranienne ; le couvent de Barsauma, près de Tabriz, visité par Marco Polo, le « nouveau couvent » syrien occidental à Maragha, et surtout celui de St. Jean Baptiste à Maragha, achevé par Yahwaisha en 1301.

A côté des Églises syriennes, notons en Adharbaydjan à cette époque les missions latines des Dominicains et des Franciscains, garanties par les traités de commerce entre Venise et les Mongols. Une hiérarchie latine s'établit en 1318, avec un archévêque à Sultaniya et des évêques à Tabriz, Maragha et Dihkhirgan.

Mais déjà les éléments de destruction du christianisme iranien étaient en place. Alors qu'en Syrie les chrétiens locaux surent garder leurs distances vis-à-vis des Croisés, en Iran on peut dire que le christianisme succomba à cause de sa collusion trop intime avec les Mongols. Après des siècles de cohabitation relativement pacifique avec l'Islam, dans un rapport de client (dhimmi) à protecteur, les chrétiens de l'empire ilkhanide crurent pouvoir retourner la situation grâce à la haute protection des puissantes dames mongoles nestoriennes, telle Dokuz Khatun, femme d'Hulagu, pour ne nommer que la plus notoire. A la horde royale, les cordes de la tente-église se mêlaient à celles du pavillon du souverain et les missionnaires latins envoyés des papes essayaient de convaincre les Mongols d'ouvrir un second front à l'Orient pour appuyer la Croisade et prendre les Musulmans à revers dans une puissante tenaille.

L'attitude outrecuidante des chrétiens, attitude relevée en Mongolie par Rashid al-Din, à Damas pas l'auteur des *Qala'id al-Djawahir*, en Iraq à Erbil, Vartelli et ailleurs, amena des réactions, souvent violentes, chaque fois que le joug mongol se desserrait. La situation portait en germe la destruction du christianisme dès le jour où les Mongols eux-mêmes embrassèrent l'Islam.

Yahwalaha III, le patriarche mongol, mourra en 1317, désabusé d'avoir servi les Mongols qui n'avaient pas pu empêcher le massacre d'Erbil en 1310. Lui-même sera encore enterré dans son grand couvent de Maragha. Moins de vingt ans plus tard, ses restes en seront délogés.

Mais en 1316, un an avant la mort de Yahwalaha, le métropolite de Nisibe ʿAwdisho (Ebedjesus) pouvait encore dresser fièrement la liste des quinze métropoles de l'Église syrienne orientale, dont 8 étaient en Iran même: Elam, Hulwan, et Hamadan, la Perside, Merw, et Nishapur, les Turcs, Rayy avec Qum et Kashan, Hérat, et enfin Arran et le pays des Alains, c'est-à-dire l'Adharbaydjan russe d'aujourd'hui. L'écrivain ne nomme malheureusement pas les diocèses suffragants de ces métropoles.

Aux raisons déjà citées de désintégration s'ajoutèrent pendant le XIVe siècle la peste noire qui, en route de la Chine vers l'Europe, balaya l'Iran, et les campagnes dévastatrices de Timour Leng…

Quand on retrouve le christianisme après la tourmente, au moment du sacre de Sulaqa, premier patriarche chaldéen catholique, en 1552, on découvre par ce qui reste d'évêques que les seules communautés qui subsistent en Iran sont groupées en Adharbaydjan autour de

Salmas et de Tabriz. C'est là aussi (à Solduz, à Espurghan puis à Wastan) que le patriarcat oriental se repliera après avoir quitté Maragha et avant de gagner les montagnes inaccessibles du Hakkari turc. Même dans la hiérarchie pléthorique de 'Awdisho IV, en 1562, on ne trouve plus de diocèse qui dépasse à l'est le lac de Riza'iya.

* * *

Après avoir suivi l'expansion et le déclin historique et géographique de l'Église d'Iran, essayons rapidement de deviner ce qu'elle a pu représenter dans la vie générale du pays, son apport réel à la civilisation iranienne pendant les 1500 ans où nous l'avons observée.

Nous avons déjà signalé que les rois de Perse choisissaient habituellement parmi les captifs qu'il importaient dans leur pays ceux dont les techniques pouvaient leur être utiles.

Parmi ces techniques nous avons mentionné le textile. R. B. Sargeant a relevé dans les géographes et historiens persans et arabes tous les Matériaux pour une histoire du textile musulman jusqu'à la conquête mongole [1]. Les sources syriaques pourraient compléter le dossier. Ainsi la *passion* de Possi, martyrisé à Karka d'Ledan en 341, montre le père de celui-ci, tisserand d'étoffe et brodeur d'or, transporté d'abord du territoire romain à Bishapur, et de là à Karka d'Ledan lors de sa construction. Sapor y érigea pour ses artisans un atelier situé près de son palais d'été. Possi lui-même devint chef des artisans et enfin karuzbad, c'est à dire préfet des artisans royaux.

C'est de l'héritage de ces artisans que viendront tant d'étoffes précieuses fabriquées en Iran jusqu'au moyen âge, notamment le brocart appelé *rumi*, qui sera considéré pendant longtemps comme le plus digne de couvrir la Ka'ba à La Mecque.

La langue syriaque ne devint jamais seconde langue officielle en Iran, cependant il est possible que certains rois sassanides aient considéré que le fait d'apprendre cette langue constituait un appoint pour l'éducation de leurs fils. Ainsi voit-on le futur Vahram Ier, alors qu'il n'était encore que Gilan Shah, vers 250, faire enseigner les rudiments du syriaque à son fils, le futur Vahram II.

Quant à l'écriture, on sait que les caractères nestoriens fournirent la base de plusieurs alphabets d'Asie centrale et d'Extrême Orient, par exemple les écritures sogdienne, mongole et mandchoue. Ces

[1] Material for a History of Islamic Textile up to the Mongol Conquest.

deux dernières utilisaient des caractères dérivés des formes uighurs. Si, dès 403, au témoignage de St. Jérôme, «les Huns apprennent le psautier» grâce aux audacieux marchands syriens, ce sont des déportés syriens, Jean de Resh ʿAyna et Thomas le Tanneur qui, vers 530, mirent la langue des Huns par écrit.

A la même époque, saluons au passage l'évêque arménien Macarios qui, venu visiter les mêmes prisonniers, ne se contenta pas d'édifier une église pour eux et leurs coreligionaires huns, mais encore inaugura la coopération technique en enseignant à ces derniers les rudiments de l'agriculture.

Il y aurait beaucoup à dire de la médecine. Tant dans leurs palais d'hiver, le Palais Blanc de Ctésiphon ou Taq Kisra, que dans leurs châteaux d'été à Gondisapor, Karka d'Ledan, puis Hulwan, les rois sassanides s'entouraient de médecins, dont beaucoup étaient chrétiens.

Les premiers à apparaître sont les médecins de Suse, «les plus habiles de l'Ahwaz et du Fars», au dire de Thaʿalibi, qui soigneront Sapor Ier jusqu'à sa mort en 273. Remarquons au passage, à côté des prisonniers grecs, un médecin indien. Cette influence, à rapprocher du rôle joué par le médecin Burzawayh, qui ne se contenta pas de ramener de l'Inde le texte du *Kalila et Dimna*, fera de l'Iran le point de rencontre de deux médecines, la grecque et l'indienne.

On relève encore, vers 500, un médecin chrétien de Kavat, Buzaq, que le roi fera évêque d'Hormizd Ardashir (Suq al-Ahwaz).

Mais surtout le centre le plus important des médecins chrétiens iranisés, descendants de déportés grecs nestorianisés et syriacisés, sera la grande université de Gondisapor, dont plus tard, depuis 765, sept générations de Bokhtisho s'illustreront à la cour des califes de Baghdad.

Elèves de Gondisapor également le fameux médecin-traducteur Hunaya bn Ishaq, l'ophtalmologue Abu Zakariya Yahia bn Masawayh auteur d'aphorismes médicaux, à côté d'un compositeur de Tables Mathématiques comme al-Naharwardi, et tant d'autres anonymes. Ils auront la part du lion dans la traduction des ouvrages de la science et de la philosophie grecque en syriaque et aussi du syriaque en arabe. Le bilinguisme original de la communauté nestorienne de Gondisapor porte ici ses fruits.

Tout ceci est bien connu. Ce qui l'est moins peut-être est le rôle joué par un homme comme Ishobokht, métropolite de Rew Ardashir vers 775, dans la systématisation du Droit séculier. C'est en pahlavi qu'il compose son *Livre des lois et des jugements*, intermédiaire dans le temps entre les deux fameux recueils, le *Matigan-i hazar datistan*, ou « Recueil des 1000 jugements », et le *Datistan-i denik*, « Jugements religieux ». Ishobokht adopta divers points du droit sassanide, concernant la renonciation à la succession, la tutelle des femmes, le droit des esclaves, les donations, etc. C'est probablement de *l'Avesta* qu'il s'inspire pour introduire à côté du droit (tant idéal, *namusa*, qu'appliqué, *dina*) une notion de l'équité, *trisutha*, qui applique le *dina* tantôt en restant en deçà des principes, tantôt en les dépassant.

On devine qu'il y eut aussi beaucoup de chrétiens parmi les déportés grecs qui érigèrent tant de travaux d'art en pays d'Iran, ponts, barrages et palais, pas tellement encore peut-être parmi les troupes du génie de Valérien qui construisirent le fameux *shadhurwan* de Shushter, que certainement parmi les architectes du palais de Chosroès à Aspanbar, des Antiochiens établis avec leurs églises dans l'Antioche de Perse près de Ctésiphon et de Veh Ardashir.

Parmi les constructions purement chrétiennes d'Iran, je ne sache pas qu'aucune de quelque importance ait subsisté. On ne peut que rêver aux splendeurs de la première église de Merw, bâtie par la princesse Shiraran, qui l'appela « Ctésiphon » parce qu'elle la modela sur le plan du palais de son frère Sapor Ier; de l'église du couvent de Shirin près de Hulwan; de l'église des Grecs à Tabriz, en 1285, pour laquelle la Despina Khatun, Marie Paléologue, fit amener un peintre de Constantinople; et enfin à l'orée du XIVe siècle, du grand couvent de Yahwalaha III à Maragha.

Nous avons mentionné il y a un instant qu'Ishobokht écrivit son traité de droit en pahlavi. En fait cet ouvrage ne nous est parvenu qu'en syriaque. Tel est aussi le cas de l'histoire de Yahwalaha, écrite originellement en persan, mais dont on ne possède aujourd'hui que la traduction syriaque abrégée.

Tant qu'on ne sera pas doté d'une *Histoire de la Littérature Chrétienne* proprement *Iranienne*, comme celle de Georg Graff pour l'arabe, on devra se contenter des quelques indications contenues dans les ouvrages généraux tels que la *Persian Literature* de C. A. Storey, et des indications des textes historiques syriaques.

Ces textes nous disent par exemple que, dès la première moitié du IVe siècle, le moine Isaac traduisit l'Evangile dans la langue des Perses pour le gouverneur et futur martyr Qardagh.

La liturgie fut-elle également traduite? Nous avons vu que les couvents persans pour lesquels le fait est mentionné, par exemple celui d'Arradjan, priaient plutôt en syriaque. Cependant, au Ve siècle, Maʿna, métropolite de Perside, qui avait traduit en pahlavi « des ouvrages syriaques», composait, encore en pahlavi, «des odes religieuses, des poésies et des hymnes pour être chantées à l'église».

Des exposés de la doctrine chrétienne existèrent très tôt en cette langue, tels les trente-huit chapitres traduits du syriaque pour le roi Kavat, vers 500, par Elisée bar Quzbaye.

Les moines du pays avaient également à leur disposition dans leur langue les règles monastiques d'Abraham de Kashgar et les discours ascétiques d'Abraham de Nathpar, traduits par le disciple de ce dernier, le moine Job, originaire de Rew Ardashir.

Inversement, le périodeute Bud, au VIe siècle, traduisit le *Kalila et Dimna* du pahlavi en syriaque, et le *Roman d'Alexandre* du pseudo-Callisthène passa du grec en syriaque par l'intermédiaire du pahlavi.

Après la conquête musulmane, on le sait, les persans chrétiens (quand ils n'utilisaient pas le syriaque ou le grec) se servirent plus volontiers de l'arabe, à l'égal de tant d'écrivains et des grands philosophes persans. (Al-Biruni, lui-même originaire du Khwarizm, n'hésitera pas à faire l'éloge de la langue des Arabes). C'est en arabe également que Bar Hebraeus traduira, à Maragha, pendant le dernier mois de sa vie (Juillet 1286), sa *Chronique syriaque*.

C'est sur cette dernière figure que je voudrais terminer. Bar Hebraeus représente bien, au moment où les Églises syriennes vont jeter leurs derniers feux, cette collaboration intime entre savants chrétiens et savants iraniens, mazdéens de naguère et maintenant musulmans.

Grégoire bar Hebraeus, Ibn al-ʿIbri, maphrien de l'Église syrienne occidentale, c'est-à-dire vicaire du patriarche d'Antioche, pour «l'Adharbaydjan, l'Assyrie et la Mésopotamie», passa la plus grande partie des vingt dernières années de sa vie à Maragha. Il y édifia églises et couvents, certes, mais surtout s'y livra aux travaux scientifiques. C'est là, dans la fameuse bibliothèque de la ville, qu'il consulte les précieux ouvrages, notamment *l'Histoire du conquérant du monde* de Juwayni, qui lui permettront de rédiger la Chronique syriaque terminée en 1272/3.

C'est à Maragha qu'il expose le *Livre d'Euclide* en 1268 et le *Livre d'Almageste* de Ptolémée, sur les étoiles et les mouvements des astres, en 1273, s'aidant du commentaire de Muhi al-din al-Maghribi al-Andalusi. Si l'on se souvient que Bar Hebraeus était également poète et versé dans toutes les sciences de son temps, on ne s'étonnera pas que l'évêque ait pu prendre place dans les cercles hautement cultivés de la ville à cette époque.

C'est justement pendant ces années-là en effet qu'un groupe de savants iraniens, certains travaillant à l'observatoire fondé par Hulagu, d'autres à la bibliothèque, se penchaient sur les problèmes d'histoire, de littérature, de philosophie, d'histoire naturelle, de géometrie, d'astronomie, de pharmacie, de médecine, etc., sur lesquels écrivait également Bar Hebraeus. Nous les imaginons facilement en train de discuter : les philosophes Athir al-Din al-Abhari et Nadjm al-Din al-Qazwini, l'astronome Nasir al-Din al-Tusi, et tant d'autres moins célèbres, conversant avec l'évêque, et, tous ensemble, faisant progresser la science.

Et n'est-il pas des plus à propos que nous terminions cet exposé par cette dernière vision? Comme ses lointains prédécesseurs qui avaient apporté le christianisme en Iran, Bar Hebraeus était né en Syrie : à Malatya; comme Timothée et les moines de Beth ʿAwe qui avaient poussé le christianisme jusqu'aux limites de l'empire iranien, il s'était mûri dans un des grands couvents du nord de l'Iraq, Mar Matta; comme tant de ses prédécesseurs dans l'épiscopat en Iran, il consacra les années de sa maturité à ce pays, dont il possédait merveilleusement la langue.

Dira-t-on que Bar Hebraeus était étranger, comme on pourrait dire que, souvent, le christianisme de l'Iran l'ait été? Peut-être; mais est-on étranger quand on est au service de ce qu'il y a de plus haut dans un pays?

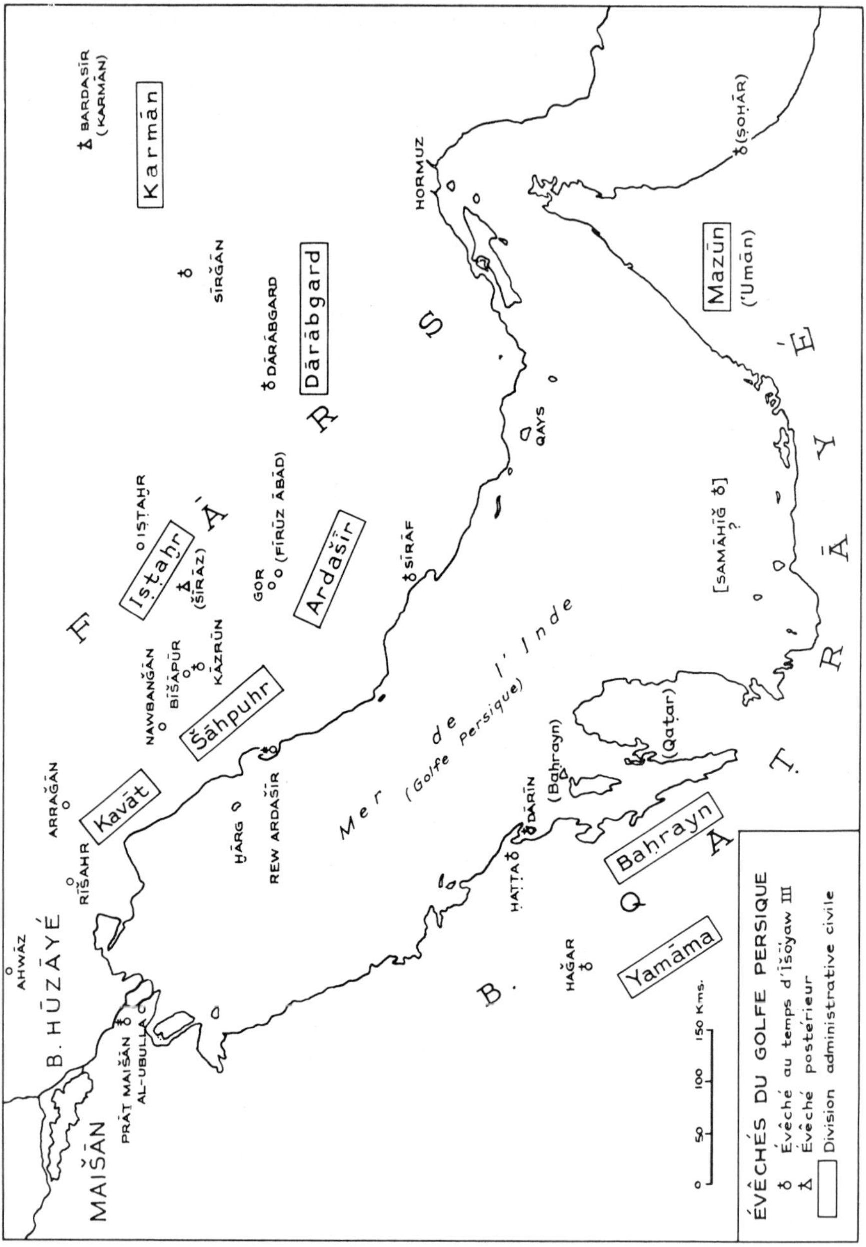
ÉVÊCHÉS DU GOLFE PERSIQUE
Évêché au temps d'Īšōyaw III
Évêché postérieur
Division administrative civile
0 50 100 150 Kms.
MAIŠĀN
B. HŪZĀYÉ
AHWĀZ
PRĀT MAIŠĀN
AL-UBULLA
RĪŠAHR
ARRAĞĀN
Kavāt
ḪĀRG
REW ARDAŠĪR
NAWBANĞĀN
BĪŠĀPŪR
KĀZRŪN
Šāhpuhr
Isṭaḫr
IṢṬAḪR
ŠĪRĀZ
GOR
(FĪRŪZ ĀBĀD)
Ardašīr
SĪRĀF
F Ā R S
DĀRĀBGARD
Dārābgard
SĪRĞĀN
Karmān
BARDAŠĪR
(KARMĀN)
HORMUZ
QAYS
Mer de l'Inde
(Golfe Persique)
ḪAṬṬA
DĀRĪN
(Baḥrayn)
(Qaṭar)
Baḥrayn
Yamāma
HAĞAR
B. QAṬRĀYĒ
[SAMĀHĪĞ ?]
Mazūn
('Umān)
(ṢOḤĀR)

II

DIOCÈSES SYRIENS ORIENTAUX DU GOLFE PERSIQUE

Dans un article bien connu, le maître Jean Dauvillier reconstituait naguère l'armature des *Provinces chaldéennes 'de l'extérieur' au moyen âge* [1]. Pour la région du Golfe Persique, deux provinces ecclésiastiques étaient esquissées, du Fārs et du Bét̲ Qaṭrāyé, situées respectivement sur les rives est et ouest du Golfe.

Le présent article voudrait entrer un peu plus dans le détail, rassemblant ce qui permet de situer les différents diocèses du Golfe et relevant le peu que l'on sache de leur histoire. On se posera aussi la question : y eut-il jamais, canoniquement, une éparchie métropolitaine du Bét̲ Qaṭrāyé ?

I. La Perside

La région du Fārs a toujours été considérée par les Syriens Orientaux comme une des grandes unités de leur Église, bien distincte des autres. Le futur catholicos Īšō'yaw III veut-il signifier [2] que son ouvrage d'apologétique est répandu dans toute son Église, il le déclare connu « chez les Syriens, les Araméens, les Houzites et les Perses ». De même les annalistes Ṣlīwa [3] et Māri [4] énumèrent-ils « Āt̲ōr ou Mossoul, le Bét̲ Mad̲āyé (ou H̲urāsān), et le Fārs ». Timothée encore, voulant dire que le *Trisagion* est récité partout de la même façon, résume les provinces principales de son patriarcat en « Babylone, Perse et Āt̲ōr » [5].

Evidemment, la région se réclame d'une évangélisation très ancienne et même apostolique. Alors que les auteurs purement syriens [6] nomment comme son apôtre Mār Māri, le fondateur du siège de Kōḇé (ce qui met la Perside sous la juridiction de Séleucie-Ctésiphon), les Perses

1 *Mélanges Cavallera* (1948) p. 261-316.

2 *Lettres*, Métrop. VII, trad. *C.S.C.O.* p. 100.

3 *Liber turris*, ar. p. 8.

4 Ibid. ar. p. 6.

5 Lettre aux moines de Mār Mārūn, R.J. Bidawid, *Les lettres du patriarche nestorien Timothée Ier*, trad. p. 117.

6 V.g. Māri, ar. p. 3.

eux-mêmes [7] font remonter leur conversion plus haut encore, à l'apôtre Thomas en personne (d'où leur refus de l'autorité du siège catholical).

En fait on ignore quand le Christianisme commença à s'implanter en Fārs. Le *Liber legum regionum*, écrit vers l'an 200, range bien les Perses parmi ceux dont les mœurs ont été changées par la nouvelle religion, dans le fait qu'ils ne prennent plus leurs filles et leurs sœurs comme épouses [8], mais il précise que ces coutumes étaient suivies au delà de la Perside proprement dite.

En 325, Jean, évêque de Perse, prend part au Concile de Nicée [9]. Représentait-il « les Églises de toute la Perse et de la grande Inde », comme le dit Gélase de Cyzique [10] ? Se poser la question serait déjà un anachronisme, car y avait-il dès cette époque une organisation tellement centralisée qui ait pu s'inquiéter d'envoyer un tel « délégué » ? En tout cas Jean de Perse n'était probablement pas évêque de Perside ; les sources syriaques [11] le placent plutôt en Adiabène ou au Bēṯ Garmaï.

Au premier synode de l'Église syrienne orientale dont les actes nous soient parvenus, celui du catholicos Isaac en 410, parmi les évêques des pays éloignés qui devront souscrire aux décisions du concile [12] est mentionné l'évêque (ou les évêques) de Perside. ʿAwdīšōʿ de Nisibe [13] fait justement remarquer qu'on ne dit pas que l'évêque de Perside ait été, à cette date, métropolite.

On peut donc douter de l'assertion d'Ibn al-Ṭayyib [14] qui avance la création de la métropole de Perside jusque sous Isaac (399-410). L'affirmation de ʿAwdīšōʿ de Nisibe [15] semble plus exacte qui place cette création sous Yahwālāhā Ier (415-420). C'est un fait que, dès le synode de Dādīšōʿ en 424 [16], Yazdād, évêque de Rew Ardašīr signe

[7] Bar Hebraeus, *Chron. eccles.*, II, col. 170-172, au temps de Timothée Ier.

[8] *P.S.*, II, p. 585-586, 598, 601-602, 608, 609.

[9] *Liste originale des Pères de Nicée*, E. Honigmann, dans *Byzantion*, XIV (1939) p. 44-48. ʿAwdīšōʿ de Nisibe, *Epitome*, Mai, X. 1, p. 38, 205, etc.

[10] Cité dans *B.O.*, II, p. 421-424.

[11] *Anal. Bolland.*, 82 (1964) p. 205.

[12] *Syn. or.* p. 273.

[13] *Coll. can. syn.* VIII, 15 ; Mai, X. 1, p. 141.

[14] *Fiqh al-naṣrānīya*, ar. p. 120-121.

[15] Cit.

[16] Syn. or. p. 285.

au sixième et dernier rang parmi les métropolites (il est donc le plus récent), juste avant les évêques. Cependant rien non plus ne permet de dire, comme le voudrait encore ʿAwdīšōʿ, que cette nouvelle organisation signifia pour le métropolite une restriction de sa juridiction, qui se serait étendue auparavant à « toute la Perse et à l'Inde ».

Rew Ardašīr

Nous venons de le voir, le siège du métropolite de Perside se trouvait dans la ville de Rew Ardašīr. Toutes les sources seront désormais d'accord, les termes de *métropolite de Fārs* et *évêque de Rew Ardašīr* sont dorénavant absolument identiques.

Là où la difficulté commence, c'est quand il s'agit de localiser Rew Ardašīr. Bien que le problème, et les autres problèmes géographiques que nous rencontrerons dans la suite, aient été étudiés par des maîtres comme P. Schwarz, Th. Noeldeke, J. Markwart et G. Le Strange, et à leur suite par les différents auteurs d'articles historico-géographiques, notamment de l'*Encyclopédie de l'Islam*, le recours direct aux géographes persans et arabes anciens fournira des détails éclairants que l'on ne saurait négliger. Les auteurs les plus souvent cités seront al-Iṣṭaḫrī (m. 951)[17], Ḥamza al-Iṣfahānī (m. 960)[18], Ibn Ḥawqal (m. 977)[19], et Ibn al-Balḫī (vers 1000/1100)[20]. Leurs œuvres ont été utilisées par le grand compilateur du début du XIIIe siècle, Yāqūt al-Ḥamawī[21] et par les auteurs du XIVe siècle, notamment Abū 'l-Fidā'[22] et al-Mustawfī[23].

Le nom de Rew Ardašīr est habituellement apocopé en Rīšahr dans les auteurs; d'où la nécessité de distinguer trois localités homonymes :

1) Rīšahr[24] pour Rām Ardašīr, qui se trouvait en Mésène, donc dans la région de Baṣra, au sud de l'Iraq actuel,

17 *Masālik al-mamālik* (*B.G.A.* IV,, 1927).

18 *Tawārīḫ sinī mulūk al-arḍ wa 'l-anbiyā'* éd. Kaviani, Berlin 1922.

19 *Ṣūrat al-arḍ* (*B.G.A.*, II; 2o éd. 1938-1939).

20 Trad. anglaise : *Description of the Province of Fars*, G. le Strange, *R.A.S.* 1912, monographie XIV, p. 19-71.

21 *Muʿǧam al-buldān*, dont la partie concernant la Perse existe en traduction française, *Dictionnaire de la Perse*, (1861) par C. Barbier de Meynard; cite souvent Ḥamza.

22 *Taqwīm al-buldān*, éd. et trad. fr. M. Reinaud, I, 1840; II. 1848-1883; cite souvent Ibn Ḥawqal.

23 *Nuzhat al-qulūb*, trad. le Strange (1919).

24 Ḥamza, p. 33, parmi les fondations d'Ardašīr Ier.

2) Rīšahr en bordure de la mer, près de Bušīr, ville de médiocre grandeur, aux habitants pauvres vivant dans un climat malsain [25],

3) Rīšahr, Rew Ardašīr, appelée aussi par les Persans Rabiyān. Ville ancienne créée par un des rois légendaires, Lohrāsp le Kayānī, elle figure parmi les huit cités « fondées » par Ardašīr Ier [26]; elle aurait été « restaurée » par le fils de celui-ci, Sapor Ier (241-272).

Elle était, au temps où elle servait de métropole ecclésiastique au Fārs et jusqu'à l'Islam, un centre d'études de médecine, d'astrologie et de sciences cabalistiques. Les écrivains qui transcrivaient ces connaissances en écriture ḥasīq étaient appelés les *Gaštaġ Daftarān.*

La ville était connue pour ses plantations de dattiers, ses cotonnades et son commerce maritime. Le climat y est fort chaud et les habitants montaient passer l'été au fort de Diz. Sa conquête par les Musulmans fut achevée au prix d'une sanglante bataille qui prit dans l'épopée une place égale à celle de Qādisīya. La ville continua une existence croupissante après la conquête, et le *Fārs Nāmeh* parle encore de ses fortins et aussi des bateaux qu'on y construisait. Cependant la culture en avait complètement disparu et, dit Yāqūt, de son temps pas un de ses habitants ne savait plus lire ni l'arabe ni le persan.

Quant à sa position, la ville (actuellement Zaydūn) est située sur la rivière Ṭāb, à mi-route entre Arraǧān et Mahrubān. Son site fut « superficiellement prospecté » par M. Pézard en 1913. Seuls les vestiges élamites furent l'objet d'attention [27].

Administrativement on la place tantôt en Ḫūzistān, tantôt en Fārs. Elle appartint d'abord au district de Šāhpuhr puis, après la construction d'Arraǧān par Kavāt fils de Péroz (488-531), elle fut rattachée au district de Kavāt Ḫurrah qui fut créé autour de la nouvelle ville en taillant des morceaux des districts de Rām Hormizd, Šāhpuhr, Ardašīr Ḫurrah et Ispahan.

Le centre religieux chrétien n'était donc pas situé près du centre administratif civil ancien du Fārs, Iṣṭaḫr. Ceci (qui le mettra en situation inférieure par rapport à Kōḫé, voisin de la Porte Royale) s'explique probablement par le fait que, le centre du Fārs étant aussi le centre de la religion nationale, le christianisme ne put s'y développer

25 Markwart, *Ērānšahr*, p. 27; Barbier, note p. 270-271 attribue à notre ville le texte du Mustawfī qui concerne cette seconde cité.

26 Le texte arabe des *Annales* de Ṭabarī (*Tārīḫ al-rusul wa 'l-mulūk*, I. 2, p. 820, mentionne la ville, sans la localiser comme il le fait pour les suivantes. La traduction française par Zotenberg du résumé persan, *Chronique*, II p. 74, offre un texte corrompu qui annonce huit villes et n'en énumère que six.

27 *Mémoires de la Délégation archéologique en Perse*, XV. 1914, *Mission à Bender Bouchir*, p. 5, n. 1.

et le groupe chrétien périphérique de Rew Ardašīr prit sans doute plus d'importance que celui d'Iṣṭaḫr.

Notons pour terminer le jugement défavorable que les auteurs persans et arabes porteront sur les habitants de cette région. Al-Mustawfī, au XIVe siècle, se contentera de dire qu'ils « n'excellent en rien et sont en vérité plus stupides que la plupart des autres gens ». Quant au savant qu'interroge 'Umar b. al-Ḫaṭṭāb (634-644), il répond [28] :

« Le Fārs possède des plaines fertiles, un air vif, un sol bien arrosé couronné d'arbres et abondant en fruits. Le naturel de ses habitants est avare et trompeur ; leurs inclinations sont basses et sordides, leur mobile est la ruse et la fourberie ».

« Dans le Ḫūzistān, ajoute-t-il, c'est à dire dans le district de l'Ahwāz, les mœurs de l'homme sont corrompues, son intelligence obtuse, ses inclinations sont viles et entièrement dépourvues de générosité. Ce sont des troupeaux de brutes, d'épais ruminants qu'on pousse devant soi ».

Si l'on se souvient que Rew Ardašīr était située à la frontière du Fārs et du Ḫūzistān [29], le portrait des habitants de la ville n'est pas flatteur.

Du point de vue chrétien [30], à part les renseignements sur la lignée des métropolites, nos connaissances sur la ville sont très limitées.

Elle comptait au moins deux églises [31], l'une des « Romains » et l'autre des Karmāniens. Les premiers sont probablement de ces prisonniers que Sapor Ier (241-272) distribua dans toutes les villes de son empire [32] et grâce auxquels il restaura Rew Ardašīr. Les seconds sont

28 Mas'ūdī, *Les prairies d'or*, III, p. 128-129.

29 Les renseignements sur Rīšahr et sur la région d'Arraǧān proviennent de Mustawfī, p. 129 ; Balḫī, p. 61-71 ; Iṣṭaḫrī, p. 97 ; Ḥamza, p. 33 ; Yāqūt, II. p. 887, Barbier p. 18, 270-272 ; Abū 'l-Fidā', I, p. 313, II. p. 85 ; déjà utilisés par *B.O.* III. II., p. 773 ; Noeldeke, *Geschichte der Perser*, p. 19 n. 4 ; Markwart, *Ērānšahr*, p. 147 ; Budge, *Bk.* II, p. 188 n. 4 ; le Strange p. 270-271.

30 Il faut signaler deux articles de E. Sachau, *Vom Christentum in der Persis* (1916) dans *Sitzungsberichte der kgl. preussischen Akademie der Wissenschaften*, p. 963-965, et *Zur Ausbreitung des Christentums in Asien* (1919) dans les *Abhandlungen* de la même académie, p. 58-59.

31 *Chron. de Seert*, I, p. 12. Dans ce texte la ville est appelée Īrān-Šahr, nom habituellement réservé à Nīšāpūr ; la mention suivante « siège des métropolites de Perse » nous ramène à Rew Ardašīr. C'est ainsi également que l'ont compris, par exemple le P. Peeters, *St. Demetrianus, évêque d'Antioche ?*, *Anal. Bolland.* 42 (1924) p. 304-305, et Melle M.L. Chaumont, *Les Sassanides et la christianisation de l'empire iranien au IIIe siècle de notre ère*, *Revue de l'histoire des religions*, CLXV (1964) p. 178-179.

32 *Chron. de Seert*, I. p. 10-11, et inscription du Naqš-i Rustam, E. Honigmann et A. Maricq, *Recherches sur les Res Gestae Divi Saporis* (Bruxelles, 1953) p. 142-149 ; A. Maricq, *Classica et Orientalia* (Paris 1965) p. 80-81.

de vrais persans [33] christianisés; ceux-ci, déportés de l'intérieur [34] célébraient leurs offices en syriaque, alors que les premiers priaient en grec.

Rew Ardašīr entre dans l'histoire chrétienne avec un martyr, victime probablement de la persécution «de quarante ans» sous Sapor II (339-379). Il est mentionné dans le vieux martyrologe de 411 dit *Breviarium syriacum* [35], qui nomme parmi les diacres martyrs un Kabsīn ou Yabsīn de « Riašdar ». Parmi les évêques et les prêtres du même martyrologe, aucun n'est rattaché à Rew Ardašīr.

On sait que le catholicos Aḥḥa (410-414) se rendit en Perside pour y recueillir les actes des martyrs de la région [36]. La compilation qu'il en fit est perdue. Parmi ces martyrs se trouvaient Bar Šéwya et ses moines, que nous verrons à propos d'Iṣṭaḫr.

Métropolites du Fārs

J.S. Assémani avait déjà [37] dressé une liste des chefs de la province de Perside, liste dont Le Quien [38] s'inspire. Cette nomenclature est évidemment à vérifier et à compléter.

Le premier « métropolite du Fārs », mentionné par la seule *Chronique de Seert* [39], est MĀNA. Il vivait presque au temps de Théodore de Mopsueste, dit le texte; il occupait donc le siège de Rew Ardašīr vers 415.

[33] A moins qu'il ne faille corriger le texte édité de la *Chronique de Seert*, (ce qui n'est pas indiqué dans l'article), je ne sais sur quoi se base Melle Chaumont pour attribuer cette église aux « Syriens » (p. 178), ce qu'elle interprète (p. 179) par des gens « originaires des campagnes de l'Antiochène... parlant syriaque ».

[34] On trouve d'autres Karamâniens, ceux-ci païens, dans la région de Māsabdān, cf. Passion des déportés du B. Zabdaï, *A.M.S.*, II, p. 322, l. 6. On a de nombreux autres exemples de transferts de populations à l'intérieur même de l'empire perse. J'ai noté au hasard des gens du Ḫurāsān et du Fārs transportés au Nahrawān, Bā Darāyā et Bā Kusāyā par Kavāt (488-531) *al-Kāmil*, I, p. 318; des gens de Gurgān (Hyrcanie) transportés par Chosroès Ier (531-579) en Adherbaidjan, Cl. HUART, *L'Iran antique*, 2e éd., 1943, p. 378, etc.

[35] F. NAU, *Martyrologes et ménologes orientaux*, p. 25; éd. MARIANI, p. 55.

[36] *Chron. de Seert*, I, p. 212-213; SLĪWA, ar. p. 25-26.

[37] *B.O.*, III. II, p. 771.

[38] *O.C.*, II, col. 1251-1253 (Sigle : Q).

[39] II, p. 25.

Ma'nā (Ier) est le deuxième métropolite de Perside, jusqu'à son élection au catholicat en 420 [40].

Yazdād assiste au synode de Dādīšō' en 424 [41].

Māri, à qui Ibas, évêque d'Edesse, écrivit « ce qui s'était passé entre Nestorius et Cyrille », est cité comme évêque d'Ardašīr dans la lettre de Simon de Bét Aršam sur Barsaume de Nisibe [42].

Ma'nā (II), originaire de Perse [43], avait été à l'école d'Edesse avec Narsaï, Barsaume et Acace. Il en avait été expulsé avec eux en 457. En plus de toutes les hymnes, homélies métriques et poèmes dont la liturgie avait besoin et qu'il composa en persan, il traduisit du grec en syriaque les livres de Diodore de Tarse et de Théodore de Mopsueste. Il diffusa ces livres dans les pays de la mer et de l'Inde, c'est-à-dire les dépendances de son éparchie. C'est ainsi que la *Chronique de Seert* peut dire : « Ce fut ce saint qui manifesta la foi orthodoxe (c'est à dire le nestorianisme) dans le pays du Fārs ». Dans la rivalité entre le catholicos Bāwoï et Barsaume, métropolite de Nisibe, Ma'nā, condisciple du second, prit d'abord le parti de ce dernier. Il assista cependant comme métropolite de Perside au synode d'Acace en 486 et annula ses premières décisions [44]. Il figure parmi les destinataires de la première lettre de Barsaume; il est également cité dans la sixième, adressée à Acace, comme « l'ami de Dieu, (notre) frère chéri et condisciple commun », et il sert d'intermédiaire pour porter de l'argent au catholicos de la part de Barsaume.

Yazdād apparaît comme rebelle dans les actes du synode de 497 [45]. Avec Pāpā, métropolite de la province voisine, le Bét Hūzāyé (Ḫūzistān), il a refusé de venir « vénérer et saluer » le nouveau catholicos, Bāwaï; le synode donne un an aux deux insoumis pour effectuer leur voyage ad limina et adhérer aux décisions prises, sinon ils seront excommuniés, destitués, déposés.

[40] B.H., *Chron. eccl.*, II, col. 54; Elie de Nisibe, p. 12v; Ṣlīwa ar. p. 27; Māri ar. p. 33; *Chron. de Seert*, I, p. 216-218.

[41] *Syn. or.* p. 285. Il n'est pas mentionné parmi les prédécesseurs de Ma'nā (II) dans la *Chron. de Seert.*

[42] *Chron. de Seert*, II, p. 25; *B.O.*, I, 350-353; III. II p. 722; *O.C.*, s.v. *Hardašir, C. 1*, « *Incertarum provinciarum* », au B. Garmaï (?).

[43] Par anachromisme la *Chron. de Seert* le fait naître à Šīrāz.

[44] *Chron. de Seert*, II, p. 25; *Syn. or.* p. 300, 531, 538, 539; *Cause de la fondation des écoles*, p. 68; *B.O.*, III. II, p. 722; Q. 1 et C. 1, *Incertarum*.

[45] *Syn. or.* p. 314, 621.

Ainsi rencontrons-nous pour la première fois ce qui deviendra, selon l'expression d'Īšōʿyaw III [46] « l'habitude perverse » du Fārs de négliger l'envoi de « lettres de salut » au nouveau catholicos, ce qui entraînera le refus des évêques de se rendre auprès du siège catholical pour y recevoir le « perfectionnement » qui mettait leur épiscopat dans la communion de l'Église d'Orient. Ainsi la Perside devient-elle « la terre classique des schismes et des révoltes » [47]. L'annaliste Māri [48] pourra écrire sans beaucoup d'éxagération que, depuis la création du siège métropolitain jusqu'au règlement qui intervint entre Īšōʿyaw III (649-659) et Simon de Rew Ardašīr, aucun des prédécesseurs de ce dernier comme métropolite de Perside ne s'était jamais soumis au catholicos d'Orient.

Pourquoi la Perside avait-elle toujours du mal à reconnaître la primauté de Séleucie-Ctésiphon [49] ? C'est que justement elle se considérait comme l'ombilic du royaume (voire de la terre) et le joyau du collier [49a], la province mère du grand empire sassanide : c'était, disait-on, à Iṣṭaḫr qu'avait vécu Kyūmarṯ Gilšāh, « le roi de limon », le premier roi des Perses, que ceux-ci identifiaient à Adam [50] ; c'était à Iṣṭaḫr que le grand père d'Ardašīr, le fondateur de la nouvelle dynastie, avait été préposé au feu sacré dans le temple de la grande déesse Anāhīt [51], et son père chef de satrapie [52].

Face à Iṣṭaḫr, Māḥōzé faisait figure de parvenue. Située en pays étranger (le pays des Araméens [53]), elle n'avait été choisie pour centre que parce qu'elle était auparavant la capitale des Arsacides [54]. La

[46] C. XVI.

[47] Labourt, *Christianisme dans l'empire perse*, p. 171.

[48] Ar. p. 62, lat. p. 65.

[49] Comme, dans l'Église syrienne occidentale, le couvent de Mār Matta aura toujours de la difficulté à se soumettre à la nouvelle métropole de Takrīt.

[49a] Al-Taʿalibi, *Histoire des rois de Perse*, p. 515, 723.

[50] Ḥamza, p. 19 ; Al-Masʿūdī, *Avertissement*, p. 123.

[51] *E.I.* (éd. angl) II (1965) op. 811-812, s.v. *Fārs*, par L. Lockhart.

[52] *Avertissement* p. 143.

[53] Les vrais Persans se moquaient de ces « Nabaṭ » qui reniaient leurs origines et se prétendaient issus de Chosroès, fils de Kavāt (Masʿūdī, *Avertissement*, p. 60-61) comme plus tard les Arabes se gausseront des « Arabes de Dūr Qunni ».

[54] Même du point de vue du site, Ctésiphon n'avait pas su s'éloigner de l'attraction de l'héllénistique Séleucie, alors que celle-ci s'était dégagée de Babylone qu'elle voulait éliminer, ce qu'elle réussit à faire.

nouvelle cité purement sassanide, Veh Ardašīr, fondée par Ardašīr Ier, vers 230, sur l'emplacement de Kōḇé, n'avait jamais réussi à supplanter la Ctésiphon parthe. Parmi ses capitales d'été et d'hiver, ses résidences royales à l'écart, telles que Dasqarta d'Malka, le domaine des Sassanides ne s'était jamais assuré un centre politique dont la prépondérance ne fut pas discutée.

Quant à l'Église syrienne orientale, l'Église du Bēṯ Parsāyé, mais qui était peut-être plus en fait l'Église des Araméens, elle avait pris une option, dès avant Pāpā, et avait reconnu l'évêque des Villes Royales pour son chef. La décision n'était-elle pas réversible, et le siège du Fārs n'avait-il pas de titres plus valables ? Nous avons vu qu'il prétendait avoir une origine apostolique ! Kōḇé elle-même avait pu naguère se déclarer autocéphale par rapport à Antioche, quels liens maintenaient donc Rew Ardašīr sous la férule de Kōḇé ?

Pour en revenir à Yazdād, métropolite en 497, il semble bien qu'il ne se soit pas soumis aux injonctions de Bāwaï, car la liste des signatures [55], peut-être postérieure au concile [56], porte le nom d'EPHREM « de Perse », qui lui aurait été substitué.

Les documents font défaut pour presque toute la première moitié du sixième siècle. Entre 524 et 537, l'un des deux patriarches rivaux, Elisée, fait une randonnée en Perside pour destituer les métropolites et évêques qui lui résistent et en consacrer d'autres à leur place [57]. Aucun nom n'est cité, nous essaierons de les deviner plus tard.

C'est vers cette même époque, certainement avant 531 [58], que, lors d'une vacance, Paul « le philosophe perse » brigue le siège métropolitain. Ayant essuyé un échec, il abjura le christianisme et se fit mage [59].

Vers cette époque également naissait dans la ville de Rew Ardašīr [60] le fils d'un gros marchand de perles chrétien, possédant de nombreux

55 *Syn. or.* p. 310.

56 Ibid. p. 621.

57 *Chron. de Seert*, II, p. 58.

58 Date de l'accession au trône de Chosroès Ier, son pupille, qui certainement l'aurait aidé.

59 *Chron. de Seert*, II, p. 55; B.H., II, col. 98, le met sous Joseph (551-566).

60 Appelée Dasam ou Daysam (?) dans la *Chron. de Seert*, II, p. 81, « Ardašīr » dans MĀRI, lat. p. 46; *L.C.* nº 44. — Son père vivait sous Chosroès Ier (531-579).

esclaves et servantes. Devenu moine sous le nome de Job il fondera le couvent de Mār Abraham de Naṯpar en Adiabène.

Le synode ambulant d'Ābā Ier, visitant Rew Ardašīr en 544, dépose trois métropolites concurrents, reliquat du schisme de Narsaï et d'Elisée (524-537), et en établit un quatrième. Les trois métropolites destitués sont :

Isaac, dont le synode [61] confirme « l'anathème, l'expulsion et la déposition ». Il avait déjà été auparavant, peut-être par Élisée, « justement privé du rang et des fonctions de l'épiscopat ». On peut penser qu'il appartenait au parti de Narsaï, apparemment minoritaire en Perside.

Īšō'boẖt [62], qui s'était arrogé le siège d'Isaac et « s'était lui-même proclamé évêque, irrégulièrement et sans autorité », est également déposé. Prenant en considération ses sentiments de pénitence, le synode lui permet de recevoir à nouveau l'ordination sacerdotale. Il continuera à servir le diocèse comme simple prêtre.

Acace [63], probablement établi par le catholicos Élisée, était « évêque et métropolite » au temps de la dualité ; il est également déposé.

Le synode de Mār Ābā établit à la place de ces trois personnages, comme « évêque de la ville de Rew Ardašīr et de son éparchie, et métropolite de cette ville et de toutes les villes et pays de ces régions»... « le vertueux ami de Dieu Ma'na » [64]. Il commença son gouvernement en 544.

Dix ans plus tard, parmi les signatures du synode de Joseph [65], au rang où devrait figurer le paraphe du métropolite de Rew Ardašīr, apparaît le nom de Claudianus, métropolite de Māḥōzé Ḥḏatta. Cette Ville-Neuve ne peut être la Meilleure Antioche de Chosroès (al-Rūmīya) des Villes Royales, qui n'était pas métropole. De plus, la rédaction des actes prouve bien que, d'une façon ou d'une autre, les sept sièges métropolitains étaient représentés [66]. Le nom « romain » du métropolite

[61] *Syn. or.*, p. 322.

[62] Ibid. p. 322-323.

[63] Ibid. p. 323.

[64] *Syn. or.* p. 323, 330, 331, 345, 351. Mentionné également dans la liste de Guidi, ibid. p. 332 n. 3.

[65] *Syn. or.* p. 366, 681, citant Hoffmann n° 834.

[66] On répète à la fin des actes (Ibid. p. 367) que le siège de Rew Ardašīr a le sixième rang parmi les métropoles.

rappelle la présence de déportés dans la ville; peut-être Chosroès II y transporta-t-il un nouveau contingent, en provenance d'Antioche ou de Syrie [67], qui renouvela la ville et lui valut son nom de « Ville-Neuve ».

Le synode d'Īšō'yaw Ier, en 585, fournit un nouvel exemple de l'insoumission des prélats du Fārs. Convoqués deux fois par écrit, le métropolite Grégoire et les évêques de sa province [68] méprisent l'ordre, « ignorant leur propre avantage et l'avantage de leurs diocèses, sans craindre ni redouter le jugement réservé aux pasteurs contempteurs et aux économes négligents ». Le synode les somme de « se corriger de leur négligence » et de venir au cours de l'année « près du patriarche, faire pénitence, se corriger canoniquement et signer ces canons, comme tous les Pères ». S'ils ne viennent pas, ils seront interdits et suspendus de leurs fonctions.

On ne sait s'ils vinrent à résipiscence, car les nouvelles ecclésiastiques de Perside s'interrompent ici jusqu'au milieu du VIIe siècle.

La crise suivante, qui opposa les évêques de Perside sous la conduite de leur métropolite Simon [69] au catholicos Īšō'yaw III, est mieux connue grâce aux lettres de ce dernier [70]. Comme j'espère publier prochainement la vie du grand catholicos Īšō'yaw d'Adiabène (649-659), je me contente de résumer ici la crise de Perside, comme je résumerai dans la seconde partie la crise du Bēṯ Qaṭrāyé.

En fait, l'interruption des rapports entre catholicos et métropolite, avant l'accession d'Īšō'yaw au patriarcat et depuis, n'était pas due seulement à des raisons personnelles. Si l'on retrace les étapes de la conquête musulmane, on se rend compte que Séleucie Ctésiphon était passée sous le contrôle arabe depuis 635, alors que la Perside ne fut conquise que vers le moment où le nouveau patriarche prit le pouvoir [71].

67 Campagnes de 540-542.

68 *Syn. or.* p. 422.

69 Ce Simon est probablement le canoniste connu, auteur d'un traité sur les héritages; J. Dauvillier, *Le droit chaldéen*, *D.D.C.*, col. 331-332.

70 Surtout *Catholicos* XIV et XVI.

71 Al-Balāḏurī, *Futūḥ al-buldān*, trad. angl. Ph. Hitti, *The Origins of the Islamic State* (Columbia), p. 430. La conquête définitive du Fārs ne sera achevée qu'en 304 (650/1); il y aura encore une insurrection générale en 394 (659/660). Cf. *Chronographia Islamica*, L. Caetani, aux années 23, 25-26, 28-31 et 39 H.

Pendant deux ans encore, jusqu'à ce qu'il fut tué près de Merw en 651 [72], le pitoyable Yezdegerd III, dernier roi sassanide, s'enfuit de place en place: après Ispahan et Iṣṭaḫr (pris en 28 H. = 648/9), il passera en Ṭabaristān, Karmān, Ségéstan et enfin au Ḫurāsān.

Il y avait eu aussi un mystérieux « séducteur », venu de Babylonie, qui détourna Simon de la soumission au catholicos. Le résultat de tout cela fut que pendant plusieurs années, plus de vingt évêques et deux métropolites de cette région furent ordonnés sans qu'aucun d'eux ne vint recevoir du patriarche l'investiture légale (le « perfectionnement »). Au début, Īšō'yaw n'insista pas sur leur devoir de visite [73], il demandait seulement qu'ils exercent leur épiscopat en communion avec l'Église de Dieu et le manifestent par un échange de lettres. Quand il ne put obtenir même cela, il supporta encore la situation en silence. Ce n'est que lorsque « le résultat de sa désobéissance » se fit sentir par l'apostasie des gens du 'Umān en face de l'Islam, que le catholicos adjura le métropolite de revenir à « la source d'où naguère leur était venu le flot vivifiant de l'ordination spirituelle ».

Au moment même où Īšō'yaw, écrivait une lettre encore pleine de retenue, les évêques de Perside se réunirent en synode et sanctionnèrent officiellement leur scission.

Le catholicos leur écrit alors une seconde lettre, ne revendiquant plus ses droits, mais suppliant les Persans de rester seulement dans la religion chrétienne. Il leur envoie deux évêques de la province voisine, le Bēṯ Hūzāyé, Théodore évêque de Hormizd Ardašir [74] et Georges, évêque de Šūštré.

Pour empêcher les envoyés du patriarche d'exercer leur mission, les évêques de Perside notifièrent aux autorités civiles musulmanes les décisions de leur synode, requérant l'appui de ces autorités contre les intrus.

Comme la révolte gagne le Qaṭar, Īšō'yaw n'a plus d'autre ressource que de réunir lui-même un synode et de fulminer contre les rebelles les peines ecclésiastiques, interdisant les évêques, relevant les fidèles de tout devoir d'obéissance à leur égard, et mobilisant les moines contre la hiérarchie schismatique.

[72] Ibid. p. 492; M.S., II, p. 424.

[73] C. XXI.

[74] Hormšīr, aujourd'hui al-Ahwāz (*Syn. or.* p. 673) dépendant de B. Lapaṯ.

Bien que le ton des lettres d'Īšō'yaw qui nous sont parvenues ne laisse pas prévoir l'accord, on sait que le vieux patriarche put discerner assez de signes d'accomodement pour décider de se rendre lui-même en Perside « pour se réconcilier Simon et le ramener à l'obéissance » [75]. Probablement le patriarche permit-il au métropolite de Rew Ardašīr, « quand il consacrait des évêques, de les 'compléter' lui-même, sans qu'ils soient forcés, comme les évêques des autres provinces, de venir chez le patriarche pour la cérémonie ». Il dut se contenter de demander au métropolite [76] de le prévenir de ces nominations, y compris de la sienne, en lui envoyant l'acte d'adhésion du peuple. Le patriarche lui enverrait alors un acte de reconnaissance qui tiendrait lieu d'accomplissement.

C'est vraisemblablement de cette époque que date le privilège des métropolites de Perside recensé dans le *Liber patrum* [77] de porter le bâton pastoral et de revêtir les insignes de la prélature (*birūna* et *ḥutra*), même en présence du patriarche, tant à l'ambon (*béma*) qu'à l'autel, et ceci jusqu'à la fin de l'office comme le patriarche lui-même [78], alors que les autres métropolites et les évêques devaient les déposer à un moment précis de la liturgie.

Moyennant ces concessions, le siège patriarcal dut obtenir la reconnaissance de sa primauté, même si elle n'était plus guère que d'honneur, et l'unité de l'Église syrienne orientale fut rétablie.

Les nouvelles de Perside se font désormais plus rares [79].

On peut probablement placer [80] sous le patriarche Ḥnānīšo' II (773-780) le métropolite Īšō'boḫt, auteur d'un *Livre des lois et jugements*, en pehlvi, considéré comme « le premier traité systématique sur l'ensemble du droit séculier ». L'ouvrage fut traduit en syriaque à

75 Māri, ar. p. 62, lat. p. 65.

76 Comme Georges Ier le demandera au « métropoltie » de Qaṭar.

77 Trad. lat. Vosté, *Fonti* (1940) p. 25.

78 Le texte insère ici une phrase sur le droit des métropolites de Perse de faire des sacres d'évêques, phrase qui ne semble pas être dans son contexte. Le texte du manuscrit du *Liber patrum* du patriarcat chaldéen de Bagdad (Cod. 61, *catal.* A. Scher, p. 243) texte p. 323-324, n'est pas différent de celui utilisé par le traducteur. Je remercie respectueusement S.B. Mgr Cheikho, patriarche chaldéen, qui a bien voulu permettre la copie de ce passage.

79 Assémani, *B.O.*, III. II, p. 771, place ici, en 778, un « autre Simon », métropolite de Perside, sur lequel il ne donne aucune référence. Le Quien ne l'a pas retenu et j'avoue ne pas l'avoir retrouvé.

80 Comme l'a fait M.J. Dauvillier, *Chaldéen* (*Droit*), cit. col. 340.

l'époque de Timothée Ier, vraisemblablement après la mort de l'auteur. Seule la traduction syriaque subsiste [81].

Un autre évêque de Rew Ardašīr, Bāwaï le Perse, figure au catalogue des écrivains syriaques de ʿAwdīšōʿ de Nisibe comme auteur d'un livre de solutions de questions diverses [82]. Assémani en fait un contemporain du même patriarche Ḥnānīšōʿ II. On le retrouve également dans les lettres de Timothée [83].

Alors, à nouveau, la Perside s'est rebellée contre le siège de Mār Māri. « Les médecins, écrit Timothée, nous enseignent qu'il y a des maladies incurables et d'autres inguérissables, tout effort est inutile contre les premières et absolument vain contre les secondes ». Tel est le cas de la malheureuse Église de Perside. Le patriarche a tenté de nombreux efforts pour guérir ses blessures, mais elle refuse toujours d'obéir. Elle préfère mourir de soif et de faim plutôt que de s'abreuver aux sources de l'eau vive et de se rassasier de l'arbre de vie, à l'exemple des autres Églises. Le catholicos, qui a peur de se présenter au tribunal du Christ comme un serviteur infidèle, a prodigué efforts et subsides en sa faveur. Il demande maintenant à son ami Serge, métropolite d'Élam, d'écrire à Bāwaï, métropolite de Perside, pour lui montrer sa témérité et le réveiller du sommeil de la mort, notamment pour lui faire saisir les horreurs que commettent les Perses dans la célébration des Saints Mystères.

Dans une autre lettre, Timothée demande à Serge d'écrire à Bāwaï de se soumettre aux canons de l'Église, surtout ceux de Nicée et de Mār Ābā.

Bar Hebraeus rapporte [83a] certains des abus qui avaient cours à Rew Ardašīr : les évêques portaient des vêtements blancs comme les prêtres séculiers, ils mangeaient de la viande et se mariaient, alors qu'ils auraient dû être moines, se vêtant de laine noire et observant une abstinence perpétuelle. Timothée « leur ordonna un métropolite

[81] Edité avec trad. allemande par E. Sachau, dans *Syrische Rechtsbücher*, III (Berlin 1914).

[82] *B.O.*, III. I, p. 176.

[83] Lettres inédites XLVII et LVIII, dans *Lettres*, cit. p. 37, 52, 71, datées respectivement par Mgr Bidawid de 795/798 et 799/804.

[83a] *Chron. eccl.*, II, col. 170-172.

du nom de Simon [83b], à qui il prescrivit de ne pas manger de viande, ni se marier, ni utiliser des vêtements blancs, sinon en laine». Il leur confirmait également le droit de 'compléter' eux-mêmes leurs évêques. Ces usages, dit Bar Hebraeus, étaient encore en vigueur de son temps.

Environ un siècle plus tard, en 884, YŪḤANNĀN b. NA'Ā'IM, qui avait été destitué, probablement par Énos, est réintégré sur le siège du Fārs par Jean II b. Narsaï [84]. Les causes des deux décisions sont inconnues, Que la première ait pu être prise signifierait que la primauté du patriarche sur la Perside n'était plus seulement honorifique, mais comportait alors une véritable juridiction.

Vers l'an 900, Élie de Damas a gardé la liste des évêchés suffragants du métropolite du Fārs [85]. Ces évêques sont ceux de Šīrāz, Iṣṭaḫr. Šābūr, Karmān, Darānǧird (pour Dārābǧird), Sīrān (pour Sīrāf), Marmadīt (?) et Saqūṭara. Nous étudierons bientôt chacun de ces diocèses.

Continuant la série des métropolites, nous trouvons GABRIEL, qui n'est connu que par sa double candidature malheureuse au patriarcat, en 961 et 963 [86]. On expliqua son second échec par le fait que l'un de ses frères, déjà mort au temps de l'élection, avait naguère embrassé l'Islam.

Assémani [87], suivi par Le Quien [88], identifiait ce métropolite Gabriel à son homonyme, évêque de Šāhpūhr Ḫwāst, écrivain mentionné par 'Awdīšō' de Nisibe. Il en concluait que le siège du métropolite avait donc été transféré de Rew Ardašīr à Šāhpūhr Ḫwāst. Nous verrons en étudiant ce dernier diocèse qu'il n'y a aucune raison sérieuse qui milite en faveur de ce prétendu transfert. Il ne reste donc plus aucun argument pour appuyer l'identification des deux Gabriel.

A la mort de Gabriel, métropolite de Perside, Abū Manṣūr Naṣr b. Hārūn, qui représentait 'Aḍud al-Dawla dans le Fārs, fit nommer métropolite le moine MĀRI b. AL-ṬŪBĀ, ancien secrétaire de la fille d'Aḥ-

[83b] Ceci a conduit LE QUIEN, *O.C.*, II, col, col. 1251-1253 à penser que Bar Hebraeus confondait ce métropolite avec son homonyme du temps d'Īšō'yaw III.

[84] ṢLĪWA ar. p. 75.

[85] *B.O.*, II, p. 458-460.

[86] MĀRI ar. p. 99, 101, 105; B.H. III-col. 250; Q. VI.

[87] *B.O.*, III. I, p. 277 n. 2.

[88] *O.C.*, II, col. 1255-1256.

mad, femme de Naṣr al-Dawla [89]. Il est significatif que le nouveau métropolite ait été dans les bonnes grâces du prince buwayhide ʿAḍud al-Dawla, lequel lui fit décerner de son trésor des habits d'honneur. Les textes des géographes arabes ont à citer à propos de nombreuses villes du Fārs les entreprises d'urbanisme et les grands travaux de ce prince, ainsi que la protection qu'il accorda aux artistes et écrivains. Si l'on en juge par les bonnes relations qu'elle avait avec le pouvoir, l'Église joua probablement son rôle dans cette renaissance [90].

Les troubles qui accompagnèrent, en 983, la mort des ʿAḍud al-Dawla et la prise de pouvoir de Šaraf al-Dawla, troubles qui entraînèrent la mort de l'ami du métropolite, Abū Manṣūr, furent aussi pour les chrétiens du Fārs l'occasion de beaucoup de vicissitudes; leurs maisons furent pillées par les Daylamites et les biens des églises furent spoliés. Le métropolite Māri consacra désormais tous ses efforts à faire restituer ces propriétés. Il réussit à se mettre dans les bonnes grâces du nouveau maître; il remontait le Tigre en bateau avec l'armée de celui-ci quand, arrivés à Basra, la nouvelle parvint au prince que le catholicos ʿAwdīšōʿ était mort (986). Šaraf al-Dawla décida que Māri le remplacerait.

Devenu donc patriarche en 987, Māri constitua comme son successeur en Perside, SALOMON, alors évêque de Zawābi [91], qui mourut lui-même avant la fin du patriarcat, c'est à dire avant 999.

Māri créa alors métropolite du Fārs son ancien diacre NATHANAËL DE KARḪ ǦUDDĀN, depuis évêque d'al-Sin et qui avait comme tel ordonné prêtre Elie b. Šināya en 994 [92]. Nathanaël venait d'être sacré métropolite et était en route pour sa capitale quand, en 999, arrivant à Arraǧān, il apprit la mort de Māri. Il lui succéda comme patriarche, en l'an 1000, sous le nom de JEAN (V). Il avait déjà pris ce nom quand il était passé de l'évêché d'al-Sin à la métropole de Perside [93].

[89] ṢLĪWA ar. p. 94; MĀRI ar. p. 105; Q. VII.

[90] Dans une petite phrase pas très claire, Māri (ar. p. 105) dit que le nom du métropolite figurait sur plusieurs documents que l'on découvrit plus tard sous l'autel de sa cathédrale. — Sur ʿAdud al-Dawla v.*E.I.*, I (1960) p. 217-219 par H. BOWEN. Sur les *Būyides* en général, *Ibid.* p. 1390-1397 par Cl. CAHEN.

[91] ṢLĪWA, ar. p. 94; Q. VIII.

[92] Note ajoutée à la *Chronographie*, cf. préface de DELAPORTE, p. 11.

[93] ṢLIWA, ar. p. 95; MARI ar. p. 110; B.H. III, col. 262, dit qu'il alla à Šīraz chez le prince B.ah' al-Dawla qui le fit nommer. Q. IX.

Quand Elie de Nisibe écrit sa *Chronographie*, donc en 1018, c'est un autre JEAN qui est métropolite du Fārs. Celui-ci était auparavant évêque d'Égypte [94].

Plus de cent ans plus tard, en 1139, 'AWDĪŠŌ' est métropolite. Il assiste en cette qualité au sacre du patriarche 'Awdīšō' III [95]. C'est le dernier métropolite de Perside dont on possède le nom.

Le siège existe encore au moins jusqu'au XIVe siècle. Abū Ḥalīm, le patriarche rimailleur Elie III (1176-1190), prévoit pour le sacre des évêques des *qanōné* spéciaux à chanter en l'honneur des métropolites de Pārés et Qaramān (Fārs et Karmān) [96], à côté desquels on trouve les évêques des Qaṭrāyé. Nous avons vu plus haut Bar Hebraeus mentionner comme étant encore en vigueur les privilèges du Fārs, donc vers la fin du XIIIe siècle.

De même, au début du XIVe siècle, Ṣlīwa [97] et 'Amr [98] mentionnent le métropolite du Fārs dans leur nomenclature des sièges métropolitains, l'un au dixième, l'autre au huitième rang. Les textes canoniques qui règlent les préséances selon l'ordre de création des éparchies le placent toujours le premier parmi les métropolites 'de l'extérieur' [99].

Après le début du XIVe siècle, où nous sommes arrivés, le texte suivant qui fournira des renseignements sur les circonscriptions ecclésiastiques de Perse est la liste envoyée par 'Awdīšō' IV Mārūn à Pie IV, en 1562 [100]. La liste témoigne des profonds bouleversements qui se sont produits entre les deux dates, probablement du fait des ravages de Tamerlan à la fin du XVe siècle. Désormais il n'y a plus un seul diocèse, non seulement dans le Fārs, mais même dans toute la partie sud de l'Iran. Ce qui reste du domaine persan est alors divisé en quatre éparchies : Urmi supérieur et inférieur, Espurġan et Salmas.

94 Cit. p. 50 (fol. 162).

95 ṢLĪWA ar. p. 105; MĀRI ar. p. 158; Q.X.

96 V.g. dans *Pontifical* Pa.lmer, au patriarcat chaldéen (cod. A. SCHER 55, BIDAWID 341) p. 525-559. S.B. Mgr Cheikho, patriarche chaldéen et S.E. Mgr Dally, auxiliaire patriarcal, ont bien voulu me donner le contenu de ce livre.

97 P. 126.

98 P. 132.

99 IBN AL-ṬAYYIB, *Fiqh al-naṣrānīya*, texte arabe (*C.S.C.O.*) p. 121; 'AWDĪŠŌ' de NISIBE, dans MAI, X, 1, p. 141-142 et *Ordo* p. 55-57.

100 D'après BIAGIO TERZI DI LAURIA, *Siria sacra* (Rome 1695) p. 311, et S. GIAMIL, *Genuinae relationes* (Rome 1902) p. 64-65.

D'où vient donc Abraham, évêque du (ou des ?) mystérieux « Vehdonfores »[101] qui souscrit à Āmed l'épître synodale d'Elie III à Paul V en 1606 ? Assémani[102], suivi par S. Giamil[103], avait reconstitué le nom en Uhdan-Paris, qu'il traduit par « ditio Persarum ». Les listes à peine antérieures de 1607[104] et 1610[105] ne contiennent rien de semblable. Tout au plus remarque-t-on dans cette dernière un Abraham, évêque de « Rachni ». On a l'impression que « Vehdon » et « Rachni » sont deux déformations différentes d'un même original, mais lequel ? Le seul examen des traductions latines publiées ne peut résoudre le problème. Il serait étonnant qu'il faille chercher ce diocèse dans le Fārs, où il semble bien qu'il n'y ait plus de chrétiens à cette époque.

Arrağān et Ḫārg

Avant de quitter Rew Ardašīr, disons ce que l'on sait du christianisme dans le district dont la ville fit partie à partir du VIe siècle, le Kavāt Ḫurrah, et notamment sa capitale, Arrağān.

On se souvient que la ville avait été fondée ou restaurée, vers 503, par Kavāt, qui y avait installé des prisonniers d'Āmed (Diarbékir) et Mayaferqīn et l'avait appelée Veh Āmed-i Kavāt, la meilleure Āmed de Kavāt[106]. Elle sera détruite par les « Assassins », probablement au XIIe siècle, mais reprendra plus tard une certaine vie[107].

Si les chrétiens qui habitaient la ville elle-même ne semblent pas avoir laissé de traces, on sait cependant que, près d'Arrağān, se trouvaient deux couvents, l'un des Syriens, c'est-à-dire des déportés, et l'autre des autochtones, couvents tous deux bâtis par Jean de Daylam à la fin du VIIe siècle, donc après l'Islam[108].

[101] Ou peut-être mieux *Vehdonsores.*

[102] *B.O.*, I, p. 547 ; III. II. p. 771 ; Q. XI.

[103] *Genuinae*, p. XL, 143, 146.

[104] Ibid. p. 514-515.

[105] Ibid. p. 114.

[106] MUSTAWFĪ, p. 128-130. Voir aussi BALḪĪ, p. 61 ; YĀQŪT (BARBIER) p. 18, 257, où Yāqūt pense que c'est la même ville qu'Al-Rağān ; ABŪ 'L-FIDĀ ; texte p. 322, trad. M. REINAUD p. 89-90 ; *E.I.*, I (1958) col. 679-680 par M. STRECK et D.N. WILBER Cp. DENYS DE TELL MAHRÉ p. 206 et M.S., II, p. 156-159.

[107] NASSIRI KHOSRAU (ca. 1050) *Safer Nameh*, trad. Ch. SCHEFER (1881), p. 249-250. Le Maqdassī dit que nulle part ailleurs les femmes ne sont aussi loquaces.

[108] AL-IṢṬAḪRĪ, p. 112-113, mentionne al-Dayr ou Dayr 'Umar, probablement pour 'Umr. — Sur *Jean de Daylam et l'imbroglio de ses fondations*, v. *Proche Orient Chrétien*, X (1960), p. 195-211.

La légende du saint [109] ne peut évidemment se contenter de cette fiche signalétique des deux couvents; elle explique encore les luttes du saint avec le démon de la Montagne de Mām et la fondation d'un premier couvent à un mille et demi de l'eau. Cette situation ayant posé des problèmes d'irrigation dont le saint ne s'était pas préoccupé, un ange transporte couvent, jardin, palmiers (il y en avait quand même!) et montagne jusque près de la rivière. Seule la cellule du saint reste à sa place.

Puis, le nombre des frères du couvent ayant augmenté, les frères syriens (nestoriens) veulent imposer aux frères persans que la prière soit récitée en grec. Une inspiration divine évite le drame entre les deux partis, et Jean de Daylam bâtit pour les frères syriens, de l'autre côté de la rivière, un second couvent tout semblable au premier. Le thaumaturge obtient encore un sursis avant de mourir pour pouvoir bâtir une église dédiée à « la Mère de Dieu » [110], la Vierge pure, Marie, église où il fut le premier à être enterré dans le martyrion qu'il avait construit.

On ne parle plus que « du » couvent d'Arraǧān quand Māri b. Ṭūbā est nommé métropolite de Perside après 963. Māri remet en ordre les affaires financières du couvent, qu'une moine originaire de Sīrāf avait dépouillé [111].

Une dernière mention du couvent de Jean de Daylam apparait en 1064-1072, quand le patriarche Sawrīšōʿ Zanbūr consacre métropolite de Gondisapor le supérieur de ce couvent, Etienne dit Abū ʿAmr [112]. Il y a cependant une possibilité qu'il s'agisse d'un troisième couvent du même saint, diffèrent de ceux d'Arraǧān, celui-ci situé non loin de Baṣra, près d'al-Ubulla [113].

La situation exacte du couvent d'Arraǧān n'est pas précisée. Une enchanteresse « vallée des moines », chantée par un poète anonyme

109 Telle qu'elle se trouve par exemple dans le Cod. syr. Mingana 543 de Birmingham, fol. 68v-75v. Dans un troisième stade encore plus fantaisiste de la légende, on transportera tout, mer, fleuve, montagnes et couvents à 2000 km. de là, à Qaraqōš, près de Mossoul, pour expliquer comment il s'y trouve un couvent au nom de ce saint.

110 C'est du moins ce qu'écrit le scribe syrien occidental, car Jean de Daylam, qui était nestorien, n'aurait jamais employé ce titre.

111 Māri, lat., p. 93.

112 *Ibid.*, p. 110.

113 *Ibid.*, p. 4. — Le même couvent est cité dans la *Vie de R. Yūsuf Busnāya*, p. 47.

comme faisant oublier tous les maux de la vie, est citée en même temps que le vallon de Bawān, lequel se trouvait entre Arrağan et Nawbanğān [113a].

Du district d'Arrağan dépendait [114] l'île de Ḫārk ou Ḫārg [115], située en face de Bandar Bušīr et productrice des plus belles perles du Golfe.

Les voyageurs du siècle dernier y avaient bien signalé des croix sculptées et d'autres motifs [116], mais on ignorait tout de son passé chrétien quand, en 1959 et 1960, la Mission archéologique française en Iran fut invitée à fouiller l'île et y découvrit un monastère daté par la céramique du VIe-VIIe siècle et qui subsista jusque vers le XIe [117].

Comme dans tous les ensembles anachorétiques du temps, le couvent proprement dit, c'est à dire les cellules des supérieurs, des cénobites et des novices, ainsi que les services généraux, est groupé autour de l'église ; de petites « maisons » un peu éloignées représentent les habitations des moines isolés plus anciens, les « monasteria » comme disait Ethérie.

Le couvent a été baptisé « nestorien » par les archéologues ; cependant le plan de l'église d'une part, et d'autre part la présence à une centaine de mètres au sud-est d'un hypogée extérieur, indiquent plutôt un plan syrien occidental.

Les croix sculptées, la plupart tombales, appartiennent au type appelé traditionellement « nestorien » ; en fait, le style est commun aux deux branches de l'Église syrienne, voire aux Coptes d'Egypte, toutes ces croix ayant probablement une origine commune de Jérusalem.

Si donc on ne peut rien conclure des croix, peut-on déduire du plan des bâtiments que le couvent de Ḫārg était vraiment syrien occidental ?

113a Yāqūt (Barbier), p. 119.

114 Au XIVe s., d'après Al-Mustawfī, *Nuzhat*, p. 136, Ḫārk dépendait du district de Kavāt.

115 Ibn Ḥawqal, p. 44; Yāqūt (Barbier), p. 193.

116 État de la question en 1959 et références dans L. Vanden Berghe, *Archéologie de l'Iran ancien*, p. 52; bibliographie n° 110.

117 Le résultat des fouilles fit l'objet d'une communication de M.R. Ghirshman à l'Académie des Inscriptions et Belles Lettres, le 19 septembre 1958 : *Comptes rendus de l'Académie des Inscriptions* (1958), juillet-octobre 1959, p. 261-269; également, du même, *L'île de Kharg*, *Revue archéologique*, 1959 (I), p. 70-77, et *The Island of Kharg* (An Iranian Oil Operating Companies Publication, Tehran 1960), 16 p., voir surtout fig. 11, 12 (église), 12, 13, 14 (croix). Correspondance particulière avec le P.M.J. Stève, de juillet 60 à août 62.

Pour pouvoir répondre à cette question il faudra attendre que le site ait été fouillé en détail, les sources écrites ne nous montrant aucune communauté syrienne occidentale organisée dans tout le Golfe Persique, en tout cas certainement pas d'évêché.

Le prétendu évêché syrien occidental de Baḥrayn [118] est en fait celui de Baḥrīn, une obscure localité du Ṭirhān, c'est à dire de la région de Takrīt, dans la vallée du Tigre ; cet évêché apparait en conjugaison avec Karma, celui-ci nettement localisé dans la même région. Si dans certains textes le nom de Baḥrīn figure à côté de « al-ǧazīra », qui pourrait vouloir dire « l'île », il en est séparé par un « et » : al-Ǧazīra (ici la région de Mossoul) ET Baḥrīn [119], et non pas « ǧazīrat (al-) Baḥrayn », qui voudrait dire : l'île de Baḥrayn. On peut remarquer de plus que cette dernière dénomination est une façon moderne de parler, le nom de Baḥrayn désignait, nous le verrons, un territoire beaucoup plus vaste.

Il ne faut pas non plus retenir la lecture Aburkāfān pour le diocèse d'Abadqawān ou Akazqawān qui figure dans les listes de Michel le Syrien [120], et y voir la grande île de ce nom au Fārs [121]. M. Benveniste avait suggéré qu'on pourrait également lire le nom 'Abaskūn' et y voir une ville sur la Caspienne [122]. Ceci correspond déjà mieux avec les districts où la présence de Syriens occidentaux est attestée par ailleurs. Il n'y a plus d'hésitation du tout sur la lecture à choisir quand on relève les mentions complètes des évêques de ce siège, dans les listes de Michel, sans se limiter au résumé de Chabot. Le troisième évêque d'Abadqawān, Anastase [123], est dit clairement avoir son siège au Ḫurā-

[118] *D.H.G.E.*, VI (1932), col. 237, s.v. ; Mgr. Barsaume, *Aperçu, Revue patriarcale*, III (1936), p. 198 ; E. Honigmann, *Le couvent de Barsauma*, p. 116, n° 16 ; etc.

[119] *Chron. de Seert*, II, p. 223. Le texte est également clair dans Māri, où le diocèse comprend : al-Bawāzīǧ (une ville des environs de Takrīt), la Ǧazīra et Baḥrīn.

[120] M.S., p. 495.

[121] J. Dauvillier, *L'expansion de l'Église syrienne (Jacobite) en Asie Centrale et en Extrême Orient, O.S.*, I (1956), p. 76-87, d'après Chabot, *Les évêchés jacobites du VIIIe au XIIIe siècle, R.O.C.*, IV et V (1899). E. Honigmann, *Le couvent de Barsauma*, p. 112, précise que l'île était appelée Ǧazīra Banī Kāvān, aujourd'hui Qišm.

[122] Barbier, p. 1.

[123] XXII, n° 34, sous Denys II (1208), trad. III, p. 461, syriaque IV, p. 758. — E. Honigmann, cit. a également remarqué la mention du Ḫurāsān, mais pense qu'elle a été ajoutée, « sans doute par erreur ».

sān ; la ville de la Caspienne se trouve en effet dans cette région, ce qui exclut l'île du Fārs.

Comment donc expliquer que le couvent présumé syrien oriental de Ḫārg ait un plan syrien-occidental ? On pourrait supposer que la différenciation des plans ne s'était pas encore faite quand le couvent fut bâti, et que l'ordonnance primitive fut gardée par la suite. On peut aussi se rappeler qu'il y avait, dispersées dans le Fārs, de petites communautés issues d'anciens déportés de Syrie. Il semble que ces colonies se soient ralliées à la hiérarchie nestorienne, représentant le groupe majoritaire de la région. C'est ainsi que nous avons vu le nestorien Jean de Daylam fonder deux couvents, l'un pour les autochtones, l'autre pour les Grecs. Alors que les premiers priaient dans la langue liturgique des Nestoriens, le syriaque, les seconds avaient conservé le grec. Qu'ils aient gardé aussi un plan d'église apparenté à celui de leur pays d'origine, plan qui plus tard ne sera préservé que par les Syriens occidentaux monophysites, ne me semble pas préjuger, au VIe-VIIe siècle, de leur allégeance confessionnelle. Aucune inscription chrétienne, que je sache, n'a été jusqu'ici découverte à Ḫārg ; il serait dans la logique du reste des vestiges que les plus anciennes de ces inscriptions dussent être en grec, même si, encore une fois, les moines appartenaient à la confession nestorienne. Les archéologues auraient donc, sans le vouloir, eu raison d'appeler le couvent « nestorien ».

Šāhpuhr Ḫwāst

Le nom de Šāhpuhr Ḫwāst apparait parmi les territoires chrétiens soumis au catholicos Yahwālāhā Ier, en 420 [124].

> La ville est connue, elle se trouve dans le petit Lūristān, à hauteur de Bagdad, un peu à droite de la route qui va de cette ville à Ispahan [125], donc dans le district situé entre le Ḫūzistān et la terre d'Ispahan [126] ; elle s'appelle aujourd'hui Ḫurremābād.

L'esprit associateur d'Assémani l'a fait se précipiter tête baissée dans tous les rapprochements possibles. Ayant trouvé dans le catalogue

124 *Syn. or.*, p. 276.

125 Mustawfī, *Nuzhat*, p. 166.

126 Yāqūt (Barbier), p. 293.

de ʿAwdīšōʿ de Nisibe un écrivain nommé GABRIEL, évêque de Šāhpuhr Ḫwāst [127], l'auteur de la *Bibliotheca orientalis* [128] accroche immédiatement cette ville à son homonyme Šāhpuhr (tout court) mentionnée dans la liste d'Élie de Damas en 900, et l'évêque Gabriel à son homonyme métropolite de Perse en 963. De la double confusion des deux Gabriel et des deux Šāhpuhr résulte [129] une troisième proposition : donc, au Xe siècle, Šāhpuhr (Ḫwāst) avait succédé à Rew Ardašīr comme centre de l'éparchie [130].

En fait, la liste d'Élie est formelle : vers 900 « Šābūr » n'est qu'un des diocèses de l'éparchie, elle ne peut donc être le siège du métropolite. Il n'est pas sûr non plus qu'il faille identifier Šāhpuhr Ḫwāst, évêché de l'écrivain Gabriel à une date inconnue, au Šābūr d'Elie de Damas. En effet le nom de Šābūr seul s'applique plutôt au district de Šāhpuhr Ḫurrah.

Šāhpuhr Ḫurrah et Kāzrūn

Ce gouvernement, un des principaux du Fārs [131], le plus riche bien que le plus petit, est aussi appelé en arabe Bilād Šābūr, ou Šābūr tout court [132]; il était situé entre le Fārs et le Ḫūzistān.

Son centre ancien, appelé simplement « la cité » (Šahristān) par al-Bašarī, était Nawbandağān [133] d'après Ibn al-Faqīh, Bīšābūr d'après al-Mustawfī. Le Strange remarque justement [134] que les auteurs confondent souvent Bīšābūr avec Nīšābūr, cette dernière étant en fait une ville du Ḫurāsān.

A la fin du Xe siècle la plupart des habitants de Bīšābūr se transportèrent au site voisin, les trois bourgs de Kāzrūn [135], qui devint la nouvelle capitale du district de Šābūr [136].

127 N° 188, *B.O.*, III. I, p. 277.

128 *B.O.*, III. II, p. 773.

129 *B.O.*, III. II, p. 771.

130 *O.C.*, II, col. 1255-1256.

131 BARBIER p. 293-295, 410, 568 ; I. ḤAWQAL p. 268 ; IṢṬAḪRĪ p. 97 ; BALḪĪ p. 50-59.

132 MUSTAWFĪ p. 125-128.

133 Qui ne peut être le Nawbanğān visité par A. STEIN (*Iraq* III [1936] p. 160) et qui figure sur sa carte (*Geographical Journal*, 86 [1935] p. 490-497) entre Fīrūz Ābād et Dārāb.

134 *Eastern Caliphate* p. 262.

135 BARBIER, p. 472-473.

136 MUSTAWFĪ, cit. ; ABŪ'L- FIDĀ' I. p. 325, II p. 94-95.

Du point de vue chrétien, on remarque une fois de plus que le principal centre n'était pas, dans les débuts, la vieille ville de Bīšāpūr [137], probablement citadelle de la religion officielle, mais les bourgs de Kāzrūn. En était évêque le FARĀBOḪT qui fut nommé catholicos en 421 par la protection de Vahrām V Gōr, et bientôt destitué [138]. Malgré la suggestion d'A. Scher [139], il ne semble point qu'il faille identifier ce Farāboḫt à son homonyme cité parmi les rebelles du synode de Dādīšō' [140] en 424; celui-ci resterait bien évêque d'Ardašīr Ḫurrah.

En 544, l'évêque ABRAHAM, qui accompagne le synode ambulant d'Ābā Ier, porte le titre de Bīh Šāpūr [141].

Il semble que l'évêché de Bîh Šāhpuhr-Kāzrūn et celui de Šābūr en 900 ne soient qu'un seul et même évêché, désigné dans le premier cas par le nom de sa capitale et dans le second par le nom de sa province [142].

Šīrāz et Sīrāf, Ardašīr Ḫurrah

Après son prétendu transfert à Šāhpuhr Ḫwāst, le siège métropolitain de Perside aurait encore émigré à Šīrāz. Les faits avancés par Assémani [143] comme étayant cette assertion, à savoir les campagnes électorales menées par les Šīrāziens de Bagdad en faveur de Māri b. Ṭūbā (987) et de Jean V (1000) ainsi que les banquets offerts par eux après l'élection [144], ne prouvent pas en soi que Šīrāz ait été métropole ecclésiastique. Elle ne l'était pas encore, en tout cas, vers 900, quand son *évêque* est nommé par Elie de Damas parmi les suffragants du *métropolite* de Perse.

137 Cependant Bét Šābūr figure parmi les fiefs de Yahwālāhā en 420, *Syn. or.* p. 276. La phrase est peut-être postérieure. — Étude sur *The City of Shāpūr* par D. TALBOT RICE dans *Ars Islamica* II (1935) p. 176-188, précédé d'une *Historical Notice* par G. REITLINGER p. 174-176. La ville fut complètement désertée au XIIe siècle.

138 ṢLĪWA ar. p. 28; MĀRI ar. p. 36.

139 *Tārīḫ Kaldū wa Āṯūr*, II, p. 118 n. 2.

140 *Syn. or.* p. 287.

141 Ibid. p. 322, 323 et 332 n. 3.

142 LE QUIEN, *O.C.*, II col. 1255-1256, range sous le nom de l'Église de Šābūr le seul évêque connu de Šābūr Ḫwāst.

143 *B.O.*, III. II, p. 775-776 et *O.C.*, II col. 1255-1256.

144 MĀRI ar. p. 110.

Šīrāz, nouvelle capitale civile du Fārs [145], avait été fondée après l'Islam; elle ne figure donc pas au *Synodicon orientale*. Elle appartient à la province d'Ardašīr, Ardašīr Ḫurrah, dont l'ancienne capitale était Gōr, située à vingt parasanges de la future Šīrāz.

Le premier sassanide, Ardašīr, restaura Gōr et la baptisa, ainsi que la province dont elle était le centre, de son propre nom [146], Ardašīr Ḫurrah.

Plus tard encore la ville recevra un troisième nom : Aḍud al- Dawla (949-982) l'appellera Fīrūz Ābād [147], le séjour du bonheur [148], pour conjurer l'idée de « tombeau » que contenait le nom ancien de Gōr [149].

On n'a pas de témoignage sur l'existence d'une chrétienté à Gōr.

L'autre centre ancien de la province d'Ardašīr était la ville côtière de Sīrāf [150]. Ce grand port, que l'on atteignait de Baṣra, par beau temps, en sept jours, était, du temps d'Ibn Ḥawqal, une ville aussi grande que Šīrāz, dont il était distant de soixante parasanges. Même quand l'île de Qays b. 'Umayra sera devenue le principal entrepôt des marchands des Indes, Sīrāf restera la seconde ville de la province, et ceci malgré la fréquence et la violence des tremblements de terre [151].

Il n'est pas étonnant qu'il y ait eu dans le relais commercial de Sīrāf une importante colonie chrétienne, qui avait un évêque vers 900. Il semble en effet qu'Assémani, suivi par Le Quien [152], ait eu raison d'y reconnaitre le Sīrān d'Elie de Damas. Sīrāf apparaît encore, après 987, comme la patrie d'un moine prévaricateur [153].

145 Yāqūt (Barbier) p. 23, 364, 410; Mustawfī p. 111-114; I. Ḥawqal p. 267, 279; Abū 'l-Fidā' II p. 97; Balḫī p. 35-50. — 'Aḍud al-Dawla bâtira encore Gird Fānā Ḫosro à côté d'elle, Balḫī p. 38.

146 Yāqūt (Barbier) p. 174-176, d'après Ibn al-Faqih.

147 D'après Sir A. Stein, *An Archaelogical Tour in the Ancient Persia*, dans *Iraq* III (1936) p. 117, Gōr (plan p. 18) était à deux milles au nord-ouest de Fīrūz Ābād; Vanden Berghe, cit. p. 47 et 156.

148 Balḫī p. 43-46; Mustawfī p. 116. Le *syn. or.* p. 456 n. 2 attire l'attention sur la confusion possible avec une ville homonyme, près de Sāmarrā'. En fait, cette ville s'appellait Karḫ Pīrôz; l'autre Pīrōz Ābād se trouvait au Šahrzūr, cf. *Assyrie chrétienne* III (Beyrouth 1968) p. 71, 73.

149 Ḥamza d'Ispahan, *Tawārīḫ*, p. 33 s'élève contre cette interprétation. Gūr, dit-il, ne veut pas dire *tombeau*, mias bien *trou*, car les Persans n'avaient pas de tombeaux.

150 Mustawfī p. 116; Iṣṭaḫrī p. 103; I. Ḥawqal p. 281; Yāqūt (Barbier) p. 23, 85, 331-333; Abū 'l-Fidā; II, p. 96; Al-Ta'ālibī, *Histoire des rois de Perse*, p. 166-167, donne la légende qui explique le nom « lait et eau ». Aujourd'hui la localité s'appelle Bandar Tahiri.

151 Mas'ūdī, *Avertissement*, p. 74.

152 *B.O.*, III. II p. 779; *O.C.*, II, col. 1257-1258.

153 Māri lat. p. 93.

Si l'on croit à la continuité des sièges, c'est à Sīrāf qu'il faut placer le centre du diocèse d'Ardašīr Ḫurrah, rencontré dans les synodes. Contrairement à l'hypothèse d'A. Scher nous avons déjà retenu le réprouvé FARĀBOḪT comme évêque d'Ardašīr Ḫurrah en 424; on connaît encore l'évêque de 544, QARDĀG [154].

Iṣṭaḫr

Iṣṭaḫr [155], une des plus anciennes villes de Perse, était résidence royale avant qu'Ardašīr fit de Gōr sa capitale; elle resta ville du trésor jusqu'à l'Islam. Prise pour la première fois en 643 [156], elle se révolta, pour être reconquise en 649. Elle perdra de son importance du fait de la création par les musulmans, en 684, de sa rivale Šīrāz.

Chef-lieu sous les Sassanides de la province la plus vaste et la plus riche du Fārs, Iṣṭaḫr se devait d'avoir un évêque. Yahwālāhā la fait déjà fièrement figurer parmi ses fiefs en 420 [157]; son premier évêque connu, en 424, s'appelle ZADOÏ [158]. La ville avait encore un évêque en 900, mais aucun nom ne nous est parvenu.

A part sa mention comme lieu d'origine de tel ou tel moine, tel Bar Sahdé [159], Iṣṭaḫr n'a presque pas d'histoire chrétienne connue.

Il y avait, probablement près de la ville, un petit couvent qui fut ruiné lors de la première persécution, vers 342, quand son supérieur Bar Šéwya (c'est-à-dire : celui qui est né en déportation) fut mis à mort avec les dix membres de sa communauté. Malheureusement le récit

154 *Syn. or.* p. 287, 322, 331.

155 Aujourd'hui Taḫt-i Ṭā'ūs, à 65 km. au sud de Pasargades et 5 km. au nord de Persépolis. — BALḪĪ p. 19-30; YĀQŪT (BARBIER) p. 49-50, 410; MUSTAWFĪ p. 118-120; IṢṬAḪRĪ p. 97; ABŪ 'L-FIDĀ' II p. 88; I. ḤAWQAL p. 277-278. Étude : *E.I.*, (fr.) II, 1927 p. 592-594 par M. STRECK. Fouillée par E.F. Schmidt en 1935, cf. L. VANDEN BERGHE, *Archéologie de l'Iran ancien* p. 23.

156 ELIE DE NISIBE, *Chronographie* p. 84.

157 *Syn. or*, p. 276, si toutefois la liste n'est pas tardive.

158 Ibid. p. 285. — *B.O.*, III. II, p. 725; *O.C.*, II, col. 1255-1256.

159 *L.C.* n° 9. Le nom de son lieu de naissance est également donné comme Ḥahh Šābūr. — Une femme païenne de Lāšōm au temps de l'évêque Sawrīšō' (avant 596) est aussi originaire d'Iṣṭaḫr, *Chron. de Seert*, II. p. 158.

du martyre de ces moines [160] à la porte de la ville d'Iṣṭaẖr est très imprécis quant aux localisations et aux personnes. Les têtes des suppliciés auraient été exposées dans le grand temple de la déesse Anāhīt, pour faire peur aux chrétiens. Leurs corps furent, selon l'usage général, exposés aux bêtes et aux charognards. Un mage, spectateur de l'exécution, s'introduisit parmi eux et fut mis à mort avec eux. Toute sa famille se convertit dans la suite.

A la fin du VIIe-début du VIIIe siècle, Rabban Guīwārguīs de Kaškar, disciple de R. Makkīẖa et par lui de R. Théodore de Kaškar [161], fonda un couvent près de la ville « dans la montagne de Fārs ». On ne précise pas si la nouvelle communauté s'établit au même lieu que l'ancienne, ce qui était fréquent.

Dārābgard

Cette ville, appelée aujourd'hui Dārāb et célèbre par le voisinage des reliefs avec inscriptions connus sous le nom de Naqš-i Rustam [162], était résidence royale et capitale du district du même nom [163], le plus oriental du Fārs [164].

Le premier évêque connu de Dārābgard est YAZDBOZĪD, un des réprouvés de 424 [165].

Entre 551 et 566, on trouve sur le siège de Dārābgard l'évêque MALKA. Celui-ci s'étant adressé, pour obtenir un diplôme royal, au favori de Chosroès, Ézéchiel évêque de Zābé, plutôt qu'au catholicos Joseph,

160 *B.H.O.*, 146 s.v. *Barsabias*; D. LECLERCQ, *Les martyrs*, III, p. 133 et 179-180, *Šuhadā' al-Mašriq*, I, p. 272-274. Fête le 17 juin. — Daniel b. Mariam racontait cette passion dans son *Histoire ecclésiastique* perdue. Le *Chronique de Seert* I. p. 197, cite d'après lui la croix lumineuse qui apparut pendant plusieurs jours durant leur martyre. — A. VÖÖBUS, *Asceticism*, I, p. 230, 247, 254. Cet auteur souligne (p. 228) que c'est probablement l'apport de tels déportés qui valut à Iṣṭaẖr de devenir rapidement évêché.

161 *L.C.* n° 101.

162 Situation, v.A. STEIN, cit. *Iraq*, III (1936) p. 190-194, plan de la ville p. 155. Etude des sources dans *E.I.*, II (1963) p. 135 par D.N. WILBER.

163 Il n'y a pas lieu de lire Darbaġdād comme le proposait A. SCHER, *Kaldū*, II, p. 118 n. 2.

164 BALẖĪ, p. 31-35; MUSTAWFĪ p. 124-125; I. ḤAWQAL p. 267-278; YĀQŪT (BARBIER) p. 226-227, 410; ABŪ 'L-FIDĀ', I. p. 331; II. p. 100; ḤAMZA, *Tawārīẖ*, p. 28.

165 *Syn. or.* p. 287.

ce dernier s'en irrita et lui fit enlever le décret. Ce fut l'occasion pour la Perside toute entière de rayer des Diptyques le nom du catholicos et de s'affranchir de son obéissance [166].

Comme dans les cas précédents, l'évêché de Dārābgard s'éclipse pendant quatre cents ans pour reparaître, toujours existant et sous le même nom, dans la liste d'Elie de Damas, ici encore sans nom d'évêque [167].

Le Karmān

Déja adjoint à la Perside sous Īšō'yaw III (649-659) [168], et jusque dans les *qanōné* d'Abū Ḥalīm (1176-1190) dans le pontifical [169], en passant par la liste d'Élie de Damas (900), l'évêché de Karmān est bien attesté.

Le district est connu. Il est situé au sud-est du Fārs. Ses capitales furent successivement Sīrǧān ou Sīrikān, située à vingt quatre parasanges de Šīrāz [170], puis Kūwāšīr, ou Gwašīr, appelée Bardasīr [171] dans les sources arabes, ville qui porte de nos jours le nom de Karmān.

Connaît-on les noms de certains évêques du Karmān, et peut-on préciser où se trouvait le siège de ce diocèse [172]? Assémani et Le Quien s'y sont essayés, mais j'hésite à me rallier à leur opinion.

D'après eux [173] le siège épiscopal et même le centre du Karmān était la ville d'Hormuz, puis l'île de Zārūn, à douze milles de la vieille cité, où les habitants émigrèrent après que leur ville ait été ruinée par les Tartares [174].

166 *Chron. de Seert*, II, p. 86; Māri ar. p. 53. Ici aussi la suggestion d'A. Scher de considérer Malka comme originaire de la ville, au lieu de le regarder comme son évêque, ne peut être retenue.

167 *B.O.*, III. II, p. 742-743; *O.C.*, II, col. 1255-1256 s.v. *Drangerd.*

168 *Lettres*, cath. XIV, trad. *C.S.C.O.*, p. 180.

169 Cod. 55, patriarcat chaldéen.

170 Yāqūt (Barbier) p. 333, 482-485; le Strange, *Eastern Caliphate*, p. 299-321; *E.I.*, (fr.) IV (1934) p. 469 par Cl. Huart.

171 Yāqūt (Barbier) p. 90, 495.

172 *B.O.*, III. I, p. 133-147; *O.C.*, II col. 1255-1256.

173 *B.O.*, III. II, p. 734 et 767; *O.C.*, II, col. 1317-1318.

174 Abū 'l-Fidā', cité par *B.O.*

Il est certain qu'il y eut des chrétiens à « Ormos » : en 1616, le patriarche Elie VIII se plaint au pape Paul V des ennuis que les Portugais leur causent [175] ; mais ceci ne veut pas dire pour autant que cette ville était centre de l'évêché.

Assémani cite deux évêques d'Hormuz et donc (d'après lui) du Karmān :

— Gabriel, mentionné par 'Awdīšo' de Nisibe [176] pour ses écrits contre les Manichéens et les Chaldéens. Frère de Théodore, métropolite de Merw, il vivait sous Ābā Ier, donc vers 540.

— Et Théodore, envoyé par Īšō'yaw III (649-659) en Perside pour négocier avec le métropolite Simon [177]. Ce dernier fait aurait dû attirer l'attention d'Assémani. Si Théodore put être envoyé en Perside, c'est qu'il n'en était pas : un évêque suffragant ne représenterait pas le catholicos pour ramener à l'obéissance son propre métropolite. On voit en effet dans les lettres d'Īšō'yaw que Théodore était évêque d'Hormizd Ardašīr, laquelle ville n'est autre qu'al-Ahwāz, et donc n'appartenait pas au Fārs mais au Bēṯ Hūzāyé (Ḫūzistān) [178].

Il y a bien des chances que le premier évêque, Gabriel évêque d'Hormuz, soit lui aussi évêque d'Hormizd Ardašīr : il y avait plus de Manichéens au B. Hūzāyé qu'en Fārs. Il faut donc s'abstenir, jusqu'à plus ample informé, de considérer Gabriel comme évêque d'Hormuz du Karmān, dont on n'a jamais dit qu'elle ait été le centre de sa province.

« *Marmadīt* » (?)

A ces diocèses que l'on peut, vaille que vaille, localiser dans le temps et l'espace, la liste d'Élie de Damas ajoute un septième, dont Assémani a lu le nom [179], en arabe, Marmadīt.

Comme je n'ai pas été plus heureux qu'Assémani pour retrouver ce nom, tel qu'il est écrit, dans les répertoires géographiques arabes, je crois que l'on peut admettre le principe d'une déformation du mot et,

175 *Genuinae.*, p. 144, et déjà *B.O.*, III. II, p. 767. — Une église aurait été fondée à Hormuz sous Constance II, vers la fin du IVe siècle, *B.O.*, III. II p. 784.

176 *Catal.* n° 78 ; *B.O.*, III. I, p. 147-148.

177 Lettre cath. XVI, trad. p. 187.

178 *Syn. or.* p. 673.

179 *B.O.*, II, p. 459.

à partir de sa graphie en caractères arabes, essayer d'imaginer les distorsions que ses composantes ont pu subir.

Assémani [180] propose d'y reconnaître Serendib, c'est-à-dire l'île de Ceylan, où en effet Cosmas Indicopleustes, en 520-525, trouva des chrétiens, avec un prêtre et une église, parmi la colonie persane de marchands, probablement surtout importateurs de chevaux pour le roi. Cosmas, qui donne le nom indien (Sielediva) et grec (Trapobane) de l'île, ajoute que le prêtre et le diacre, ainsi que tous les objets du culte sont envoyés de Perse ; les indigènes eux-mêmes et leur roi étaient païens [181].

Resta-t-il des chrétiens à Ceylan après la fin de l'empire perse ? Un texte du IXe siècle, donc un peu antérieur à la liste d'Élie, texte dû à Abū Zayd al-Ḥasan de Sīrāf [182], dit que « dans la dite île se trouve un grand nombre de Juifs, aussi bien que d'autres sectes, même des Tanawis ou Manichéens, étant donné que le roi permet le libre exercice de toute religion ».

Peut-on partir de ce texte pour supposer qu'il y avait encore des chrétiens à Ceylan à cette époque ? Pourrait-on, par une deuxième supposition, présumer que ces chrétiens avaient un évêque ? Même si tout cela se trouvait réalisé, je ne crois pas que cet évêque se fut trouvé parmi les suffragants de la Perside. En effet la situation géographique de Ceylan en fait un satellite de l'Inde [183] ; or s'il est vrai que l'Inde recevait jadis son évêque du métropolite de Perside [184], elle avait obtenu un métropolite spécial probablement avant Timothée (778) [185] et certainement avant 853, date à laquelle ce métropolite assiste au synode d'élection de Théodose. Un hypothétique évêque de Ceylan dépendrait, en 900, du métropolite de l'Inde et non plus de celui de Perside.

Si par conséquent « Marmadīt » peut difficilement être Ceylan, que cache donc ce nom mystérieux ?

Deux hypothèses me semblent possibles : ou bien le nom est une déformation de Māšmāhīğ, et nous aurions alors le seul diocèse du

180 *B.O.*, III. II, p. 771, 778.

181 *Topographie chrétienne*, citée dans *Voyageurs anciens et modernes*, par E. Charton, t. II (Paris 1869) p. 27. — L'ouvrage classique sur Ceylan, *Ceylon, its Geography, its Resources and its People*, par E.K. Cook (McMillan, 1953), mentionne parmi les lieux de pélerinage les temples chrétiens de Madhu et de Ste Anne (p. 21) sans explication. Ce que l'auteur dit du christianisme ne concerne que les missionnaires récents (p. 33, 43, 275). Les importateurs de chevaux étaient exempts de taxes (p. 6).

182 Cité par E.K. Cook p. 7, d'après la traduction de l'arabe par J.T.Reinaud,

183 E.K. Cook cit., carte p. 54.

184 Au témoignage de Cosmas (*VI s.*), cit. p. 27, et de la lettre d'Īšōʿyaw III à Simon de Rew Ardašīr (*VII s.*). Voir aussi *B.O.*, III. II, p. 437-439.

185 ʿAwdīšōʿ, *Epitome can. syn.* VIII, 15 dans Mai, X. 1, p. 141-142.

Bét̠ Qaṭrāyé qui aurait subsisté à cette époque ; ou bien on peut y voir le nom de la nouvelle capitale du Karmān, Kwāšīr, nom que les Arabes rendaient par Bardasīr. Cette ville [186], à deux jours de marche de la première capitale du Karmān, Sīrǧān, était située sur la route du Ḫurāsān, ce qui en faisait un centre commercial et lui vaudra de remplacer Sīrǧān comme capitale de la province. Quand on se rappelle la richesse du Karmān qui, déjà du temps des anciens rois de Perse, versait à la couronne un impôt de soixante millions de drachmes d'argent, alors que quarante millions seulement étaient perçus sur le Fārs, on peut imaginer que les commerçants chrétiens durent rapidement avoir à Bardasīr une communauté suffisamment importante, et par ailleurs assez éloignée de la première capitale, pour avoir un évêque.

Suivant cette hypothèse, je proposerais donc de mettre un premier évêque du Karmān à Sīrǧān (et non pas à Hormuz) et un second à Bardasīr (Marmadīt). La place de ce dernier au septième rang de la liste, alors que « Karmān » occupe le quatrième, semble indiquer que le siège est plus récent. Nous avons vu que cela concorderait avec ce que l'histoire nous apprend du développement successif des deux centres du Karmān : Sīrǧān et Bardasīr.

Je préfère cette seconde hypothèse [186a] à la première, car, bien qu'en français Māšmāhīǧ semble plus proche de Marmadīt que ne l'est Bardasīr, il en est en fait plus éloigné dans les caractères arabes originaux du texte. De plus le diocèse de Māšmāhīǧ était, nous le verrons, très ancien ; Elie de Damas le mettrait-il ainsi en fin de liste ?

Soqōṭrā

Le dernier des évêchés suffragants du Fārs énumérés par Élie de Damas est celui de la grande île de Socotra, située au sud de la péninsule arabique, à la sortie de la Mer Rouge [187]. Sa situation ne la met pas directement parmi les diocèses du Golfe Persique ; nous devons cependant en dire un mot ici.

186 Yāqūt (Barbier) p. 90, 484.

186a Qui ne vaudrait plus s'il était prouvé que Bardasīr avait déjà monopolisé le nom de Karmān en 900. Ce ne semble pas encore le cas pour Yāqūt au début du XIIIe s.

187 Voir par exemple *Appendix F*, p. 609-615 à *Western Arabia and the Red Sea, Geographical Handbooks*, (*Naval Intelligence Division*) (1946) ; Yāqūt, *Mu'ǧam*, éd. Wüstenfeld, III. 1, p. 101-103.

Les textes concernant cette île sont connus, Assémani et Le Quien[188] les avaient déjà rassemblés. Dès le début du VIe siècle, Cosmas Indicopleustes avait signalé que « dans l'île qu'on appelle Dioscorides... dont les habitants parlent le grec et où sont des colons déportés par les Ptolémée, successeurs d'Alexandre de Macédoine, on trouve des clercs envoyés de Perse; on y compte un grand nombre de chrétiens »[189]. Il faudrait probablement vérifier le temps de la déportation de ces « Grecs »; retenons simplement que les chrétiens (syriens) de la colonie dépendaient de l'Église syrienne orientale de Perse. Cosmas ne dit pas qu'il aient eu un évêque de son temps, bien qu'il souligne leur nombre.

Les évêques connus s'échelonnent de 880 à 1282 :

— en 880, l'évêque Dua accompagne le métroplite Jean envoyé au Malabar[190].

— vers 900, Elie précise que l'évêque de Socotra est suffragant du métropolite de Perside. Le huitième et dernier rang qui lui lui est donné dans la liste indique probablement que le siège est le plus récent.

— entre 1064 et 1072, Sawrīšō' III Zanbūr sacre un évêque, dont le nom n'est pas donné, pour Asqūṭarā[191].

— en 1283, Cyriaque, évêque d'Asqaṭrā, assiste au sacre de Yahwālāhā III[192].

Que faut-il donc penser des assertions de Marco Polo[193] qui met à Socotra un « archevêque » dont dépendent deux autres îles, situées à trente milles l'une de l'autre, les fameuses îles des hommes et des femmes, dont l'évêque-roi est suffragant de l'archevêque de Socotra ? Maintenir l'exactitude des termes du marchand vénitien obligerait à dire, comme le fait M. Dauvillier, que le siège de Socotra, d'abord épiscopal, devint pour un temps assez court métropole, puis « perdit son rang... peu après qu'écrivait Marco Polo » et se retrouva évêché en 1283. Les sources syriaques et arabes n'ont gardé aucune trace de tels avatars.

Les écrivains portugais mentionnent encore des chrétiens à Socotra, bien qu'ils se trompent en en faisant des « Jacobites »[194]. L'île était alors rattachée ecclésiastiquement au Malabar[195]; mais ceci sort de notre sujet.

[188] *B.O.*, III. II, p. 780; *O.C.*, II, col. 1257-1258; J. Dauvillier, *Les provinces chaldéennes de l'extérieur*, p. 277.

[189] *Voyageurs*, cit. p. 27.

[190] *O.C.*, cit d'après Didace de Couto.

[191] Māri, ar. p. 125.

[192] Ṣlīwa, ar. p. 124.

[193] III, 31; références aux éditions dans Dauvillier, cit. n. 60. Les chrétiens de Socotra pratiquaient la piraterie maritime et étaient craints comme tels par les musulmans. — Réf. dans J. Richard, *European Voyages in the Indian Ocean*, *Iran* VI (1968), p. 50, n° 34.

[194] Abū 'l-Fidā' cité dans *B.O.*, III. II, p. 780, dit exactement que les habitants de l'île sont des chrétiens nestoriens.

[195] La Cruze, *Histoire des Indes*, p. 265, cité dans *B.O.*, III. II, p. 423.

II. Le Bét Qaṭrāyé

La côté ouest du Golfe Persique, avec les îles qui en dépendent, se rattache géographiquement, non à la Perse, mais à la péninsule arabique. La partie nord, faisant face au Fārs, formait ce qu'on appelait le Baḥrayn [196], dont l'hinterland s'appelait Yamāma [197]; la partie sud, faisant face au Karmān, constituait le 'Umān [198]. En nomenclature chrétienne, l'ensemble comprenant les îles et les oasis portait le nom de Beṯ Qaṭrāyé et des Iles Maritimes, [199].

Il faut distinguer entre les Iles Maritimes et les Iles de la Mer, qui sont dans l'Océan Indien. Ainsi le chroniqueur Ṣlīwa rapporte-t-il [200] que l'apôtre Māri évangélisa » ... le Yemen et les Iles... et les Iles de la Mer du Yemen et de la Mer des Indes ».

Le nom du pays de Baḥrayn et de Yamāma évoque immédiatement les pêcheries de perles [201]. Celles-ci jouent un rôle dans plusieurs anecdotes, dont quelques unes auront leur répercussion en histoire ecclésiastique [202]; on cite aussi l'épisode du requin qui interrompit la pêche des perles pendant trois mois et dont Dieu délivra les fidèles en réponse à des rogations solennelles [203].

En plus de la pêche, une grande partie du commerce de l'Inde passait par le Golfe [204]. Ceci explique, en même temps que la prospérité commer-

196 Aujourd'hui l'appellation est plus restreinte et se limite à l'archipel de Baḥrayn. Voir : Mustawfī, *Nuzhat*, p. 135-136, avec le Fārs; Yāqūt, I, p. 507; Abū 'l-Fidā', trad. II. I, p. 135-136. Synthèses dans F. Wüstenfeld, *Bahrein und Jamama Nach arabischen Geographen beschrieben* (Göttingen 1874); *E.I.* (angl.) I (1960) s.v.p. 941-944 par. G. Rentz et W.E. Mulligan. Du point de vue chrétien voir surtout R. Aigrain, article *Arabie* du *D.H.G.E.* VII (1924). Sa carte de l'Arabie au VIIe siècle (col. 1251-1252) ne met rien sur la côté orientale de la péninsule.

197 *Chron. anon.* Guidi, p. 31-32; *E.I.* (fr.) IV (1934) par A. Grohmann.

198 Plus tard, pour Yāqūt (I. p. 432 s.v. *Baṣra*), le 'Umān commencera déjà à al-Ubulla, près de Baṣra. — *E.I.*, (fr.) III (1936) p. 1042-1044 par A. Grohmann.

199 Etude schématique dans Sachau, *Christentum in Asien*, p. 59.

200 Ar. p. 1.

201 *Syn. or.*, p. 448 n. 3; sur les pêcheries modernes et la description du pays, voir S.B. Miles, *The Countries and Tribes of the Persian Gulf* (1e éd. 1909) p. 374-417.

202 Par exemple l'histoire de Joseph qui fut élu catholicos sous l'influence de Chosroès Ier auquel il avait offert des perles inégalées. *Chron. de Seert* II p. 100 (également p. 25 et 86).

203 Un petit poisson (un rémora ?) s'introduisit dans l'ouïe du gros, M.S. III, p. 85.

204 Histoire du commerce dans le Golfe : S.B. Miles, cit. p. 355-373; S.A. Al-'Alī, *Muḥāḍarāt fī tārīḫ al-'Arab* (4e éd. 1967) p. 36-37; *Sūmer* (Bagdad) XXII (1966) p. 49-56, par Fu'ad Ǧamīl.

ciale des Iles et des ports, l'essaimage rapide des colonies chrétiennes tout au long de la route maritime.

La région elle-même était alors plus fertile qu'aujourd'hui. Ses dattes et ses grains sont mentionnés, ses textiles sont célèbres.

Les évêques des Iles Maritimes sont cités en 410 après ceux de Perside [205], sans que le texte permette de décider si les deux titres sont jumelés ou séparés. Il faut probablement lier les deux noms et lire « les évêques de Perside et des Iles ». En 420, dans les titres que se donne Yahwālāhā [206] les deux noms sont séparés ; on remarque cependant que, dans cette énumération, métropoles et évêchés sont mélangés sans aucun ordre.

Le Bét̲ Qaṭrāyé, qui, nous l'avons dit, couvrait beaucoup plus que le Qaṭar moderne [207], comprenait plusieurs diocèses, suffragants du métropolite du Fārs [208].

Les crises de Perside se répercutaient sur le B. Qaṭrāyé. Ainsi, en 524/537, l'un des deux catholicoi rivaux, Elisée, inclut le Baḥrayn dans sa tournée d'épuration, destituant métropolites et évêques qui lui résistaient et en sacrant d'autres à leur place [209].

De même en 649/659, la crise qui oppose la Perside à Īšō'yaw III s'étend au B. Qaṭrāyé qui suit encore la province mère, notamment pour la nomination des évêques. Īšō'yaw les exhortera ironiquement à pousser leur émancipation jusqu'au bout et à nommer eux-mêmes leurs évêques, comme les « hérétiques » [210].

La chose est faite et le B. Qaṭrāyé apparaît au complet, avec même un « métropolite », en 676 quand le catholicos Georges Ier réunit à Dayrīn, avec le « métropolite » Thomas (dont on ne dit pas où il a sa résidence), les évêques de l'île de Dayrīn, des Mazūnāyé, de Hagar et de Ḥaṭṭa.

Mais peut-on donc parler d'une *métropole* du B. Qaṭrāyé ? Si l'on entend par là une éparchie, érigée canoniquement comme telle par un catholicos déterminé, il faut répondre par la négative. Les canonistes

205 *Syn. or.* p. 273 ; *O.C.*, II, col. 1259-1260.

206 *Syn. or.* p. 276.

207 *E.I.* (fr.) II (1927) p. 865-866, par A. Grohmann.

208 *Bk.* II, p. 188.

209 *Chron. de Seert*, II p. 58.

210 Les lettres XVII à XXI du catholicos, trad. p. 188-204, traitent de cette crise, que j'étudie en détail dans la biographie d'Īšō'yaw III.

Ibn al-Ṭayyib [211] et ʿAwdīšōʿ de Nisibe [212], qui dressent des listes de telles érections, et déterminent les préséances des sièges, ne mentionnent pas le B. Qaṭrāyé.

Le seul texte qui donne à un évêque le titre de « métroplite du B. Qaṭrāyé » est celui du synode local de Georges Ier, en 676 [213]. Encore faut-il probablement considérer ce titre comme « datum non concessum ». En effet, Thomas de Marga est formel [214] : « Mār Catholicos (Georges Ier) descendit au B. Qaṭrāyé pour en réconcilier les habitants qui avaient fait sécession de l'obédience du trône épiscopal de Rew Ardašīr, qui est la Perside ». Le texte est clair : le B. Qaṭrāyé s'est déclaré lui-même indépendant de la Perside, il s'est constitué en métropole autonome, et l'un de ses évêques, Thomas, a usurpé le titre de métropolite.

Sans reconnaître officiellement ce titre dans le texte des actes du synode, le catholicos préférera l'employer une fois, comme s'il allait de soi, pour le bien de la paix.

On ne sait pas si quelqu'un après Thomas porta le titre officieux de métropolite du B. Qaṭrāyé, car le christianisme disparut bientôt de la région. Ceci eut lieu au début du VIIIe siècle, lors des campagnes d'al-Ḥaǧǧāǧ b. Yūsuf, pense M. Dauvillier; à partir du IXe, selon le P. Lammens [215]. En fait nous avons vu des chrétiens de Baḥrayn organiser des rogations pour se débarasser d'un requin [216], cela se passait en 835; on ne sait s'ils avaient encore des évêques. La dernière mention que j'aie trouvée de chrétiens au Yamāna et Baḥrayn se situe sous le catholicos Yūwānīs III (893-899) quand un šayḫ rebelle, Ab ū Saʿīd al-Ǧanābī, y saisit momentanément le pouvoir et traite les chrétiens avec bienveillance [216a].

[211] *Fiqh al-naṣrānīya*, texte (C.S.C.O.) p. 121.

[212] Dans Mai, X. 1, p. 141-142; *Syn. or.* p. 619-620; *Ordo iudiciorum ecclesiasticorum* p. 56-57.

[213] *Syn. or.*p. 482.

[214] *Bk.* II p. 188.

[215] H. Lammens, *Maronites, Mazoniti et Mazoun*, dans *Mélanges Fac. Or. Beyrouth*, II (1907) p. 407. Le P. Lammens cite un vers de Ḏū 'l-Rumma prouvant le christianisme du prince poète Imru 'l-Qays (texte arabe dans *Le chantre des Omiades* [al-Aḫtal], 1895, p. 22 n. 1) et aussi Yaʿqūbī, I. p. 298, ainsi que la réminiscence d'Ibn Saʿad (*Ṭabaq*, I, 1, p. 112. 2) d'un évêque de Tamīm.

[216] M.S., III, p. 85.

[216a] Māri ar. p. 84, lat. p. 75.

Aucun évêque de la région ne figure en tout cas dans les listes d'Élie de Damas, sauf si « Marmadīt » cache Māšmāhīğ, ce qui me semble peu probable.

Les *qanōné* d'Abū Ḥalīm (1176-1190), dans le pontifical, contiennent encore des prières pour le sacre des évêques des Qaṭrāyé et des Iles Maritimes [217]; et le métropolite de Perside continue à ajouter à son titre celui des Iles Maritimes, par exemple dans la liste que ʿAwdīšōʿ de Nisibe, au début du XIVe siècle, prête au synode d'Isaac [218]; on ne peut dire si le nom correspondait encore à la réalité ou si c'était un archaïsme.

Un texte reste, qui fait difficulté. Il s'agit de la liste de métropoles fournie par Ṣlīwa [219] et ʿAmr [220] à la fin de leurs recensions du *Livre de la tour*, recensions contemporaines des textes de ʿAwdīšōʿ de Nisibe. Avant de scruter cette liste, remarquons que l'ordre des métropoles énumérées ne suit pas l'ordre d'institution et de préséance; on ne peut donc rien conclure de la position de tel ou tel nom dans la liste pour le comparer aux autres listes connues.

Ceci dit, Ṣlīwa et ʿAmr mentionnent une métropole de Faṭraba au Qaṭraba. A supposer que la seconde lecture soit la meilleure [221] et que l'on corrige encore (un point suffit en arabe) pour obtenir Qaṭraya [222] et dire que celui-ci « est visiblement le B. Qaṭrāyé », tout au plus pourrait-on en conclure que Ṣlīwa, trouvant dans le *sūnhādōs* ou ailleurs la mention du Thomas de 676, ajoute cette « métropole » à sa collection. Le texte n'a aucune valeur pour prouver que le B. Qaṭrāyé ait été, en fait et canoniquement, métropole.

Māšmāhīg

Le premier diocèse du B. Qaṭrāyé rencontré dans les textes, sans pour autant que l'on puisse dire si c'était le plus ancien, est celui de Māšmāhīg, dont l'évêque, Bataï, est « de nouveau » censuré, réprouvé,

[217] V.g. *Pontifical* Parlmer, au patriarcat chaldéen, Cod. 55 (Bidawid 341) p. 525-559.

[218] Can. XXI, *Syn. or.* p. 619-620.

[219] Ar. p. 126.

[220] Ar. p. 132.

[221] C'est celle d'Assémani, *B.O.*, III. II, p. 426, 740, suivi par Yule et J. Dauvillier (cit. p. 277).

[222] Qui devrait d'ailleurs être Qaṭrāya, un *alif* n'étant pas une petite lettre en arabe.

excommunié et déposé par le synode de 410, qui le remplace par Élie [223]. En 576, son évêque, Serge, adhère par écrit au synode d'Ézéchiel [224].

Entre 649 et 659 l'évêque Abraham est un des chefs de la rébellion du B. Qaṭrāyé contre Īšō'yaw III qui l'appelle « le prince du mal qui règne à Māšmāhīg » alors qu'il était naguère « le plus louable et le plus éminent des évêques de la province » [225]. On remarque son absence ou celle de son successeur du synode provincial de réconciliation réuni par Georges Ier à Dayrīn en 676 [226].

Où se trouvait Māšmāhīg ? Abandonnant la suggestion d'y reconnaître Mozambique [227], les modernes [228] penchent plutôt pour l'identifier à l'île de Samāhīğ que Yāqūt [229] place « au milieu de la mer, entre al-'Umān et al-Baḥrayn ». Sachau y voit « un endroit de l'île de Muḥarraq », laquelle est la plus septentrionale de l'archipel actuel de Baḥrayn. On peut pourtant se demander si l'île de Muḥarraq n'est pas située un peu trop près de Dārīn, lui-même siège d'évêché, pour être le centre d'un diocèse différent.

Dayrīn

Dayrīn, ou en arabe Dārayn ou Dārīn, port situé au sud d'une petite île de la baie d'al-Qaṭīf, était la plus grande ville du Baḥrayn ; on y amenait le musc des Indes [230]. Son évêché fut créé en 410 [231], le premier évêque s'appelait Paul.

Un de ses successeurs, Jacques, en 585, posa à Īšō'yaw Ier vingt questions de pastorale dont les réponses du catholicos ont été conservées [232].

223 *Syn. or.* p. 273, 275, 616.

224 Ibid. p. 387.

225 *Lettres*, cath. XIX, trad. p. 196-197.

226 A moins que ce ne soit justement ce siège qui soit devenu « métroplitain » et que Thomas n'en soit le titulaire.

227 *O.C.*, II, col. 1259-1260 ; *B.O.*, III. II, p. 763.

228 V.g. Markwart, p. 43.

229 III, p. 131, en persan Māšmāhī. Dans une poésie (Ibid. I, p. 670) le nom est épelé Mašāhīğ. Yāqūt mentionne encore un village homonyme près de Baḥrayn et de Ğū'āṯa (q.v., Ibid. II, p. 136 et III, p. 764).

230 Yāqūt, II, p. 537. — *Bk.* II. p. 188 ; *B.O.*, III. II, 744 note aussi la graphie Dādan (?).

231 *Syn. or.* p. 273 et 618 n. 3, où le nom est écrit *ARDAÏ* ; *O.C.*, II, col. 1259-1260.

232 *Syn. or.* p. 424, 455. Ici le nom est écrit *DARAÏ*.

Dès 627-629, sur l'invitation de Mahomet, le seigneur du Baḥrayn, al-Mund̲ir b. Sāwa, passa du christanisme à l'Islam pour se garder au pouvoir. Ce fut lui qui se chargea de collecter la capitation, qui dans le cas, d'après al-Balād̲urī, se montait à la moitié de leurs grains et de leurs dattes. Ce fut le premier impôt qui rentra à Médine [233].

La conquête définitive eut lieu en 633. Il ne semble pas qu'elle ait changé beaucoup, du moins dans les débuts, à la chrétienté locale. C'est à Dayrīn que, en 676, le catholicos Georges Ier réunit le synode provincial qui devait terminer la sécession du B. Qaṭrāyé du trône patriarcal [234]. L'évêque de Dayrīn s'appelait alors Īšōʿ YAW. La ville devait être célèbre pour ses étoffes car le catholicos en rapporta un grand voile pour la porte de l'autel de son ancien couvent de B.ʿĀwé.

Un des canons du concile de 676 [235] montre que, dans certains diocèses du Baḥrayn, les autorités locales chrétiennes étaient encore en place et avaient affermé la perception de l'impôt pour les musulmans. Le concile rappelle à ces « fidèles qui détiennent l'autorité » qu'il ne leur est pas permis d'exiger des évêques la capitation ou le tribut.

> De Dayrīn même était originaire un certain Maʿné, interprète du roi Nuʿmān de Ḥīra, vers 600. Quand Chosroès voulut attirer Nuʿmān à la cour pour le mettre à mort, ce fut ce Maʿné qui jura au roi arabe, sur l'évangile, que Chosroès ne lui voulait que du bien. Nuʿmān le crut, et alla vers son destin [236].

En relation avec Dayrīn sont citées dans les synodes la localité de Tōdūrū qui a peut-être donné son nom à l'île de Tārūt dans laquelle se trouve Dārīn et l'île de Tālwān et Ruha.

Tālwān, qui ne semble pas avoir eu d'évêque, devait cependant avoir un groupe chrétien d'une certaine importance puisque Īšōʿyaw III la mentionne dans une lettre en même temps que les villes épiscopales [237]. L'île, dont le nom est encore épelé Talōn ou Tālōn, eut aussi ses moines; nous avons rencontré l'un d'entre eux dans la vie du martyr Yazdbozīd [238].

233 A. FATTAL, *Le statut légal des non musulmans en pays d'Islam*, p. 19-20, avec références.

234 *Syn. or.* p. 482.

235 Can. XIX, *Syn. or.* p. 489-490.

236 *Chron. anon.* GUIDI, p. 18.

237 Cath. n^e^ XVIII, trad. p. 194-195.

238 *Orient Syrien*, XI (1966) p. 133-137.

Plus au nord, à dix huit parasanges d'al-Ubulla, dans l'île de Ramaṯ, vécut en solitaire, sous le catholicos Tomarṣa (363-371), le moine-évêque 'Awdīšō'. Quand il partit à Ḥīra, il laissa dans l'île un démon emprisonné et geignant [239].

Mazūn

Le B. Mazūnāyé [240], c'est-à-dire le 'Umān, avait, au moment de la conquête musulmane, une population chrétienne importante [241]. La région, « située dans les parages de la mer et s'étendant sur plus de cent parasanges » [242], était riche et douée d'une végétation abondante. Le port principal était Ṣuḥār, que les Perses appelaient aussi Mazūn [243].

Une des trois églises fondées par Theophilus Indus, envoyé de Constance II au roi de Ḥimyār vers la fin du IVe siècle, semble avoir été à Ṣuḥār [244]. Son premier évêque connu, JEAN, est mentionné au synode de Dādīšō' en 424 [245], et l'évêque DAVID au synode de 544 [246]. Depuis environ 430 le 'Umān était vasal de l'empire perse par l'intermédiaire des rois Lakhmides de Ḥīra [246a]. En 563, Qays b. Zuhayr, Šayḫ des Abs, une tribu du Naǧd, se retira en 'Umān avec son clan qui devint chrétien ; lui-même se fit moine [247].

En 570 une armada persane sous les ordres de Vahraz descendit la Mer d'Oman pour aller attaquer les Abyssins au Yemen. Au passage ils établirent une garnison d'environ 4000 hommes, sous le commandement d'un *marzbān*, dans une forteresse près de Ṣuḥār appelée Ǧamšīt-Gerd [248]. Les Persans se contentèrent du contrôle de la côte ; les tribus locales, des Azd régis par la dynastie de Julanda, gardaient la responsabilité de

[239] Chron. de Seert, I, p. 199.

[240] *Maronites*. cit. p. 397-407.

[241] Chez Farazdaq, par exemple, *Mazūn* est associé à *Nabaṭi* pour vouloir dire *chrétien, tributaire*. v. LAMMENS cit.

[242] *Chron. anon.* GUIDI, p. 31-32.

[243] MAS'ŪDĪ, *Prairies d'or*, I, p. 331.

[244] *B.O.*, III, II, p. 784 ; S.B. MILES, cit. p. 23.

[245] *Syn. or.* p. 285.

[246] Ibid. p. 328 et liste GUIDI p. 332 n. 3.

[246a] AL-ṮA'ĀLIBĪ, cit. p. 555.

[247] S.B. MILES, cit. p. 23.

[248] Aujourd'hui Ǧabal Ǧaraba ou Feleǧ al-Sūq, cf. S.B. MILRES, p. 25-27. Cette garnison était le Limoges des Sassanides.

l'intérieur. Un « conseiller politique » persan résidait auprès de leur roi à la cour de Nezwa. La dynastie Julanda n'était pas chrétienne, bien que la plupart de leurs sujets l'aient été.

Les évêques continuaient, bien sûr, à exister sous le régime persan raffermi. SAMUEL assiste au synode de 576 dans la capitale de l'empire [249].

L'accueil fait par les princes du ʿUman à l'appel du Prophète (630), la révolte contre eux de la plupart de leurs sujets, à la mort de Mahomet en 632, puis la reconquête à la journée de Dibba, font partie de l'histoire générale [250]. La plupart des chrétiens de ʿUmān gardèrent cependant leur religion et le P. Lammens [251] cite un vers du poète Farazdaq disant : « Ce n'est pas dans le ʿUmān qu'il faut chercher la religion (musulmane) ».

La mort du prince Jeifar, vers 650, amena-t-elle une recrudescence de pression sur les Arabes chrétiens pour leur faire accepter l'Islam ? L'émir supérieur du Baḥrayn et ʿUmān appesantit-il son joug direct, maintenant que le signataire du traité avec le Prophète avait disparu ? Toujours est-il que la révolte de la Perside contre Īšōʿyaw III, entre 649 et 659, entraîna de nouvelles défections parmi les Arabes chrétiens du ʿUmān. Plutôt que de payer la capitation, certains préfèrent abandonner une foi déjà bien ébranlée par le scandale de la division des prélats [252].

Ce n'est pas le lieu d'épiloguer sur la défection du ʿUmān, prélude à celle de tout le B. Qaṭrāyé. Un de ses facteurs est le fait que les populations étaient ici arabes et non pas « nabatéennes » comme l'étaient la majorité des chrétiens de Perse. Alors que ces derniers trouvaient normal de payer un impôt aux maîtres de l'heure, comme d'ailleurs ils le payaient déjà bien souvent aux Persans [253], les fiers Arabes se rebellaient contre les conditions discriminatrices de leurs contribules musulmans. Si leur foi chrétienne était solide, comme c'était le cas pour les ʿIbādites de Ḥīra, les Ghassanides de l'Euphrate ou les gens

249 *Syn. or.* p. 368.

250 S.B. MILES, cit. p. 30-44.

251 Cit. p. 404-405.

252 ṬABARĪ, III, p. 402.

253 Sur l'*état du droit iranien* (concernant la fiscalité) *à la veille de la conquête musulmane*, v.A. FATTAL, *Le statut légal*, cit. p. 322 avec réf.

de Nağrān, ils préféraient à la taxe la résistance armée, ou, si celle-ci était impossible, l'exil; si leur foi était déjà vacillante, comme c'était le cas ici, ils embrassaient l'Islam [254].

Les tribus arabes du Baḥrayn ancien sont connues depuis le temps de Sapor II (309-379), pendant la minorité duquel ils avaient fait des incursions en Perse et qui gagna chez eux son surnom de « Ḏū al-aktāf » en perçant les épaules de ses vaincus pour les relier par une corde. Il fixa les Banū Taġlib à Dārīn, les 'Abd al-Qays et certaines tribus de Tamīn à Hağar, déporta certains Bakr b. Wā'il dans le Karmān, des Hanẓala à Tawāğ dans le Fārs et leurs chefs à Firūz Šābūr [255]. Au moment de la conquête musulmane [256] on trouvait des Bakr et des 'Abd al-Qays au Baḥrayn des Ḥanīfa au Yamāma et des Azd dans le 'Umān actuel : Tamīn et Kinda étaient plus vers l'intérieur de la péninsule arabique.

Je ne veux pas étudier ici en détail la crise du 'Umān, puisque je le fais dans la biographie d'Īšō'yaw III; il faut corriger cependant d'un mot ce qu'on a écrit des évêques de B. Qaṭrāyé qui auraient à ce moment fait profession d'islamisme [257]. Les lettres d'Īšō'yaw sont claires : pour s'assurer la protection des autorités locales (musulmanes) contre les envoyés du catholicos qui essaieraient de rétablir l'emprise de celui-ci sur leur province, les évêques déposèrent chez les autorités copie des actes de leur synode proclamant leur autonomie, demandant à ces autorités de les aider à maintenir l'application de ces décisions contre les « prétentions » du patriarche.

Après le fin de la crise, lors de la visite du patriarche Georges, en 676, Etienne assiste au synode au titre d'évêque des Mazūnāyé. C'est le dernier nom connu d'évêque du 'Umān.

Hağar et Yamāma

Un autre diocèse apparaît pour la première fois au synode de 576 [258], auquel assiste Isaac, évêque de Hağar et Pīṭ Ardašīr (Ḥaṭṭa).

[254] On ne dit pas à quelle religion appartenait le qaṭrāya habitant de Šušter qui introduisit les musulmans dans la ville en échange du tiers du butin, *Chron. anon.* Guidi, p. 30.

[255] Al-Ṯa'ālibi cit. p. 514, 518, 519, 529.

[256] Carte d'A.S. al-'Alī dans *Historical Atlas of the Muslim Peoples*, (Amsterdam 1957) p. 2.

[257] R. Aigrain, dans *D.H.G.E.*, III (1924) col. 1307; E. Tisserant, *Nestorienne* (*Église*) dans *D.T.C.* XI. 1 (1931) col. 189-190.

[258] *Syn. or.* p. 387.

Hağar [259] était la principale ville du Baḥrayn intérieur, c'est-à-dire du Yamāma. Elle était résidence du *marzbān* du temps des Sassanides et restera capitale jusqu'en 926 de notre ère; elle sera alors remplacée par Laḥsa.

A l'appel de l'Islam, Saboḫt se soumit au Prophète. En l'an 10 de l'hégire (631), les Banū Ḥanīfa, branche chrétienne des Banī Bakr, habitants al-Yamāma, envoyèrent une ambassade à Muḥammad, dont ils adoptèrent la religion. Ils démolirent leur église, en aspergeant le site avec l'eau des ablutions du prophète, et bâtirent une mosquée à sa place [260].

Hağar se souleva, l'année suivante, contre l'Islam, sous la conduite de Ğarūr de Ḥīra. La répression amena probablement d'autres défections. Cependant le diocèse continua à avoir des évêques. On connait encore Pusaï [261], évêque de Hağar seule, qui prend part au synode de 676.

Ḥaṭṭa

Ḥaṭṭa, en arabe al-Ḫaṭṭ, l'ancien Pīṭ Ardašīr, est identifié à Laḥsa, près d'al-Qaṭīf [262]. Ici aussi, le désert actuel ne doit pas faire oublier les conditions anciennes de fertilité, telles que les décrit encore la *Chronique anonyme* de Guidi, à la fin du VIIe siècle [263] : « La région de Ḥaṭṭa, sur le rivage de la mer, près des îles du Qaṭar, a une végétation abondante »...

Quant à son évêché, il fut créé entre 576 et 676. A la première date en effet nous avons vu Pīṭ Ardašīr jumelée avec Hağar sous le même évêque; au synode de Georges Ier par contre, à côté de l'évêque de Hağar siège Šāhīn, évêque de Ḥaṭṭa [264].

259 Mas'ūdī, *Avertissement*, p. 499; A. Markwart, *A Catalogue of the Provincial Capitals of Eranshahr* (Rome 1931) p. 103; *E.I.* (fr.) II, (1927) p. 208-209, par F. Buhl; Abū 'l-Fidā', *Géographie*, trad. M. Reinaud, II. I, p. 133, discute si Hağar est à identifier à la localité de Yamāma ou si celle-ci est différente; Assémani, *B.O.*, III. II, p. 752. interprète le nom par : *pierre*; en fait, la première lettre n'est pas un ḥ mais un h.

260 W. Muir, *Life of Muhammad*, p. 457-458.

261 *Syn. or*,. p. 482.

262 Sur cette dernière, où il y avait, au début de l'Islam, des Mages, des Juifs et des chrétiens, sous le regard des 'Abd al-Qays, v. *E.I.* (fr.) II (1927) p. 869-871, par A. Grohmann. Nassir i Khosro y passa (cit. p. 225).

263 Trad. p. 31-32.

264 *Syn. or.* p. 482.

C'est à un fidèle de Ḥaṭṭa, appelé Nimparuk b. Dustar, qu'Īšō'yaw III avait confié le soin de distribuer ses lettres contre les évêques au moment de la crise du B. Qaṭrāyé. Nimparuk eut peur et garda les lettres [265]; le catholicos les fit alors distribuer par les moines fidèles.

Tels sont les renseignements squelettiques que l'on peut recueillir sur la situation du christianisme au B. Qaṭrāyé. Une pléiade d'écrivains syriaques en sortit qui n'ont pas besoin d'introduction : Isaac de Ninive, Abraham b. Lipeh, Ahōb de Qaṭar, Dādīšō' de Qaṭar... On devrait probablement discuter la personnalité de Gabriel de Qaṭar, maître du catholicos Ḥnānīšō' Ier à l'école de Séleucie et auteur de cinq livres inédits de liturgie [266], mais dont il semble qu'Assémani n'aurait pas dû faire un évêque [267]. De même il faudrait rendre à Qaṭar un autre Gabriel à propos duquel Bāwaï le Grand écrivit son *Livre des causes* [268]. Il faudrait leur ajouter les anonymes [269], et l'on aurait alors le sentiment très fort que, du VIe au VIIIe siècle, le christianisme syrien oriental connut vraiment dans ces îles et ces oasis une prospérité que les sables et les siècles ne peuvent faire oublier.

Bagdad — Iraq

[265] *Lettres*, cath. XXI, trad. p. 201-204.

[266] Baumstark, *Syr. Lit.*, p. 200-210.

[267] *B.O.*, III. I, p. 172 n. 8, à propos du catalogue de 'Awdīšō' nº 66.

[268] *B.O.*, III. I, p. 97; J.B. Chabot, *Lit. syr.*, p. 61 l'attribue à Kaškar en invoquant Echellensis, qui pourtant dit bien (p. 58) Qaṭrāya.

[269] Tel que l'auteur des *Illustrations du livre du Paradis*, cité par Budge *Bk.* II, p. 193 n.1, d'après Wright. — Je ne compte pas parmi les célébrités de Qaṭar un certain Pierre, élève en philosophie, qui livra Alexandrie d'Égypte aux Perses en 614, *Chron. anon.* Guidi, p. 22-23.

IIIa

L'ÉLAM, LA PREMIÈRE DES MÉTROPOLES ECCLÉSIASTIQUES SYRIENNES ORIENTALES

A suivre Assémani et son fidèle Le Quien dans le labyrinthe des évêchés de l'Église syrienne orientale nestorienne, nous avons souvent été entraînés dans un dédale si inextricable que nous étions bien forcés de reconnaître que le « savantissime » s'était quelque part fourvoyé, quelque fois assez loin de la vérité historique.

De telles erreurs sont bien excusables, surtout dans une œuvre aussi monumentale que la *Bibliotheca Orientalis*, et à l'époque où elle fut écrite. Personne ne lui jettera la première pierre; mais dévider un écheveau embrouillé comme à plaisir est plus difficile que de filer de la fibre vierge.

Voulant étudier les diocèses du Bét̲ Hūzāyé, il s'est trouvé cette fois que j'ai dépouillé les sources avant de me rappeler que notre bon *šayḫ* avait jadis fait le travail et avait prétendu nous doter du fil d'Ariane. Je bénis le ciel d'avoir oublié (pour un temps) Assémani, car il a créé ici ce qui peut être le plus magnifique imbroglio de toute sa carrière (1).

Résumons ses conclusions: la province ecclésiastique dont nous parlons connut, dit-il, deux centres successifs. La première métropole est appelée dans les anciens textes Bét̲ Lāpāṭ, la cité des Houzites. On la retrouve devenue simple évêché, sous le nom d'al-Ahwāz, dans la liste d'Elie de Damas

(1) *B.O.*, III.II, pp. 745-747, s.v. *Gondisapor*; p. 758, s.v. *Huzia*; p. 670, s.v. *Lapeta*; I, pp. 458-459, etc.

ÉLAM CHRÉTIEN
(Bét Hūzāyé — Ḫūzistān)

vers 900. C'est qu'en effet, entre-temps, le centre s'était transféré à Gondisapor, ville fondée au IIIe siècle de notre ère. Ainsi parla Assémani.

En fait, les recherches géographiques du siècle dernier et l'édition de nombreux textes, dont celui appelé maintenant le *Synodicon orientale*, permettent de se former une image assez différente de la réalité.

Disons-le en résumé dès le début:

La province ecclésiastique apparaît dans les premiers textes sous le nom de Bét̲ Hūzāyé, le pays des Houzites. Le nom se retrouve chez les géographes du moyen âge et jusqu'à nos jours sous la forme Ḫūzistān. Les textes ecclésiastiques plus récents préfèrent réutiliser le vocable plus ancien: Élam, avec la même acception. Les modernes parlent plus volontiers de Susiane, toujours dans le même sens.

La capitale de la province est, dans les textes anciens, la ville de Bét̲ Lāpāṭ. Celle-ci porte, à partir de 256, un nom iranien qui est rendu par Gondisapor.

Une autre ville, au nom sassanide maintenant connu de Hormizd Ardašīr, retient plus tard pour elle seule le souvenir des Houzites primitifs: (Sūq) al-Ahwāz; du point de vue ecclésiastique elle fut et resta simple diocèse tout au long de son histoire.

Les annalistes orientaux du moyen âge n'ont pas toujours évité dans leurs écrits le rapprochement trompeur des noms, du pays des Houzites tout entier, ou de la « ville », c'est-à-dire la capitale, des Houzites (Bét̲ Lāpāt, Gondisapor) avec la moderne al-Ahwāz.

De même les traducteurs, ceux de la *Chronique de Seert* par exemple, remplacent volontiers par « Susiane » l'arabe « al-Ahwāz » du texte, qui dans l'esprit de l'écrivain (de langue syriaque à l'origine) équivaut à Bét̲ Hūzāyé; ceci peut s'entendre, à condition de ne pas restreindre l'appellation de Susiane au diocèse de Suse, lequel forme une entité encore différente.

Tout ce réseau était si compliqué qu'il n'est pas étonnant si tel ou tel évêque se retrouve dans les études égaré sur un siège qui ne lui a jamais appartenu. Sa place réelle restera quelquefois du domaine de la supposition.

Le canevas de base étant ainsi précisé, ainsi que les pièges qu'il faut essayer d'éviter, nous pouvons maintenant entrer dans le sujet.

LE PAYS DES HOUZITES

Géographiquement (2), la province ecclésiastique du Bét̠ Hūzāyé (Ḫūzistān) était située au nord-est du Golfe Persique, flanquée par le 'Irāq Arabe (ex Bét̠ Aramāyé) à l'ouest et le Fārs (Perside) au sud-est. Au nord-ouest elle confinait au 'Irāq Persan, ou district des Montagnes (al-Ǧibāl), ancienne Parthie, qui formait dans l'Église syrienne orientale la province de Ḥulwān. Au nord-est, elle touchait à la province d'Ispahan.

La province existait déjà comme unité administrative civile au temps de l'organisation de l'Église, ainsi Sapor Ier, dans l'inscription de Kartīr au Naqš-i Rustam (3), vers 270/272, la nomme-t-il la troisième, après la Perside et la Parthie, avant la Mésène, l'Āt̠ōrestān (Babylonie), l'Adiabène, etc. Remarquons le nom grec que l'inscription lui donne aussi: Ouzènè, la Susiane; remarquons également le fait même que l'une des langues de l'inscription, en plein pays persan, soit le grec.

Physiquement, la province se groupait autour du bassin de la rivière Kārūn (4); son sol et son climat, dit Yāqūt, étaient assez analogues à ceux du 'Iraq Arabe.

Quant aux habitants, les géographes arabes se demandent, non sans un certain mépris, qui sont ces Houzites qui parlent une langue qui n'a aucun rapport avec le syriaque, ni l'hébreu, ni l'arabe, ni le persan (5), et dont le nom peut dériver d'une racine qui veut dire porc, porcin. « Il faut reconnaître, dit Yāqūt avec dégoût, que la laideur et le caractère des habitants du Ḫūzistān donne raison à cette étymologie. » Et de citer l'Imām 'Alī qui aurait dit: « Il n'y a pas sur terre une race inférieure à celle du Ḫūzistān; un homme beau y est introuvable. »

---

(2) *Etude géographique sur la Susiane*, J. de Morgan, *M.D.P.*, I (1900), pp. 1-32.

(3) *Res gestae*, p. 39, n. 3.

(4) Les sources géographiques, déjà résumées par Yāqūt (Barbier), pp. 59-60 et 217-218, Mustawfī, pp. 107-110, Abū 'l-Fidā', etc., sont reprises par de nombreuses études telles que Le Strange, *Eastern Caliphate*, pp. 234-247 et *E.I.* (française), II (1927), p. 1043, s.v. *Khuzistan*, par Cl. Huart.

(5) Ibn Ḥawqal, *Ṣūrat al-arḍ*, II, p. 254. — Le *Maahijir 'l-fikar*, cité par De Lacy O'Leary, *How Greek Science passed to the Arabs* (London, 1948), p. 72, dit que le peuple de Gondisapor parlait « un jargon à lui ».

Yāqūt dira aussi: « Les habitants de ce pays sont connus pour leur avarice, la lourdeur de leur esprit et la bassesse de leurs inclinations. Ailleurs il ajoutera leur humeur querelleuse pour les sujets les plus futiles; évidemment « les arts, les sciences, les études religieuses leur sont tout à fait inconnus. Un an de séjour parmi eux suffit, dit-il, pour alourdir l'intelligence et dégrader le caractère de l'homme le mieux doué. » Fièvres, vipères, sauterelles, scorpions, miasmes délétères des marais rendent le climat de ce pays mortel pour l'étranger. Tout cela sera résumé dans un dicton que Yāzīd al-Raqqāšī citera à al-Saffāḥ (6): « Que Dieu mon Seigneur vous refuse ses bénédictions, ô peuple de Ḫūz, car vous êtes des condamnés au feu de l'enfer. »

On se doute que de tels propos sont exagérés. On lit par ailleurs dans Ibn Ḥawqal à propos de Gondisapor: « Elle a tous les biens de la terre; les palmiers et les champs cultivés y sont abondants, ainsi que les eaux » (7), et l'on voit que Sapor malade vint chercher la guérison à Suse, « la ville la plus saine de son empire » (8). Si le climat avait été si mauvais qu'on le dit, pourquoi les rois sassanides, au moins jusqu'à Hormizd fils de Narsaï (302-309), auraient-ils résidé à Gondisapor (9)? Et si les habitants étaient si stupides, comment la ville aurait-elle connu une civilisation si brillante, au Xe siècle par exemple, à l'âge d'or de son école de médecine, sous la dynastie des Boḫtīšō'?

Il y avait dans le pays plusieurs races, dépôts laissés dans la région par tant de vagues d'invasions. Assémani (10) y distingue quatre peuples: Élamites, Susiens, Uzites et Chuzites ou Cosséens. La science moderne (11) a, depuis le siècle dernier, simplifié la liste en remarquant que les Hušši des tablettes babyloniennes, les Ouxioi du grec, tenaient leur nom de

(6) *Prairies d'or*, VI, p. 154.

(7) *Ṣūrat al-arḍ*, II, p. 256.

(8) AL-ṮA'ĀLIBĪ, pp. 531-532.

(9) *Prairies d'or*, II, p. 175.

(10) *B.O.*, III.II, pp. 744-745 et 419-420.

(11) Avec cependant une hésitation de la part de l'*E.I.*, s.v. *Khuzistan*, qui connecte le nom avec les Cassites.

l'appellation iranienne de la Susiane dans les textes trilingues de Béhistoun, Persépolis et Naqš-i Rustam, à savoir: Uvaja (12).

Du point de vue chrétien nous devons surtout retenir les déportés « grecs » pour lesquels Kartīr traduisait sion inscription des *Res Gestae* de Sapor.

Les historiens arabes (13) rapportent que le roi Sapor « aux épaules », après avoir occupé la Haute Mésopotamie, Āmed, Buṣra, Ṭuwāna, Sinǧār, et d'autres pays appartenant aux Byzantins, transporta ses prisonniers dans le Ḫūzistān. Ils s'y établirent et s'y multiplièrent. C'est depuis cette époque reculée, disent-ils, qu'on fabrique les brocarts et d'autres étoffes de prix dans la ville de Tuster; à Suse des vêtements de bourre de soie et de filoselle; des voiles et des tapis à Baṣinna (14) et à Mattūṯ. Des voiles de moins bonne qualité étaient fabriqués à Bīrūd et Bīrdawn (15). Il y avait donc quand même quelques arts en Ḫūzistān!

En plus des Grecs, que nous retrouverons même dans la hiérarchie, l'historien Faust de Byzance signale (16) un apport d'Arméniens, après la prise de leur pays par Sapor II en 355/356 (17). Ils ne semblent pas avoir laissé de traces dans la vie de l'Église locale.

Les divisions administratives du Ḫūzistān varièrent évidemment d'un

---

(12) Déjà S. Guyard (1883) dans *Géographie d'Abū 'l-Fidā'*, II, 2, p. 83 n.; J. de Morgan, *Histoire de l'Elam*, *Revue archéologique*, 3e série, XL (1902), pp. 149-171; E. A. Speiser, *Mesopotamian Origins, The Basic Population of the Near East* (U. of Pennsylvania Press), 1930, pp. 26-27, et E. Dhorme, s.v. *Elam*, dans le *Supplément au Dictionnaire de la Bible*, fasc. IX-X (1932-1933), col. 920-962, complétant et corrigeant *ibid.*, II (1912); col. 1632-1641 par E. Legendre.

(13) V.g. Yāqūt, al-Ṯa'ālibī, p. 530 etc.

(14) Lu par erreur *Nusaybīn* dans la traduction des *Prairies d'or*, II, p. 186.

(15) Ibn Ḥawqal notera que les tissus dits de Bagdad sont en fait fabriqués à Nahr Tīra, en Ahwāz, pour être ensuite expédiés ensuite à Bagdad et donnés par fraude comme y ayant été fabriqués.

(16) Cité dans *Les Res Gestae*, p. 52.

(17) Yāqūt (Barbier), p. 399, mentionne à propos de la petite ville de Ṭīb, située à mi-route entre Wāsiṭ et le Ḫūzistān, que ses habitants étaient restés « Nabaṭ » jusqu'en son temps et parlaient « la langue nabatéenne ». Ils avaient professé le culte de Seth, fils d'Adam, fondateur de la ville, jusqu'à leur conversion à l'Islam.

temps à l'autre. Ibn Ḫurdaḏbah en compte sept, Yāqūt dix (18); seules les villes qui ont une histoire chrétienne retiendront ici notre attention (19).

L'évangélisation du pays est attribuée au disciple Māri par les annalistes syriens orientaux « iraquiens », défenseurs de la primauté de Séleucie-Ctésiphon, première église fondée par Māri (20). Les sources séparatistes, qui ne peuvent nier une origine « grecque » de leur Église, ne peuvent non plus se contenter de la rapporter aux déportations des Sassanides. Ils font donc venir au Béṯ Hūzāyé, avant Mār Māri, des commerçants grecs, qui seraient les antiques et véritables fondateurs de la chrétienté de cette région (21).

Le centre de la province était dès le début, et restera, la ville de Béṯ Lāpāṭ - Gondisapor.

A. La meilleure Antioche de Sapor.

Bien qu'on n'ait gardé aucun texte précis sur l'existence du Christianisme dans la ville avant sa « fondation » par Sapor Ier (241-272), les écrivains syriens anciens préfèrent donner à Gondisapor son nom araméen ancien de Béṯ Lāpāṭ (22).

Personne ne discute plus maintenant que Gondisapor ait pris la place

(18) S.v. *Ahwāz*, Barbier, pp. 56-60.

(19) Abū 'l-Fidā', *Géographie*, trad. J. Guyard, II.2, pp. 83-90, remarque que la seule ville moderne, c'est-à-dire post-islamique, qui existe dans l'Ahwāz est 'Askar Mukram.

(20) Māri, ar. p. 3; Ṣlīwa, ar. p. 1.

(21) *A.M.S.*, I, p. 89. — Ibn Ṭayyib, *Fiqh al-Naṣrānīya*, p. 138, attribue l'évangélisation à St. Thomas. Remarquer la double liste classique des provinces; la première, liste de base, comprend: Mossoul (Āṯōr), al-Ahwāz (Béṯ Hūzāyé) et Fārs. La seconde, évidemment ajoutée, reprend: Mossoul, Gondisapor, l'Inde et la Chine. Le même auteur (p. 115) cite la lettre des Pères occidentaux fixant comme territoire du patriarcat les trois provinces de Fārs, al-Ahwāz et al-Mawṣil.

(22) Il est difficile de trouver au nom une étymologie satisfaisante. O'Leary, cit. p. 14 suggère de traduire: le lieu de la défaite. Autre tentative de Ṭabarī qui raconte la légende du vieux berger Bil dont Sapor fit en un an un notaire, pour prouver que rien ne lui était impossible. Ce texte est maintenant accessible en français (d'après la traduction allemande classique de Noeldeke), dans J. Gagé, *La montée des Sassanides* (1964), pp. 225-226. Critique de l'épisode dans Peeters, *St. Demetrianus, évêque d'Antioche*, dans *Anal. Bollandiana* 42 (1924), p. 300, n. 5.

de Bēṯ Lāpāṭ. Le texte de la *Chronique de Seert* (23), utilisant, on le sait, des sources plus anciennes et très bien documentées, telle que l'*Histoire*, aujourd'hui perdue, de Daniel bar Mariam, dit avec précision que Sapor « rebâtit » la ville, « car elle était tombée en ruines ».

Comment concilier ce texte avec ce qu'il peut y avoir d'exact dans la légende rapportée par Ṭabarī, qui fait transformer par Sapor « un champ non cultivé » en la ville « la plus florissante et la plus agréable de toutes les villes de l'Ahwāz... où la végétation fleurit en hiver comme en été » ?

Aucune fouille n'a encore été faite sur le site de Gondisapor, simplement reconnu par les archéologues (24) près du village moderne de Šāh Ābād, à dix kilomètres au sud de Dizfūl. Les ruines, dit R. Ghirshmann (24*a*) ont pratiquement disparu sous la charrue. La seule chose que l'on sache est que la zone de ruines présente une grande surface rectangulaire. Ceci rejoint une précieuse petite notation cachée dans un recoin de Yāqūt (25), qui nous apprend que la ville avait la forme d'un échiquier. Ce plan géométrique, où toutes les rues se coupent à angle droit à l'intérieur d'un rectangle, signale immédiatement la ville « romaine » (26).

C'est qu'en effet, l'original iranien du nom de Gondisapor veut dire (27) « la meilleure Antioche de Sapor », en référence aux prisonniers que le premier roi de ce nom déporta en ce lieu (28) lors de la première prise

---

(23) I, p. 11.

(24) L. Vanden Berghe, *Archéologie de l'Iran ancien* (1959), p. 66, n'a pas de bibliographie à citer.

(24*a*) *Iran* (éd. anglaise Pelican 1961), p. 320.

(25) Barbier, p. 136, s.v. *Touster.*

(26) R. Ghirshmann, cit., dira qu'elle ressemble curieusement à un camp militaire romain.

(27) L'explication fut fournie par Markwart, *Erānšahr*, p. 145 et retenue, contre d'autres suggestions, par A. Maricq, *Res gestae*, p. 21, n. 1 et p. 46, n. 3. Déjà Ḥamzā, *Tawārīḫ sinī mulūk al-arḍ*, p. 34 : « meilleure qu'Antioche » ; *Chronique de Seert*, I, p. 11 : « Antioche de Sapor », etc. Voir encore Yāqūt (Barbier), pp. 169-170 ; Mustawfī, *Nuzhat*, p. 109 ; Noeldeke (Ṭabarī), pp. 41-42 ; *E.I.* (angl.) II (1915) s.v., pp. 1119-1120 par Cl. Huart, etc.

(28) Textes dans *Chron. de Seert* ; al-Ṯa'ālibī, p. 494 ; Mas'ūdī, *Prairies*, II, p. 185 ; Ṭabarī (Noeldeke), pp. 32-33, 40-41 ; *Res gestae*, lignes 34-36, texte grec, p. 15, étudié par Peeters cit. ; Glanville Downey, *A History of Antioch in Syria* (Princeton 1961), pp. 255-261, 587-594.

d'Antioche en 256 (29). Il semble bien que le roi ait permis aux déportés de se bâtir une ville sur le plan de leur cité d'origine, plan géométrique (30) qui sera le même suivi en 540 par les constructeurs de la seconde « Meilleure Antioche », celle de Chosroès Ier, près de Séleucie-Ctésiphon (31).

Ce que l'on sait par ailleurs de la pratique d'urbanisme des Sassanides montre que, à la différence des anciennes dynasties jusqu'aux Assyriens et Babyloniens, qui empilaient les cités nouvelles sur les anciennes, fournissant aux archéologues de précieux niveaux superposés, les Parthes et les Sassanides préféraient choisir un nouveau site près de l'ancien et y bâtir une nouvelle ville, circulaire si elle était proprement iranienne, à base d'angles droits si les prisonniers grecs travaillaient pour s'installer eux-mêmes (32).

La *Chronique de Seert* et Ṭabarī ont donc probablement raison tous les deux: Sapor reconstruisit bien la ville de Bēṯ Lāpāṭ, qui était en ruines (33), mais dans un site voisin nouveau, « un champ non cultivé », et sur un plan nouveau. Il n'en aurait pas fallu tant pour mériter à la ville un nom auquel le roi attacha sa gloire: Gondisapor.

Parmi les déportés grecs se trouvait un personnage important, l'évêque même d'Antioche (on ne peut pas parler encore de patriarche), Demetrianus. Celui-ci est bien attesté à Antioche même, où il avait succédé à Fabius

---

(29) Plusieurs auteurs dont Mas'ūdī, *Prairies*, II, p. 183 et al-Ṯa'ālibī, *Histoire des rois de Perse*, pp. 523-526, placent devant Gondisapor l'épisode de la libération de Sapor, dont les co-prisonniers de l'Ahwāz, profitant du relâchement de la surveillance la nuit de la fête de la Croix, assouplirent la peau de vache dans laquelle il était cousu, en versant de l'huile dessus... Sapor s'échappe, entre dans la ville assiégée dont les habitants font une sortie, et c'est au tour de Valérien d'être prisonnier... Une des conditions qui lui sera imposée sera de reconstruire la ville de Gondisapor.

(30) Downey, cit. plan n° 7 et photos aériennes.

(31) *Topography of al-Madā'in*, dans *Sūmer* XXII (1967), pp. 25-28. Les photos aériennes montrent le même plan en échiquier.

(32) G. Gullini, *Un contributo alla storia dell' urbanistica : Seleucia sul Tigris*, dans *Mesopotamia* II (1967 - U. di Torino), pp. 135-163, avec plans de villes.

(33) Son site, probablement plus important que celui de Gondisapor, ne semble pas avoir attiré encore l'attention des archéologues. Je n'ai pas pu voir de photo aérienne de Gondisapor, où l'on verrait peut-être, à côté de Gondisapor même, la plus ancienne ville de Bēṯ Lāpāṭ, déjà en ruines en 256/260.

avant 252 (34). Il ne semble pas qu'il ait été remplacé aussitôt après son absence forcée de son siège, lequel fut administré par l'évêque de Tarse, Helenus. Ce ne fut qu'après que la nouvelle de la mort du déporté fut parvenue à Antioche que Paul de Samosate le remplaça, en 260, nous avons vu que Demetrianus avait quitté Antioche en 256. La *Chronique de Seert* attribue sa mort prématurée au chagrin de son état et de celui de son peuple, bien qu'elle ajoute plus loin que la vie des déportés était plus heureuse que celle qu'ils menaient dans leur patrie d'origine.

C'est à la présence de Demetrianus d'Antioche à Gondisapor que les annalistes syriens orientaux tardifs attribuent l'érection du siège épiscopal de cette ville en métropole (35). Le P. Peeters avait déjà relevé l'invraisemblance de la conversation que l'on met sur les lèvres du « patriarche » d'Antioche et de son interlocuteur supposé, le catholicos Pāpā. En plus des anachronismes du dialogue, il suffit pour rejeter cette partie de la légende de relever les dates: Demetrianus fut prisonnier au Béṯ Hūzāyé de 256 à 260, et Pāpā détint le catholicat de 310 à 317, pour mourir vers 329.

De plus, les travaux récents des historiens de l'Église sur les patriarcats ont montré que la notion d'un rapport strict de « judidiction » entre les évêques des principaux sièges de l'Église ancienne et leurs « suffragants », est une notion relativement tardive, qu'il faut bien se garder de projeter (comme l'ont fait nos annalistes) sur les premiers siècles. A cette époque, les relations entre Églises étaient certainement plus souples.

J'hésiterais aussi à partager les soupçons du P. Peeters qui accuse (36) les annalistes syriaques de vouloir cacher l'origine grecque de certaines de leurs Églises, pour tout rattacher directement à l'apôtre des Villes Royales, Māri, et, chez les écrivains encore plus tardifs, au disciple du Christ, Addaï. Il est vrai que l'idée de l'origine de la chrétienté orientale a évolué dans le sens que l'on vient de mentionner mais le *senior* des Bollandistes ne laisse-t-il pas la fougue de son imagination l'emporter un peu trop

---

(34) Peeters, cit., p. 291; Downey, p. 258 et p. 309, n. 150. Son fils, Domnus, sera son deuxième successeur.

(35) Māri, ar. p. 8, lat. p. 7; Ṣlīwa ar. p. 14.

(36) Cit. p. 313.

loin, dans un de ces morceaux de bravoure qui font le sel de ses articles, quand il voit un complot « trop facile à percer, même s'il avait pris le soin de se dissimuler », pour faire prévaloir la « généalogie fabriquée » que l'on voulait faire « devenir l'histoire officielle de toute l'Église de Perse ». Dans cette atmosphère de conspiration il était naturel de soupçonner le pire et d'ajouter tragiquement: « C'est peut-être parce qu'il barrait le chemin à ces inventions mensongères que le livre de Daniel bar Mariam a été finalement exterminé » (37).

Comme preuve de ces noirs desseins, le P. Peeters apporte la « confirmation décisive » qu'il trouve dans l'histoire d'Archelaüs, autre « fondateur » grec d'Église également importante, celle de Kaškar, et autour duquel on ferait la conspiration du silence.

En fait, si les auteurs orientaux n'ont jamais mentionné Archélaüs, ce n'est pas pour cacher une prétendue origine étrangère de l'Église de Kaškar, mais uniquement parce qu'il faudra attendre quelques siècles avant que l'on confonde Kaškar avec Carrhes (Ḥarrān) qui est le seul et véritable siège d'Archélaüs (38). S'il y avait eu « calcul », l'Église de Karka d'Bét Slōḫ ne se serait pas « prétendue fondée par un évêque occidental nommé Théocrite » (39).

La seule chose qui reste est le fait, que l'on tentait d'expliquer, que le siège de Bét Lāpāṯ-Gondisapor jouissait de la « préséance sur tous les évêques de l'Orient », que son titulaire siégeait dans les synodes à la droite du catholicos et jouait le premier rôle dans le sacre d'un nouveau catholicos.

D'un côté les canonistes, Ibn al-Ṭayyib (40), 'Awdīšō' de Nisibe (41), datent ce privilège du temps du catholicos Pāpā, mais sans expliquer la raison de son octroi. D'un autre, la *Chronique de Seert* raconte l'exil à

---

(37) Comme si les troubles qu'ont connus ces régions n'avaient pas été suffisants pour faire disparaître aussi bien le livre de Daniel que tant d'autres.

(38) *Assyrie chrétienne*, III (Beyrouth, 1968), pp. 152-155.

(39) *Vers la réhabilitation de l'Histoire de Karka d'Bét Slōḫ*, *Anal. Boll.* 82 (1964), pp. 189-222.

(40) *Fiqh al-Naṣrānīya*, ar. pp. 120-121.

(41) *Epitome can. synod.*, VIII.15: Mai, X.1, pp. 141-142. *B.O.*, III.II, p. 415; *Syn. or.*, pp. 610-620; *Ordo*, p. 56.

Gondisapor de « Demetrius », qu'elle appelle déjà « patriarche » d'Antioche, mais ne dit rien sur le rang prétendument accordé à son nouveau siège. Les annalistes feront le joint entre les deux récits et rapprocheront dans le temps Pāpā et Demetrianus ; n'était-il pas logique qu'un « patriarche » forcé à la retraite dut, pour le moins, devenir premier métropolite honoraire ?

En fait, la raison réelle de l'élévation de Gondisapor au rang de métropole me semble être toute autre : elle dérive de l'importance politique de la cité dans l'organisation de l'empire sassanide (42). Bien que la ville n'ait jamais été officiellement capitale elle fut la résidence d'été favorite de plusieurs monarques, au moins jusqu'à Hormizd fils de Narsaï (302-309) et encore pendant la minorité de Sapor II, jusque vers 335 ; la *passion* de Jacques l'Intercis l'appelle (43) « ville royale ». Il était normal que l'évêque du lieu fut comme le vicaire du catholicos auprès du pouvoir et qu'il ait en conséquence un rang approprié parmi les dignitaires ecclésiastiques (44). Ce fait, prosaïque comme l'est souvent la réalité, était oublié d'auteurs qui écrivaient plus de cinq cents ans après la disparition des Sassanides ; il était plus poétique d'imaginer que Pāpā ait voulu honorer, non seulement la mémoire d'un personnage mort cinquante ans auparavant, mais l'évêque d'Antioche lui-même dont le concile de Nicée, à peu près à la même époque, rappelait déjà que les privilèges devaient être conservés.

Ce qui semble acquis, c'est que Demetrianus fut le « véritable fondateur du siège de Gondisapor » (45), siège qui n'est pas encore de son temps métropolitain.

---

(42) R. Vancourt, dans l'article *Patriarcats* du *D.T.C.*, XI.2 (1932), col. 2259, remarque déjà que la situation civile de certains centres « dut contribuer à leur dignité ».

(43) *A.M.S.*, II, p. 540.

(44) On verra une résidence royale épisodique, Dasqarta d'Malka, fondée par Hormizd fils de Sapor (al-Ṯa'ālibī, p. 499) dotée d'un évêque pour une raison similaire, et quand Karka d'Lédān sera préférée par le roi à Gondisapor, elle lui disputera la primauté de la province.

(45) Mlle M. L. Chaumont, *Les Sassanides et la christianisation de l'empire iranien*, dans *Revue de l'histoire des religions* 165 (1964), p. 177. — Cette étude remarque justement que l'on peut difficilement accorder quelque crédit à la *Chronique d'Erbil*, du pseudo Mšīḥa Zḫā (p. 106) quand elle range Bét̲ Lāpāṭ parmi les vingt diocèses qui auraient déjà existé à l'avènement des Sassanides.

Peut-être vaut-il la peine, à ce propos, de remarquer que cette première expansion de l'Église en Orient n'est pas due à une conquête missionnaire voulue et planifiée, mais à des circonstances involontaires. Nous pourrons faire la même remarque à propos des autres sièges épiscopaux de la région.

A sa mort, en 260, Demetrianus eut un successeur, choisi également parmi les déportés. On ne sait rien de ce successeur, connu par la seule *Chronique de Seert* (46) ; on discute même de son nom exact, donné comme étant (47) ARDAQ (?).

Si les nouvelles chrétiennes s'interrompent ici pour environ quatre-vingts ans (48), Gondisapor continue cependant à défrayer la chronique, mais pour une tout autre raison.

En 216/217 était né en Susiane celui que nous connaissons sous le nom de Mani (49), l'hérésiarque fameux. La *Chronique de Seert* prétend (50) qu'après quelques années de captivité chez une femme arabe, il retourna dans sa ville natale où il se prétendit chrétien et se fit même ordonner prêtre par l'évêque du Béṯ Hūzāyé.

Il commença en 240/241 à annoncer sa doctrine nouvelle, d'abord en Inde; il en revint en 242 pour continuer sa prédication, certainement en Perse et en Mésène, peut-être dans d'autres lieux notamment sa province natale, le Ḫūzistān. Cependant les critiques modernes contestent l'historicité de la rencontre qu'il y aurait eue avec Sapor Ier, le 9 avril 243.

C'est à Gondisapor que Mani reviendra pour être jugé par Vahrām Ier

(46) I, p. 11.

(47) P. PEETERS, cit., p. 311 avait suggéré Hierax; dans *A.S.*, Nov. IV (1925), pp. 384-391: Azdaq; M. L. CHAUMONT, cit., p. 174 et n. 4, se rallie à la suggestion de SACHAU: Ardaq, avec réf.

(48) On n'a pas non plus de nouvelles du catholicat entre la mort de Šaḥlūpa (240) et l'avènement de Pāpā (310).

(49) Je ne prétends pas étudier la philosophie de Mani, ni donner des références exhaustives. Pour notre propos le chapitre de CHISTENSEN, dans *L'Iran sous les Sassanides*, celui de MARICQ, dans les *Res gestae*, pp. 21-38 et les notes de J. GAGÉ, dans *La montée des Sassanides*, pp. 231 et 334-342 suffisent.

(50) I, pp. 15-16.

et être condamné à mort (51), vers 276. Il sera écorché et sa peau remplie de paille sera suspendue à l'une des portes de la ville; cette porte sera appelée « porte de Mani » jusqu'aux jours d'Al-Ṯa'ālibī (52).

La Susiane connut une première persécution des chrétiens après la mort de Mani et l'avènement de Vahrām II (276/277).

Quoi qu'il en soit du lieu de l'éducation chrétienne de ce prince, probablement à Karḫ Ğīlān où son père était vice-roi (53), il vint au Béṯ Hūzāyé au début de son propre règne et eut avec les évêques une réunion où l'on parla théologie (54), assez iréniquement semble-t-il. Plus tard cependant, probablement sous l'influence de Kartīr, la répression exercée contre les Manichéens fut étendue aux Chrétiens. Les victimes connues n'ont pas de relation évidente avec la province qui nous occupe actuellement.

Le premier acte de la grande persécution de Sapor II, la plus sauvage de l'histoire de l'Église syrienne orientale, eut pour principal lieu le Béṯ Hūzāyé. Cependant le théâtre de l'action se déplaçait, avec les résidences estivales favorites du roi, entre Gondisapor et Karka d'Lédān; c'est surtout dans cette dernière ville que furent mis à mort les principaux martyrs.

Gondisapor elle-même y perdit plusieurs évêques, dont au moins deux métropolites. Le premier est GADYAW, martyrisé en avril 341. On pourrait déjà se douter de son rang quand on le voit toujours cité en tête de liste parmi les évêques martyrs de Béṯ Lāpāṭ, dans le très ancien martyrologe connu sous le nom de *Breviarium syriacum* (55), dans la *passion* de Šim'ūn bar Ṣabbā'é (56) et dans l'*Histoire ecclésiastique* de Sozomène (57). On en

---

(51) *Ibid.*, p. 18 attribue le jugement à Sapor et fait mourir Mani en croix à la porte de Suse. Théodore bar Kōni dit plus exactement: « Béṯ Lāpāṭ, ville des Elamites », trad. POGNON, p. 184.

(52) Cit. p. 503.

(53) J'ai discuté ailleurs la correction qui semble s'imposer au texte de la *Chronique de Seert* qui porte « Karḫ Ğuddān ».

(54) *Chron. de Seert*, I, p. 27.

(55) MARIANI, p. 53; NAU, p. 24.

(56) *A.M.S.*, II, p. 131 s.

(57) Lib. 2, cp. 13 cité et commenté par P. DEVOS, *Notes d'hagiographie perse*, *Anal. Boll.* 84 (1966), pp. 229-236.

est tout à fait sûr quand on lit en toutes lettres dans la *Chronique de Seert* (58) que Ǧaḏīmabh, métropolite de Gondisapor, était un contemporain de Šaḥlūpa et Pāpā, les deux catholicoi, et d'Étienne patriarche de Rome.

Ce même Gadyaw est mentionné dans la *vie* de Mīlés, évêque de Suse, comme le consécrateur de ce dernier (59), rôle qui convient éminemment à un métropolite par rapport à son suffragant.

A côté du métropolite Gadyaw figurent parmi les martyrs trois évêques, tous les trois dits évêques de Béṯ Lāpāṭ. Je ne veux pas gauchir toute recherche future en ajoutant de mon cru, comme le fait M. Kmosko (60) « de la ville » de Béṯ Lāpāṭ; il est vrai que jusque maintenant l'emploi du nom de Béṯ Lāpāṭ n'est connu que pour désigner la ville, mais il faut réserver l'avenir, au cas où l'on trouverait un texte où le vocable serait étendu à la province, on aurait alors des évêques « du » Béṯ Lāpāṭ.

Dans l'état actuel de nos connaissance, c'est bien de la ville même de Béṯ Lāpāṭ-Gondisapor que les trois personnages sont évêques simultanément, puisque l'un est martyrisé le vendredi saint 341 et les deux autres la semaine suivante. Il ne serait pas matériellement impossible de voir dans la seconde paire les remplaçants des premiers, aussitôt pris et exécutés, mais il n'y a pas d'objection non plus à admettre la présence simultanée de trois évêques et d'un métropolite dans une même ville à cette époque; les synodes réagiront contre cette multiplication des évêques (61).

C'est donc probablement trois évêques de Béṯ Lāpāṭ qui sont massacrés en 341, à Karka d'Lédān: Sabina, Amaria et Mqayma (62). Le P. Devos a montré que les deux derniers étaient le Marias et la Mokinos de Sozomène.

Alors qu'en 341 les victimes de marque avaient été jugées par Sapor II dans sa résidence préférée de Karka d'Lédān, il semble que le roi utilisait

(58) I, p. 26. — L'éditeur fait déjà en note le rapprochement avec le martyr.

(59) *B.H.O.* 772 cité par *B.O.*, I, pp. 186, 190, 193; III.II, pp. 419-420; P. Devos, *Anal. Boll.*, cit. p. 232, n. 3.

(60) Dans la traduction du texte qu'il appelle M.S. 2, dans *P.S.* I.2, § 1, col. 779 et § 25, col. 832.

(61) Textes dans P. Devos, *Anal. Boll.*, cit. p. 232, n. 5.

(62) *B.H.O.*, 704 (*A.M.S.* II, p. 247) et 1119.

encore aussi de temps en temps le palais d'été de ces prédécesseurs à Bēṯ Lāpāṭ-Gondisapor (63). C'est là que, en 342, Šāhdōst, le premier successeur de Simon bar Ṣabbā'é, est à son tour décapité (64).

Un second métropolite de Gondisapor victime de Sapor II est connu, c'est Ādōna; on ne peut malheureusement préciser en quelle année de la persécution il fut mis à mort; on sait que la tourmente dura quarante ans. Īšō'dnāḥ de Baṣra (65), en précisant que ce métropolite était originaire de la région de Kaškar, au Bēṯ Aramāyé, confirme ce que les noms araméens des autres martyrs nous aurait déjà fait deviner, et ce que la *passion* de Simon bar Ṣabbā'é précisera: une grande partie de la hiérarchie était « araméenne ». Eux seuls et les vrais persans, surtout les apostats du mazdéisme, seront en principe visés par la persécution, à l'exclusion des Grecs déportés.

De nombreux moines et religieuses furent victimes de Sapor II (66). Parmi ces dernières, la *passion* de sept vierges parmi les XL Martyrs Persans (67) fournit une petite notation intéressante: le lieu des exécutions se trouvait à l'est de la ville.

Dans les alentours de Bēṯ Lāpāṭ se trouvait un petit couvent de sept moines, dont le supérieur s'appelait Badma. La *passion* de celui-ci, vers la fin de la persécution, en 376/377 (68) donne quelques renseignements sur le monachisme au Bēṯ Hūzāyé.

---

(63) D'après O'Leary (cit. p. 17), la ville elle-même qui avait cessé d'être résidence royale sous Hormizd II (302-309) « était devenue peu à peu un tas de ruines » et aurait été rebâtie par Sapor II (309-379).

(64) *B.H.O.* 1033; *A.M.S.* II, p. 276; D. Leclercq, *Les martyrs*, III, introd., p. 133 n. 8, trad. fr., pp. 176-178; *Šuhadā' al-Mašriq*, I, pp. 268-271; *B.O.*, III.I, p. 188; *Chron. de Seert* I, p. 99 etc.

(65) *L.C.* n° 114. De ses reliques seront transportées en Qardū où l'on bâtira un couvent à son nom.

(66) *A.M.S.* II, p. 241.

(67) *A.M.S.* II, p. 346, lignes 16-17.

(68) *B.H.O.* 131; *A.M.S.* II, pp. 347-351; *Šuhadā'* I, pp. 368-371; *B.O.*, I, p. 193; III.II, p. 56; A. Vööbus, *Syrian Asceticism*, I, pp. 231-232, 251-252. — Dans la passion de Badma (*A.M.S.*, II, p. 349 et trad. Leclercq, p. 221) est mentionné un lieu à Bēṯ Lāpāṭ appelé Narpataqa (ou Hapertaqa, ou Hapezdaqa, n. 13). De même la passion de Simon bar Ṣabbā'é (*A.M.S.*, II, p. 176 et n. 1; trad. Kmosko, *P.S.*, I, 2, § 62, col. 886; « procureur du roi ») semble viser le même lieu à Ctésiphon sous la forme Hapezdaqé

Badma lui-même, un mage converti, fut mis à mort; son bourreau volontaire était un chrétien renégat du Bét̲ Garmaï, Narsaï, ancien chef du bourg de Māḥōza d'Aréwān. Les moines furent torturés et gardés quatre ans en prison puis libérés à la mort du tyran.

Laissant pour le moment le sujet du monachisme au Bét̲ Hūzāyé, revenons au siège métropolitain de Gondisapor.

Négligeant l'explication romancée de la primauté conférée à cause de la présence sur le siège du Bét̲ Hūzāyé de Demetrianus, évêque d'Antioche, nous avons retenu que la date donnée par les canonistes pour l'érection du titre, sous Pāpā, c'est-à-dire au début du IVe siècle, coïncidait avec l'apogée de Gondisapor comme résidence royale.

Les privilèges du siège seront confirmés tout au long des siècles, même longtemps après que la ville aura perdu son importance, et le métopolite gardera jalousement ces privilèges.

Le premier texte qui énonce que le métropolite de Bét̲ Lāpāṭ est le premier des métropolites est le canon XXI du synode d'Isaac, en 410 (69). La lettre 6 (*Practica*) de Mār Ābā, en 544 (70) précise que ce métropolite doit être prévenu le premier de la mort du patriarche et venir immédiatement présider l'élection du successeur. Cette stipulation est notée en 790 par Timothée Ier (71), rappelée par le *Pontifical* (72) et confirmée par le patriarche Théodose (853-858) (73).

Le métropolite de Gondisapor était également de droit le consécrateur

---

d'Malka. Enfin, le *Vita* de Mār Ābā (Bedjan, p. 252, lignes 5 et 9, et p. 254, ligne 15) cite un Harpedqa. Payne Smith (col. 2470) ne retient que le premier, sans tenter de l'expliquer. Peeters (*Recherches*, II, p. 151) suggère « monument, temple ou palais affecté au service des herbed ou ministres du feu ». Le P. de Ménasce (lettre du 21 octobre 1968) se rallie à l'opinion de Peeters, voyant en Harpedka un original en ak auquel a été ajouté l'a final qui est une sorte d'état emphatique syriaque.

(69) *Syn. or.*, p. 272 et, d'après 'Awdīšō' de Nisibe, 619.

(70) *B.O.*, III.II, pp. 644-647; *Syn. or.*, p. 554.

(71) *B.O.*, III.II, p. 645; *Syn. or.*, p. 606.

(72) *B.O.*, III.II, p. 647. Les textes tardifs parlent d'Élam au lieu de Bét̲ Lāpāṭ, ce qui revient au même.

(73) Dans 'Awdīšō' de Nisibe, *Epitome* VIII.19, éd. Mai, X.1, p. 146; *B.O.* III.I, p. 347; III.II, p. 647.

du nouveau patriarche (74); l'archidiacre à la cérémonie du sacre était l'évêque de Kaškar, doyen de la province patriarcale. A ce dernier revenait le droit de convoquer le synode électif et de gérer le siège vacant jusqu'à l'élection, mais dès lors il cédait le pas, puisqu'il n'était que simple évêque, au métropolite (archevêque) de Gondisapor.

Citons des exemples de l'application de ces privilèges: deux partiarches rivaux, Élisée et Narsaï (524-537) seront considérés tous deux comme illégitimes parce que Jacques de Gondisapor et Samuel de Kaškar n'auront pas participé à leur sacre. De même Ephrem de Gondisapor réunira un synode de treize évêques pour anathématiser Timothée Ier parce que ce n'était pas lui qui l'avait consacré.

Des contestations pourront quelquefois s'élever à propos du privilège. Ainsi, au synode électif de 900, le métropolite de Mossoul, Jean Boḫtīšō' (bien que lui-même d'une famille originaire de Gondisapor) prétendra que la présence du métropolite de Gondisapor n'est pas indispensable et que le sacre est valide s'il est conféré par un métropolite quelconque (75); cette opinion contraire à la tradition et aux canons ne prévaudra pas.

Inversement, le métropolite de Gondisapor ne réussira pas, malgré plusieurs tentatives, à empiéter sur le privilège de l'évêque de Kaškar de gérer le siège vacant (76). Malgré qu'Élie de Damas (77), en 900, appelle *nāẓir*, c'est-à-dire gérant, le métropolite de Gondisapor, celui-ci devra attendre la disparition du siège de Kaškar pour réaliser ses prétentions, avec 'Awdīšō' et Élie de Gondisapor, respectivement en 1222 et 1253.

En 410, l'éparchie du Bét Hūzāyé entre dans l'histoire des synodes orientaux. En dépendent alors en principe cinq diocèses que nous allons étudier chacun à son tour: Karka d'Lédān, Hormizd Ardašīr, Šušterīn, Šūš et Rām Hormizd (78).

---

(74) *B.O.*, III.II, p. 648.

(75) Māri, ar. p. 86, lat. p. 76; *B.O.*, III.I, p. 235.

(76) *B.O.*, III.II, p. 650 et *Assyrie chrétienne* III.

(77) *B.O.*, I, p. 458. On a peut-être affaire à une interpolation postérieure comme il y en a plusieurs dans le texte.

(78) *Syn. or.*, pp. 272, 617.

En fait, à cette date, la situation est tout à fait désordonnée. D'abord (79) il y a conflit entre Bēṯ Lāpāṭ et Karka d'Lédān pour la primauté. Cela peut s'expliquer par le fait que la résidence royale était passée à ce moment-là de la première ville à la seconde. Le synode (80) décida que les évêques des deux villes « devraient rester chacun dans son Église et son assemblée, sans avoir d'autorité l'un sur l'autre. Il interdit à tous deux d'ordonner des prêtres ou des diacres; les évêques ne peuvent en créer d'autres. »

De plus, à Gondisapor même, plusieurs évêques se disputaient le siège métropolitain. A la convocation du métropolite (81) cinq évêques répondirent, dont les actes du synode d'Isaac donnent les noms: Yazdīdād, Agapit, Mārē, Bar Šabṯa et Šīla (82). Ne pouvant dirimer leur rivalité, le synode s'abstient de donner, dans les listes de signatures, le titre de métropolite à aucun d'entre eux.

Il semble que plus tard Agapit ait été reconnu comme métropolite unique et légitime; on retrouvera sa signature en 420 et 424, aux synodes de Yahwālāhā et de Dādīšō' (83). Au cours de ce dernier synode il joua le rôle de rapporteur, rappelant aux Pères les différentes lettres « envoyées en plusieurs temps » par les « Pères occidentaux » pour établir et renforcer le catholicat d'Orient (84). Joua-t-il un rôle encore plus important et apporta-t-il lui-même d'Occident la « copie » (dans sa propre langue, le grec) de la première lettre? C'est ce que l'on pourrait comprendre du titre donné à cette lettre dans certains recueils (85) et de l'affirmation du canoniste (tardif) 'Awdīšō' de Nisibe (86)? Cela voudrait dire qu'il avait accompagné Yahwālāhā Ier en Occident, en 419/420, lors de l'ambassade

(79) *Ibid.*, p. 271.

(80) *Ibid.*, p. 272.

(81) *Ibid.*, p. 256.

(82) *Ibid.*, p. 274. Un nom grec: Agapit, un nom persan: Yazd-i dād, et le reste syriaque.

(83) *Syn. or.*, pp. 283, 285.

(84) *Ibid.*, pp. 290-295.

(85) V.g. le ms. Borgia K., VI.4, analysé par Chabot, *Syn. or.*, p. 7.

(86) *Epitome*, IX.V; éd. Mai, X.1, p. 163. On ne peut dire lequel est antérieur, le titre du copiste ou le texte de 'Awdīšō'.

du catholicos à Théodose, de la part de Yazdegerd (87). Cependant lui-même n'y fait pas allusion dans le récit qu'il fait de cette ambassade (88); on pourrait également objecter que la copie faite au début du Ve siècle ferait supposer que l'original (du IVe siècle?) avait été perdu, ce qui n'est mentionné nulle part.

A moins qu'il ne faille supposer qu'un autre Agapit avait vraiment apporté cette première lettre? Le nom grec serait possible pour un envoyé de l'Occident, qu'il faudrait alors distinguer du métropolite d'Élam dont nous parlons maintenant et avec qui les écrivains postérieurs l'auraient identifié.

'Awdīšō' de Nisibe ne s'y est certainement pas bien reconnu lui-même puisqu'il présente ici la primauté de Gondisapor comme une récompense pour l'apport de la première lettre, alors qu'ailleurs dans le même ouvrage (89) il fait dater cette suprématie du temps de Pāpā, ce qui la mettrait en relation possible avec la deuxième lettre des Occidentaux, accordée à Pāpā pour l'exempter du jugement de ses pairs.

Quoiqu'il en soit d'un possible Agapit copiste, l'Agapit d'Élam, au début du Ve siècle est bien attesté. On ne sait combien de temps il occupa encore le siège de Gondisapor après 424.

La persécution de Vahrām V Gōr, en 421-422, compta parmi ses victimes connues un habitant de Bēṯ Lāpāṭ: Pīrōz (90), d'abord renégat puis confesseur de la foi. De sa *passion* s'est inspiré l'hagiographe du plus célèbre mais aussi plus merveilleux, et donc plus contestable, Jacques l'Intercis, qui serait également originaire de Bēṯ Lāpāṭ (91). Lui aussi, ayant d'abord apostasié, aurait été employé à la cour et comblé de faveurs par Yazdegerd Ier.

---

(87) *Syn. or.*, pp. 276-277.

(88) *Ibid.*, p. 293.

(89) Cit., p. 141.

(90) Ici le nom est persan. *B.H.O.* 921; *A.M.S.* IV, introd. p. IX, no 3 et pp. 253-262; *Šuhadā'*, II, pp. 325-329; P. Devos, *Les martyrs persans*, cit. p. 220.

(91) *B.H.O.*, 394-398 (corriger p. 91 qui dit 621 au lieu de 421); *A.M.S.* II, pp. 539-558; *Šuhadā'*, II, pp. 300-315; *Chron. de Seert*, I, pp. 220-221; Bar Šināya en 733 G., etc.; P. Devos, cit. p. 220, signale également des emprunts à la passion de Jacques le Notaire.

Puis on est sans nouvelles de Gondisapor de 421 à 484. En avril de cette année, Barsaume de Nisibe y tint son fameux synode « de Bét̲ Lāpāṭ ».

Ce synode, qui marque un tournant de l'histoire de l'Église syrienne orientale, appartient à l'histoire générale. Ses décisions contre des personnes, notamment contre le catholicos Bāwoï, seront annulées par les synodes suivants et par Barsaume lui-même, et ses *actes* seront rejetés de la collection des synodes (92). Ses canons sur le mariage des clercs et même des évêques feront loi pour longtemps encore (93) ; mais surtout son option pour la théologie de Théodore de Mopsueste (94) entraînera définitivement l'Église de Perse dans le Nestorianisme.

Le métropolite de Bét̲ Lāpāṭ à cette époque, hôte de Barsaume, était peut-être déjà Pāpā, qui assiste au synode d'Acace en 486 (95).

En 497, les clercs de Bét̲ Lāpāṭ, notamment l'évêque Pāpā, de même que l'évêque Yazdād de Rew Ardašīr, métropolite de Perside, refusent d'assister au synode du catholicos Bāwaï (96). Le synode déclare les réfractaires anathèmes et leur fixe un délai d'un an pour « adhérer à la foi orthodoxe ». Il semble que Pāpā soit resté sous le coup de l'anathème ; les actes du synode de 497 (97) sont déjà signés par Pusaï, « diacre du clergé de Bét̲ Lāpāṭ, métropole du Bét̲ Hūzāyé », par ordre de « l'excellent Mār Marwaï, évêque métropolite ».

On voudrait savoir pourquoi les Houzites n'assistèrent pas au synode, alors qu'ils étaient présents à celui de 486, où des décisions sensiblement semblables avaient été prises. Plutôt qu'une différence doctrinale c'est donc plus probablement une dissension personnelle qui fut à la base de leur abstention. L'affaire ne dut pas aboutir à un schisme puisque le catholicos put trouver à Gondisapor même un remplaçant pour le métropolite et du

(92) *Syn. or.*, pp. 621-625; 300, 308-309, 525, 532, 534, 539, n. 2.

(93) Confirmés par le synode de Bāwaï (497). *Ibid.* 312.

(94) *Ibid.*, pp. 475-476; rappelé au synode de Grégoire Ier, en 605.

(95) *Syn. or.*, pp. 300, 306; cependant la lettre de Simon de B. Aršam (*B.O.* I, p. 348) range Pāpā parmi ceux qui refusèrent de suivre Ibas. Bét̲ Lāpāṭ est mentionnée parmi les fiefs du même catholicos. *Syn. or.*, p. 299.

(96) *Ibid.*, p. 314.

(97) *Ibid.*, pp. 315 et 310.

clergé pour l'appuyer. Nous verrons à propos de Suse qu'il y avait encore là-bas, en 506, des chrétiens qui avaient refusé la nestorianisation.

La crise du patriarcat, divisé entre Narsaï et Élisée (524-537) eut aussi sa répercussion au Béṯ Hūzāyé. Il semble que les gens y aient préféré Narsaï, non seulement parce qu'il était « savant, érudit, assidu au jeûne, à la prière et à la lecture des livres », mais aussi peut-être un peu parce qu'il était originaire de leur région (98). Cependant le métropolite Ya'qūb (99) refusa de participer à l'élection de 524 et de prendre parti ouvertement, car l'autre candidat, qui se trouva également des électeurs et des consécrateurs, n'était autre que le favori du roi Kovat et le gendre du patriarche précédent Šīla.

La rupture étant consommée, les Houzites résistèrent à Élisée quand celui-ci vint dans leur région pour y créer une hiérarchie à sa dévotion, et Ya'qūb écrivit un pamphlet sur la façon dont les supérieurs doivent régir l'Église en général, et sur les torts causés à l'Église par Élisée en particulier (100).

L'époque du synode ambulant de Mār Ābā, en 544, est également un temps troublé. Ici notre travail de recherche n'est pas facilité par la présence d'un homonyme du métropolite Paul, celui-là étant l'évêque suffragant de celui-ci, sur le siège de Hormizd Ardašīr, et futur patriarche. C'est qu'en effet Hormizd Ardašīr sera plus tard la ville d'Al-Ahwāz, et les sources arabes donnent parfois le même nom d'Al-Ahwāz au Béṯ Hūzāyé tout entier (101).

Essayons de démêler ce qui regarde la métropole de ce que nous laisserons plus tard pour la ville, sans nous laisser tromper par Māri (102) qui

(98) Ṣlīwa, ar. p. 38.

(99) *Ibid.* et 'Amr p. 128; Māri, ar. p. 38. Corriger le texte arabe qui l'appelle métropolite de 'Ilām; de même *Chronique de Seert*, II, p. 57. — P. 61, la *Chronique* dira par erreur: Ya'qūb, métropolite de Nisibe. Les éditeurs (*ibid.*, n. 3) ont raison de proposer la correction en accord avec les autres textes. On pourrait ajouter une autre raison de corriger: il n'y a pas de Ya'qūb à cette époque aux Diptyques de Nisibe.

(100) A Kaškar ils se joignirent aux autochtones dans l'opposition, Ṣlīwa, ar., pp.58-59.

(101) Sans compter que la traduction de la *Chronique de Seert* met *Suse* chaque fois que le texte porte *al-Ahwāz*.

(102) Ar. p. 49, lat. p. 45, suivi par *B.O.*, III.I, p. 615. — Labourt, p. 173, n. 1, a raison de distinguer les deux Paul.

s'y est laissé prendre et dit à propos de Paul, évêque d'Ahwāz: « On dit qu'il fut métropolite de Gondisapor », ce qui est une erreur.

Paul, métropolite de Gondisapor, accompagna la catholicos Mār Ābā, en 544, dans sa grande tournée au pays de Kaškar, en Maišān, Perside, et dans sa propre province, le Béṯ Hūzāyé, pour effacer les séquelles des schismes précédents. Après avoir rejoint le patriarche à Zizwarda (103), pour dénouer le différend de Kaškar, il le suit à Hormizd Ardašīr, Babani (104), Šuštéré, Sūs et enfin dans sa ville même de Béṯ Lāpāṭ (105).

Là les attendait un problème pas très ragoutant, dont les misères sont étalées en détail dans le premier document du synode, signé par Paul (106); du moins nous fournit-il des détails intéressants sur la communauté de Béṯ Lāpāṭ.

Le cas lui-même est plutôt pitoyable: un nommé Abraham b. ʿAwd-mīhr, le Houzite, commence sa vie de scandale alors qu'il est diacre, avant 523, probablement dans la ville d'Hormizd Ardašīr. L'évêque, Mār Buzāq, le condamne pour fornication et lui interdit d'exercer son ordre. Encore sous le coup des censures, Abraham réussit à se faire ordonner prêtre; le catholicos Šīla (505-523) le suspend. Malgré toutes les interdictions, il trouve trois évêques de la province de Maišān pour le consacrer évêque (107). Le catholicos Paul (537-538/539) l'ayant condamné une nouvelle fois, il semble venir à résipiscence et accepte d'être jugé à Séleucie-Ctésiphon, en février 540, par le nouveau catholicos, Mār Ābā. Condamné et repentant, ses bons sentiments ne durent pas et il ne revient à Béṯ Lāpāṭ que pour essayer de se tailler un parti dans l'un des quartiers de la ville. Cette fois, tout le monde est contre lui, même le pouvoir civil mazdéen. Recondamné, torturé, emprisonné, il réussit encore à s'enfuir et à échapper à la justice; le texte conclut laconiquement: « d'autres furent enchaînés pour lui. »

Le décret d'excommunication est signé par le catholicos Mār Ābā,

(103) Yāqūt connaît Zandward près de Kaškar.

(104) Il y a une ville de Bābasīr dans l'Ahwāz. Cf. Barbier, p. 73.

(105) *Syn. or.*, pp. 321, 324.

(106) *Ibid.*, pp. 324-332.

(107) Le texte dit: pour le « souiller », et décrit l'événement dans les termes les plus crus, le comparant notamment à une chienne en rut.

par le métropolite du Béṯ Hūzāyé, Paul, par plusieurs évêques, et surtout, ce qui nous intéresse le plus, par les prêtres, presque tous aux noms syriaques, de quatre paroisses de Gondisapor: l'église de Bar Naḥla (onze prêtres), de Béṯ Mār Abraham (dix prêtres), de Béṯ Mīhr Bōzīd (celle qu'il voulait diviser, trois noms seulement) et de Béṯ Yazd-i dād (cinq noms).

Les signatures des groupes suivants sont celles des notables chrétiens de la ville, d'abord les officiels: un chef des ouvriers royaux, un général, etc., puis des laïcs: des marchands dont le président de la guilde, les chefs des argentiers, des orfèvres, des étameurs, etc. Comme pour les prêtres, la plupart des noms sont syriaques; nous savons cependant que les descendants des déportés de Sapor parlaient encore le grec, puisque l'un d'entre eux venait d'être préposé, en 540, aux nouveaux arrivés d'Antioche que Chosroès Ier avait établi près des Villes Royales (108).

Le métropolite Paul ne survécut pas longtemps à cette triste histoire. Avant même la fin du synode, donc la même année 544 (109), sa succession était ouverte. Les partis devaient être violemment divisés à propos du remplaçant car les gens de Gondisapor demandèrent au catholicos Mār Ābā de venir chez eux pour établir à la place de Paul « celui que la grâce divine avait choisi ». Dans sa réponse, le patriarche s'excuse de ne pouvoir venir immédiatement, les « grandes difficultés du moment présent » l'en empêchant. Il interdit dans les termes les plus formels et sous la menace des peines les plus sévères d'établir un nouveau métropolite sans sa permission expresse, en sa présence ou par écrit. Il les avertit surtout, peut-être par allusion à Abraham, de s'abstenir d'introniser un évêque déjà sacré ou excommunié.

En 551, à la fausse nouvelle de la mort du roi, le fils aîné de Chosroès, Anōšaġzāḏ, relégué par son père en Susiane, se soulevait pour reprendre ses droits héréditaires. La population du Béṯ Hūzāyé, surtout les chrétiens, suivit le rebelle. Cette révolte faillit coûter la vie à Mār Ābā, que Chosroès rendit responsable de la conduite de ses ouailles. Heureusement, on put

---

(108) AL-ṮA'ĀLIBĪ, p. 613.

(109) *Syn. or.*, cinquième document, pp. 349-350. Également cité par IBN AL-ṬAYYIB, *Fiqh*, ar. p. 118.

s'entendre; le roi pardonna au patriarche à condition qu'il usât de son influence pour engager les rebelles à rentrer dans le devoir, avertissant les réfractaires, qu'ils soient Mages, juifs ou chrétiens, qu'ils seraient traités sans merci. A la demande du roi, Mār Ābā alla lui-même au Bét̠ Hūzāyé parachever l'effet de sa lettre pastorale. La rébellion fut calmée, mais la ville de Gondisapor vit cependant quelques exécutions, dont celle de Bindoï, oncle du roi. Anōšaġzād̠ s'en tira avec un châtiment relativement bénin (110).

L'affaire n'était pas terminée pour les gens du Bét̠ Hūzāyé; ils durent encore payer une lourde taxe. Cela même ne les sauva pas de la vindicte et de la cupidité du roi; il leur dépêcha un de ses agents qui leur fit subir toutes sortes de tourments (111). Le catholicos éprouva à cause d'eux une angoisse mortelle et retourna au Bét̠ Aramāyé (112).

Cependant la vie continue et, en 554, le métropolite Simon assiste au synode de Joseph (113); on y confirme que « le premier métropolite est celui du Bét̠ Hūzāyé ». Au synode d'Ézéchiel, en 576, est présent le métropolite Dalaï (114).

En 579 la ville connaît de nouveau quelque lustre et le roi Hormizd IV est couronné à son pyrée (115). C'est à ce moment-là que brille à l'École de Nisibe un Houzite célèbre, Joseph Hūzāya, troisième successeur de Narsaï à la direction de l'École, grammairien et inventeur d'un système de ponctuation en neuf signes (116); la date de sa mort est antérieure à 580.

Avant la fin du siècle on connaît encore le nom du métroplite Barāz,

---

(110) *Chron. anon.* Guidi, trad. *C.S.C.O.*, p. 16; Mari ar. pp. 50-51, lat. pp. 44-45; *Chron. de Seert*, II, pp. 70-71; et surtout *Biographie de Mār Ābā*, commentée par le P. Peeters, *Recherches d'histoire et de philologie orientales*, II (Bruxelles 1951, reproduisant un article de 1946), pp. 157-159.

(111) *Chron. de Seert*, II, pp. 71-72.

(112) C'est ainsi que je traduis la fin du chapitre XXVII de la *Chronique*, où *al-Sawād* ne veut pas dire *les villages d'alentour*, mais *le 'Irāq*, c'est-à-dire la Babylonie ou, en langage chrétien: Bét̠ Aramāyé.

(113) *Syn. or.*, pp. 366, 367.

(114) *Ibid.*, p. 368.

(115) *Chron. de Seert*, II, p. 104.

(116) Māri, ar. p. 45, lat. p. 39.

qui participe au synode d'Īšō'yaw Ier en 585 (117). Vers cette époque également serait née quelque part au Béṯ Hūzāyé, d'une famille de déportés grecs (?), une certaine Šīrīn qui devait devenir célèbre (118).

Nous arrivons ainsi à l'orée du VIIe siècle, lequel, à la veille de la conquête musulmane, vit quelques fondations monastiques au Béṯ Hūzāyé. Auparavant, on ne sait si le petit couvent du martyr Badma († 376/377) reprit jamais vie, ni si le représentant du Béṯ Hūzāyé dans la liste traditionnelle des disciples de Mār Awgin, Abba Simon (119), revint fonder un couvent au pays natal.

La toponymie de l'Iran au XIIIe siècle avait gardé le souvenir d'au moins six couvents situés en Ahwāz; Yāqūt se contente de mentionner les localités auxquelles ils avaient donné leur nom (120). Ce sont:

— Dayr Ablaq, localité de l'Ahwāz dépendant de la province d'Ardašīr (121);

— Dayr Ḥamīm, près du village de Dūlāb, que nous verrons plus tard;

— Dayr Ḫandaf (122);

— Dayr Zūr, et

— Dayr Maḫāriq;

on ne peut malheureusement identifier les couvents originaux en histoire chrétienne.

Les cinquième et sixième siècles ne nous livrent rien sur l'histoire monastique en Susiane. Au début du VIIe siècle, celui qui deviendra Rabban Hormizd « le Persan » (123), « né à Béṯ Lāpāṭ, qui est Šīrāz (sic!) dans le pays du Béṯ Hūzāyé », quitte son pays pour se faire moine sous d'autres cieux.

---

(117) *Syn. or.*, p. 423.

(118) *Bk.* II, p. 80, n. 5, avec réf.

(119) *Bk.* I, p. CXXX.

(120) Barbier, pp. 247-248.

(121) *Ibid.*, p. 495 le met plus exactement dans le Fārs. — Le professeur Aḥmad Ṣāleḥ al-'Alī se demande si le mot *Dayr* signifie toujours *couvent* (chrétien), ou si dans certains cas il n'était pas employé au sens étymologique de *maison*(*s*).

(122) Qui doit son nom à la mère d'Elias fils de Modhar.

(123) *Bk.* I, p. clvii, avec réf. à sa *Biographie*.

On est mieux renseigné sur les agissements de deux moines du VIIe siècle. Le premier est Rabban Sapor, qui vécut jusqu'au temps d'Īšō'yaw III (649-659). Sapor (124) était né au village d'al-Dūlāb (125). Après une jeunesse édifiante, et déjà doté du don des miracles, il devint interprète de l'école de Bét̲ Miḥrāq, qu'il quitta bientôt avec sept élèves pour mener une vie plus sainte. En route pour le pèlerinage traditionel aux sources, c'est-à-dire au Grand Monastère de Mār Abraham au Mont Izla, il s'arrête chez Rabban Ḥāya, lequel le dissuade d'aller plus loin et lui fournit le texte de la règle de Mār Abraham. Il revient donc dans la montagne de son pays natal, près de Tuster (126), où il fonde un couvent qui groupe beaucoup de disciples.

Parmi ces disciples on cite Rabban Ḫūdāhwi, futur fondateur de Bét̲ Ḥālé (127), Rabban Malkīšō' que nous allons bientôt voir fonder le Couvent Neuf de Gondisapor (128), Īšō' 'Ammeh, également fondateur (129), et le moine Makkīḫa (130).

Le plus célèbres des hôtes du couvent de Rabban Sapor sera peut-être l'écrivain Isaac, quelque temps évêque de Ninive. Ayant démissionné de sa charge il alla d'abord au Bét̲ Hūzāyé, au Mont Mat̲ūt̲ (131), où il se retira dans la solitude, puis vint habiter le couvent de Sapor où il finit ses jours et fut enterré.

Parmi les visiteurs du couvent on mentionne Jean b. Marta qui deviendra catholicos en 680, Isaac qui devint évêque de Karka d'Lédān (132),

---

(124) *L.C.*, n° 55; *Chron. de Seert*, II, pp. 133, 139-141.

(125) Yāqūt (Barbier), pp. 243-244, 486; à quatre parasanges d'al-Ahwāz.

(126) Si le couvent fut fondé au sud de la ville, en direction de Dūlāb, village natal du saint, on peut peut-être l'identifier au Dayr Ḥamīm rencontré dans les sources musulmanes.

(127) *Chron. de Seert*, II, p. 270; *L.C.*, n° 79.

(128) *L.C.*, n° 99.

(129) En un lieu non identifié, peut-être en Mallağān, canton du Fārs entre Arrağān et Šīrāz (Barbier, p. 540)?

(130) *Chron. de Seert*, II, p. 279.

(131) *L.C.*, n° 125; Yāqūt (Barbier), p. 516, mentionne la ville de Mattūt̲ entre Sūq al-Ahwāz et Qurqūb.

(132) Les textes récents disent: évêque de Karḫ de Susse, ou même (Ṣlīwa, ar. pp. 57-58): évêque de Suse. D'où *B.O.* II, p. 422; III.II., p. 781, et Le Quien, n° IV le rangent parmi les évêques de Suse.

et Sūrīn qui sera évêque de Mahrağān. Rabban Sapor leur prédit l'avenir.

Sapor étendit son action parmi les païens et convertit les Kurdes ses voisins; son couvent lui-même aurait été bâti sur l'emplacement d'un temple d'idoles. On mentionne aussi un miracle opéré par le saint et qui permettrait peut-être de localiser précisément le couvent, si l'on pouvait faire une reconnaissance sur place: il conjura un dragon gigantesque qui « devint comme une chaîne étendue depuis le sommet de la montagne jusqu'à son pied ». Le dragon pétrifié se voyait encore au XIIe siècle; il n'y a pas de raison qu'il n'y soit plus aujourd'hui.

Quand Sapor mourut, il fut enterré dans le Bét̲ Ṣlōt̲a du couvent qu'il avait bâti.

Son disciple Rabban Malkīšō' (133) était également originaire du Bét̲ Hūzāyé (134). Après avoir vécu dans une grotte près de Gondisapor et collaboré à l'irrigation du pays en colmatant miraculeusement, pour un certain Gabriel b. Barkānšāh, un canal qui fuyait, il attira autour de lui des moines, pour lesquels Gabriel bâtit un couvent « au désert d'Élam au pied de la montagne ». Ce couvent fut connu, par rapport à un plus ancien (135), sous le nom de « Couvent Neuf » (136); beaucoup de moines s'y réunirent. Le fondateur y mourut et fut enseveli dans le Bét̲ Ṣlōt̲a. D'après l'annaliste Ṣlīwa, Malkišō' vivait sous le patriarche Mār Emmeh (646-649).

Le « Couvent Neuf » sera encore mentionné dans les *Lettres* du patriarche Timothée (137). Vers 794/795 l'évêque de Gaï (Ispahan), Abraham, intrus à Šušter, vint y exercer son ministère épiscopal, malgré la défense du patriarche.

Deux autres couvents sont encore mentionnés dans les lettres de

(133) *L.C.*, n° 99 (L'*Abrégé du L.C.* transforme son nom en Melchisedeq); *Chr. de Seert* II, pp. 314-315; Ṣlīwa, ar. p. 55.

(134) La *chronique* dit « d'un village appelé Sūs » (?)

(135) De Badma, de Sapor ou d'un autre?

(136) Ṣlīwa l'appelle par erreur « le couvent de Ḥadīt̲a ».

(137) Lettre III à Serge, *C.S.C.O.*, pp. 48-49.

Timothée. Le premier (138) semble avoir été voisin d'al-Ahwāz, puisque son supérieur, Bāwaī, devra aller à Hormizd Ardašīr pour se faire ordonner prêtre.

Le second (139) est un couvent de religieuses dont on ne sait qu'une chose, c'est qu'il était situé dans la localité de Dabnōg. Le *Dictionnaire géographique* de Yāqūt connaît un bourg de Dawnaq (140), situé à deux milles de Nahawand et possédant de beaux jardins. Un couvent de *soufi* y sera plus tard bâti, peut-être sur l'emplacement du couvent de religieuses.

Mais il nous faut revenir vers le milieu du VIIe siècle, au moment de la conquête musulmane.

Les dates de celle-ci sont bien connues pour le Bét̠ Hūzāyé (141): en 638 et 639, conquête partielle, puis révolte; conquête définitive en 642/643.

Comme on peut difficilement imaginer que l'évêque Mār Emmeh qui avait ouvert les portes de Ninive aux musulmans en 637, ait été nommé métropolite de Gondisapor quand cette ville était encore sous régime persan, il faut retarder son arrivée au Bét̠ Hūzāyé après 642.

Il y succédait à Jean, à la demande duquel Īšōʿyaw d'Adiabène avait composé (142) son livre d'apologétique intitulé *Réfutation des pensées (hérétiques)*, répandu depuis dans toute l'Église syrienne orientale, notamment au Bét̠ Hūzāyé. Comme le livre est perdu, on ne peut savoir quelle hérésie en particulier le métropolte de Gondisapor avait demandé à l'écrivain de combattre. Il semble qu'Īšōʿyaw ait composé un ouvrage général, non seulement contre les « hérétiques » contemporains tels que Ḥnāna d'Adiabène, mais aussi contre tous « ceux qui, naguère et aujourd'hui, ont osé émettre des opinions confuses de diverses espèces » (143). On ne peut donc

(138) Lettre inédite no XLVIII, à Serge métropolite d'Élam, datée de 799 par Mgr Bidawid, cit. p. 38.

(139) Lettre VII de Timothée à Serge, *C.S.C.O.*, pp. 86-87, trad. pp. 55-58; Mgr Bidawid, p. 21.

(140) Barbier, p. 245.

(141) L. Caetani, *Chronographia Islamica*, I, années 17, 18, 21 et 22 de l'hégire; *Chron. anon.* Guidi, trad. *C.S.C.O.*, p. 29; Barbier, pp. 169-170.

(142) Lettre M. III d'Īšōʿyaw, trad. *C.S.C.O.*, p. 100; *B.O.*, III.I, p. 412, suivi par Le Quien, no VI, attribue la lettre à Īšōʿyaw II, vers 630.

(143) *Bk.* II, p. 465.

conclure de la demande du métropolite du Bét̲ Hūzāyé qu'il y ait eu une crise dogmatique aiguë spécialement dans sa province.

La mort de Jean et la vacance de son siège, avec le choix pour le remplacer de Mār Emmeh évêque de Ninive, provoqua un froid entre Īšō'yaw d'Adiabène et quelques-uns de ses meilleurs amis, dont le nouveau métropolite lui-même. C'est qu'en effet l'évêque de Ninive, Mār Emmeh, était suffragant du métropolite d'Adiabène, Īšō'yaw. Ce dernier venait d'envoyer son subordonné traiter en son nom une affaire auprès du trône patriarcal, quand justement le siège d'Élam se trouva vacant.

Le patriarche Īšō'yaw II, sur le conseil de Gabriel, métropolite du Bét̲ Garmaï et de l'évêque Hormizd, écrivit aux gens de Bét̲ Lāpāṭ pour leur recommander Mār Emmeh (144); sur réponse favorable, l'évêque de Ninive fut nommé (145) et accepta sans en référer à son supérieur direct, Īšō'yaw d'Adiabène. Ce dernier se plaint amèrement de cette désobéissance et de ce qu'il considère comme la trahison de ses amis Gabriel et Hormizd (146). Néanmoins, le métropolite offensé fait contre mauvaise fortune bon cœur; bien que le patriarche, en enlevant Mār Emmeh, ait privé ce « grand siège de son espoir » et que Mār Emmeh n'ait peut-être pas les qualités qu'il faudrait à Gondisapor (il ne précise malheureusement pas lesquelles), Īšō'yaw le leur « concède » généreusement.

Une troisième lettre sur le sujet (147) clôt l'incident et constate avec amertume qu'il a fallu peu de choses au démon pour troubler la paix, même entre les chefs de l'Église.

Le siège d'Élam fut à nouveau vacant, trois ou quatre ans plus tard, quand Mār Emmeh fut promu au patriarcat, au début de 646 (148). Celui-ci, dans un geste d'apaisement vis-à-vis de son ancien supérieur, Īšō'yaw d'Adiabène, proposa à ce dernier le siège de Bét̲ Lāpāṭ qu'il laissait vacant.

---

(144) *Chron. de Seert*, II, p. 310.

(145) Ṣlīwa, ar. p. 55; Māri, ar. p. 62, lat. p. 55.

(146) Lettre E. LII, trad. *C.S.C.O.*, pp. 76-79, qui devrait plutôt faire partie de la série des lettres du métropolite, avant M.I. (pp. 80-83) qui en est la suite.

(147) M. II, pp. 83-84.

(148) Les dates sont établies dans mon étude sur la *Vie d'Īšō'yaw le Grand* (à paraître dans les *Orientalia Christiana Periodica*).

L'offre équivalait à désigner Īšō'yaw comme son futur successeur, car le nouveau patriarche était vieux et savait très bien que, n'eut été la protection que lui avaient accordée les chefs arabes, en récompense de son aide à Ninive en 637 et au Ḫūzistān après 642, son plus jeune collègue aurait été lui-même élu patriarche.

Īšō'yaw voulut-il montrer qu'il n'avait pas besoin de marchepied pour monter bientôt sur le trône patriarcal, et que de toute façon il ne voulait rien devoir au métropolite d'Elam? La lettre dans laquelle il décline l'offre (149) se garde bien de dévoiler ses raisons profondes. Il propose à sa place des candidats possibles auxquels malheureusement il ne fait que des allusions cryptiques.

Le nouveau patriarche Mār Emmeh désigna alors (150), donc au début de 646, l'évêque de Nahrgūr, SERGE. Celui-ci ne put rester métropolite de Gondisapor pendant quarante-cinq ans, comme le fait dire à Ṣlīwa (151) l'état actuel du *Livre de la tour*, puisque son successeur, GEORGES DE KAFRA, disciple préféré d'Īšō'yaw III, fut transféré par ce dernier du siège d'Erbil à celui de Gondisapor, avec la fonction d'administrateur général des provinces lointaines. Georges était donc métropolite du Bét Hūzāyé avant la mort d'Īšō'yaw, en 659, et Serge n'avait pu diriger la province que pour un maximum de treize ans.

C'est encore un futur patriarche qui occupe le siège de Gondisapor avant 680/681: JEAN BAR MARTA (152). Originaire de la province même, nous l'avons déjà rencontré parmi les disciples de Rabban Sapor, lequel lui avait prédit un brillant avenir.

Plus estompé est le personnage de NARSAÏ, métropolite du Bét Hūzāyé au temps de Ḥnānīšō' Ier (685/686-699/700). Narsaï, comme le patriarche lui-même, semble avoir été exilé par Jean le Lépreux (153).

Durant toute la première moitié du VIIIe siècle, la métropole reste dans l'ombre. Un anonyme occupe le siège en 741, au moment de l'élection

(149) M. XXVI.

(150) *Chron. anon.*, GUIDI, pp. 27-28.

(151) Ar. p. 56.

(152) ṢLĪWA ar. pp. 57-58; Q. IX.

(153) MĀRI ar. p. 64, lat. p. 56. Texte peu clair. Q. X.

patriarcale où l'emporta Ābā II (154), après une contestation violente qui affronta ses partisans à ceux du métropolite de Gondisapor.

En 751, Jacques, métropolite de Gondisapor, bien qu'élu lui-même patriarche, est forcé par Ābān, émir d'al-Madā'in et par les partisans armés de Sūrīn, à consacrer ce dernier patriarche à sa place. Les Pères ayant pu faire connaître la vérité au calife al-Saffāḥ et Ābān ayant été écarté, Jacques put enfin être sacré patriarche (155). Jacques, le « faible d'opinion » devait connaître un règne orageux, rempli de présages terribles. L'annaliste Ṣlīwa y note en passant le martyre du médecin Israël, mais sans donner de détails.

Le temps est proche cependant où les médecins chrétiens, ceux surtout de Gondisapor, vont connaître la faveur des califes, comme jadis ils avaient joui de celle de Chosroès. Le nom de la dynastie des Boḫtīšō' reste lié au rayonnement de « l'Université de Gondisapor », par l'intermédiaire de laquelle l'héritage nestorien de la science grecque d'Édesse et de Nisibe passa à Bagdad (156).

Le chef de file, appelé à Bagdad par al-Manṣūr en 765, fut le médecin Georges b. Gabriel b. Boḫtīšō' (157). L'*Histoire ecclésiastique*, hélas perdue,

---

(154) Māri ar. p. 66, lat. p. 58; Q. XI.

(155) Māri ar. p. 67, lat. p. 59; Ṣlīwa, p. 63; Bar Šināya, fol. 14 r.

(156) Voir De Lacy O'Leary, *How Greek Science passed to the Arabs*, pp. 71-72, 74, 150-151, 157, 159-160, et *Greek into Arabic. Essays on Islamic Philosophy*, par Richard Walzer, *Oriental Studies* 1 (Londres et Oxford, 1962). Il ne faudrait pas oublier cependant l'influence possible de la médecine indienne, que nous relèverons encore à propos de Suse. Ici, à Gondisapor, l'autobiographie de Barzuwayh, le traducteur en pehlevi de *Kalīla et Dimna* (insérée avant la traduction arabe par Ibn al-Muqaffa'), montre comment ce médecin de Chosroès Ier (531-579) copia en Inde « de nombreux livres ». — Éd. arabe L. Cheikho (Beyrouth, 1957), p. 50. On voudrait tirer de l'autobiographie des indications sur le christianisme à l'époque, malheureusement ce côté de la préface est probablement celui qui a été le plus remanié par Ibn Muqaffa' (m. 759) « dans l'intention de provoquer des doutes sur la religion dans l'esprit des gens d'une foi faible » (Christensen, *L'Iran sous les Sassanides*, 2e éd. 1944, pp. 422-425). Lire cependant (éd. arabe, pp. 44-45) les pages où Barzuwayh pense à devenir anachorète et pèse le pour et le contre; on y retrouve probablement les arguments apportés dans la discussion du sujet entre chrétiens et musulmans dans les divans du VIIIe siècle.

(157) Dont *B.O.*, III.II, p. 746, suivi par Q. XIII, fait un métropolite de Gondisapor. Les textes sont clairs: il s'agit d'un médecin « laïc »: Māri ar. p. 68, lat. p. 69; Bar Šināya, *Chronographie*, en H. 148.

de Pétiōn, faisait la chronique de ces pages glorieuses. Bar Šināya, aux événements de 768 (158), rapporte l'embarras du bon docteur quand le calife, pour le récompenser de ses services, lui fit cadeau de trois belles esclaves romaines.

Il dépasserait le cadre de notre étude de suivre les médecins de Bét Lāpāṭ à la cour des califes, les hauts et les bas de leur fortune, les rivalités et les jalousies dont leur position fut l'occasion (l'un d'eux fut condamné à mort à cause des accusations d'un évêque) et leurs interférences dans les affaires du patriarcat et des Églises, notamment de leur propre province dont les métropolites n'étaient souvent que leurs créatures... tout cela a été esquissé dans des articles excellents (159) qui pourraient servir de canevas à un livre passionnant.

Aux sept générations de Boḫtīšō' il faudrait ajouter le fameux médecin traducteur Ḥunayn b. Isḥaq († 877), al-Nahārwardi qui composa des tables mathématiques, l'ophtamologue Abū Zakarīya Yaḥya b. Masawayh († 857), auteur d'aphorismes médicaux (160), les astronomes de l'observatoire (161), et tant d'autres anonymes, surtout traducteurs d'ouvrages grecs en syriaque et aussi du syriaque en arabe. L'origine bilingue de la communauté de Gondisapor porte ici ses fruits.

Une tranche importante de l'histoire chrétienne de Gondisapor est fournie par les lettres du patriarche Timothée le Grand. Y figure d'abord « Rabban Boḫtīšō', diacre et médecin du roi », c'est-à-dire Boḫtīšō' fils de Georges, qui fut archiâtre de Hārūn al-Rašīd de 787 à 801 et à qui Timothée envoie un traité philosophique sur l'âme, en sept chapitres (162); puis son fils « Rabban Mār Gabriel », « syncelle du roi » depuis 805 et

(158) H. 151.

(159) Éléments dans Christensen, cit. pp. 422-425; *E.I.* (éd. angl.) II (1965) s.v. *Gondīšāpōr*, pp. 1119-1120, avec addition par Aydin Sayili; et surtout *E.I.* (éd. angl.) I (1960) s.v. *Bukhtīshū'* par D. Sourdel; et A. Siassi, *L'université de Gond-i Shāpūr et l'étendue de son rayonnement* dans *Mélanges H. Massé*, Téhéran 1963, pp. 366-374. — Une notation sur la médecine au Bét Hūzāyé est fournie par la lettre C. IX (*C.S.C.O.*, trad. pp. 173-174) d'Īšō'yaw III (649-659) à Marwaï, prêtre et médecin Houzite.

(160) O'Leary, pp. 163-164.

(161) *Ibid.*, p. 105.

(162) *Lettres* (*C.S.C.O.*), texte pp. 35-75, trad. lat. pp. 21-47; Mgr Bidawid, pp. 19-20.

protecteur du patriarche (163), grâce auquel la révolte de l'Élam, leur propre province, contre Timothée, pût être matée. Avant d'aborder cet épisode de l'histoire de l'Église houzite remarquons, dans les dernières lettres citées, la rivalité à la cour des deux grandes écoles de médecine, de Nisibe et de Gondisapor. Timothée, soutenu par le médecin Gabriel, perd la manche contre les Nisibiens. Leur candidat au siège de leur ville, Cyprien d'Arzun, est préféré par le calife à Īšōʿ bar Nūn de Rām Hormizd, candidat du patriarche. Dans cette épreuve de force la raison avait prévalu car, après tout, qu'aurait pu faire à Nisibe un métropolite imposé par l'autorité contre la volonté des habitants?

Mais nous arrivons à la crise, ou plutôt aux crises de l'Élam, telles que nous les lisons notamment dans les lettres et les canons de Timothée.

Une première fois, déjà semble-t-il sous le pontificat d'Ephrem, le métropolite et les évêques d'Élam avaient négligé d'assister à l'élection et au sacre du patriarche Ḥnānīšōʿ II, et étaient restés séparés pendant environ deux ans du siège patriarcal, soit de 773 à 775. La lettre synodale de Timothée qui rappellera l'affaire laisse volontairement dans l'ombre les motifs du refus d'obtempérer à la convocation canonique, « soit par négligence, soit pour tout autre motif, comme il est arrivé à Votre Sainteté de souffrir cela ».

Les affaires s'arrangèrent, mais la communion rétablie avec le siège de Séleucie fut à nouveau rompue lors de l'élection mouvementée dont le résultat final fut que Timothée assuma le patriarcat par des moyens que les auteurs ont grand mal à disculper de simonie (164). Seul le rôle dans cette élection d'Ephrem, métropolite de Gondisapor, nous intéresse ici.

---

(163) Mgr Bidawid, pp. 25, 26, 36, 40, 41, 24, c.-à-d. lettres XXI, XXII, XLX, XLVII et inédites LIII, LIV, LVII.

(164) Timothée gagnera les bonnes grâces des « écoliers » en leur montrant des sacs, en fait remplis de caillous, mais dont il leur laissa entendre que c'était des pièces d'or dont ils auraient leur part. Il n'y eut donc pas simonie, dit Māri, mais seulement supercherie; et Thomas de Marga intitule son chapitre: « Comment Timothée obtint le patriarcat comme Jacob obtint par fraude la bénédiction de son père Isaac »; on se souvient du « Non mendacium sed mysterium » de St. Augustin. Références d'ensemble: Māri ar. pp. 71-73, lat. pp. 63-64; Ṣlīwa ar. pp. 64-65; B. H., *Chron. eccl.* II, col. 165 sq.; *Bk.* II

Deux choses apparemment contradictoires semblent certaines dès le début: Ephrem était ouvertement candidat au siège patriarcal, et cependant il tarda à venir au synode électoral. Quelle qu'ait été la raison qui ait expliqué son absence, personne, ni ses partisans ni ceux de Timothée, ne semble avoir objecté cette absence à Timothée comme une irrégularité dans l'élection. Le synode commença au jour prescrit, et tout le monde savait que si Ephrem n'y était pas, c'est qu'il avait voulu ne pas y être. On ne l'attendit donc pas pour commencer l'élection.

Mais cette absence plane sur les tractations préliminaires: parmi les « envieux » dont Timothée se sert comme d'un épouvantail pour faire se désister en sa faveur le vieil Īšōʿyaw, évêque de Ninive, il mentionne Ephrem de Gondisapor.

L'élection terminée, par les moyens auxquels nous avons fait allusion, Timothée essaie de gagner leur soumission (165). La lettre du patriarche produit le résultat contraire et, cette fois, Ephrem vint lui-même sur les lieux pour contester l'élection. Participa-t-il au conciliabule du Couvent de Pisé, près de Ḥadīṯa? La décision prise à ce « synode » de nommer pour l'Adiabène un métropolite autre que celui désigné par Timothée, semble un peu en marge des desseins de l'ambitieux métropolite d'Élam (166). Ses véritables intentions sont mieux traduites par le synode de treize évêques qu'il réunit au Dayr Péṯiōn de Bagdad: Ephrem y fit décréter la déposition de Timothée.

Le patriarche riposte en réunissant un synode de quinze évêques, qui excommunie Ephrem et les membres de son synode, notamment Joseph b. Māri métropolite de Merw. Évidemment les deux groupes avaient leurs supporters dans l'entourage du calife. Joseph chercha en vain l'appui

---

pp. 383-386; *Lettre synodale* de Timothée, *Syn. or.* texte pp. 599-603, trad. pp. 603-608, classée par Mgr Bidawid (cit. p. 38) comme *Lettre inédite nº L*, et datée par lui (*ibid.*, p. 73) de 781/782.

(165) Mgr Bidawid cit. p. 49, donne à cette lettre perdue le nº IV.1.

(166) Thomas de Marga, plus rapproché des événements, se contente de mentionner que le projet d'Ephrem de réunir un synode pour déposer Timothée servit d'argument à Joseph de Merw pour ébranler Salomon de Ḥadīṯa et le gagner à son parti. Ceci place le conciliabule du Couvent de Pisé avant le synode de Bagdad.

d'al-Mahdī; ne pouvant l'obtenir comme évêque, il le chercha en embrassant l'Islam. Sa défection fut l'occasion pour Timothée d'écrire une seconde lettre aux habitants de Gondisapor, pour justifier sa propre conduite et tenter à nouveau de les ramener à l'obéissance, à l'exemple des autres communautés (167).

Mais Timothée avait d'autres moyens de briser ses ennemis. Ses alliances en haut lieu jouèrent et Abū Qurayš 'Īsa, le médecin royal, fit comprendre à Ephrem qu'il aurait tort de s'entêter davantage. Pour l'aider à sauver la face, Timothée accepta de se soumettre à un simulacre de répétition du sacre (168) de la part du métropolite de Gondisapor, devant lequel il se présenta avec toute l'humilité désirée. La réconciliation fut scellée par une accolade publique. Désormais, comme le dit Ṣlīwa, « les événements se mirent droits » pour le patriarche.

Après le retour d'Ephrem dans sa province et afin d'éviter de nouveaux troubles, Timothée réunit un synode de dix évêques qui mit en termes canoniques, pour l'avenir, les règles de l'élection patriarcale. Il était confirmé que, à la mort du patriarche, l'évêque de Kaškar convoquerait avant tout autre le métropolite de Gondisapor (169). Cette lettre synodale, adressée à Ephrem, métropolite de Bēṯ Lāpāṭ, et aux évêques, prêtres et fidèles d'Élam, peut être datée de 781/782 (170).

Dans la suite, Ephrem se montra des plus obéissant vis-à-vis de Timothée. Il soumit respectueusement à son « non obstat » les ouvrages qu'il avait composés. Ces livres, tels qu'ils sont recensés par 'Awdīšō' de Nisibe (171), comprenaient un traité sur la foi et deux tomes sur l'ordre des préceptes; ils sont aujourd'hui perdus.

(167) Lettre perdue IV.2, Bidawid p. 50.

(168) La formule employée, celle de la réconciliation des pécheurs, donna lieu plus tard à un échange de remarques aigres-douces. Māri ajoute que le patriarche renvoya brutalement le métropolite et les évêques dans leur province, ce dont ils furent vexés. Mgr Bidawid (cit. p. 4, n. 3) considère ce geste du patriarche comme « tout à fait invraisemblable » eu égard à la suite de leurs relations.

(169) *Syn. or.*, pp. 599-608, classé par Mgr Bidawid, p. 38 comme la lettre L.

(170) Mgr Bidawid, p. 73.

(171) § 87; *B.O.*, III.I, pp. 163-164.

Dans une lettre synodale, datée par 'Awdīšō' de Nisibe de 790 (172), Timothée donne en exemple le respect du métropolite de Gondisapor pour les canons. A cette date Ephrem « tient » encore « le siège et le trône d'Élam ».

A la mort d'Ephrem, vers 794/795, Timothée nomma en Élam le seul qui restât en vie parmi ses condisciples de l'école de Bā Šōš (173), son ami intime et correspondant fidèle, Serge, docteur de l'école du couvent de Mār Gabriel et de Mār Abraham de Mossoul.

Le nouveau métropolite trouva son éparchie dans un délabrement navrant. La décadence était surtout le résultat du manque d'hommes capables de diriger ces Églises. Plusieurs diocèses n'avaient pas d'évêques, et les moines pressentis par le patriarche pour les occuper (174) prétextaient leur incapacité, leur manque de vêtements, la lourdeur de la charge, etc... Les vraies causes, au dire du patriarche, étaient surtout l'esprit d'insoumission, les dangers du voyage, le mauvais climat, et la pauvreté des sièges. Le peuple ainsi abandonné à lui-même avait modelé ses mœurs sur celles de son entourage, mêlant les principes « païens » (musulmans) aux lois de Zoroastre (175).

On croit entendre ici l'écho des propos désobligeants que les écrivains arabes rapportent sur les gens de l'Ahwāz, propos auxquels on peut ajouter cette réponse d'un lettré à 'Umar b. al-Ḫaṭṭāb: « Dans le Ḫūzitān, les mœurs de l'homme sont corrompues, son intelligence obtuse, ses inclinations sont viles et entièrement dépourvues de générosité. Ce sont des troupeaux de brutes, d'épais ruminants qu'on pousse devant soi » (176).

Tout en invitant le peuple à renouveler leur vie dans la pureté et dans l'obéissance à Serge leur nouveau métropolite, Timothée usa de menaces vis-à-vis des moines et des scholastiques pour les forcer à se rendre en Élam.

---

(172) 'Awdīšō' de Nisibe, *Epitome*, Mai X.1, p. 167, et résumé par Ibn al-Ṭayyib, *Fiqh*, ar. p. 187; Timothée confirmera la lettre en 805. Date dans Mai, p. 165.

(173) Lettres XXIV et XLIX.

(174) Lettres V et VI; lettres XLVIII et LII inédites; Mgr Bidawid, pp. 37-38, 39-40.

(175) Lettre V.

(176) Mas'ūdī, *Prairies*, III, pp. 128-129.

Serge choisirait parmi eux ceux qu'il jugerait aptes à l'épiscopat et les sacrerait pour les sièges vacants. Le patriarche demandait à être tenu au courant de leur comportement (177).

En plus des difficultés venant des longues vacances des sièges, Serge allait avoir à faire face à deux crises, que Timothée l'aidera à surmonter.

La première fut la rébellion de l'École de Gondisapor contre le métropolite. Et pourtant, cette école, Serge n'avait pas besoin des exhortations du patriarche (178) pour la traiter comme la prunelle de ses yeux, pour lui assurer des revenus, lui préparer de jeunes maîtres brillants (179), etc.

On ne sait pourquoi l'école se révolta contre le prélat. Aux écoliers et aux maîtres se joignirent des clercs de Bét̠ Lāpāṭ; leur chef était un certain Mār Ābā dont on ignore la fonction exacte (180).

Les laïcs influents se mêlèrent évidemment de l'affaire, et Jean, fils du grand Rabban Boḫtīšō', et frère du plus fameux Gabriel, prit le parti d'Ābā contre Serge et Timothée. Ce dernier (181) l'exhorte à ne pas soutenir les rebelles, lui rappelant qu'il n'est permis à aucun des maîtres et étudiants de Bét̠ Lāpāṭ de faire quoi que ce soit contre le métropolite.

Du côté du patriarche et du métropolite se trouvait le chef des fidèles locaux, Mardanšāh, que Timothée salue dans plusieurs lettres (182), mais surtout son fidèle soutien auprès de la cour califale, Rabban Mār Gabriel. C'est grâce à l'appui de ce dernier, Timothée l'avoue (183), que la crise put être dénouée, que des peines ecclésiastiques, suspenses et

---

(177) Lettre LIII inédite; Mgr Bidawid, p. 40.

(178) Lettres V, VIII, XXI, XXII, XXV.

(179) L'un des élèves semble avoir intéressé spécialement Timothée; son nom était Hūmānšāh, cf. lettres V, VI, XI.

(180) On ne signale pas que Rabban Pét̠iōn ait joué un rôle dans l'affaire; d'ailleurs est-il si sûr que l'école dont celui-ci était le directeur (lettre IX) ait été celle de Gonsisapor? L'autre lettre de Timothée où il est question de Rabban Pét̠iōn (lettre VIII) contient des noms de lieux situés bien loin du Bét̠ Hūzāyé. Peut-être le titre de « métropolite » ajouté au nom de Serge dans la titulature n'est-il qu'une addition automatique de scribe, pour lequel Serge est toujours le « métropolite d'Élam ».

(181) Lettre inédite XLV; Mgr Bidawid, p. 36.

(182) Lettres V, VI, XI, (XLIV ?).

(183) Lettre LIII inédite; Mgr Bidawid, p. 40.

excommunications, purent être portées, et que Mār Ābā lui-même put être anathématisé (184). Les Élamites se soumirent et envoyèrent leur acte d'obéissance au redoutable patriarche (185).

La crise de l'École était à peine terminée (186) que commençait la dispute des trois évêques, qui dura de 799 à 804 (187). En fait, l'affaire est double; en plus du patriarche Timothée et du métropolite Serge, trois évêques de l'éparchie sont impliqués: Emmanuel, évêque de Šūšter, Īšō' bar Nūn, évêque de Rām Hormizd et Bar Sahdé, évêque de Hormizd Ardašīr.

Ce dernier est vraiment le vilain de la pièce, que l'on entrevoit à travers quatre lettres inédites de Timothée (188). On ne sait quel différend l'opposa à Emmanuel de Šūšter. L'orgueilleux Bar Sahdé ne voulut pas patienter et régler le conflit en suivant la voie hiérarchique: d'abord soumettre ses difficultés au métropolite Serge et se confier à lui en toutes choses, puis, s'il n'était pas satisfait de la solution, en référer à Timothée lui-même. En fait, Bar Sahdé, non content de tenir contre son collègue de Šūšter des propos arrogants, l'avait livré aux juges séculiers et lui avait fait subir des sévices dans sa ville de Hormizd Ardašīr.

Timothée exhorte le fougueux prélat à changer ses dispositions et à manifester de l'humilité envers ses frères, la gravité et l'humilité étant, dit le patriarche, les vertus distinctives du christianisme. Et il appuie ses bons conseils d'une pointe de menace, « car je suis dans la ville royale et je peux faire ce que je veux ».

Le second litige opposait le même Bar Sahdé à Īšō' bar Nūn de Rām Hormizd sur une question de géographie ecclésiastique: le bourg de Dūraq dépendait-il du diocèse du premier évêque ou du second? Il ne s'agissait pas seulement de limites platoniquement discutables, mais bien de gros sous. Le bourg devait être riche, puisque le patriarche suggère, si le cas

(184) Lettres X, XI.
(185) Lettres XII, XIII.
(186) Charnière dans la lettre LIII inédite; Mgr Bidawid, p. 40.
(187) Mgr Bidawid, p. 74.
(188) *Ibid.*, Lettres LIII, LVI, LV, LVII; pp. 40-42 et 81.

ne peut être résolu par les textes, d'attribuer la localité « au diocèse le plus pauvre ». En attendant le résultat de l'enquête le patriarche enjoint à Bar Sahdé, non seulement de ne pas mettre la main sur le bourg, mais même de ne pas pénétrer sur son territoire.

Timothée verse à l'enquête une première pièce en suggérant à Serge que, à son avis, Dūraq n'est autre que Sūraq donf fait mention le synode de Mār Ābā (189); elle n'était pas alors sous la juridiction du siège de Rām Hormizd, mais sous celle de Hormšīd (Hormizd Ardašīr). Si l'on ne peut faire autrement, dit-il, que son nom soit changé en Sūraq, car Dūraq et Sūraq c'est tout un.

En fait, les géographes persans et arabes confirment que Dawraq (190), petite ville sur le chemin du Ḫūzistān à Baṣra, à trois étapes d'al-Ahwāz, est le chef-lieu du canton de Surraq (191).

Il semblait donc normal de conclure que, dans ce cas, Bar Sahdé n'avait pas tout à fait tort quand il revendiquait la possession de Dūraq. Néanmoins, nous l'avons vu, Timothée penchait pour attribuer le bourg au plus pauvre des deux diocèses contestants.

Peut-être aussi le patriarche était-il excédé des manigances de Bar Sahdé; contrairement aux prémices de l'enquête il décida que Dūraq était sous la juridiction de l'évêque de Rām Hormizd, il signifia sa décision à l'évêque de Hormizd Ardašīr, et écrivit à Īšōʿ bar Nūn d'annexer Sūraq à son diocèse. Dès lors on n'entend plus parler de Bar Sahdé qui, subjugué par le puissant patriarche, fut bien forcé de se tenir tranquille, et le métropolite Serge ne semble plus avoir eu d'ennuis de ce côté.

Serge mourut avant son ami Timothée, qui nomma à sa place Georges b. al-Ṣayyāḥ, supérieur du couvent de Béṯ ʿĀwé; on était alors en 803. Georges (192), né Šahrzāḏ fils de Mihroī, du village de Ḫinis en Marga(193)

---

(189) Avant 544, cf. *Syn. or.*, pp. 323, 324.

(190) Ibn Ḥawqal, pp. 251, 258, 259; Yāqūt (Barbier), pp. 241-242; Le Strange, p. 242. Près de Rām Hormizd, q.v. Barbier, pp. 254-255, Le Strange, pp. 243-244.

(191) Barbier, pp. 309-310.

(192) Māri ar. p. 76, lat. p. 67; Ṣlīwa ar. pp. 68-69; B.H., II col. 187; *Bk.* II, pp. 332-334 et 447. Q. XVI.

(193) Māri et Ṣlīwa le font naître à « al-Karḫ ».

était devenu moine à la vue d'un miracle de Māran 'Ammeh, métropolite d'Adiabène, lequel lui avait prédit toutes les étapes de sa carrière. Il avait déjà quatre-vingts ans quand, le siège d'Élam étant vacant, le médecin Gabriel b. Boḫtīšō' qui avait reconnu sa rectitude, le recommanda à Timothée pour le poste. Il se montra à Gondisapor excellent administrateur et, bien que lui-même de peu de science, fit tout ce qu'il put pour encourager l'École et doter ses professeurs et élèves. Il régit l'éparchie pendant vingt ans (194) et avait atteint l'âge de cent ans quand, malgré sa sciatique et la difficulté de ses mouvements, les médecins Gabriel et Michel le firent encore élever au patriarcat, en 828. Georges II régna trois ou quatre ans.

Entre 835 et 837 le métropolite de Gondisapor, Ābā, est poussé jusqu'aux marches du trône patriarcal par le médecin Boḫtīšō' et le parti des Houzites. Les troubles qui aboutirent bientôt à sa mort sortent du cadre de cette étude (195); on ne sait rien de son gouvernement en Élam.

C'est encore un futur patriarche qui lui succède, Théodose, frère de Thomas, métropolite du Béṯ Garmaï. Il avait été nommé évêque d'al-Anbār par Sawrīšō' II (831-835) et deviendra patriarche après Abraham II, en 853.

Cependant Théodose ne resta pas à Gondisapor jusqu'à cette date; le peuple se dressa contre lui à cause d'un changement qu'il voulait apporter. Que voulait-il changer? Le texte de Māri n'est pas clair (196). Le texte arabe donné par Assémani (197) semble plus plausible: Théodose voulut changer la ville du siège. Devant l'opposition le métropolite se retira dans sa province natale du Béṯ Garmaï où il vécut cinq ans avant son élévation au patriarcat (198).

Si nous nous souvenons que Théodose devint patriarche en 853, le

(194) Thomas de Marga dit 25 ans.

(195) Māri ar. pp. 77-78, lat. p. 68.

(196) Ar. p. 78: Karāḥ.

(197) *B.O.*, III.I, p. 210: Karḥ.

(198) Cette durée est donnée par l'appendice VI à la *Chronique* de Michel le Syrien, III, p. 523, n° XXX, où il faut cependant corriger le texte qui dit qu'il était « évêque » du Béṯ Garmaï, puisque ce siège était métropolitain, puis « métropolite » d'Anbār, lequel était évêché.

« trouble excité contre lui » est à placer en 848. Quelle était alors la conjoncture qui pouvait justifier un transfert du siège métropolitain et à quelle autre ville le prélat voulut-il le transférer?

Grâce au texte du géographe contemporain Ibn Ḫurdaḏbah (m. 885), on sait quelle ville du Ḫūzistān était alors considérée comme la principale de la province; c'était l'ancienne Hormizd Ardašīr, devenue depuis la conquête arabe le centre commercial (marché) de l'Ahwāz, « Sūq al-Ahwāz » (199). Dans l'énumération des cantons du Ḫūzistān, c'est Sūq al-Ahwāz qui est alors mentionnée la première.

Néanmoins, si Sūq al-Ahwāz était plus riche et plus prospère, Gondisapor gardait le prestige du centre intellectuel; la foule turbulente de ses étudiants ne permit pas au métropolite de retirer à leur ville son rang de centre ecclésiastique. Théodose dut capituler et abandonner son projet.

Avant d'échanger pour le patriarcat son titre de métropolite de Gondisapor, Théodose en exerça une dernière fois les prérogatives: il vint présider le synode électif réuni à la mort d'Abraham II en 850 (200). Cependant il voulut outrepasser ses droits légitimes et gérer également le siège vacant. Cet empiètement sur les privilèges du siège de Kaškar ne fut pas toléré par les Pères du synode, Théodose se retira à nouveau au Béṯ Garmaï; ce ne sera pas la dernière fois.

Les habitants de Gondisapor avaient raison de vouloir garder leur métropolite. Pour quelques années la ville allait redevenir capitale: Ya'qūb b. al-Layṯ al-Saffār, délégué par le Sultan dans le Ḫūzistān, la choisit comme résidence à cause de ses fortifications et aussi à cause de son voisinage d'autres villes importantes (201). Ya'qūb « le chaudronnier » régnera à Gondisapor de 875 à 877/878; il y sera enterré. Son frère, le second Saffaride, 'Amr « l'ânier », perdit le contrôle de la région en 887.

---

(199) *Kitāb al-masālik wa 'l-mamālik* (De Goeje, 1889), trad. p. 31, également cité par Yāqūt (Barbier), pp. 58, 59.

(200) Ṣlīwa, ar. pp. 71-72.

(201) Sources sur les Saffarides dans *E.I.* (fr.) IV (1934), pp. 57-58 par T. W. Haig, et *ibid.* I, (1957), pp. 465-466, s.v. *'Amr b. al-Layth*, par W. Barthold. La dynastie régnera en Sağistān jusqu'en 1165. Généalogie dans E. de Zambaur, *Manuel de généalogie et de chronologie* (1927), table 189, pp. 199-201.

Juste avant cette période de prospérité, sous le catholicat de Serge (860-872) « vivait » une mystérieuse Marie la Houzite, mentionnée sans explication par Ṣlīwa (202).

En 884, le métropolite de Gondisapor s'appelle PAUL; nous l'entrevoyons quand il sacre le patriarche Jean b. Narsaï (203).

En fin 891 ce dernier consacre métropolite de Gondisapor, contre son gré, un moine du couvent de Zaytūn à Raqqa, le saint SAPOR. Selon sa propre prédiction celui-ci mourut à Bagdad la nuit de la Nativité. Ses funérailles furent l'occasion d'une scène pénible qui se termina par un miracle éclatant. Comme on transportait la dépouille mortelle du métropolite vers l'église d'Aṣbaġ al-'Ibādī au quartier grec (Dār al-Rūm) où il devait être enterré, un passant musulman cracha sur le corps en signe de mépris. Il fut immédiatement frappé par la colère divine et s'effondra sur place. Heureusement il n'était pas mort, et son repentir, ainsi qu'une « lotion » sacrée, le guérit. Quant à Sapor, il fut enterré dans le diaconicon, près du petit autel. Le patriarche Serge fut bientôt enseveli à ses côtés (204).

THÉODORE, évêque de Qardu, fut promu au siège de Gondisapor par le patriarche Yūwānīs (893-899); il fut candidat à l'élection patriarcale et assista encore au sacre de Jean IV en 900. Les annalistes (205) n'ont rien retenu de son rôle au Bét̠ Hūzāyé, mais détaillent ses manœuvres et contremanœuvres pour essayer d'obtenir le patriarcat (206).

Deux documents contemporains montrent la composition de l'éparchie en 900: les listes d'évêques du codex syriaque n° 354 de la Bibliothèque Nationale de Paris (207) et les *tables* d'Élie de Damas (208). A l'éparchie d'Élam ou de Gondisapor appartenaient les diocèses de:

---

(202) Ar. p. 73.

(203) ṢLĪWA ar. p. 75; Q. XIX.

(204) MĀRI ar. p. 83, lat. pp. 73-74; ṢLĪWA ar. p. 75; Q. XX.

(205) ṢLĪWA ar. pp. 80, 81 (corrigé par 'AMR p. 130), 83; MĀRI ar. pp. 85-88, lat. pp. 75-78; B.H. II, col. 222.

(206) B.H., III col. 222-228.

(207) *R.O.C.*, VI (1911), pp. 309-310.

(208) *B.O.*, II, pp. 458-459.

— Suse ou Karḫ Lédān et Suse (209), fusion de deux diocèses antérieurs;

— Bét̲ Hūzāyé ou Al-Ahwāz;

— Šūštrīn ou « Tesr » (pour Tuster);

— Mahraqān Qadaq, mentionné par le seul Élie de Damas.

Cette nomenclature nous servira de canevas pour étudier bientôt l'éparchie en détail.

Théodore est mort au moment de l'élection du patriarche Abraham III Abrāza en 905. Selon Māri (210), le siège de Gondisapor est vacant à cette date et Šīla, métropolite de Baṣra, refuse de procéder au sacre d'Abraham jusqu'à ce que celui-ci le convainque en faisant miroiter devant lui des piles d'or très opportunément tombées du ciel. D'après Ṣlīwa (211), le héros de l'aventure est Gabriel, métropolite de Gondisapor. S'il fallait choisir entre les deux versions, la première semble plus circonstanciée; il faudrait donc retarder l'accession de Gabriel au siège du Bét̲ Hūzāyé après le sacre d'Abraham.

En 937, au moment de l'élection du patriarche Emmanuel (212), le siège de Gonsisapor est à nouveau vacant. Il faut attendre 960/961 pour retrouver un nom de métropolite. C'est alors Georges, qui brigue le siège patriarcal à la mort d'Emmanuel. Georges, homme de belle prestance et ayant son franc parler, fait appuyer sa candidature par le secrétaire Abū 'Amr b. Addaï. Mais son concurrent, Israël de Karḫ Ǧud̲d̲ān s'assure un appui plus puissant en la personne d'Abū 'Alī al-Ḥazīn. La rivalité suscite les passions et l'émeute gronde dans les rues de Bagdad, obligeant les électeurs à chercher le salut dans la fuite. Israël est élu et sacré. Son protecteur, Abū 'Alī, étant mort le lendemain du sacre, Georges de Gondisapor commente piteusement: « Si seulement il était mort un jour plus tôt! » (213).

(209) De même dans *Chronique de Seert* II, p. 240.

(210) Ar. p. 90, lat. p. 79.

(211) Ar. p. 84.

(212) Ṣlīwa ar. p. 87.

(213) Māri ar. p. 99, lat. pp. 87-88.

Georges tentera à nouveau sa chance lors de l'élection patriarcale de 963 (214), sans plus de succès; 'Awdīšō' Ier sera élu.

A partir de 982, après la mort du puissant Buwayhide, 'Aḍud al-Dawla, les luttes entre princes pour la possession de la région semèrent partout la ruine et la dévastation. Quand Šaraf al-Dawla s'en empara en 986, il trouva les chrétiens dans une grande détresse. Le métropolite DAYLAM de Gondisapor, ainsi que le métropolite de Perside, Māri, faisaient partie de la suite du prince dans sa montée vers Bagdad quand, en cours de route ils apprirent la mort du patriarche 'Awdīšō' Ier. Šaraf al-Dawla fit nommer Māri à sa place (215). Au sacre de ce dernier, en 987, le métropolite de Gondisapor se serait appelé ḤNĀNĪŠŌ' (216). Cependant il semble que l'on soit en présence d'un cas de corruption de nom, ici ou dans le précédent (« Daylam » ?), car on ne voit pas comment un nouveau métropolite aurait été nommé entre la scène du bateau et le sacre de Māri.

Le patriarche Māri b. Ṭūba nommera, entre 987 et 997, au siège de Gondisapor l'évêque d'Anbār SAWRĪŠŌ' (217). Quand le siège sera à nouveau vacant, en 997, Māri voudra y nommer Yūwānīs, qui sera patriarche en l'an 1000; l'archidiacre préféra l'envoyer à l'évêché d'Al-Sin (218). On ignore le nom du nouveau métropolite qui fut nommé à sa place.

En 1012, le métropolite de Gondisapor, EMMANUEL, consacre, non sans hésitations, le patriarche Jean b. Nāzūk (219).

Mêmes difficultés en 1020, lors de l'élection d'Īšō'yaw b. Ézéchiel au catholicat. Cette fois le métropolite de Gondisapor s'était excusé par lettre de ne pouvoir assister à l'élection et procéder au sacre (220). Le nouveau patriarche sera consacré par Élie de Mossoul, en l'absence des métropolites

---

(214) ṢLĪWA ar. p. 93; *B.O.*, II, p. 442; Q. XXII.

(215) MĀRI ar. p. 105, lat. pp. 93-94. Q. XXIII.

(216) ṢLĪWA ar. p. 94; *B.O.*, II, p. 443; III.II, p. 746 et Q. XXIV l'appellent Ananjésus.

(217) ṢLĪWA ar. p. 94; *B.O.*, II, p. 443; Q. XXV.

(218) ṢLĪWA ar. p. 95.

(219) MĀRI ar. p. 110, lat. p. 98; ṢLĪWA ar. p. 96. — Il semble bien que Le Quien l'ait dédoublé en Madna (Q. XXVI) et Emmanuel (Q. XXVII). Il ne donne pas de références pour le premier que je n'ai retrouvé nulle part.

(220) MĀRI ar. p. 117, lat. p. 104; ṢLĪWA ar. p. 97.

de Gondisapor et de Nisibe, et le siège de Baṣra étant vacant. Élie de Nisibe, dans une lettre aux évêques de la Grande Éparchie et aux habitants de Bagdad (221), protestera contre cette irrégularité (222).

Le Quien (223) introduit ici dans la série des métropolites de Gondisapor un anonyme qui aurait assité au sacre de « Jean VII », imposé comme patriarche par le calife. Le métropolite aurait préféré la fuite au sacre d'un homme inepte. Jean VII doit être Bar Ṭarġal, sacré en 1049. Les sources habituelles ne mentionnent rien de semblable, je ne sais où Le Quien a trouvé sa référence.

Avant 1064 le métropolite de Gondisapor est Sawrīšō' Zanbūr (224); il devient patriarche à cette date. Il sacrera comme son successeur, peut-être pas tout de suite, le moine Étienne, dit Abū 'Amr, supérieur du couvent de Jean de Daylam (225), qui mourra avant le sacre du patriarche 'Awdīšō' b. al-'Āriḍ (1075) et sera enterré dans l'église des Ḥuzyīn, entre les deux pupitres du béma (226).

Puis défile toute une série, d'ailleurs non continue, de noms sans figures :

— Sawrīšō' (227), ancien évêque de Balad, nommé à Gondisapor par le patriarche 'Awdīšō' (1075-1090);

— Thomas (228), transféré par Élie II (1111-1132) de Gondisapor au Béṯ Garmaï;

— Yōḥannān (229), transféré par le même de Ḥulwān à Gondisapor pour succéder à Thomas;

---

(221) *B.O.*, III.I, pp. 272-274.

(222) A la même époque Ibn al-Ṭayyib, *Fiqh*, ar. p. 137 répète que le métropolite de Gondisapor siège à droite du patriarche, alors que les évêques de Kaškar et de Nu'mānīya siègent plus bas, à droite et à gauche.

(223) Q. XXVIII.

(224) Ṣlīwa ar. p. 100; *B.O.*, II, p. 447; Q. XXIX.

(225) Māri ar. p. 125, lat. p. 110; Q. XXX.

(226) Māri ar. p. 127, lat. p. 111.

(227) Māri ar. p. 131, lat. p. 115.

(228) Māri ar. p. 153, lat. p. 129; Ṣlīwa ar. p. 103; *B.O.*, II, p. 449; Q. XXXI.

(229) Ṣlīwa ar. p. 104; Q. XXXII.

— Yūwānīs (230) qui sacre Élie III en 1176;

— 'Awdīšō' (231) qui est gérant du siège patriarcal rendu vacant par la mort de Yahwālāhā II en 1222, et sacre Sawrīšō' IV;

— Elīya (232) qui gère le siège au décès de Sawrīšō' V en 1256 et a ses partisans lors de l'élection de 1257, dans laquelle Makkīḫa II finit par l'emporter; Elīya procéda à son sacre. Il est encore présent au sacre de Denḥa en 1265.

On aura remarqué à propos des deux derniers métropolites nommés, qu'ils sont gérants du siège patriarcal vacant; nous avons souligné plus haut que cela n'avait pu se faire qu'après l'éclipse du siège de Kaškar, administrateur traditionnel.

On sait qu'il ne faudrait pas classer parmi les métropolites de Gondisapor, Narsaï à qui est dédié le *Livre de l'abeille* par Salomon de Baṣra, lequel vivait aux environs de 1222. Ce Narsaï était évêque de Kunya Sapor, c'est-à-dire de Bawāzīǧ (233).

On cite encore:

— Mār Ni'ma ou Māran 'Ammeh (234) qui sacre le patriarche Yahbālāhā III en 1283 et

— Joseph, qui participe au synode de Timothée II (235) en 1318.

Pas ici plus qu'ailleurs on ne peut juger si le siège disparut vers cette date, car les actes du concile de Timothée sont le dernier document écrit que l'on possède avant le XVIe siècle, quand ce qui restera de l'Église d'Orient reprendra le dialogue avec l'Occident. Même la hiérarchie fantaisiste et hypertrophiée de 'Awdīšō' IV Mārūn (1562) ne montre plus aucun diocèse dans la région. On peut penser que les environs de l'an 1400, avec les ravages de Tamerlan, marquèrent la fin de l'éparchie de l'Élam.

---

(230) Ṣlīwa ar. p. 110; *B.O.*, II, p. 450; Q. XXXIII.

(231) Ṣlīwa ar. p. 116; *B.O.*, II, p. 453; Q. XXXIV.

(232) Ṣlīwa ar. p. 119, 120, 121; *B.H.*, III, col. 424; *B.O.*, II, pp. 455-456; Q. XXXV

(233) *The Book of the Bee*, éd. et trad. E. A. Wallis Budge, p. 1.

(234) Ṣlīwa ar. p. 124; *B.O.*, II, p. 456; Q. XXXVI, *Maraname*.

(235) Ebedjésus dans Mai, X, 1, p. 97. — Le Quien le dédouble en Q. XV sous Timothée Ier, et Q. XXXVII, à sa place ici.

IIIb

L'ÉLAM, LA PREMIÈRE DES MÉTROPOLES ECCLÉSIASTIQUES SYRIENNES ORIENTALES *(suite)* *

B. Les diocèses suffragants.

I. *Karka d'Lédān.*

Le cas du premier évêché suffragant de Gondisapor se présente comme celui de la métropole. Ici aussi la ville fut fondée par un roi iranien pour y loger des captifs « grecs ».

Les ruines de la ville, occupant un rectangle de quatre kilomètres sur un, sont situées au site appelé aujourd'hui Ivān-i Karḫah, à dix kilomètres au nord du pont-barrage de Pū-i Pul (1). Elles ont été fouillées en 1950 par R. Girshman (2) qui souligne combien le plan serait à lui seul révélateur, « ressemblant curieusement à un camp militaire romain ».

L'origine de la ville est connue. Elle fut fondée par Sapor II (309/335-379) qui y établit des captifs (3) « de 'Arab (4), du Béṯ Zabdaï, de

---

* Cf. *Melto, Recherches Orientales,* 1969, nº 2, pp. 221-267.

(1) L. Vanden Berghe, *Archéologie de l'Iran ancien* (1959), pp. 66-67, bibliographie pp. 155-156. — Sur le fleuve *Kerkha,* voir *E.I.* (fr.), II (1927), pp. 907-808, par P. Schwarz. Voir aussi Markwart, p. 145; Le Strange, *Eastern Caliphate,* p. 240 s.v. *Karḫa,* avec réf.; dans Yāqūt (Barbier), p. 479 le nom est devenu Karǧah.

(2) *Mémoires de la Mission Archéologique en Iran,* I, Rapport préliminaire (1952), pp. 10-12; *Iran* (en anglais), *Pelican* (1961), p. 320.

(3) *Chron. de Seert,* p. 78, et seconde passion (*M.S.* 2) de Šim'ūn bar Ṣabbā'é, *P.S.,* I. 2, § 25, col. 832. Ce texte mentionne expressément qu'au moment du martyre du catholicos (en 341) la ville « avait été récemment édifiée ».

(4) Non pas *Arabia* comme traduit M. Kmosko, mais territoire de '*Arob*; cf. L. Dillemann, *Haute Mésopotamie et pays adjacents,* pp. 75-78, carte fig. X, p. 76) à l'est d'Édesse, entre cette ville et Dārā.

Singăr, d'Arzun, de Qardu, d'Arménie et d'autres lieux». Le nom prosaïque de la ville était Kunam-i Arirān (5), son nom cérémoniel est discuté (6).

Nommée par son nom araméen, Karka (la ville, la capitale) du district de Lédān, la ville joue un rôle important dans les passions des victimes de Sapor II, à commencer par Šim'ūn bar Ṣabbā'é en 341.

On voit dans les actes de ce dernier (7) que Karka d'Lédān était, à cette date, résidence royale (8): c'est de là que part l'ordre royal d'arrêter le catholicos (9), c'est là qu'il est envoyé (10) et comparaît devant le roi (11), et qu'il est emprisonné (12) avant d'être mis à mort «près d'une colline qui est au sud de la ville».

Après sa mort, «les fils des Romains de la captivité» (13) vinrent prendre ses restes pour les enterrer; l'évêque de Karka, probablement un «grec» lui-même, accède au désir du peuple et des églises voisines de posséder de ses reliques. Il leur donne des morceaux de vêtements tâchés de sang (14).

Plus tard, quand la première vague de persécution sera calmée, un autel sera élevé à Simon bar Ṣabbā'é à Karka d'Lédān; le jour de sa dédicace, le Vendredi des Confesseurs, deviendra date de la

---

(5) *Livre des rois*, d'Abū 'l-Qāsim al-Firdawsī, trad. J. Mohl (Paris 1866), t. V, p. 473.

(6) Ērān Ḫurra Šāhpuhr, d'après Noeldeke, *Geschichte*, pp. 57-58; Christensen, cit. pp. 252-253, l'identifie à Ērān āsānkand Kavadh et la fait fonder par Kavat Ier (?).

(7) *B.H.O.*, 1119; *A.M.S.*, II, pp. 128-207; *P.S.*, I. 2, col. 715 s.; *Šuhadā'*, I, pp. 193-234; D. Leclercq, *Les martyrs*, III, p. 132, n° 4, pp. 149-161, etc.

(8) *A.M.S.*, II, p. 339, ligne 5: «le roi avait quitté Bēṯ Lāpāṯ pour s'y rendre». Cependant les martyrs suivants du même groupe (six vierges) sont exécutés à Bēṯ Lāpāṯ. — En fait, déjà Dādō et ses compagnons (*B.H.O.* 325) furent mis à mort à Karka d'Lédān en 332.

(9) Certaines sources (*Chron. de Seert*, I, p. 86; Māri, ar. p. 16, lat. p. 14) disent que Šim'ūn était né à Suse (c'est-à-dire à Karka d'Lédān) et que comme son nom l'indique, ses parents étaient teinturiers du roi. — *M.S.* 2, § 4, col. 792.

(10) *Ibid.*, § 17, col. 812-813; *M.S.*, 1, § 14, col. 740.

(11) *M.S.*, 1, § 15, col. 741; *Chron. de Seert*, I, p. 91.

(12) Māri, ar. p. 17, lat. p. 15.

(13) *M.S.*, 2, § 93, col. 957; *Chron. de Seert*, I, p. 93.

(14) *M.S.*, 2, § 98, col. 95; *Chron. de Seert*, I, p. 94; Māri, ar. p. 18, lat. p. 16.

commémoration du martyr, de préférence au Vendredi Saint, jour réel de sa mort (15).

Bien que Sapor n'ait pas voulu inquiéter « les fils des Grecs » et que, « les seuls de tout l'Orient », on les ait laissés en paix parce que leur ville avait été récemment bâtie et que le roi n'y voulait pas de difficultés (16), cependant, dès le lendemain de la mort de Bar Ṣabbā'é, donc le samedi saint 18 avril 341, le chef des artisans grecs, Possi (17), fut mis à mort, suivi le lendemain par sa fille Martha (18).

La *passion* de Possi jette quelques lueurs sur les déplacements forcés d'une famille d'artisans. Son père, tisserand d'étoffes et brodeur d'or, avait été transporté de l'empire romain à Véh Šāhpuhr, et de là à Karka d'Lédān lors de sa construction. Sapor érigea pour ses artisans royaux un atelier situé près de son palais d'été (19). Quant à leur demeure, la « tribu » romaine avait été mêlée aux trente tribus perses également déplacées. Ce morcellement, dont le but était de hâter l'adaptation des déportés, favorisait aussi le prosélytisme chrétien.

Possi lui-même devint chef des artisans, puis fut même créé Kārūzbaḏ, c'est-à-dire préfet des artisans royaux (20). C'est au cours des déplacements de son office que Possi rencontra, à Šāḏ-i Šāhpuhr, la colonne des confesseurs. Il s'y joignit volontairement et partagea bientôt leur sort.

Pendant la semaine de Pâques 341, soit jusqu'au 27 avril, Karka d'Lédān vit « le grand massacre qui eut lieu au Béṯ Hūzāyé » (21). Le total

---

(15) Note de Bedjan, dans *A.M.S.*, II, p. 207, n. 3, d'après le *Ḥuḏra*, vol. 3, p. 332-333. On dit communément que Simon fut enterré à Suse, mais ne serait-il pas plus exact de dire qu'il y fut transféré quand Karka fut abandonnée?

(16) *M.S.*, 2, § 98; *P.S.*, I. 2, col. 960.

(17) Ou Pūsīk, *B.H.O.*, 993; *A.M.S.*, II, p. ix et 208-232; *Šuhadā'*, I, pp. 234-252; D. Leclercq, *Les martyrs*, III, p. 132, trad. pp. 161-162; Sozomène, *Hist. eccl.*, II, ch. 11; P. Peeters, *Demetrianus*, pp. 298-299.

(18) *B.H.O.*, 698; *A.M.S.*, II, pp. 233-241.

(19) Ce palais apparaît dans l'histoire de l'eunuque Guhištazad, *M.S.* 1, § 26, col. 749.

(20) Christensen, *cit.* p. 485.

(21) *B.H.O.*, 704; *A.M.S.*, II, pp. 241, 248, et conclusion; *B.H.O.*, 124; *A.M.S.*, II, pp. 248-254; P. Devos, *Les martyrs persans*, p. 233.

des victimes atteignit « de nombreux milliers » (22). Nous avons vu plus haut, en parlant de Béṯ Lāpāṭ, ceux de ces martyrs qui étaient évêques. On a gardé également les noms de nombreux prêtres « du Béṯ Hūzāyé » qui périrent à cette date (23) ; les listes des diacres et des laïcs ont disparu du *Breviarium syriacum* (24).

Au repertoire des martyrs du type « Audactus », le Béṯ Hūzāyé fournit un nom, ou plutôt une description: la « fille du roi » (Duḫtanšāh). Celle-ci, voyant s'élever au-dessus des confesseurs comme des lampes brillantes, quitta sa coiffeuse pour se mêler à la foule anonyme parquée devant le palais de son père, « roi » d'Ahwāz (Béṯ Hūzāyé). Le patriarche Makkīḫa Ier (1092-1110), dans sa lettre aux chefs des croyants de Perse sur les signes de vérité de sa foi, citera Duḫtanšāh parmi les exemples de martyres, ajoutant qu'un grand vent de sable s'éleva qui recouvrit le corps et forma une colline où crurent spontanément myrthes et autres plantes odorantes. On visitait encore cette colline du temps de l'écrivain pour demander l'aide des martyrs (25).

En 346, Barbā'šmīn, neveu et successeur de Šim'ūn bar Ṣabbā'é, est à son tour mis à mort à Karka d'Lédān. Il avait été arrêté un an auparavant aux Villes Royales, avec seize prêtres, diacres et moines; enmenés enchaînés à la suite du roi vers sa résidence d'été, ils y subiront le martyre (26).

---

(22) Parmi lesquels les laïcs de Lāšōm cités dans le *Martyrologe de Karka d'Béṯ Slōḫ*; *A.M.S.*, II, pp. 286-289.

(23) *B.H.O.*, 1117 et 1119; *Breviarium syriacum*, Mariani, p. 54; Nau, *Martyrologes*, p. 25; P. Devos, *Anal. Boll.* 84 (1966), pp. 238-239.

(24) Les listes ajoutent aux noms du prêtre Bar Ḥaḏbšabba du Béṯ Hūzāyé, du prêtre Paul de Séleucie-Ctésiphon et du diacre Yūḥannān, le qualificatif de (*'awda*) *naqib eḏna*, ce qui veut dire, d'après le *Dictionnaire de la langue chaldéenne* de Th. Audo (Mossoul, 1897), t. II, p. 112, veut dire « esclave (serviteur) à l'oreille percée ». Il n'y a donc pas de raison d'y voir un nom propre et d'ajouter un « St Naqib » au calendrier; l'argument tiré du chiffre 12 ne porte pas, car il faut plutôt traduire « une douzaine », ce qui peut désigner aussi bien onze que treize (renseignements aimablement communiqués par M. l'abbé Albert Abouna, professeur de langue et de littérature syriaques au séminaire syro-chaldéen de Mossoul).

(25) *B.O.*, III, I, pp. 553-554; Ṣlīwa, ar., pp. 18-19, lat. p. 11. Résumé dans *Les croyances chrétiennes*, d'Elie III (1176-1190) ms. cité par A. Scher, *Kaldu*, II, p. 86 et n. 1, qui la range parmi les martyrs douteux.

(26) *B.H.O.*, 135; *A.M.S.*, II, pp. 296-303 et introd., p. ix, n° 7; *Šuhadā'*, II,

Après la persécution, soit après 379, Karka d'Lédān rentre dans l'ombre. Elle en sort en 410 quand son évêque rivalise avec celui de Bēṯ Lāpāṭ. Le synode d'Isaac décide que lorsque le siège métropolitain aura résolu ses propres difficultés et se sera décidé à se choisir un seul titulaire, alors Karka dépendra de Gondisapor; pour le moment, chaque évêque restera indépendant de l'autre (27).

Le premier évêque de Karka dont le nom soit connu est Ṣawmaï, qui signe le synode de Yahwālāhā Ier en 420 (28). On le retrouve en 429/430 (29) quand il exhume les restes de Simon bar Ṣabbā'é, « la quatre-vingt-neuvième année après son martyre » et les ensevelit avec honneur dans son église (30). C'est lui aussi qui enterre le corps de Jacques le Notaire (31) et reçoit sa mère, Šmūni. Ṣawmaï lui-même mourut et fut enterré à Karka d'Lédān (32).

Peut-on lui attribuer la rédaction des *passions* de Simon bar Ṣabbā'é et de ses compagnons, à l'occasion du transfert de leurs reliques? L'auteur des *actes* dit (33) dans sa conclusion, que l'une des raisons pour lesquelles les noms des martyrs sont inconnus est que « les Perses » ne mirent pas tout par écrit. Cela ne veut-il pas dire que lui-même n'est pas « perse »? De même quand il parle de « la province où ils furent mis à mort », cela ne veut-il pas dire qu'il n'en est pas, sinon n'aurait-il pas dit: « notre » province? Or le nom de l'évêque Ṣawmaï est de consonance araméenne; pour avancer qu'il puisse être l'auteur des passions il faudrait supposer

---

pp. 282-287; D. Leclercq, *Les martyrs*, III, p. 133, nº 12, pp. 187-191; *Chron. de Seert*, I, pp. 111, 219; B.H., II, col. 42.

(27) *Syn. or.*, pp. 271-272. Karka elle-même semble avoir eu deux ou trois évêques en même temps. Avec Bēṯ Lāpāṭ elle totalise six (nº 7-12); *Syn. or.*, pp. 616, 617, 618. En 420 Karka figure parmi les titres de Yahwālāhā, *ibid.*, p. 276.

(28) *Syn. or.*, p. 283 et n. 3; Kmosko, *P.S.*, I. 2, col. 629, n. 1. Il y a cependant un Narsaï, évêque de Karka, au synode de Dādīšō' en 424.

(29) D'après la passion de Possi, *A.M.S.*, II, p. 241, discuté par P. Devos, *Abgar, un hagiographe perse méconnu*, *Anal. Boll.* 83 (1965), p. 320, n. 3.

(30) Dans le *Ḥudra*, v.g. Cod. Vat. syr., nº 83, fol. 437 r, au sixième vendredi d'été, mémoire de la consécration de l'autel de Šim'ūn bar Ṣabbā'é à Karka d'Lédān, cité par Kmosko, *P.S.*, I. 2, col. 705, n. 1.

(31) Sur sa passion voir *Abgar*, cit. pp. 320-321.

(32) *A.M.S.*, II, p. 207, n. 2.

(33) *A.M.S.*, II, p. 247.

qu'il était araméen, mais pas de « Perse », ou que son nom cache un Grec. Même alors, pourquoi n'aurait-il pas considéré la province des martyrs comme sienne, si il en était évêque? Il semble donc difficile que Ṣawmaï soit l'auteur des actes des martyrs de sa ville épiscopale, Karka d'Lédān.

La nestorianisation du diocèse dut se faire très rapidement après la randonnée sanglante de Barsaume de Nisibe puisque, dès 486, un des expulsés de l'École d'Édesse, Paul b. Qaqaï est sur le siège de Karka d'Lédān et assiste comme tel au synode d'Acace (34). Si c'est à lui que fait allusion la cinquième lettre de Barsaume (35), il semble que les habitants de Karka aient persisté dans la rébellion contre Acace alors même que Barsaume avait fait sa paix avec lui. Ne pouvant se rendre auprès d'eux, « parce que nous n'avons pas le pouvoir d'aller où nous souhaitons » le métropolite de Nisibe les exhorte par lettre à la soumission au catholicos. S'ils s'endurcissent, « je te demande de les punir par l'interdit, comme ils le méritent ».

La situation est confuse au moment du synode de Bāwaï en 497. Les listes de présences et de signatures (36) offrent trois noms d'évêques de Karka d'Lédān: Salomon, Emmanuel et Samuel; il est difficile de dire s'il faut laisser les noms tels quels ou les réduire à deux, voire à un seul.

Puis viennent deux noms sans figures: Salmaï, qui fait partie du synode ambulant d'Ābā Ier et en signe les actes, en 544 (37), et Sūrīn, qui signe le synode de Joseph en 554 (38).

Moïse, qui assiste au synode d'Ézéchiel en 576 (39), était un des disciples de Mār Ābā (40). Le catalogue de 'Awdīšō' de Nisibe (41) lui attribue un ouvrage dont Élie de Damas, cité par Assémani, précise qu'il traitait *Des bonnes œuvres*.

---

(34) *Syn. or.*, p. 301; mentionné dans la lettre de Simon de Bét Aršam, *B.O.*, I, p. 353.

(35) *Syn. or.*, p. 538 et n. 3.

(36) *Syn. or.*, pp. 310, 311, 315, 621.

(37) *Ibid.*, pp. 321, 331.

(38) *Ibid.*, p. 366, nº 21.

(39) *Ibid.*, p. 368.

(40) *Chron. de Seert*, I, p. 79, qui en fait un évêque de « Karḫ al-Sūs »; *B.O.*, II, p. 412; III, I, p. 276.

(41) *B.O.*, III, I, p. 276 et n. 7.

Pusaï n'apparaît en 605 que pour parapher le synode de Grégoire Ier (42).

Barsaume au contraire, « celui qui établit les consolations (pour les défunts) à l'église », est mis en pleine lumière par son opposition au patriarche Īšōʿyaw II à cause de la *communicatio in sacris* qu'il avait eue avec les Grecs pendant son ambassade auprès d'Héraclius en 630. La *Chronique de Seert* (43) a gardé le texte de deux lettres « pleines de sarcasmes » écrites par le bouillant évêque. La *Chronique* se contente de résumer la « courte réponse » du catholicos à la première lettre, mais donne le texte de son humble réponse à la seconde. Son effet fut de calmer Barsaume: « Lorsque la lettre parvint au Père courroucé, cet homme d'une haute érudition étouffa la flamme de son ressentiment, apaisa le bouillonnement de sa colère, pour proclamer la bonté, la patience, la résignation, l'humilité, l'abnégation du catholicos. Il lui écrivit pour s'excuser. Une amitié sans troubles suivit ces nuages; l'agitation de la mer se calma, les flots tumultueux s'apaisèrent, et la paix s'établit universellement par la bonté de Dieu et sa miséricorde. »

Barsaume, qu'Īšōʿyaw appelle « homme admirable parmi les docteurs », composa au cours de la crise de Sahdōna un livre sur la croyance, qu'il intitula *Du foie* (44).

Vers 680 l'évêque de Karka d'Lédān est Isaac, un ancien moine du couvent de Rabban Sapor. Ce dernier lui avait prédit qu'il deviendrait pasteur de l'Église (45).

On ne possède plus désormais de noms d'évêques de Karka d'Lédān. La ville existe encore au temps de Timothée, lequel, entre 795 et 798, annonce à Serge qu'il a consacré un nouvel évêque pour Karḫa (46).

---

(42) *Syn. or.*, p. 478.

(43) II, pp. 240-259. Barsaume y est appelé « évêque de Sūs », selon la dénomination du temps. De même dans B.H., II, col. 116, suivi par *B.O.*, II, p. 417 et par Le Quien, col. 1191-1192, qui le range parmi les évêques de Suse.

(44) *Chron. de Seert*, II, p. 316.

(45) Ṣlīwa, ar., p. 58; *Chron. de Seert*, II, p. 140. Ici aussi la ville est appelée Karḫ al-Sūs. — Le Quien, *Suse* IV, col. 1192.

(46) Lettre XIII, Mgr Bidawid, p. 74.

En 900 l'évêque de Karka d'Lédān porte aussi le titre de Suse (47), ou même se contente de ce dernier titre (48). C'est qu'en effet, à cette époque, la ville était en ruines et ses habitants avaient été transportés à Suse (49); nous avons vu que les annalistes du moyen âge commettront souvent l'anarchronisme de parler, même avant cette date, des évêques de Karka d'Lédān comme étant ceux de Karḫ de Suse, ou même simplement de Suse; cette dernière formait en fait un évêché différent.

II. *Hormizd Ardašīr, Hormizd Šahr, Hormšīr, Sūq al-Ahwāz, al-Ahwāz.*

Nous n'avons plus ici une résidence royale, mais le centre commercial du district le plus important du Ḫūzistān.

Quoi qu'il en soit de son histoire ancienne (1), la ville, située sur le Kārūn (Pasitigris), est rangée parmi les huit «fondations» d'Ardašīr Ier (226-241) (2). Ce fut peut-être Sapor Ier (241-272) qui lui donna son nom de Hormizd Ardašīr (3). Principale ville du Ḫūzistān, elle fut supplantée et ruinée par la fondation musulmane de 'Askar Mukram (4).

Le premier évêque de Hormizd Ardašīr apparaît parmi les compagnons de martyre de Simon bar Ṣabbā'é; c'est Jean, attesté par le *Breviarium syriacum* (5), la *passion M.S.* 2 (6) et les textes qui en dérivent.

---

(47) Cod. syr., B.N. 354.

(48) Élie de Damas, cit.

(49) *Chron. de Seert*, II, p. 78.

(1) Barbier y reconnaît l'Aplé ou Aphlé de Pline, VI, 27.

(2) Ṭabarī, *Chronique* II, p. 74; *Annales* II, 2, p. 820.

(3) J. de Menasce, *Les données géographiques dans le Mātigān-i Hazār Dātistān*, dans *Indo-Iranica, Mélanges G. Morgenstiern*, 1964, p. 153, contre A. Maricq, *Classica et Orientalia* 5, *Syria*, 1958, p. 306.

(4) Hamza' al-Iṣfahānī, *Tawārīḫ sanī mulūk al-arḍ*, p. 33; Mustawfī, *Nuzhat*, p. 108; Ibn Ḥawqal, II, p. 252; Abū 'l-Fidā, *Géogr.*, trad. S. Guyard, II, 2, pp. 83-90; Yāqūt (Barbier), pp. 57-61; *Ḥudūd al-'ālam*, trad. V. Minorski, pp. 130, 181; Markwart, commentaire de *Šahrastānihā-i Erānšahr* (Rome 1931), p. 46; Le Strange, *Eastern Caliphate*, pp. 233-234, etc. — Les ruines de 'Askar Mukram sont situées à Bend-i Qir, à 25 milles au sud de Šūšter, soit à mi-route entre cette ville et al-Ahwāz. Le Strange, cit. p. 236.

(5) Éd. Mariani, pp. 52-53; Nau, p. 24.

(6) §§ 1 et 25, *P.S.*, I. 2, col. 779 et 832, éd. Kmosko; *A.M.S.*, II, p. 131; Māri, ar., p. 21, lat. p. 18; Le Quien, *Ahwaz*, I, col. 1191.

Ici aussi on n'a plus de nouvelles du siège jusqu'en 410. Alors, un autre évêque JEAN est confirmé par le synode d'Isaac (7). Son nom cependant ne figure pas parmi les signataires (8).

En 420, les préposés d'un pyrée voisin de l'église ayant ennuyé les chrétiens, le prêtre Osée (Hōša') entre en colère et va renverser le feu sacré. L'affaire parvient aux oreilles de Yazdegerd Ier qui ordonne la destruction des églises et des couvents, l'arrestation et l'exécution des évêques et des prêtres. L'évêque 'ABDA, « savant et vertueux », est aussi mis à mort avec sept compagnons: les prêtres Osée et Isaac, le scribe Ephrem, le diacre Pāpā et trois laïcs: Dādūq, Dūrṯān et son frère Pāpā (9). L'intervention d'un général chrétien, Isaac, préfet d'Arménie, induisit Yazdegerd à cesser la persécution et à relâcher les autres prisonniers.

Il semble qu'il y ait eu alors plusieurs évêques à Hormizd Ardašīr, comme on l'a vu en d'autres lieux, car BATAÏ est aussi mentionné le premier dans la liste des « réprouvés » du temps d'Isaac (410), de Yahwālāhā (420) et de Dādīšō' (424) (10).

Un autre BATAÏ assiste au synode d'Acace en 486 (11). En 497 c'est ŠĪLA qui participe au synode de Bāwaï (12); cependant ce sont ses clercs les prêtres Abraham, Maraï et Simon (13), et ailleurs Āḏūr Hormizd (14) qui signent à sa place.

BŪZAQ, que l'on trouve sur le siège de Hormizd Ardašīr dans la première moitié du VIe siècle, pose quelques problèmes à l'historien. D'abord son nom a été orthographié diversement par les textes arabes (15) où un

---

(7) *Syn. or.*, pp. 272 et 617.

(8) *Ibid.*, p. 616.

(9) *B.H.O.*, 6 et 7; *B.O.*, I, p. 181; *A.M.S.*, IV, pp. 250-253; *Šuhadā'*, II, pp. 297-300; SOCRATE 4-8; SOZOMÈNE, *Hist. eccl.*, V, 39, 1-24; *Anal. Boll.* 28 (1909), pp. 293-415; P. DEVOS, *Les martyrs persans*, cit. p. 219; MĀRI, lat. p. 28, ar. p. 32; ṢLĪWA, ar. p. 27; *Chron. de Seert*, I, p. 216; *B.O.*, III, II, p. 781 suivi par LE QUIEN, col. 1190-1191, range 'Abda parmi les évêques de Suse.

(10) *Syn. or.*, p. 287.

(11) *Ibid.*, pp. 299 et 306.

(12) *Ibid.*, pp. 310 et 621.

(13) *Ibid.*, p. 315, n° 11.

(14) *Ibid.*, p. 316, n° 36.

(15) ṢLĪWA, ar. p. 39; MĀRI, ar. pp. 47, 49; *Chron. de Seert*, pp. 44, 56.

point placé différemment fait passer de Yūḏaq à Yūzaq ou à Būzaḫ. Le chaldéen (16) est plus net, le nom ne peut être que Būzaq.

Būzaq donc, évêque de Hormizd Ardašīr, était contemporain de Kavāt (488-531) qui l'honorait beaucoup à cause de l'éminence de ses talents médicaux; il avait même opéré dans la famille royale une guérison dont on se souvenait, une source dira: de la femme du roi, une autre: de sa fille (ce qui peut revenir au même), une troisième: du roi lui-même. La bienveillance royale s'étendait également, à cause de lui, au catholicos Šīla (503-523). Ce fut pendant le patriarcat de ce dernier que commença dans le diocèse de Būzaq la crise d'Abraham b. 'Awdmīhr dont nous avons parlé à propos de Gondisapor; l'évêque le condamna pour fornication, puis lui interdit d'exercer le diaconat qu'il avait reçu par fraude. Quand cette crise se dénouera, en 544, Būzaq sera mentionné comme défunt.

En 524, lors de la lutte entre Élisée et Narsaï pour le patriarcat, Būzaq prend parti pour ce dernier et va même trouver le roi à ce sujet. Remarquons à ce propos qu'à cette date ce n'est plus au Béṯ Hūzāyé, à Gondisapor ou à Karka d'Lédān, que le roi réside en été « à cause du bon air », mais à Ḥulwān.

Paul, archidiacre de Būzaq, succéda à celui-ci à sa mort (17). En 534, quand Chosroès Ier partit en expédition avec son armée et traversa « ces dures montagnes » d'est en ouest, Paul sut faire le geste qui gagna le cœur du roi: comme la chaleur était étouffante, l'évêque réquisitionna ses diocésains avec leurs bêtes de somme pour porter de l'eau aux troupes « et cette eau avait suffi à toute l'armée qui mourait de soif... (Chosroès) admira sa présence d'esprit et son intérêt pour lui, seul parmi tous les habitants du Béṯ Hūzāyé » se promettant bien de lui revaloir son attention (18).

---

(16) *Syn. or.*, pp. 324-327.

(17) La parenthèse ajoutée au texte de Ṣlīwa, ar. p. 39, selon laquelle Paul aurait été sacré évêque d'« al-Ahwāz » par le patriarche Šīla, est certainement inexacte car on a vu que son prédécesseur, Būzaq, joua un rôle dans l'élection qui suivit la mort de Šīla. Le texte de Ṣlīwa et celui de la *Chronique de Seert* II, p. 61 sont identiques. Dans ce dernier le mot *Narsaï* a été introduit par erreur. Au lieu de « il succéda à Narsaï après sa mort », il faut lire « il lui succéda (à Būzaq) quand il mourut ».

(18) Sur Paul: Ṣlīwa, p. 39; 'Amr, p. 128; *Chron. de Seert*, II, pp. 60-61.

Dans la rivalité entre les deux patriarches, Élisée et Narsaï, Jacques métropolite de Gondisapor et Samuel évêque de Kaškar avaient fait jurer à Paul de ne pas prendre parti. Quand Narsaï mourut, Chosroès se souvint de sa dette vis-à-vis de l'évêque de Hormizd Ardašīr. Refusant la suggestion du médecin Biroï de reconnaître Élisée comme seul patriarche légitime, le roi déposa ce dernier et ordonna de le remplacer par Paul. Sans passer par le degré intermédiaire de métropolite de Gondisapor, comme le croit Māri qui le confond avec un homonyme (19), Paul devint donc patriarche en 537. Une fois nommé au siège de Séleucie-Ctésiphon il oublia sa promesse et montra quelque bienveillance vis-à-vis d'Élisée, son prédécesseur déchu.

Šīla fut-il le successeur immédiat de Paul en 537? On le trouve sur le siège de Hormizd Ardašīr en 544 quand, en route de Maišān à Rew Ardašīr, le synode ambulant d'Ābā Ier « réconcilie ses habitants avec leur pasteur, l'ami de Dieu, Mār Šīla » et procède dans la ville aux réformes nécessaires (20). L'évêque signa les actes du synode en compagnie de laïcs dont on remarquera les noms syriaques: Marwaï b. Brīḫīšō', Bāwoï b. 'Ada, Pusaï b. Maraï, Mardawaï b. Zādūq (ou Nabīrudāq).

Šīla est encore évêque en 554 quand il adhère par lettre scellée au synode de Joseph (21).

David assiste aux synodes d'Ézéchiel en 576 (22) et d'Īšō'yaw Ier en 585 (23). En 605 Pusaï signe la synode de Grégoire Ier (24).

La lutte contre l'avance arabe causa la mort de l'évêque (pas nommé) de Hormizd Ardašīr, lors de la prise de Šūšter, vers 650 (25). Son successeur, nommé Théodore est envoyé par Īšō'yaw III en mission auprès de Simon de Rew Ardašīr, donc entre 650 et 659 (26).

---

(19) Retenu par Le Quien, *Ahwāz*, IV, col. 1192-1193.
(20) *Syn. or.*, pp. 322, 331, 351, 352.
(21) *Ibid.*, p. 366.
(22) *Ibid.*, p. 368.
(23) *Ibid.*, p. 423.
(24) *Ibid.*, p. 478.
(25) *Chron. anon.*, Guidi, p. 30.
(26) *Lettres*, C. XVI, p. 187.

Il faut attendre plus d'un siècle pour retrouver le nom d'un évêque de la ville; il s'agit maintenant de l'intrigant Bar Sahdé, un des protagonistes de la lutte pour la localité de Dūraq, déjà rencontré dans les lettres de Timothée entre 799 et 804.

Entre-temps, Hormizd Ardašīr, maintenant connue sous le nom de Sūq al-Ahwāz, avait gagné de l'importance et était devenue la ville la plus importante du Ḫūzistān. Nous avons vu que, en 848, le métropolite Théodose avait tenté de quitter Gondisapor et de transférer son siège à Sūq al-Ahwāz.

Si l'on peut penser que ce fut probablement à l'occasion d'une vacance du siège que le métropolite tenta d'effectuer le changement, c'est en 848 qu'il faudrait fixer le début de l'épiscopat à Sūq al-Ahwāz, resté diocèse, de Michel de Kaškar, homme savant et intelligent, qui sera élu patriarche en 853. Frappé d'une maladie de la gorge, il mourut presque immédiatement après son élection (27).

En 900 l'évêque d'al-Ahwāz est Simon (28).

Avant 1012 c'est Emmanuel, qui est déjà à cette date métropolite d'Élam quand il sacre Jean b. Nāzūk (29); Élie b. Šināya (30) qui le mentionne parmi ses contemporains, au temps où il écrit, en 1018, dit qu'il était auparavant « évêque du Bét̠ Hūzāyé ».

A partir de cette date on ne connaît plus aucun nom d'évêque d'al-Ahwāz. On ne sait quand le siège disparut.

III. *Šūšter, Šūštār, Šūšterīn, Šūštré, Tustar.*

Située à soixante milles au nord d'al-Ahwāz, Šūšter, la Sosirate de Pline, était considérée comme la ville la plus antique qu'il y ait au monde. Elle est sise sur la rivière Duǧayl sur laquelle Sapor Ier fit construire par

(27) Māri, ar. p. 78, lat. p. 69; Ṣlīwa, ar. p. 72; *B.O.*, II, p. 436; Q (*Ahwaz*), VI, col. 1194.

(28) Cod. syr., B.N. 354.

(29) Ṣlīwa, ar. p. 96.

(30) *Chronogr.* 16 r.

Valérien, immédiatement en aval de la ville, le grand barrage (Šādurwān) (1).

Au moment de la conquête musulmane, c'est-à-dire vers le milieu du VIIe siècle, la ville était entourée par trois canaux (2): Adraḫširagan, qui avait été creusé par Ardašīr; Samīrān, du nom de la reine Sémiramis, et Dārāyagān, d'après Darius.

Au moyen âge, on signale qu'elle avait la forme d'un cheval (3), et que c'était la seule ville de l'Ahwāz qui ait été divisée en quartiers, selon les tribus (4).

Du point de vue chrétien, Šūšter est le troisième évêché suffragant de Gondisapor. On ne sait quand cet évêché fut créé. Parmi les victimes de la grande tuerie de Bét̲ Hūzāyé, sous Sapor II, entre le Jeudi Saint et le lundi de Pâques 341, ne figure pas d'évêque de la ville, mais seulement un prêtre nommé Hormizd (5).

Comme on ne sait rien de la « fondation » de la ville, on ne peut dire si une colonie grecque y fut établie parmi ses « tribus ». Les seules indices en faveur de l'affirmative seraient la présence du pont voisin, cité plus haut, et aussi le fait que la ville sera plus tard fameuse pour ses robes et turbans précieux (6); encore cette spécialité, grecque à l'origine, a-t-elle pu être importée à Šūšter d'une ville voisine.

Le nom du martyr que nous venons de rencontrer, Hormizd, est persan; les noms de ses évêques connus sont syriaques: le premier est Abīšōʿ (ou ʿAwdīšōʿ), confirmé par le synode de 410 (7).

Au moment de la signature du même synode (8), le titulaire de Šūšter est Simon Barduq.

---

(1) *Prairies*, II, p. 184; al-Ṯaʿālibī, p. 527; Le Strange, *Eastern Caliphate*, pp. 234-236; Noeldeke, p. 33, n. 2; Markwart, p. 144; *B.O.*, III, II, pp. 781-782.

(2) *Chron. anon.*, Guidi, pp. 29-31.

(3) Yāqūt (Barbier), pp. 135-140.

(4) Abū 'l-Fidā', *Géogr.* II, 2, pp. 83-90.

(5) *B.H.O.* 704; *A.M.S.*, II, p. 247.

(6) Yāqūt, cit.

(7) *Syn. or.*, p. 272. Est-ce lui qui signe au nº 13 (p. 274)? Chabot le croit (p. 617 et 618). En fait on dit seulement: 'Awdīšō', sans titre.

(8) *Ibid.*, p. 275, nº 37. Il peut aussi bien être le successeur de 'Abīšō' que son contemporain; on sait qu'à cette époque le même siège avait quelquefois plusieurs titulaires.

En 420 un seul évêque, Gūra, signe les actes du synode de Yahwālāhā (9), alors que deux évêques assistent au synode de Dādīšō‘ en 424: Mīlés et ‘Abdīšō‘ (10).

La nestorianisation semble s'être effectuée ici en même temps que dans les provinces de l'intérieur de l'Église de Perse; en effet Pusaï, un des expulsés d'Édesse, était devenu évêque de Šūšter (11); il assiste en 486, au synode d'Acace (12). Cependant le changement ne semble pas s'être effectué sans heurts et à l'unanimité puisque, en 506 encore, un laïc de Šūšter appelé Serge demande au patriarche arménien Babgēn une lettre sur la foi « pour faire taire les hérétiques » (13).

Yazdegerd, en 497, prend part au synode de Bāwaï.

A la faveur des troubles engendrés par la dualité patriarcale, sous Narsaï et Élisée, un certain Simon de Nisibe se taille un évêché comprenant Sūrag, Rām Hormizd et les localités environnantes (14). Nous avons déjà parlé de ces bourgs à propos de la dispute entre évêques, à leur sujet, au temps de Timothée.

L'évêque légitime, Élisée, accompagne Ābā Ier dans sa tournée de réformes, en 544 (15). Dans sa propre ville le synode réduit Simon de Nisibe à l'état de simple prêtre et confirme Élisée. A côté de la signature de l'évêque, au bas des actes du synode, ont signé quelques laïcs (16): Brīḫīšō‘ b. Āḏūrhormizd, Mīhrkust b. Ismā‘īl, Marcianus b. ‘Awdīšō‘ et Abraham b. Bāwaï. On remarque le mélange de noms syriaques et perses, notamment le ‘Awdīšō‘ (syriaque), qui avait donné à son fils un nom « romain »: Marcianus. Ceci est peut-être une indication de l'origine lointaine de la famille.

---

(9) *Syn. or.*, p. 284; la ville figure dans les titres que se donne le patriarche ou que lui donne le scribe, *ibid.*, p. 276.

(10) *Syn. or.*, p. 285.

(11) Lettre de Simon de Bét Aršam, *B.O.*, I, p. 353.

(12) *Syn. or.*, pp. 299, 306; *B.O.*, III, II, p. 782; Q (*Tostar*) I, col. 1193.

(13) Lettres des Arméniens aux « Orthodoxes » de Perse, citées par K. Sarkissian, dans *The Council of Chalcedon and the Armenian Church*, London 1965, p. 202.

(14) *Ibid.*, pp. 323, 324, 683.

(15) *Ibid.*, pp. 321, 323, 324, 331, nº 7 et 351, nº 15.

(16) *Ibid.*, p. 332, nº 20.

Élisée adhère encore par lettre aux décisions du synode de Joseph en 554 (17).

Puis défilent encore quelques fantômes sans image, uniquement signalés par leur présence aux synodes:

— DANIEL en 576 (18);
— ÉTIENNE, en 585 (19);
— AḤIŠMA, en 605 (20).

Vers 650, après une longue lutte entre Hormizdān et Abū Mūsa et un siège de deux ans, Šūšter fut prise par les Arabes et annexée par 'Umar à la province de Baṣra. La ville avait été livrée, contre un tiers du butin, par un habitant de Qaṭar qui avait sa maison sur le mur. Dans le massacre qui suivit la capture, au moins deux évêques furent tués, celui de Hormizd Ardašīr et celui de Ḥīra, ce dernier nommé Īšō'dād (21).

Lors de la révolte de la Perside et du Bét̲ Qaṭrāyé contre Īšō'yaw III, donc entre 650 et 659, le Bét̲ Hūzāyé est resté fidèle au catholicos. GEORGES, évêque de Šūšter, est un des envoyés du patriarche au métropolite rebelle, Simon de Rew Ardašīr (22).

Faut-il introduire ici dans la liste épiscopale de Šūšter les noms d'un Abraham, puis d'un Grégoire, ce dernier à dater des environs de 770 ? Pour y arriver il faut ajouter aux suppositions de J. S. Assémani (23) celles de Renaudot puis de Le Quien (24).

---

(17) *Ibid.*, p. 366.
(18) *Ibid.*, p. 368.
(19) *Ibid.*, p. 423.
(20) *Ibid.*, p. 478.
(21) *Chron. anon.*, GUIDI, pp. 29-31.
(21 a) SÉBÉOS, dans *l'Histoire d'Heraclius* (trad. fr. F. MACLER, Paris 1904), pp. 29-30 raconte que, vers 600, l'empereur Maurice avait demandé à Chosroès, en reconnaissance pour ses services, le corps de Daniel. Malgré l'opposition des habitants chrétiens, dont Širīn, leur compatriote, s'était faite l'avocate, Chosroès ordonna de charger le corps. En réponse aux prières des gens de Suse les sources s'arrêtèrent de couler et les mulets refusèrent d'avancer. On dut ramener la relique à Suse.
(22) *Lettres d'Īšō'yaw*, C. XVI, p. 187; *B.O.*, III, I, pp. 131, 133; Q (*Tostar*) III, col. 1193. — Avant lui (Q. II) Le Quien met un certain Abraham, sans références.
(23) *B.O.*, III, I, pp. 228-229; III, II, p. 782.
(24) Col. 1193-1194.

Le premier, trouvant dans le catalogue littéraire de 'Awdīšō' de Nisibe le nom d'un certain Grégoire de Šūšter, décide, sans donner de référence (25), que cet écrivain vécut sous le catholicos Jacques, donc vers 770, et qu'on l'appelle « de Šūšter » parce qu'il était évêque de cette ville. Renaudot va plus loin; remarquant parmi les ouvrages de l'écrivain une *Histoire d'Abraham de Šūšter*, il vaticine qu'il ne peut s'agir que de son prédécesseur dans l'épiscopat, fournissant ainsi à Le Quien deux noms à ajouter à la liste de *Toster :*

IV. Abraham II;
V. Grégoire, vers 770.

On sera plus modeste si l'on parle d'un auteur nestorien de date inconnue appelé Grégoire, originaire (ou peut-être évêque, mais il faudrait le prouver) de Šūšter, auteur d'une série impressionnante d'ouvrages: un livre contre les sectes, des démonstrations physiques, des sermons paraclétiques, des interprétations, une histoire ecclésiastique, un traité de la cause des fêtes (26), un chant commençant par « Soyez prêts dans vos cœurs », et une biographie d'un certain Abraham de Šūšter dont on ne peut décider s'il fut moine, évêque, docteur, notable ou tout autre chose.

Il semble qu'il faille aussi distinguer l'auteur Grégoire de Šūšter d'un homonyme également écrivain que le *Livre de la chasteté* (27) appelle Grégoire le Directeur. Les pérégrinations de ce dernier ne nous intéressent que parce qu'il était originaire « du Bét̲ Hūzāyé, de la ville de Tuster »(28). Grégoire le Directeur est l'auteur d'un livre *Sur la direction de la vie monastique*, comprenant des sermons, des visions et des lettres (29). C'est uniquement la manie associatrice d'Assémani qui a conduit à penser que le jeune moine nommé Épiphane dont parle Grégoire est justement le futur saint, évêque de Salamine (30) et que par conséquent il faille dater

---

(25) Baumstark, *Syr. Lit.*, p. 128, n. 7, remarque déjà la chose.

(26) A. Baumstark, *D. nestorian Schriften « de causis festorum »*, *O.C.*, I, pp. 320-340.

(27) N° 12; *Chron. de Seert*, I, pp. 161-163; *Šuhadā'*, II, pp. 99-100.

(28) La traduction de la *Chronique* est à corriger, le français *Nastir* ne correspond pas à l'arabe.

(29) *B.O.*, I, pp. 170-174.

(30) J. B. Chabot, *Lit. syr.*, p. 57.

ce Grégoire de la fin du IVe siècle. Il ne reste pas de raison non plus de corriger la phrase, alambiquée il faut le dire, de la *Chronique de Seert* où c'est « à Arcadius » (lī Arqadīs) l'archevêque, et non pas à Épiphane, que Grégoire annonce qu'il avait eu connaissance prophétique de sa visite.

En résumé: deux auteurs nestoriens distincts, du nom de Grégoire, sont originaires de Šūšter; il est impossible de les identifier, ou de les dater avec plus de précision.

Vers 794/795 Šūšter reparaît dans les lettres de Timothée (31). Probablement son siège était-il vacant car un intrus vint s'y installer. Quittant son siège légitime de Gaï (32), cet évêque prit Šūšter de sa propre autorité, ce qui lui valut l'anathème du patriarche. Maintenant qu'il a disparu de la scène, Timothée demande à Serge, nouveau métropolite d'Élam, de renouveler comme invalides toutes les ordinations que ce personnage a faites hors de son diocèse légitime.

Le titulaire nommé à Šušter par Timothée fut EMMANUEL. Nous l'avons vu mêlé, en 799/804, à l'affaire des trois évêques.

En 853, le savant ABRAHAM, évêque de Šūšter, est le troisième choisi comme patriarche à la mort d'Abraham de Marga. Il doit son élection à Abraham b. Nūḥ d'al-Anbār et à 'Uṯmān b. Sa'īd, préposé aux finances. Comme les élus précédents il est frappé par la maladie peu après son élection et meurt (33).

Le dernier évêque connu de Šūšter est SALOMON, mentionné dans un manuscrit de la Bibliothèque Nationale en 900 (34).

Assémani (35) ajoute à la liste des évêques le nom d'Ananjésus, qui vivait sous Élie II, en 1111. Pour l'ajouter à la liste de Šūšter, le « savantissime » suggère de corriger le manuscrit de « 'Amr » qui aurait écrit

---

(31) *C.S.C.O.*, pp. 75-78, trad. pp. 48-49; Mgr BIDAWID, p. 20, date suggérée, p. 74, n. 33.

(32) Partie ancienne d'Iṣpahān. YĀQŪT (BARBIER), s.v. *Djey*, pp. 188, 520, 613.

(33) MĀRI, ar. p. 78, lat. p. 69; *B.O.*, III, I, p. 211; Q (*Tostar*) IV, Abraham III, col. 1194.

(34) Cod. syr. 354.

(35) *B.O.*, II, p. 449; III, II, p. 782.

Bastader pour Tuster. En fait, le texte (36) n'a pas besoin de correction: le nom de Puštadar existe (37) et Ḥnanīšō' en était évêque.

Au temps d'al-Mustawfī (1339) (38), Šūšter serait devenu la ville la plus importante du Ḫūzistān. On n'a pas de témoignage que les chrétiens qui devaient s'y trouver aient eu encore un évêque.

IV. *Suse, Šūš, Šōšān.*

Suse, l'une des capitales des rois achéménides et leur résidence d'hiver, aurait été, d'après la légende, la première ville fondée au Ḫūzistān, par Mahalalel fils de Qēnān fils d'Enosh fils de Seth fils d'Adam en personne. Suse, pays d'origine du lys (sūsān), et fière de posséder la tombe du prophète Daniel (1), fut rebâtie en 260 par Sapor Ier après sa victoire, à Édesse, sur Valérien, et la capture de celui-ci. La ville, rebaptisée Ērān Ḫurra Šāhpuhr, fut peuplée de déportés « grecs », notamment de tisserands, en provenance de Singār, Buṣra, Ṭuwāna et Āmed (2); elle avait alors la forme d'un faucon (3).

Sapor, malade, s'y fit transporter sur le conseil d'un médecin indien, car Suse était considérée comme « la ville la plus saine de son empire »; le roi y résida jusqu'à la fin de sa vie (272/273). « C'est ainsi, dit al-Ṯa'ālibī (4), que les gens de Suse, parce qu'ils s'étaient initiés à la science de cet indien, qu'ils avaient reçu de lui et des prisonniers grecs qui demeuraient

(36) Māri, ar. p. 152, lat. p. 129.

(37) Je ne puis cependant pas encore décider si *Puštadar* est une localité, comme le pense Le Quien, II, col. 1307-1308, s.v. *Bestadara*, « urbem vel oppidum, in Orientis partibus situm, frustra quaero » (avec réf. à *B.O.*, II, p. 449), ou une tribu. En effet, d'après un épistolier manuscrit du village de Tell Kaif, écrit par Qas Gēwargīs b. Q. Israël d'Alqōš: en 1723 la tribu des Banū Puštadar ou Balbusnāyé monta en Adherbaidjan et ravagea les environs d'Urmi. De nombreuses femmes et jeunes filles furent enlevées, que le patriarche Elīya fit racheter.

(38) *Nuzhat*, p. 179, détail, pp. 107-108.

(1) Je ne prétends pas donne une bibliographie sur l'ancienne Suse. Voir L. Vanden Berghe, *Archéologie de l'Iran ancien* (1959), pp. 71-83 et plan p. 72; Yāqūt (Barbier), pp. 135-140 et 327-328; Mustawfī, *Nuzhat*, p. 109; Le Strange, p. 240, etc.

(2) Mas'ūdī, *Prairies*, II, p. 185; al-Ṯa'ālibī, pp. 529-530. — On a vu plus haut que Noeldeke préfère attribuer le nom à Karka d'Lédān.

(3) Yāqūt (Barbier), p. 136.

(4) Cit. pp. 531-532.

près d'eux la doctrine, et qu'ils ont hérité la science médicale les uns des autres, sont devenus les plus habiles médecins de l'Ahwāz et du Fārs. » Cette phrase sera à retenir par qui voudrait analyser les composantes de la médecine passée plus tard par Gondisapor aux Arabes, et par leur intermédiaire à l'Occident.

Il est probable qu'il y avait des chrétiens parmi des déportés de 260; cependant Suse résistera encore à la prédication de l'évêque MĪLÉS, vers 330. Celui-ci (5), né à Rayy, se convertit du Magisme au Christianisme à Bét̠ Lāpāṭ, puis vint à Suse, la ville d'Élam (6), où il s'efforça pendant trois années de convertir les païens. Au cours de cette période il fut sacré évêque de la ville par Gadiaw, évêque de Bét̠ Lāpāṭ, futur martyr en 341; on ne dit pas si Mīlés succéda à quelqu'un ou s'il fut le premier évêque de Suse.

Le nouvel évêque n'eut toujours pas de succès dans ses essais de conversion de la ville; il fut en butte à toutes sortes de vexations et même fouetté et lapidé. Secouant alors la poussière de ses sandales contre la ville qui refusait l'Évangile, il la quitta et en prédit la ruine prochaine. Trois mois après qu'il en fut sorti, les grands de Suse ayant conspiré contre Sapor II, celui-ci envoya contre la ville une armée appuyée de trois cents éléphants. Suse fut capturée; les habitants furent tous égorgés, la ville dévastée puis rasée (6 a); on y fit passer la charrue. Elle était encore en

---

(5) Passio, *B.H.O.* 772; *A.M.S.*, II, pp. 260-275; *Šuhadā'*, I, pp. 260-268; D. LECLERCQ, *Les martyrs*, III, p. 132, n° 7, pp. 168-175. *Chron. de Seert*, I, pp. 110, 26, 27; SOZOMÈNE, *Hist. eccl.*, II, ch. 14; MĀRI, ar. pp. 8, 18; *B.O.*, I, pp. 12-13, 186; Q. *Sus*, I, col. 1189-1190.

(6) *A.M.S.*, II, p. 264, ligne 3.

(6 a) R. GHIRSHMAN, *Mémoire de la Mission Archéologique Française, Mission en Susiane, Cinq campagnes de fouilles à Suse (1946-1951)*, pp. 6-8, a retrouvé les charniers de cette destruction, les restes « d'adultes inhumés hâtivement en pleine terre, tantôt dans les maisons, tantôt dans les cours ou même dans les rues ». Mais je ne puis le suivre quand, sans donner de référence, il fait allusion à l'histoire de Mīlés en disant que « les Actes des Martyrs font savoir que, à la suite d'une révolte des chrétiens à Suse, Sapor II y envoya son armée »... On a vu que la révolte fut le fait des païens et non pas des chrétiens. Il n'y a donc pas lieu de rattacher à cette affaire les tombes des enfants, non plus « inhumés hâtivement en pleine terre », mais « enterrés dans des jarres » et dont « la ville était criblée »: ces tombes étaient, au moins en partie, celles d'enfants chrétiens, puisque, dit M. Ghirshman, « des croix nestoriennes étaient tracées en noir sur quelques jarres... et

ruines quand la *passion* de Mīlés fut composée car, écrit l'hagiographie, « maintenant c'est une plaine qu'on laboure et qu'on ensemence » (7).

Nous n'avons pas à suivre Mīlés après son départ de Suse, à Jérusalem, en Égypte, à Nisibe où il rencontre l'évêque Jacques, en Adiabène, et enfin à Véh Ardašīr, la nouvelle Séleucie, où il s'oppose violemment à la dictature du catholicos Pāpā. J'ai dit ailleurs qu'il serait inexact de considérer Mīlés comme un « rival » de Pāpā et de parler d'une « lutte pour la primauté entre Suse et Séleucie » (8), d'abord parce que Suse n'existait plus à cette époque, et ensuite parce que Mīlés n'a jamais contesté la primauté de Pāpā, mais seulement la façon arbitraire dont celui-ci exerçait la primauté.

En passant par Maišān, Mīlés revint à son pays natal de Rayy. Après un an en prison à Mahlgerd, il y fut mis à mort. Son corps, enterré au village de Malqīn, opérait de nombreux miracles, protégeant surtout contre les voleurs et les inondations. Il est difficile de préciser la date du martyre de Mīlés. Le P. Devos (9) a déjà remarqué que, dans la liste martyrologique de 411 (10), Mīlés, évêque de Suse, et ses compagnons le prêtre Abursām et le diacre Sīnaï, étaient cités parmi les neuf premiers martyrs, avant les confesseurs de la persécution de Sapor. Il est donc probable que leur mort fut antérieure à 341.

Les textes canoniques fournissent, à partir de 410, plusieurs noms d'évêques de Suse. C'est d'abord les deux contemporains Zūqa et Bar

---

qu'une croix nestorienne en argent a été trouvée *près d'un* mort adulte ». Si la *Passion de Mīlés* est exacte, ces sépultures d'enfants chrétiens sont plus tradives, puisque la ville n'était pas encore chrétienne quand elle fut détruite, selon la prédiction de l'évêque. Des expertises médicales diraient si les adultes (et les enfants) portent traces de traumatismes.

On ne peut non plus souscrire à la phrase où l'auteur dit que, au commencement de la grande persécution de Sapor II en 341, « les chrétiens, fuyant les massacres, abandonnèrent les grands centres et allèrent se fixer dans les provinces limitrophes, et c'est ainsi que l'ancienne Susiane reçut une nouvelle population qui vint habiter les villes de cette vaste plaine, dont Suse ». Tout ce qui est rapporté dans le présent article prouve qu'au contraire la Susiane était le centre de la tuerie.

(7) Christensen, cit. pp. 252-253, attribue à Sapor II la reconstruction de la ville après ces événements, sous le nom d'Ērān Ḫurra Šāhpuhr.

(8) *Syn. or.*, p. 289, n. 3.

(9) *Les martyrs persans*, cit. p. 224.

(10) *Breviarium syriacum*, Mariani, p. 52, Nau, p. 23.

Šabṯa. Le premier, confirmé par le synode d'Isaac (11), semble bien être identique à Dūqa qui signe le synode de Yahwālāhā en 420 (12); le second est réprouvé par les mêmes synodes et encore par celui de Dādīšō' en 424 (13).

L'évêque Pāpāï n'assiste pas au synode de Bāwaï en 497, mais y adhère par lettre (14).

En 540 l'évêque Kosrau accompagne le patriarche Ābā Ier dans sa tournée de réformes, et signe les actes de son synode (15). Comme l'évêque se plaint au catholicos que son peuple ne lui montre pas la soumission, qui convient en tant que leur chef et leur guide dans la vraie foi... le patriarche se rend auprès d'eux dans un des villages de Suse et leur enseigne la foi orthodoxe. La lettre (16) dans laquelle le patriarche reprend son enseignement fait deviner les croyances hétérodoxes que le pauvre Kosrau n'arrivait pas à extirper: ils introduisaient une quatrième personne dans la Trinité et l'ajoutaient à la doxologie, ils refusaient de croire à l'Incarnation, à la Passion et à la mort du Christ dans son humanité, alors que sa divinité restait impassible. Ceci semble indiquer que les gens des villages de Suse professaient la théorie des Deux Fils, naguère condamnée par l'Église. Il serait intéressant de savoir s'ils étaient arrivés à cette formulation en poussant à l'extrême le dualisme des natures et des opérations dans le Christ, dichotomie du « Fils » et du « Christ » qui fut toujours la tentation du nestorianisme, ou si, étant d'origine grecque, ils avaient gardé des relents de la gnose valentinienne d'Alexandrie et, par Basilide et Ménandre, d'Antioche.

Cette lettre de Mār Ābā est adressée au clergé et aux laïcs de deux villages du pays de Suse: Ašga et Rīg.

En 554, Kosrau est toujours évêque de Suse; on ne parle plus de ses difficultés théologiques. Il envoie une lettre d'adhésion au synode de Joseph (17).

(11) *Syn. or.*, p. 272 et 617.
(12) *Ibid.*, p. 283; le nom de la ville figure dans le titre, p. 276.
(13) *Ibid.*, p. 287.
(14) *Ibid.*, p. 311. Son nom figure seulement dans le seconde liste, p. 620.
(15) *Ibid.*, p. 321 et 331, n° 10.
(16) *Ibid.*, pp. 550-553, deuxième lettre de Mār Ābā.
(17) *Ibid.*, p. 366, n° 24.

Les évêques suivants, émergeant de la brume à intervalles irréguliers, ne sont que des noms:

Āḏūrhormizd, qui assiste au synode d'Ézéchiel en 576 (18) et signe celui d'Īšō'yaw Ier en 585 (19), et Jacques, qui paraphe et scelle les actes du synode de Grégoire Ier en 605 (20).

Suse fut prise par les Arabes après un siège de quelques jours; les notables furent passés au fil de l'épée. D'après la *Chronique anonyme* de Guidi (21), les conquérants enlevèrent le trésor de la Maison de Mār Daniel, trésor qui y était amassé depuis le temps de Cyrus et de Darius. La chasse d'argent contenant un corps entouré d'aromates, « soit de Daniel, comme disent beaucoup, soit du roi Darius, comme disent certains », fut mise en pièces et emportée.

Il faut attendre les environs de 840 pour retrouver un évêque de « la ville de Šōšān, qui est en Élam ». C'est Īšō', surnommé Māran Zḵā, un des quarante-deux moines de Bét̲ 'Āwé qui reçurent l'épiscopat (22).

Puis on trouve Īšō'yaw, qui était évêque de Suse avant d'être promu par Jean III au siège métropolitain de Ḥulwān, en 893 (23).

En 900, au synode de Jean b. 'Īsā, on note la présence de Macaire, évêque de Suse (24). Vers la même époque, les *Tables* d'Élie de Damas (25) montrent que l'évêché de Karka d'Lédān et celui de Suse ont été réunis en un seul. En fait, la première ville était ruinée et l'évêque résidait à Suse, son second titre, de Karka d'Lédān, était désormais « in partibus ».

Deux évêques de Suse sont encore connus: Yahwālāhā (26) qui assiste au sacre de Makkīḫa II, en 1257, et Yūḥanna (27) qui est présent

---

(18) *Ibid.*, p. 368.

(19) *Ibid.*, p. 423, n° 12.

(20) *Ibid.*, p. 479, n° 18.

(21) P. 30.

(22) Thomas de Marga, IV, 20; *Bk.* II, p. 449; *B.O.*, III, p. 489; Le Quien ne suit pas Assémani qui le range parmi les évêques de Suse (*B.O.*, III, II, p. 781) mais le met parmi ceux d'al-Ahwāz (V, col. 1193).

(23) Ṣlīwa, ar. p. 80; *B.O.*, II, p. 440; Q (*Sus*) V.

(24) Cod. syr., B.N. 354.

(25) *B.O.*, II, p. 458.

(26) Ṣlīwa, ar. p. 120; *B.O.*, II, p. 455; III, II, p. 781; Q (*Sus*) VI.

(27) Ṣlīwa, ar. pp. 121, 124; *B.O.*, II, pp. 455-456; III, II, p. 781; Q (*Sus*) VII.

aux funérailles du même patriarche en 1265 et au sacre de Yahwālāhā III en 1283.

Puis on n'entend plus parler de christianisme à Suse.

V. *Rām Hormizd*, *Rāmis*, *Rāmiz*.

Fondée par Hormizd Ier (272-273), fils de Sapor Ier, sous le nom de Rām-Hormizd-Ardašīr (1), la ville était une des principales du Ḫūzistān. Elle alliait les produits des pays chauds à ceux des mers tempérées.

Son premier évêque légitime est connu en 576; cependant elle avait eu auparavant un évêque intrus, Simon de Nisibe, condamné par Mār Ābā en 540 (2), on ne sait s'il concurrençait un évêque régulier.

Le premier à porter le titre de Rām-Hormizd est MIHR ŠĀBŪR, qui assiste au synode d'Ézéchiel en 576 (3). En 585, il a été remplacé par 'ANĀN ĪŠŌ', qui signe le synode d'Īšō'yaw Ier (4).

Vers cette époque naquit à Rām-Hormizd (d'autres disent à Gaï, qui dépend d'Iṣpahān) celui qui devait devenir le premier musulman persan: Salmān al-Fārisī, qui mourra gouverneur d'al-Madā'in (5) en 655/656 (6). Si l'on en croit Ibn Isḥāq al-Wāqidī (7) Salmān était né dans la religion mazdéenne. En route pour un village de son père, il passa près d'une église. La prière des chrétiens lui plut, il leur demanda d'où cette religion tirait son origine. Ils lui répondirent: de Syrie. Il alla donc à Damas où il se fit le disciple de l'évêque. Quand celui-ci fut près de mourir, Salmān lui demanda ce qu'il lui conseillait de faire après sa mort. L'évêque aurait répondu: Je ne connais qu'un homme qui ait gardé le droit chemin, cet

---

(1) AL-ṮA'ĀLIBĪ, p. 490; ABŪ 'L-FIDĀ', II, pp. 83-90; MUSTAWFĪ, p. 109; YĀQŪT (BARBIER), pp. 254-255. Autres références dans J. DE MENASCE, *Données géographiques*, pp. 152-153.

(2) *Syn. or.*, p. 324.

(3) *Ibid.*, p. 368.

(4) *Ibid.*, p. 423, no 21.

(5) Références dans *Salmān du Fārs*, *E.I.*, IV (1934), pp. 120-121 par LÉVI DELLA VIDA.

(6) *Chronographia*, CAETANI, I, p. 383, avec bibliographie.

(7) Dont le témoignage est rapporté par AL-BALḪĪ, dans *Le livre de la création et de l'histoire*, éd. arabe et trad. fr. Cl. HUART (Paris 1916), pp. 114-117, ar. pp. 110-113.

homme réside à Mossoul, rejoins-le! La situation se reproduit quand l'homme de Mossoul meurt, Salmān va alors à Nisibe où il « adore » dans une cellule qui existait encore du temps du Wāqidī (8), puis il se rend à 'Ammurīya, au pays des Romains. Pris comme esclave et vendu à un Juif, il adopte la religion de celui-ci jusqu'à ce que, à Médine, il reconnaisse Mahomet et le suive.

Il ne faut probablement retenir que peu de choses de cette histoire édifiante; encore reflète-t-elle fidèlement la lassitude que devaient ressentir tant d'hommes sincères devant les luttes fratricides des chrétiens, dont « aucun n'est dans la vérité », et devant les errements des Messaliens, à cause desquels « les gens se sont perdus et ont abandonné leur religion », tout cela à la veille de l'irruption de l'Islam, au milieu des guerres constantes entre Romains Byzantins et Perses, qui plongeaient les populations frontalières dans la misère et la servitude. Tout idéalisé qu'il soit, le texte d'al-Wāqidī symbolise bien la quête tragique de tous ceux, et ils devaient être nombreux à cette époque, « qui n'ont pas été enlevés par la mort avant d'avoir atteint le but de leur recherche » (9).

Les documents sont muets sur l'évêché de Rām Hormizd pendant près de deux siècles, jusqu'à ce qu'on le retrouve dans quelques lettres de Timothée, que l'on peut dater de 799/804. L'évêque est alors Īšō' BAR NŪN (10). Après lui avoir attribué le riche village contesté de Dūraq (11), parce que son diocèse est pauvre, le patriarche veut le nommer à Nisibe, comme successeur du métropolite Jean qui vient de mourir (12). Mais les gens de Nisibe ne veulent pas d'Īšō' bar Nūn et lui préfèrent Cyprien, évêque d'Arzun, lequel achète de puissantes protections et s'empare du siège (13). Timothée espère pour un temps faire prévaloir son candidat, grâce à l'appui de Rabban Gabriel Boḫtīšō', « le syncelle du roi ». Devant l'opposition

---

(8) C'est sur ce texte que se basait L. MASSIGNON pour penser que Salmān avait été moine. On l'appelle aujourd'hui Salmān Pāk, Salmān le Pur, ce qui aurait le même sens; cependant le populaire a une explication plus crue de ce surnom.

(9) AL-BALHĪ, p. 127, ar. p. 121.

(10) Mgr BIDAWID, *Lettres*, pp. 74-75.

(11) Lettre LIII, *ibid.*, p. 40.

(12) Lettre LIV, *ibid.*

(13) Lettre LVII, pp. 41-42.

des Nisibiens (14) qui réussissent à gagner le calife à leur cause (15), le patriarche doit abandonner la candidature de l'évêque de Rām Hormizd et sacre pour Nisibe Jean, évêque de Ḥadīṯa, lequel est accepté par tous (16).

On n'entend plus parler dans la suite de l'évêché de Rām Hormizd, qui ne figure plus dans la liste d'Élie de Damas vers 900.

VI. *Mihraqān Qadaq, Mihrağān Qaḏaq, Mahrağa et Gaï-Iṣpahān.*

Un dernier évêché figure dans les listes d'Élie de Damas, celui de Mihraqān Qadaq (1). La région est connue, elle est située au nord-ouest du Ḫūzistān, entre celui-ci et la province de Ğabal, l'ancienne Médie. Elle était limitée au nord par la route Hamadān-Bagdad et avait pour centre la petite ville de Ṣaymara (2).

Le district est mentionné parmi ceux qu'évangélisa le moine Péṯiōn, après la mort de son oncle et maître Yāzdīn. Péṯiōn y bâtit quatre églises, qu'il revenait visiter chaque année jusqu'à son martyre, lequel eut lieu vers 449 (3).

On ne sait quand le diocèse fut créé. Il existait avant le Xe siècle, puisqu'on trouve, vers le milieu du VIIe siècle, un évêque de Mihrağa appelé Sūrīn, à qui Rabban Sapor prédit qu'il sera « pasteur de son Église » (4).

---

(14) Lettre XXI, p. 25.

(15) Lettre XXII, p. 26.

(16) Il appert des lettres de Timothée que deux métropolites consécutifs de Nisibe s'appelaient Jean. Les *Diptyques* de la ville (appendice de McLean à F. E. Brightman, *Eastern Liturgies*, I, p. 277 et A. Scher, *Kaldū*, II, p. 281, n. 5, n'en nomment qu'un seul (Yō'ānīs) après lequel ils mettent un Cyprien (II) ?

(1) Yāqūt (Barbier), p. 552, avec notes, et p. 373 s.v. *Saymara*; P. Schwarz, *Iran im Mittetalter*, IV, p. 170; autres réf. dans *Syn. or.*, pp. 669, 677. — En 579/590 Hormizd IV avait construit des cachots pour les notables à « al-Ahwāz » et Mahrağā, *Chron. de Seert*, II, p. 124; — Le Quien, col. 1193-1194 n'a pas trouvé *Mahargancanduk* ni aucun de ses évêques.

(2) Voir cartes de Le Strange et de Canard, *Hamdanides*, I, p. 312.

(3) *Šuhadā'*, II, p. 357.

(4) *Chron. de Seert*, II, p. 140 et n. 4; *D.H.G.E.*, VII, col. 1235 par A. Van Lantschoot.

Assémani, cédant une fois de plus à son penchant pour les groupements (5), identifie Mihraqān Qadaq à Mahaldegerd où Mīlés de Suse avait été emprisonné (6). Dans les *Actes* de ce martyr, Mahaldegerd est appelée « ville des Raziqāyé »; ceci veut tout simplement dire: ville de la province de Rayy. Assémani en fait: *la* ville de Rayy, c'est-à-dire la capitale elle-même. Il est vrai que Rayy était métropole (7), et il est possible que Mahaldegerd ait été son nom, celui d'un de ses quartiers ou celui d'une localité voisine à l'époque de Mīlés, mais il n'y a aucune raison de l'identifier à Mihraqān Qadaq et d'en faire une ville épiscopale puis métropolitaine (8), qui aurait été située en Élam (9).

Markwart, suivi par Chabot et par d'autres (10), semble avoir raison au contraire de reconnaître en Mihraqān Qadaq le Béṯ Mihraqāyé du synode de 497 (11); les deux noms en effet ont le même sens: habitation des gens de Mihra.

Le nom se réfère-t-il à une colonie de déportés de la vallée de l'Indus (12)? Cela est possible, mais ce qui nous arrête, c'est que, sur trois des mentions de 497, le Béṯ Mihraqāyé (nommé en premier lieu) est mis en liaison avec Iṣpahān. Il y avait alors un diocèse du Béṯ Mihraqāyé et Iṣpahān. A première vue la chose peut un peu surprendre, car le dit diocèse se présente comme une longue bande horizontale entre l'Élam et le Béṯ Madāyé; cependant les textes sont formels et la répétition de la formule ne peut être fortuite.

Le jumelage inattendu nous aiguille donc sur la *Liber pontificalis* d'Iṣpahān (13), dont on ne peut s'empêcher de remarquer qu'il ne chevauche jamais sur celui du Béṯ Mihraqāyé.

---

(5) *B.O.*, III, I, p. 421.

(6) *Ibid.*, I, p. 186.

(7) *Ibid.*, III, I, p. 347, d'après le synode de Théodose.

(8) *Ibid.*, III, II, p. 761.

(9) *Ibid.*, pp. 744-745.

(10) Markwart, p. 20; *Syn. or.*, p. 668; *D.H.G.E.* cit.

(11) *Syn. or.*, p. 310, 311, 316. Dayr Miḥrāq est une localité différente; cf. *Assyrie chrétienne*, III, pp. 277-282.

(12) Le fleuve était appelé par les Iraniens *Mihrān* ou *Mihrān Rūd*; localement on l'appelait *Mihrāğa*, dit Yāqūt (Barbier, p. 551).

(13) Le Quien, col. 1305-1306, A. IV, « *incertarum provinciarum* »; Assémani penchait pour ranger l'évêché sous la Perside.

On trouve ainsi un premier évêque, Aphraat, au synode de Dādīšō' en 424 (14); puis vient Abraham, au synode de Bāwaï, en 497, qui nous a donné le double titre du siège.

La série des évêques d'Iṣpahān se continue avec un autre Abraham, présent au synode de Joseph en 554 (15), et Ahrōn, qui participe au synode d'Ézéchiel en 576 (16).

Nouveau développement du cas, après deux cents ans de silence, quand on retrouve l'évêché d'Iṣpahān, dans les lettres de Timothée, en 794/795 sous le nom d'évêché de Gaï. On sait en effet que la partie ancienne de la ville d'Iṣpahān (17) s'appelait Gaï et était située à un mille à l'est de la ville du moyen âge. A cette époque le faubourg couvrant Gaï portait le nom de Šahristān ou de Madīnat-Iṣpahān (18); elle sera en ruines au temps de Yāqūt, c'est-à-dire vers 1220. On peut deviner que c'est là que se trouvait la résidence de l'évêque, car nous voyons Timothée préférer le titre d'évêque de Gaï à celui d'évêque d'Iṣpahān.

En 794-795 donc, l'évêque de Gaï-Iṣpahān est Abraham. Non content de son propre siège, il profite de la vacance du siège de Šūšter pour s'en emparer, et se conduit dans tout le diocèse, ainsi qu'au Couvent Neuf, comme le légitime supérieur. Au même moment le siège métropolitain d'Élam est également vacant, ce qui facilite les choses à l'intrus. Mais le patriarche Timothée veillait. Il intime au rebelle l'ordre de rentrer dans son diocèse. Comme il refuse et prétend retourner plutôt à son couvent d'origine, tout en continuant en fait ses agissements illégaux, le patriarche l'excommunie, malgré les instances des amis influents qu'Abraham a pu se faire à Bagdad: Rabban Moïse, Étienne de Damas, Rabban Boḫtīšō' et Rabban Gabriel (19).

---

(14) *Syn. or.*, p. 285.

(15) *Ibid.*, p. 366.

(16) *Ibid.*, p. 368.

(17) Le Strange, *Eastern Caliphate*, pp. 204-206. — Iṣpahān est située dans le coin sud-est du Ǧabal, presque sur la limite du désert. — *B.O.*, III, II, pp. 724-725, s'essaie à des étymologies du nom de la ville.

(18) Yāqūt (Barbier), s.v. *Djey*, pp. 188, 520, 613.

(19) Lettre III à Serge, *C.S.C.O.*, pp. 75-78, trad. pp. 48-49; Mgr Bidawid, *Lettres*, pp. 20, 82; datée p. 74.

Serge, nouveau métropolite d'Élam (ce qui prouve que le diocèse du rebelle dépendait de lui), pas encore très sûr de son autorité, préfère laisser agir le patriarche à qui il demande de fulminer lui-même l'anathème contre le rebelle et de prévenir le peuple de Gaï de la nomination de son successeur.

Timothée accède à son désir et nomme évêque Āḏōršābūr, prélat vertueux et spirituel, versé dans les Écritures et possédant trois langues, c'est-à-dire, vraisemblablement, en plus du syriaque et du persan, le grec ou l'arabe (20). Le patriarche, selon la demande du métropolite Serge, donne avis au peuple de Gaï d'avoir à recevoir le nouvel évêque et de considérer l'intrus comme anathème (21).

Une centaine d'années plus tard, quand Élie de Damas énumère les diocèses de l'Église syrienne orientale, on ne peut pas ne pas remarquer l'absence d'Iṣpahān. A moins de supposer un oubli, il faut donc une fois encore penser que le diocèse se cache derrière le nom de Mihraqān Qadaq, un des suffragants du métropolite d'Élam.

Deux évêques d'Iṣpahān sont encore connus: 'Awdīšō', qui est promu métropolite de Merw par le patriarche Māri (987-999) (22) et un autre 'Awdīšō' qui assiste au sacre d'Élie II en 1111 (23).

Entre-temps Nāṣir-i Kosrau avait visité Iṣpahān en 1052 et l'avait décrite comme la plus grande cité qu'il ait vue dans tous les pays où l'on parle persan. On devine aussi l'importance de la ville par l'influence de ses habitants, même à Bagdad, sur la vie de toute l'Église syrienne orientale. C'est l'un d'entre eux, 'Umayd abū Sa'īd, qui emporte la nomination au patriarcat, en 1061, de Sawrīšō' Zanbūr, évêque de Nīšāpūr (24). De

---

(20) Lettre LIV inédite, à Serge (Bidawid, p. 40) que je ne retarderai pas, comme le fait l'auteur (*ibid.*, pp. 74-75) jusqu'en 799/804, puisqu'elle suit de près la nomination de Serge en 794/795. De même, le nom de l'évêque est ici donné comme Mīhršābūr, alors qu'ailleurs (pp. 25, 46) il est appelé Āḏōršābūr.

(21) Lettres XXI (*C.S.C.O.*, p. 132, trad. p. 89, Bidawid, p. 25) et XXII (*C.S.C.O.* p. 135, trad. p. 91, Bidawid, p. 46).

(22) Ṣlīwa, ar. p. 94; *B.O.*, II, p. 443; Q. I. Il sera encore à Merw quand Élie de Nisibe écrira, en 1018. *Chronographie*, p. 16 r.

(23) Māri, ar. p. 152, lat. p. 129; Ṣlīwa, ar. p. 103; *B.O.*, II, p. 449; III, II, p. 725; Q. II.

(24) Ṣlīwa, ar. p. 100; B.H., III, col. 302.

même, le futur patriarche Makkīḇa Ier (1092-1110) écrit-il à certain notable parmi les « croyants » (Nestoriens) à Iṣpahān (25) une lettre sur la valeur apologétique des miracles et des martyres.

Après 1111 les nouvelles du siège d'Iṣpahān s'interrompent (26).

Avant de quitter ce diocèse, je veux souligner que ma tentative de reconstitution de son histoire n'est qu'une hypothèse. A Dieu ne plaise que j'imite Assémani sur le point même où (respectueusement) je le critique. Il est possible que les faits permettent une autre interprétation. Je les livre à la sagacité du lecteur dans le tableau synoptique suivant:

	Iṣpahān	Gaï	Iṣpahān et B. Mihraqāyé	Mihraqān Qadaq	Mihraǧa
424	Aphraat				
497			Abraham		
554	Abraham				
576	Ahrōn				
VIIe s.					Sūrīn
794/5		Abraham Adōršābūr			
900 *tables* d'Élie	pas mentionné			dépend d'Élam	
987/996	ʿAwdīšōʿ				
1111	ʿAwdīšōʿ				

(25) *B.O.*, III, I, p. 552.

(26) On connaît, probablement après 1049, un Muḥyi al-Dīn al-Iṣfahānī, qui semble avoir été monophysite; il est l'auteur d'une *Epître sur l'unité et la Trinité*, d'un *Traité sur l'intellect* et d'un ouvrage *Sur l'âme*; éd. et trad. M. Allard et G. Troupeau (Beyrouth, *Recherches*, XX).

Conclusion.

Comme chacune des provinces de l'Église du catholicos de l'Orient, l'éparchie du pays des Houzites jouit d'une personnalité bien caractérisée. Les deux composantes de son histoire fournissent les deux aspects dominants de son christianisme dans sa période la plus florissante, disons de 260 à 650.

D'abord et dès le début, Gondisapor n'est qu'un relais, tant civil qu'ecclésiastique près de la porte royale d'été. Ensuite, sa communauté chrétienne est composée en grande partie de déportés « grecs ».

Du point de vue « iranien » l'Église ne fait donc pas figure de communauté autochtone, et d'ailleurs sa position est aussi artificielle que celle de la « capitale » d'été. Le vrai centre de l'Iran est resté la Perside. C'est là que l'on trouve encore aujourd'hui les vestiges de dix-neuf des temples à quatre arches (Chahar Tāq) pour le culte du feu, sur les trente-quatre connus dans tout l'Iran, et vingt-cinq sur vingt-neuf des sculptures rupestres sassanides (1).

Séleucie-Ctésiphon, par ailleurs, héritée des Arsacides, est un avant-poste stratégique idéal pour surveiller l'ennemi récurrent, le byzantin, sur une route de roccade le long des grands fleuves, derrière le tampon du désert et devant les grandes montagnes qui protègent l'Iran proprement dit; mais le cœur, à la fois religieux et ancestral du pays, est en Fārs.

L'Élam n'est qu'un lieu d'estivage commodément situé entre le centre vital et le centre administratif et stratégique. Du point de vue chrétien, le métropolite de Gondisapor pourra être investi du titre de premier métropolite, il ne restera toujours lui aussi qu'un relais, un sous-ordre loyal et obéissant, qui n'aura jamais le premier l'idée d'entrer en compétition avec le titulaire du siège de Mār Māri et de lui contester la suprématie (2), comme le fera souvent le métropolite du Fārs.

---

(1) L. Vanden Berghe, *On the Track of the Civilization of Ancient Iran*, *Memo from Belgium* (Ministère des Affaires Étrangères, Bruxelles), nº 104-105, Sept.-Oct. 1968, pp. 37, 20, 21. Le rapprochement de ces deux nombres fournirait un argument de plus à l'hypothèse de l'auteur, qui donne aux bas-reliefs un sens religieux. Il n'y a qu'un seul temple du feu en Ḫūzistān, à Kai Kā'ūs, et pas un seul relief royal rupestre.

(2) Ceci est vrai, on l'a vu, même dans le cas de Mīlés de Suse.

Et de même que les artisans ou ingénieurs grecs avaient été déportés dans un but pratique, comme main-d'œuvre spécialisée pour bâtir ponts, canaux et barrages ou fournir en brocart la cour royale, de même la grande académie de Gondisapor se spécialisera en ce dont les rois avaient le plus besoin et ce qui permettait à des « clients » étrangers sans appui dans le pays d'avoir quelque crédit auprès des puissants: la médecine.

Cette orientation fonctionnelle, si elle fera passer au second plan les sciences purement ecclésiastiques (3), fera jouer à Gondisapor, une fois encore, son rôle de relais, entre la science grecque ancienne, rapportée de leur pays d'origine et enrichie au contact de la science indienne dont leur nouveau lieu de séjour les avait rapprochés, et la science occidentale moderne.

Par sa longue préparation sous les Sassanides, l'académie sera prête au temps des califes à passer aux Arabes ce trésor qu'elle avait gardé jalousement.

Les villes secondaires de l'éparchie (à l'exception de Suse avec son école de médecine) resteront presque entièrement dans l'ombre (4), et le lustre de la province se concentrera dans la capitale. Celle-ci jettera ses feux chaque fois qu'une grande dynastie catalysera son effort: au pied du trône des Sassanides, puis dans les alcôves des califes de Bagdad.

---

(3) Assémani a réuni (*B.O.*, III, II, pp. 419-420) les noms de quelques écrivains ecclésiastiques originaires de la province; il ne semble pas que ce soit de la province même qu'ils aient reçu leur formation et leur inspiration.

(4) On aura remarqué la pauvreté du monachisme, pépinière normale de savants en sciences religieuses.

IV

MÉDIE CHRÉTIENNE

Quand on passe de l'étude de la Perside (1), et même de l'Élam chrétien (2), à celle de la Médie, on a l'impression de pénétrer chez un « parent pauvre ». La province n'attirera l'attention des Sassanides que vers la fin de leur règne, et elle est située en dehors de leur principal axe de déplacement, lequel relie les Villes Royales à la Perside. Seule la route du Ḫurāsān qui la traverse conserve à la Médie une certaine vitalité, sans que cependant la ville plus moderne de Hamadān ait jamais remplacé l'ancienne Ecbatane.

La route du Ḫurāsān, l'un des deux grands troncs routiers reliant l'Asie occidentale à l'Asie centrale, verra ses principaux relais locaux changer au cours des siècles; elle joindra successivement Babylone à Ecbatane, capitale des Mèdes, Séleucie à la ville parthe d'Hécatompylos, Ctésiphon à la cité sassanide de Karmān-Šāh et Bagdad musulmane à Tehrān (3).

Le tracé de cette « voie séculaire », le long de laquelle s'alignent « les monuments historiques les plus nombreux de l'Iran », est bien connu (4). Après avoir traversé le Zagros, elle pénétrait en Médie à Ḥulwān, située au pied des monts. De la vallée de Ḥulwān, elle continuait par Karmān-Šāh, Hamadān et Sāvah vers Rayy, Qūmis et le Ḫurāsān (5). De ces

(1) *Mémorial Mgr Gabriel Khouri-Sarkis* (1969), p. 177-219.

(2) *Melto* 5 (1969), p. 221-267 et *Parole de l'Orient* 1 (1970), p. 123-153.

(3) L. van den Berghe, *Archéologie de l'Iran ancien*, p. 97-98, 138.

(4) Le Strange, *The Lands of the Eastern Caliphate*, p. 227-231.

(5) D'après Ibn Rustah (Xe s.), *al-A'lāq al-nafīsa*, p. 163-169.

principaux centres tout un réseau de routes subsidiaires se ramifiait pour relier la grand-route aux axes secondaires: la route d'Adherbaïdjan la rejoignait par Dināwar, la route mongole de Sulṭānīya aboutissait à Hamadān, la route de Karmān-Šāh à Iṣpahān passait par Nihāvand et Karağ d'Abū Dulāf, tous noms que nous allons retrouver en géographie ecclésiastique, car, bien sûr, le Christianisme lui aussi suivra les routes.

Du point de vue des divisions administratives, les groupements varieront d'un siècle à l'autre (6) pendant la période qui nous concerne, c'est-à-dire sous les Sassanides et l'Islam. L'arrondissement civil de Ḥulwān pourra s'étendre jusqu'à Erbil et à la vallée du Diyāla (7). Du point de vue ecclésiastique, la province se modélera sur le canton de la Montagne (al-Ǧabal), qui sera appelé à partir du XIIe siècle l'Irāq Persan (al-'Irāq al-'Ağami). La région de Rayy, située plus au nord-est, lui sera quelquefois jointe. Si bien que l'on peut distinguer quatre districts dans la province d'al-Ǧabal (8): Qarmīsīn (Karmān-Šāh); Hamadān, capitale des Seljoukides persans; Rayy, capitale des Buwayhides; et Ispahan, toujours la plus grande ville et la plus florissante.

La région, que par simplification et pour la commodité du titre, nous avons appelée la Médie, couvrait donc les monts et vallées inclus entre les plaines de Mésopotamie inférieure à l'ouest et le désert de Perse à l'est. Elle correspondrait aujourd'hui (9) aux districts du Kurdistan iranien et du 'Irāq 'Ağamī.

Les circonscriptions ecclésiastiques portent, pour les Ve et VIe siècles, une variété déconcertante de dénominations. Dès le début, on voit que le Béṯ Madāyé est différent comme diocèse du Béṯ Lāšpār; les deux titres sont séparés dans la titulature (peut-être tardive) du synode de Yahwālāhā en 420, et les diocèses ont chacun leur évêque aux synodes de 486 et 497. En 554, à côté du Béṯ Madāyé, on ne trouve plus le Béṯ Lāšpār (qui

(6) *B.O.*, III.II, p. 749-750.

(7) Qudāma, *Kitāb al-Ḫarāğ* (*B.G.A.*, 6), p. 235-236.

(8) Le Strange, p. 185-232. Carte reproduite dans M. Canard, *Les Hamdanides*, I, face p. 312 (VII).

(9) Al-Mustawfī (XIVe s.), d'après Le Strange, cit.

réapparaîtra en 576), mais Ḥulwān. Ce dernier deviendra le titre permanent à partir de 586, et celui de Béṯ Lāšpār disparaîtra.

Il semble donc raisonnable de prendre l'option (toujours dangereuse) de l'association, et de considérer Ḥulwān comme le centre du diocèse du Béṯ Lāšpār, les coordonnées géographiques étant, semble-t-il, bien établies par ailleurs.

De même on constate l'alternance des titres du Béṯ Madāyé (en 486, 497, 554 et 605) et de Hamadān (en 576). Géographiquement, ceci est également exact, puisque Hamadān est l'ancienne Ecbatane, capitale du pays des Mèdes. Le nom de Béṯ Madāyé est donc à interpréter ici au sens restreint, pour désigner le district de Hamadān, et non pas au sens large où on peut le considérer comme un équivalent d'« al-Ǧabal ».

En fait, après une période d'égalité entre les diocèses du Béṯ Madāyé-Hamadān et du Béṯ Lāšpār-Ḥulwān, ce dernier commence à prendre plus d'importance quand les Sassanides choisissent Ḥulwān comme leur lieu d'estivage, le préférant aux villégiatures anciennes du Ḫūzistān. Nous trouvons la première mention de ce changement en 524, et dès 554 le titre de Ḥulwān l'emporte sur celui, plus anonyme, du Béṯ Lāšpār. Le processus aboutira logiquement à l'érection du diocèse en métropole, entre 628 et 646.

Par sa pointe ouest, l'éparchie de Ḥulwān touche à la province patriarcale (Béṯ Aramāyé), à l'éparchie de Kerkouk et Dāqūq (Béṯ Garmaï) et à celle d'Erbil (Adiabène). Le Béṯ Lāšpār rencontre le Béṯ Garmaï au village de Warda, sur le Sirwān prolongement du Diyāla. Près du pont sur cette rivière fut crucifié le martyr Išō'sawrān, en 620 (10).

Ce pont sassanide existe encore; on l'appelle aujourd'hui en kurde Bard Kīnağān (11), le pont des Vierges. Remarquons ce nom; il nous rappelle l'histoire des vierges captives de Syrie, envoyées en cadeau par Chosroès Ier aux rois des Turcs pour les entraîner dans sa guerre contre les Byzantins, en 575 (12). Serait-ce à cet endroit que les vierges, au nombre

---

(10) *L.C.*, n° 60.

(11) *Assyrie chrétienne*, III, p. 14, n. 2.

(12) Jean d'Éphèse, III, trad. *C.S.C.O.*, p. 222-224; M.S., II, p. 315-316.

de deux mille, dit la légende, se précipitèrent dans le fleuve pour éviter le sort cruel qui les attendait? A s'en tenir au texte, l'incident est placé plus à l'est « à la cinquième étape en deçà des Barbares », ce qui ferait environ 125 kilomètres du pays des Turcs.

Quant aux autres limites de l'Iraq persan, elles sont, au sud le Ḫūzistān (Béṯ Hūzāyé) et au nord l'Adherbaïdjan. Nous verrons que, à l'est, la province incluera longtemps le canton de Rayy.

L'origine du Christianisme dans la région est incertaine. On sait que l'exégèse moderne refuse valeur historique à la mention des Mèdes dans le récit de la Pentecôte dans les *Actes des Apôtres*.

De plus de valeur, bien que peut-être un peu optimiste si on la généralise, est l'affirmation du *Liber legum regionum* (13), daté de 196/226, disant que les chrétiens du pays des Mèdes ont abandonné leurs habitudes ancestrales d'enterrer vivants les malades incurables ou de laisser les cadavres humains en pâture aux chiens.

En fait, il faut attendre le IVe siècle et les grandes persécutions pour trouver les premiers témoignages sûrs concernant le Christianisme au pays des Mèdes, dans ses différents districts.

I. Le Béṯ Lāšpār et Ḥulwān.

On voit d'après les textes syriaques que le district du Béṯ Lāšpār (14) comprenait la ville de Ḥulwān et ses environs, par exemple Qaṣr Šīrīn, et aussi, plus à l'est, les alentours de la ville de Dīnawar (15). Cette dernière apparaîtra plus tard comme évêché suffragant de Ḥulwān.

La ville de Ḥulwān, à la limite du Ğabal du côté du *sawād* de l'Iraq arabe, semble très ancienne, même s'il n'est pas sûr qu'il faille la

(13) *P.S.*, II, p. 597, 598, 609.

(14) Noeldeke, *Geschichte der Perser*, p. 134, n. 3; G. Hoffmann, *Auszüge*, p. 67, n. 592 et p. 120.

(15) C'est actuellement le Kurdistan iranien.

reconnaître dans le Ḥalaḥ du *Livre des rois* (16). Il est également artificiel de rattacher son nom à un personnage arabe (17).

Dans les textes du *Synodicon orientale*, où elle apparaît dès 554, la ville a gardé le nom de Ḥalaḥ, ancienne capitale de la Chalonitide ou Chalacène (18).

Le diocèse du Béṯ Lāšpār (19) semble avoir eu un évêque très tôt. Hurman, évêque de Ḥulwān, figure parmi les martyrs de la persécution de Sapot II, commencée en 341 (20).

Dès le début des listes du *Synodicon* on trouve Brīḫoï, évêque du Béṯ Lāšpār, réprouvé par le synode d'Isaac en 410, de Yahwālāhā en 420 et de Dādīšō' en 424 (21). Dans la liste des participants à ce dernier synode (22) est mentionné l'évêque légitime du Béṯ Lāšpār, dont le nom est déformé en Haṭiṭa. Son titre est donné comme étant: évêque de la Déportation du Béṯ Lāšpār. Ceci est la première et la seule mention de déportés au pays des Mèdes; en effet, les notices que les géographes ont consacrées aux villes de la région sont toutes assez vagues sur les circonstances de leur fondation. On sent que les Sassanides ne se sont pas intéressés à cette province autant qu'au Fārs et au Ḫūzistān, et que par conséquent ils n'y ont pas importé les architectes et maçons dont ils avaient besoin pour édifier leurs palais et leurs barrages, ou les artisans dont les multiples nécessités de la cour exigeaient la présence.

En fait on ne sait rien des chrétiens, autochtones, Araméens ou Byzantins, de la région de Ḥulwān pendant les Ve et VIe siècles. Seuls les noms (araméens) de quelques-uns des évêques nous sont parvenus:

---

(16) II *Rois*, XVII, 6 et XVIII, 11, qui serait près de Ḥarrān en Mésopotamie du nord. Les habitants de Samarie y furent déportés en 724 av. J.C.

(17) Yāqūt, éd. Beyrouth, II, p. 290-293. Elle n'est pas citée dans Barbier où le site p. 191 est un homonyme (*E.I.*[1], II, p. 354-355; Le Strange, *Lands*, p. 191.

(18) *B.O.*, III.II, p. 418-419; Isidore de Charax, *Mansiones Parthicae*, trad. ar. et commentaire de F. Safar, *Sumer*, II (1946), p. 173, § 3.

(19) *D.H.G.E.*, VII (1934), col. 517, s.v. *Belešfar*, par A. van Lantschoot.

(20) Nau, *Martyrologes*, p. 24; *Breviarium syriacum*, p. 53. Le nom est bien écrit Ḥulwān, et le ms. date des environs de 410.

(21) *Syn. or.*, p. 287; *D.H.G.E.*, VI (1932), col. 1308, par A. van Lantschoot.

(22) *Syn. or.*, p. 285.

— Nūḥ, participe au synode d'Acace en 486 (23).

— Ahrōn, présent au synode de Bāwaï en 497 (24), est remplacé par Aḥḥa, son prêtre et notaire, au moment de la signature des actes (25).

— Pūsaï, le premier à porter le titre de Ḥulwān (26), adhère par lettre au synode de Joseph, en 554.

— Šubḥa, assiste au synode d'Ézéchiel en 576 (27) ; il est le dernier à être appelé par le titre du Bét̲ Lāšpār.

— Bar Nūn, enfin, prend part au synode d'Īšō'yaw Ier en 585 (28).

Un bref aperçu de l'état religieux du district est donné dans la biographie du moine Sawrīšō' (29), qui deviendra catholicos en 596 après avoir été évêque de Lāšōm. On y voit que le diocèse comptait encore des « temples du démon », dont le moine prédit la destruction, et des païens, qu'il travaille à convertir. La ville avait aussi un faubourg juif avec sa synagogue, qui sera encore mentionnée par al-Maqdasī au Xe siècle.

Mais déjà un fait s'était produit qui allait avoir une influence considérable sur le développement de la ville de Ḥulwān et l'accroissement de son importance. Kavāt Ier, roi de 488 à 531, y fixa sa résidence d'été « à cause de la salubrité du climat » (30). On ne sait si ce souverain fut le premier à préférer le Bét̲ Lāšpār au H̱ūzistān où ses ancêtres estivaient, on ne sait même en quelle année de son long règne il décida du changement ; en tous cas on le voit là-bas en 524, quand Būzaq le médecin, évêque de Hormizd-Ardašīr, va l'y trouver pour obtenir son intervention au cours de la crise du patriarcat sous Narsaï et Élisée.

On ne peut pas non plus préciser si les deux successeurs de Kavāt Ier, son fils Chosroès Ier (531-579) et son petit-fils Hormizd IV (579-590),

---

(23) *Ibid.*, p. 299, 301, 307.
(24) *Ibid.*, p. 310, 311.
(25) *Ibid.*, p. 316.
(26) *Ibid.*, p. 366, le nom est écrit tel quel.
(27) *Ibid.*, p. 368.
(28) *Ibid.*, p. 423.
(29) Ed. Bedjan (1895), p. 298 et 320.
(30) *Chron. de Seert*, II, p. 56.

continuèrent la coutume; elle sera suivie en tout cas (ou reprise) par Chosroès II (31).

Ce dernier, au début de son règne, entre 596 et 604, y fit bâtir un château pour sa favorite Šīrīn (32). Ce bâtiment, situé au lieu appelé jusqu'aujourd'hui Qaṣr-i Šīrīn, non loin de la frontière de l'Iraq moderne, est appelé localement ʿImārat-i Khosrau, la construction de Chosroès. Il fut détruit par les soldats d'Héraclius en 628 et son plan est en partie oblitéré (33). Pendant qu'il construisait ce château pour sa favorite, Chosroès résidait à Karmān-Šāh.

Cette dernière ville, qui tiendrait son nom de son fondateur, Vahrām Ier, fils de Sapor (273-276), roi du Karmān avant son accession au trône des Sassanides (34), est appelée Qarmīsīn par les géographes arabes. Elle est située entre Ḥulwān et Hamadān, près de Dīnawar, « sur la route des caravanes de la Mecque ».

Karmān-Šāh (35) est surtout célèbre par les sculptures voisines, de la montagne de Bīsutūn (36) et de Ṭāq-i Bustān (37).

Je n'ai trouvé aucune référence au Christianisme qui dut certainement exister dans la ville, au moins sous les Sassanides. Décrite comme une ville prospère par les auteurs entre le Xe et le XIIIe siècle, Karmān-Šāh sera devenue un village au XIVe siècle, au témoignage d'al-Mustawfī, en conséquence de l'invasion mongole.

Chosroès bâtit également pour Šīrīn un couvent avec une grande

---

(31) Histoire du martyr Georges, *Syn. or.*, p. 632: « le roi partit, selon sa coutume, au pays du B. Madāyé »; de même *Chron. de Seert*, II, p. 161.

(32) *Chron. de Seert*, II, p. 146-147.

(33) L. VAN DEN BERGHE, *Archéologie de l'Iran ancien* (1959), p. 98-101, bibliographie p. 187, nº 239.Il y a aussi là-bas un temple du feu, peut-être plus ancien.

(34) AL-ṮAʿĀLIBĪ, cit. p. 536; d'après YĀQŪT (BARBIER), p. 438, le fondateur serait Kavāt fils de Péroz (488-531).

(35) LE STRANGE, p. 187.

(36) L'une de ces sculptures est achéménide et les trois autres parthes. L. VAN DEN BERGHE, *On the Track of the Civilization of Ancient Iran* (1968), p. 23-24.

(37) Trois sculptures sassanides, VAN DEN BERGHE, cit. p. 25; YĀQŪT (BARBIER), p. 345-347, s.v. *Šābdīz*.

église pour laquelle Šamṭā, fils du grand argentier Yāzdīn, fit copier à Édesse les livres liturgiques nécessaires (38).

Ce serait de ce couvent, selon la biographie du martyr Georges, que Gabriel de Singār voulut s'emparer. Quand Georges le contrecarra, l'archiâtre transfuge provoqua sa mort, en 615. Cependant les autres textes semblent indiquer que la phrase « dans ce pays du Béṯ Madāyé » est une incise ajoutée par le copiste, ou une erreur pour « Béṯ Aramāyé », car le couvent de St Serge à cause duquel mourut Georges et dans lequel il fut enterré se trouvait près des Villes Royales. D'ailleurs, s'il s'était agi du couvent du Béṯ Lāšpār, spécialement construit pour Šīrīn (on ne dit pas qu'il ait été au nom de St Serge), se serait-on contenté de s'y référer en disant : « Ce couvent était fort en honneur parmi les fidèles, au point qu'une certaine reine fameuse, qui était chrétienne, avait coutume chaque année d'y faire une commémoraison au nom du saint martyr » (39).

Après Chosroès, l'éphémère Široï ira encore estiver au Béṯ Lāšpār, « selon la coutume des rois de Perse » (40).

Le voisinage de la cour royale donna de l'importance à la ville de Ḥulwān, ce qui devait bientôt se traduire, sur le plan ecclésiastique, par son élévation au rang de métropole.

Il ne semble pas cependant que Bar Ḥaḏbšabba soit déjà un « métropolite de Ḥulwān », comme le nomme la *Chronique de Seert* (41). Ce prélat, qui signe comme évêque de Ḥulwān les actes du synode de Grégoire Ier en 605 (42), « se fit une réputation en écrivant des livres » (43).

J'ai discuté ailleurs (44) la question des titres de ces livres, admettant

---

(38) *Histoire de Mār Sawrīšō'*, p. 306; *Bk.* II, p. 80-82.

(39) De plus, si cette commémoraison était au jour traditionnel, dans les premiers jours d'octobre, on peut douter que le roi était encore, à cette période de l'année, en un lieu où, selon Abū 'l-Fidā', « les monts couverts de neige ne sont qu'à une station de la ville ».

(40) *Chron. de Seert*, II, p. 233.

(41) II, p. 192.

(42) *Syn. or.*, p. 479.

(43) *Chron. anon.*, Guidi, p. 20.

(44) *Jalons*, Introduction.

comme probable qu'il faille identifier le métropolite à Bar Ḥaḏbšabba 'Arbāya dont les ouvrages sont recensés par 'Awdīšō' de Nisibe (45) (parmi lesquels l'*Histoire ecclésiastique* bien connue) (46), mais mettant fortement en doute qu'il faille lui attribuer le « discours inaugural » académique publié sous le titre de *Cause de la fondation des écoles* (47).

En effet, Bar Ḥaḏbšabba 'Arbāya était un de ceux qui avaient pris position contre Ḥnāna à l'École de Nisibe, et avaient quitté la ville, vers 596, par solidarité avec le métropolite Grégoire banni pour avoir réprouvé le maître « hérétique » (48), alors que l'auteur de la *Cause* est un partisan de Ḥnāna.

Il était dans la logique des choses que l'« orthodoxie » du 'Arbāya lui valût bientôt une position dans la hiérarchie. Nous avons vu qu'il était évêque de Ḥulwān moins de dix ans après les événements de Nisibe.

Ce fut sous Īšō'yaw II de Gdāla (628-646) que Ḥulwān fut créée métropole, avec le huitième rang parmi les électeurs patriarcaux (49). Cette érection eut donc lieu entre l'incursion romaine de 628 et la conquête arabe. Celle-ci fut arrêtée pour un temps, en 637, aux passes du Zagros, alors que Yazdegerd III avait regroupé ses forces à Ḥulwān, avant d'essayer la contre-attaque dans la vallée du Diyāla, qui se termina par sa défaite à Ǧalūlā'. Même après la défaite, la cour iranienne tint encore derrière les fortifications de Ḥulwān; Yezdegerd quitta la ville en 640.

En 642 les Musulmans occupèrent Qarmīsīn (Karmān Šāh) au nord-est de Ḥulwān et s'assurèrent le contrôle des défilés. A la bataille de Nihāvand, le général iranien Pīrōz fut vaincu, malgré la supériorité numérique

---

(45) *B.O.*, III.I, p. 169.

(46) *P.O.*, IX, p. 490-631 et XXIII, p. 177-343.

(47) *P.O.*, IV, p. 31-97.

(48) II, p. 191.

(49) D'après Ibn al-Ṭayyib, *Fiqh al-naṣrānīya*, ar. p. 120-121; 'Awdīšō' de Nisibe, *Epitome* (Mai, X, 1), p. 141-142; également cité par Théodose, *B.O.*, III.II, p. 418-419; *B.O.*, III.I, p. 346, 617; III.II, p. 439...

de ses troupes et malgré la mort de son adversaire, Nu'mān ibn Muqarrin. Yazdegerd se réfugia alors à Ispahan, prise à son tour en 643 (50).

La nouvelle métropole disparaît des chroniques pour plus d'un siècle. On en reparle en 754 quand son métropolite, Sūrīn de Séleucie, « de mœurs peu éprouvées », « usurpe » le patriarcat grâce à la faveur du caliphe (51).

En 780 le métropolite anonyme de Ḥulwān est un de ceux qui votent pour Timothée (52); ceci n'empêche pas le même patriarche d'exclure le siège avec ceux de Merw et de Rew Ardašīr, du nombre des électeurs du catholicos.

C'est encore un anonyme qui assiste au sacre du patriarche Théodose en 853 (53). Durant ce patriarcat, donc avant 858, le siège de Ḥulwān recouvre son droit de participer à l'élection patriarcale, cette fois avec le sixième rang (54).

Le métropolite Étienne est simplement mentionné sous le patriarcat de Serge (860-872) (55), puis Īšō'yaw, qui est transféré de l'évêché de Suse (?) au siège métropolitain de Ḥulwān, en 893 (56).

Vers cette période, à la fin du IXe siècle, la *Table* d'Élie de Damas énumère les diocèses suffragants qui composent l'éparchie de Ḥulwān: Dīnawar, Hamadān, Nihāvand et al-Karağ (57).

En 900, Emmanuel, métropolite de Ḥulwān, prend part au sacre de

---

(50) C. Brockelmann, *History of the Islamic Peoples* (éd. 1956), p. 54, 56, 58, 59. Le soulèvement de 653 (Sébéos, *Histoire d'Heraclius*, p. 143-144) n'entre pas dans notre sujet.

(51) Ṣliva, ar. p. 62; *B.H.*, III, col. 156; *B.O.*, II, p. 431; III.II, p. 753-754; Le Quien, *Ḥulwān*, I (col. 1247-1248). Sūrīn est un des rares métropolites qui ait auparavant échangé l'un pour l'autre deux sièges égaux, Nisibe pour Ḥulwān.

(52) Réf. dans *Syn. or.*, p. 603, n. 5; Q. II.

(53) Māri, ar. p. 79, lat. p. 70; Q. III l'appelle Thomas et le fait « métropolite de Ḥulwān et du B. Garmaï ». Le recours au texte de Māri, ar. p. 78, lat. p. 70 dit bien « Thomas, métropolite du B. Garmaï, et le métropolite de Ḥulwān ».

(54) 'Awdīšō' de Nisibe, *Epitome*, p. 146; *Liber patrum*, p. 24; *Pontifical*, *B.O.*, III.II, p. 690; *ibid.*, III.I, p. 347; III.II, p. 647.

(55) Ṣliwa, ar. p. 73; *B.O.*, II, p. 639; III.II, p. 753-754; Q. IV.

(56) Ṣliwa, ar. p. 80; *B.O.*, III.II, p. 753-754; Q. V.

(57) *B.O.*, II, p. 459. La traduction p. 460 donne *Georgianorum*.

Jean IV (58) et à son synode (59); en 938, Īšō'dād assiste à l'élection du patriarche Emmanuel (60), et encore Yūwānis sacre Israël, en 961, après une élection mouvementée (61).

Mais déjà à cette époque la ville de Ḥulwān a perdu de son importance. Au dire d'Ibn Ḥawqal (62) (m. 977), elle était réduite alors à la moitié de l'étendue de Dīnawar; nous avons vu que cette dernière ville était également devenue siège épiscopal; cependant Ḥulwān reste métropole.

On trouve encore quelques métropolites: Yōḥannān, au sacre du patriarche Māri en 987 (63), et Māri le Perse qui est sur le siège de Ḥulwān au moment où Élie bar Šināya écrit sa *Chronographie* (64), c'est-à-dire en 1018. C'est peut-être ce dernier qui assiste au sacre d'Īšō'yaw bar Ézéchiel en 1020 (65).

'Abd al-Masīḥ qui, non sans répugnance, sacre Sawrīšō' III en 1064 (66), est également au sacre de 'Awdīšō' ibn al-'Āriḍ en 1075 (67); il meurt sous le patriarcat de celui-ci, donc avant 1090 (68). On remarque dans les derniers textes que Māri lui donne le titre de métropolite de Ḥulwān et de Rayy, sans qu'on ait le texte de la décision qui unit les deux sièges. On voit par ce titre que la seconde métropole avait tellement perdu d'importance que son siège fut supprimé; nous étudierons plus loin l'histoire de l'évêché de Rayy.

L'évêque Yōḥannān, qui participe au sacre de Makkīḫa Ier en 1092,

(58) Ṣliwa, ar. p. 83; 'Amr, p. 130; *B.O.*, II, p. 440; III.II, p. 753-754; Q. VI.

(59) Cod. syr. B.N. 354, *R.O.C.*, VI (1911), p. 309-310. Bien qu'Emmanuel soit intitulé seulement « évêque de Ḥalaḥ », il est rangé parmi les métropolites.

(60) Bar Šināya, *Chronographie*, p. 129.

(61) Ṣliwa, ar. p. 92; Māri, ar. p. 99, lat. p. 88; *B.O.*, II, p. 442; Q. VII.

(62) *Kitāb ṣūrat al-arḍ*, p. 368.

(63) Māri, ar. p. 138, lat. p. 118; Ṣliwa, ar. p. 94; *B.O.*, II, p. 443; Q. l'identifie à « Jean I », nº VII, c'est-à-dire à Yūwānīs, dont le nom est une autre forme de Jean.

(64) Cit. 16 r.

(65) Ṣliwa, ar. p. 97; *B.O.*, II, p. 446; Q. VIII.

(66) Māri, ar. p. 123, lat. p. 108; *B.O.*, II, p. 448; Q. IX.

(67) Māri, ar. p. 124, lat. p. 109; Ṣliwa, ar. p. 101.

(68) Māri, ar. p. 130-131, lat. p. 114.

n'est plus nommé par les chroniqueurs que métropolite de Ḥulwān (69). C'est encore lui qui sacre Élie II, vingt ans après, en 1111, à moins que ce ne soit un homonyme. Ici, alors que Māri (70) ne lui donne que le seul titre de Ḥulwān, Ṣlīwa (71) l'appelle correctement: métropolite de Ḥulwān et de Rayy. Cependant le même écrivain revient à la dénomination de « métropolite de Ḥulwān » quand (72) il mentionne qu'Élie II (1111-1132) transféra Yōḥannān à la métropole de Gondisapor, ou, selon la version de Māri (73), d'Égypte. On peut donc conclure que, alors que le titre de Ḥulwān et Rayy était techniquement plus exact, il était souvent remplacé dans l'usage courant par le simple titre de Ḥulwān, l'ajoute de Rayy étant déjà un peu un archéologisme.

Ḥulwān elle-même n'en a plus pour longtemps à survivre. Dès 1175 le siège métropolitain semble s'être transféré à Hamadān où nous le retrouverons. Ḥulwān sera déjà ruinée au temps du Qazwīnī (m. 1283); et quand 'Awdīšō' de Nisibe, au début du XIVe siècle, donnera la liste des métropoles (74), il mettra au sixième rang le métropolite de Ḥalaḥ, qui est Ḥulwān, et de Hamadān. En fait cette dernière ville est le siège réel, Ḥulwān étant devenue à son tour un souvenir nostalgique (75).

II. Le Bét̲ Madāyé et Hamadān.

Le cœur du pays des Mèdes, le district auquel est appliqué le nom de Bét̲ Madāyé dans son acception restreinte, avait pour centre Hamadān. Cette ville s'était superposée (ce qui rend les fouilles difficiles) à la capitale

---

(69) *Ibid.*, ar. p. 138, lat. p. 118; Ṣliwa, p. 102.

(70) Ar. p. 152, lat. p. 129.

(71) Ar. p. 103.

(72) Ar. p. 104.

(73) Ar. p. 153, lat. p. 130.

(74) Dans le prétendu canon XXI d'Isaac, dans *Règles des jugements ecclésiastiques*, *Fonti*, II.XV (1911), p. 56 et *Syn. or.*, p. 619.

(75) Il ne s'agit donc pas ici de deux métropoles jumelées, Ḥamadān faisant ainsi « figure de métropole secondaire », J. Dauvillier, *Les provinces chaldéennes « de l'extérieur »*, p. 268. Voir dans cet article, p. 282-283, un état de la question des interprétations du mystérieux *Ḥalaḥ* qui figure au vingtième rang de la liste de 'Amr, ar. p. 132.

mède d'Ecbatane, où Xercès Ier gardera encore son trésor, où les rois achéménides auront leur capitale estivale, où Alexandre le Grand gardera pour un temps le trésor des Achéménides, et où le temple de la déesse Anahita, naguère fondé par Artaxercès II, sera encore fréquenté du temps des Romains (76).

Du point de vue chrétien, la première mention du Bét̲ Madāyé, au sens large semble-t-il, se trouve dans la passion de Dādō, parent de Sapor II, converti au christianisme alors qu'il était chef de l'armée au pays des Mèdes. La passion de Dādō (77) n'apporte rien à la connaissance de la région, où d'ailleurs ne se déroule que le premier interrogatoire; le reste se passe auprès du roi à Karka d'Lédān où Dādō et ses compagnons sont mis à mort vers 332.

L'évêché du canton (78) est rangé par le synode de 410 parmi les évêchés éloignés dont les titulaires devront plus tard accepter les décisions établies par l'assemblée (79). Il restait cependant encore des païens au Bét̲ Madāyé, puisque le moine Pét̲iōn en fait l'un des champs de son apostolat avant 449 (80).

On connaît peu de choses des évêques qui portèrent le titre du Bét̲ Madāyé pendant la période sassanide seulement:

---

(76) L. van den Berghe, *Archéologie de l'Iran ancien* (1959), p. 109-110; Cl. Huart, *Ancient Persia and Iranian Civilization* (1927), p. 68 et 116. Je ne sache pas qu'Ecbatane ait encore été capitale des Sassanides, comme le voudrait le *Larousse 3 volumes* (1965), II, p. 990. Au contraire on n'a pas encore assez tiré parti du texte cité par Yāqūt (Barbier, p. 603): « Les anciens rois de Perse fuyaient le séjour de Hamadān (à cause de son froid et de son ciel brumeux). Les dépendances de leurs palais s'étendaient depuis al-Madā'in jusqu'à Azermīdoḫt, près d'Açed-Ābād, mais ils ne dépassaient pas la colline d'Açed-Ābād. » Cette dernière colline était la limite du territoire de Hamadān (p. 606), et Azermīdoḫt (p. 30) était une petite ville voisine de Karmān-Šāh.

(77) *B.H.O.*, 325; *A.M.S.*, IV, p. 141-163 avec introduction, p. vii e; *Šuhadā' al-Mašriq*, I, p. 171-189.

(78) *D.H.G.E.*, VIII, col. 1235, s.v. *B. Madāyé* par A. van Lantschoot, d'après la liste des évêques de 486 à 605 dressée par J. B. Chabot dans *Syn. or.*, p. 669.

(79) *Syn. or.*, p. 273. Le nom figure également dans les titres de Yahwālāhā en 420, *Syn. or.*, p. 273 et (p. 276) dans la *Lettre des PP. Occidentaux*, *Collectio can. synod.*, p. 161.

(80) Sa vie, par exemple dans *Šuhadā'*, II, p. 356-357.

— Abraham assiste au synode d'Acace en 486 (81); c'est peut-être l'un des destinataires de la première lettre de Barsaume de Nisibe (82).

— Bāwaï prend part au synode de son homonyme en 497 (83).

— Acace signe, en 544, la sixième lettre de Mār Ābā (84), et participe au synode de Joseph en 554 (85).

A peu près au même moment un évêque au nom incertain (Auban?) envoie par lettre et sous son sceau son adhésion au même synode (86). Cet évêque est doté du titre de Hamadān, qui apparaît ainsi pour la première fois. A moins de distinguer les deux sièges, du Bét̠ Madāyé et de Hamadān, ce qui semble contredit par la géographie, aurait-on donc deux évêques du même siège en même temps? Le fait n'est évidemment pas impossible, bien qu'il soit peu probable après la réforme de Mār Ābā. Mais si l'on remarque que les deux évêques n'ont pas signé ensemble, il semble plutôt que, comme cela se retrouve dans les actes d'autres synodes (87), Acace ait participé au synode de Joseph et que, sa mort étant survenue presque immédiatement après, son successeur ait envoyé son adhésion écrite. Il n'y a pas d'objection à ce que l'un ait pris un titre et l'autre le second, nous venons de voir l'alternance des titres du Bét̠ Lāšpār et de Ḥulwān dans le cas du diocèse précédent.

Le titre du Bét̠ Madāyé se retrouve pour la dernière fois quand son titulaire, Yāzdḫwast, assiste au synode de Grégoire Ier en 605 (88).

En 610/11 la région reçoit un apport de déportés chrétiens, tous les habitants arméniens de la ville de Karin, transportés là par Chosroès II (89)

---

(81) *Syn. or.*, p. 299, 306.

(82) *Ibid.*, p. 531 et n. 4.

(83) *Ibid.*, p. 310, 311, 316.

(84) *Ibid.*, p. 555.

(85) *Ibid.*, p. 366.

(86) *Ibid.*

(87) Surtout à celui de 497 où l'on trouve Joseph et 'Abušta pour Ḥad̠yab, Ḥawaḥ et Šūhālīšō' pour Balad, etc. *Syn. or.*, p. 310-316.

(88) *Syn. or.*, p. 479.

(89) Sébéos, *Histoire d'Héraclius*, p. 63.

avec leur catholicos Jean. Les Arméniens sont surtout concentrés au village d'Āwah, entre Hamadān et Rayy (89a), où ils reçoivent l'autorisation de se bâtir une église. C'est dans cette église que le catholicos est déposé à sa mort.

Après la conquête musulmane, qui eut lieu ici en 645 (90), Hamadān fut reconstruite. Au Xe siècle, au témoignage d'Ibn Ḥawqal, c'était une grande ville (91). Son évêque est alors le second suffragant du métropolite de Ḥulwān, après celui de Dīnawar, dans la *Liste* d'Élie de Damas.

Le seul évêque connu de cette période est ABRAHAM (92), un « saint homme », que le patriarche 'Awdīšō' Ier (963-986) voulut transférer à Kaškar (93). L'évêque se retira à Bagdad dans la maison d'un de ses amis musulmans, chez qui il vécut pendant sept ans. Après quoi, le siège de Hamadān étant resté vacant ou le remplaçant d'Abraham étant mort, les diocésains redemandèrent ce dernier au patriarche, qui le leur rendit.

Il faut attendre la fin du XIIe siècle pour trouver, sous le patriarcat d'Élie III (1176-1190), un « métropolite » de Hamadān, appelé JEAN LE MOSSOULIOTE (94) ; en effet, nous l'avons vu, le siège métropolitain de Ḥulwān s'était alors transféré à Hamadān.

Il n'y restera pas longtemps. Juste après que Yāqūt (95) aura énuméré ses vingt-quatre cantons et ses six cent soixante bourgades, la ville fut ruinée par les Mongols, en 1220. Elle se rebâtira dans la suite, mais on ne possède

---

(89a) A deux parasanges environ de Sāvah, entre Zangān et Hamadān, BARBIER, p. 2, 56-57 et 299.

(90) ÉLIE DE NISIBE en H. 24.

(91) Cité par LE STRANGE, *Lands*, p. 194-195.

(92) MĀRI, ar. p. 101-103, lat. p. 89-91 ; *B.O.*, III.I, p. 201 ; III.II, p. 754 ; Q. I (col. 1249-1250) le transfère à Ḥazza (?).

(93) Ce qui prouve que Hamadān n'était pas encore siège du métropolite de Ḥulwān à cette époque, car Kaškar ne fut jamais siège métropolitain et on ne pourrait imaginer un métropolite nommé à un évêché, sauf dans des conditions exceptionnelles que l'annaliste qui rapporte le fait devrait préciser.

(94) ṢLĪWA, ar. p. 111 ; *B.O.*, II, p. 450 ; Q. II le fait transférer du siège de Mossoul à celui de Hamadān.

(95) BARBIER, p. 605-606.

plus de noms de ses métropolites. On a vu que la métropole de Ḥulwān-Hamadān est encore mentionnée par ʿAwdīšōʿ de Nisibe au début du XIVe siècle.

III. Māsabdān.

D'après l'ordre chronologique d'apparition des évêques, le diocèse suivant est celui de Māsabdān. Il est situé dans le coin sud-ouest de la province, au sud de Ḥulwān, à l'orée des montagnes du Zagros (96). La localité principale de la région était Ariwǧān (97), située à la droite de Ḥulwān quand on se dirige vers Hamadān; on y mentionne aussi la localité de Sīrawān (98).

Un épisode de l'odyssée des déportés du Bét̲ Zabdaï, sous Sapor II, en 362 (99), se situe dans cette région. Sur la route vers le Bét̲ Huzāyé, leurs persécuteurs feignirent la clémence et offrirent à l'évêque Dawsa et à ses compagnons de les établir près de la ville de Kafīta (100), dans la montagne du Māsabdān. On leur dit: « Comme le roi ne désire rien tant que ce qui peut vous être bon et agréable, il vous donne les plateaux de cette région voisine, pour que vous les cultiviez et les habitiez. Cette région est très fertile, fort riche, arrosée de sources et de ruisseaux nombreux; vous y jouirez d'une existence heureuse, vous avez le droit de l'espérer. » En fait, ce beau discours n'était qu'un moyen de s'emparer de Dawsa.

Les promesses s'étant montrées inefficaces, on en vint aux tortures, et 275 déportés furent martyrisés. Des bergers païens originaires du Karmān, donc eux aussi déportés mais de l'intérieur, se convertirent à la vue des prodiges qui accompagnèrent le martyre.

Vingt-cinq autres déportés, frappés de terreur, apostasièrent et « reçurent en récompense des habitations sur la montagne ». Un diacre rescapé,

---

(96) Le Strange, p. 200; Yāqūt (Barbier), p. 510.

(97) Yāqūt, p. 29.

(98) *Ibid.*, p. 334.

(99) *B.H.O.*, 375; *A.M.S.*, II, p. 316-324; *Šuhadā'*, I, p. 348-353; H. Leclercq, *Les martyrs*, III, p. 201-206.

(100) *A.M.S.*, II, p. 322, ligne 6.

nommé ʿAwdīšōʿ, essaya de les ramener à la foi, et réussit presque à convertir également le maître du château de la région. La suite du récit manque; on sait seulement que les apostats étaient encore établis dans cette montagne au temps où l'histoire fut écrite.

Des habitants du Māsabdān figurent parmi les miraculés et convertis du moine Yāzdīn, au début du Ve siècle (101). Son neveu Péṯion y évangélisera encore plusieurs villages qu'il continuera à visiter jusqu'à son martyre en 449.

Deux évêques du Māsabdān sont mentionnés dans le *Synodicon :* DENḤA qui assiste au synode de Joseph en 554 (102), et ŠŪBḤA au synode d'Ézéchiel en 576 (103).

La montagne du Māsabdān est également le lieu où deux moines fondèrent leurs monastères: le Bx Šūḥalmāran (104), originaire du Béṯ Aramāyé et disciple de Rabban Ḫūdāhwi, ce qui le place à la fin du VIIe siècle, et l'ascète Abraham (105). Si ce dernier est le Rabban Abraham du Béṯ Madāyé à qui le patriarche Īšōʿyaw de Gdāla écrivit une lettre sur la manière dont on doit confesser le *prosopon* du Christ (106), il faut le placer vers le milieu du VIIe siècle, mais on connaît aussi un compagnon de Rabban Hormizd du nom d'Abraham qui fonda un couvent au village de Béṯ Madāyé, c'est-à-dire près de la colonie de Mèdes païens établis au lieu appelé aujourd'hui Baṭnaï, près de Mossoul.

Le diocèse du Māsabdān disparaît des chroniques après le VIIe siècle.

IV. DĪNAWAR.

Les ruines de Dīnawar sont situées à vingt-cinq milles à l'ouest de Kanguvar. La ville était située sur la route du Ḫūrasān, à l'est de Qaṣr-i

(101) *Ibid.*, p. 564.

(102) *Syn. or.*, p. 366.

(103) *Ibid.*, p. 368.

(104) *L.C.*, no 80. L'*abrégé* du *L.C.* de Berlin porte le mont Masbarn; Bedjan le met à Šušter.

(105) *L.C.*, no 132.

(106) *Syn. or.*, p. 8.

Šīrīn et à l'ouest de Hamadān. Après la conquête musulmane elle dépendait de la province d'al-Ǧabal (107).

Dans les sources chrétiennes antérieures, par exemple la passion de Péṯiōn dont nous parlerons bientôt, on voit que le district de Dinahor appartenait à la région du Béṯ Lāšpār.

La fondation de la ville paraît très ancienne, mais on ignore tout de son histoire avant la période musulmane, lorsque ses revenus furent affectés au paiement des pensions de Kūfa, ce qui valut à la ville le nom de Māh al-Kūfa.

La période de prospérité de la ville fut le IXe et surtout le Xe siècle, pendant lequel, de 929 à 979, elle fut la capitale de la petite dynastie kurde indépendante de Ḥasanawayh. D'après Ibn Ḥawqal, la ville était à cette époque deux fois plus grande que Ḥulwān.

Les premiers renseignements sur le christianisme dans la région proviennent de la biographie du moine Yāzdīn et de la passion épique de son neveu Péṯiōn ainsi que de ses convertis le *mohpāṭa* Āḏōr-Hormizd et sa fille Anāhīd (108). Yāzdīn était le fils d'un *mage* du village de Dāwin (109) dans le district de Dīnawar, dans la région du Béṯ Lāšpār. On lit (110) que le cours d'eau qui passait près du village se jetait dans une rivière appelée Gōzān ou Sīnī. Si on regarde la carte de la région, on voit que la ville actuelle de Sanandaj, qui s'appelait jadis Sinneh, est située sur la rivière Širwān; un des affluents de celle-ci s'appelle le Gavara. C'est dans les parages que se déroula l'histoire de Yāzdīn et de Péṯiōn.

---

(107) Le Strange, p. 189-190; M. Canard, *Hamdanides*, I, p. 349 avec réf.; *E.I.*², p. 307-308, s.v. *Dīnawar*, par L. Lockhart.

(108) *B.H.O.*, 434, 25, 47, 923-924; *L.C.*, n° 13; *A.M.S.*, II, p. 559-631 et introduction, p. x, n° 13; *Šuhadā'*, II, p. 354-380; Māri, ar. p. 39, lat. p. 34; Ṣliwa, ar. p. 29; éd. J. Corluy, *Anal. Boll.*, VII (1888), p. 8-44; Hoffmann, *Auszüge*, p. 61-68; A. Vööbus, *History of Asceticism in the Syrian Orient*, I (1958), p. 289-292; P. Devos, *Les martyrs persans*, p. 221.

(109) Hoffmann, cit. p. 67, l'identifie à Dūna « bourg de la province de Dīnawar »; Yāqūt (Barbier), p. 245, a deux articles différents pour *Dūn* et *Dūna*, dont on voit par les célébrités qui y sont nés qu'ils sont identiques. Dūn était situé à peu près à mi-distance entre Dīnawar et Hamadān.

(110) *A.M.S.*, II, p. 613.

Les faits sont connus. Né d'une famille païenne et devenu moine dans un couvent de Karka d'Bét̲ Slōḫ, Yāzdīn revint plus tard habiter une cellule située dans la montagne près de son village natal, où son neveu Pét̲iōn vint le rejoindre.

Pendant les quatorze ans qu'ils passèrent ensemble, ils opérèrent de nombreuses conversions parmi les bénéficiaires de leurs cures miraculeuses, venus de tous les cantons environnants: Māsabdān au sud, Bét̲ Darāyé à l'ouest, Bét̲ Madāyé à l'est.

Après la mort de son oncle, Yāzdīn élargit encore son rayon d'action et parcourut lui-même, en y prêchant l'Évangile, son propre district du Bét̲ Lāšpār et les cantons cités plus haut, plus le Mihrağānqadaq, au sud du Māsabdān, où il bâtit quatre églises; il alla même jusqu'à Maišān, région de Baṣra dans le sud de l'Iraq actuel.

Chaque année il reprenait sa tournée, visitant les communautés qu'il avait fondées et continuant à opérer des conversions nombreuses.

De l'intermède constitué par la conversion et la passion du gouverneur Ād̲ōr-Hormizd retenons un nom géographique, hélas pas localisé: il est mis à mort au village de Yatré (111) au Bét̲ Lāšpār. La même année 448, sa fille Anāhīd est également martyrisée, et enterrée au pied de la montagne, là où plus tard Pét̲iōn sera lui aussi enseveli. Dans la passion de ce dernier, avant sa mort le 25 octobre 449 (112), nous avons relevé la tentative de le noyer dans la rivière du village, affluent du Gōzān ou Sīnī.

Le même Sīnī apparaît encore comme un affluent du Zamār (Širwān) dans la vie du moine Sābā Gūšnazdād, mort en 487 (113).

---

(111) *Ibid.*, p. 252 et n. 3. On trouve aussi Neṭra.

(112) Sa fête se célèbre en ce jour chez les Syriens orientaux et occidentaux, avec un office propre; la commémoraison de sa sépulture avait lieu le 3 novembre. Parmi les nombreuses églises placées sous son patronage citons celle de Mossoul, au Šahrsūq, dont la dédicace est commémorée le 2e jeudi des semaines d'Élie, celle de Diarbékir qui était cathédrale, celle, aujourd'hui disparue, de Bagdad, dont le couvent abritait la manse patriarcale, et enfin un couvent à Balad (Eski Mossoul), cf. *O.S.*, IX (1964), p. 224-225.

(113) *B.H.O.*, 1029, 1030; *A.M.S.*, II, p. 635-680; *Šuhadā'*, II, p. 384-396; extrait dans *Auszüge*, p. 63-78.

Celui-ci, né de la famille noble de Mihān, au village de Béṯ Glāl près du Tūrmārā (Diyāla) au Béṯ Lāšpār, reçut la foi d'une nourrice chrétienne. Après un séjour à l'école de Béṯ Durnā, au Béṯ Kusāyé, donc à l'ouest du Béṯ Lāšpār, il se fit le disciple d'un moine appelé Klīlīšō', qui habitait au lieu dit Šurda, près du fleuve Sīnī (114). Le reste de la vie du moine Sābā n'intéresse plus le Béṯ Lāšpār.

Dīnawar apparaît pour la première fois comme évêché dans la liste d'Élie de Damas, donc vers 900, au titre de suffragant de la métropole de Ḥulwān. Cependant, si l'ordre des diocèses indique, comme souvent dans de telles listes, une préséance due à l'ancienneté plus ou moins grande du siège, on ne peut pas ne pas remarquer que l'évêché de Dīnawar est cité en premier lieu, avant Nīhāvand par exemple (n° 3) dont on connaît un évêque en 790. Ceci semble indiquer l'ancienneté du siège de Dīnawar, à côté de celui du Béṯ Lāšpār-Ḥulwān.

Un seul évêque de Dīnawar est connu (115), c'est Māri le Perse, qui était passé de son évêché au siège métropolitain de Ḥulwān quand Élie de Nisibe écrivit sa *Chronographie* (116), en 1018.

Il semble que la ville ait été ruinée par Tamerlan, mais elle s'efface déjà des chroniques ecclésiastiques, très fragmentaires on le sait, après sa brève apparition du début du XIe siècle.

V. Nihāvand.

Située en Lūristān, à quarante milles au sud de Hamadān, Nihāvand (117) aurait été fondée par Noé. Baptisée Laodicée par Antiochus III (193 av. J.C.), elle s'appelle déjà Niphauanda dans Ptolémée (IIe s. ap. J.C.). C'était une ville importante au temps des Sassanides. Au temps de la conquête, les Arabes y précédèrent Yazdegerd III et l'y attaquèrent de

(114) *Šuhadā'*, II, p. 389.

(115) *B.O.*, III.II, p. 743, s.v. *Dinur*, et *O.C.*, II, col. 1249-1250, s.v. *Dinar*, ne citent aucun nom.

(116) *C.S.C.O.*, 63*, p. 35-36 (16 r.).

(117) Le Strange, p. 196; L. van den Berghe, *Archéologie de l'Iran ancien*, p. 90, bibliogr. n° 194 et 194a, p. 177.

nouveau après sa défaite de Galūlā' (118). Après la conquête, les revenus de la ville furent attribués à Baṣra d'où son nom de Māh-i Baṣra.

La colonie chrétienne y était assez importante pour que la ville soit le siège d'un évêque (119). Cependant, sans doute à cause de la pénurie de documents, le premier titulaire n'apparaît qu'en 790; c'est SAWRĪŠŌ', qui participe au synode de Timothée Ier (120).

Vers 900 l'évêché est encore cité par Élie de Damas comme le troisième de la province de Ḥulwān.

Au XIIIe siècle, Yāqūt parle des parfums qui font la renommée de la ville; les géographes du XIVe siècle mentionnent que sa population est surtout composée de Kurdes, mais on n'a plus de trace du Christianisme.

VI. KARAĞ D'ABŪ DULĀF.

Le quatrième évêché d'Élie de Damas est celui de Karağ (121). La ville (122), sise sur la route Hamadān-Ispahan, donc au sud-est de la première, était le centre du district dit « des deux Īğār » (123). Elle connut un temps de prospérité quand elle devint, dans la seconde moitié du IXe siècle, la capitale du petit État indépendant des Dolafides.

C'est à cette époque que son évêché apparaît dans la liste d'Élie de Damas. Fut-il créé pour la circonstance, et sa durée fut-elle aussi éphémère que celle de la dynastie locale? Ou bien y avait-il des chrétiens et un évêque déjà auparavant? Toutes ces questions restent pour le moment sans réponse et on ne connaît aucun évêque de Karağ (124). Tout au plus peut-on remarquer que l'ancêtre des Dolafides était un banquier chrétien de Ḥīra

(118) *Chron. de Seert*, II, p. 261.

(119) LE QUIEN, col. 1249-1250, n'en a pas trouvé.

(120) *Syn. or.*, p. 608.

(121) LE STRANGE, p. 197-198; M. CANARD, *Hamdanides*, I, p. 311, n. 60, texte p. 311-313.

(122) A distinguer d'un autre Karağ, centre du district de Rūḏravār; celui-ci situé plus au nord, entre Hamadān et Nīhavand.

(123) Fiefs à perpétuité.

(124) LE QUIEN, col. 1249-1250.

nommé Idrīs, qui s'établit à Baṣra puis dans le Ǧabal. Peut-être une partie de la famille était-elle restée chrétienne et obtint-elle un évêque pour la ville? En tout cas les princes régnants, Qāsim, Aḥmad, 'Umar et Bakr étaient musulmans.

VII. Rayy.

La ville de Rayy (125), à un parasange au sud-est de Tehran (126), occupait le coin nord-est de la province du Ǧabal ou 'Irāq persan, au sud de la Caspienne.

La fertile Rayy, « une ville qui a brillé à tous les âges de sa vie » (127), « une des portes de la terre et le centre du commerce des hommes », « la fiancée du monde » et, au Moyen Age « une des plus grandes villes connues », était aussi une des plus anciennes. On l'appelait encore « la mère des villes », et sa fondation se perdait dans la nuit des temps; d'après certains, elle remontait à Seth, « fils de Noé » (128).

Le christianisme est certainement très ancien à Rayy, bien que la population de la ville ait été décrite comme « toujours agitée par les vagues » et « se refusant à accepter la vérité », « un pays de Daylamites toujours ennemis de Dieu, et placé sous la constellation du scorpion » (128a). Il est possible que des déportés de Syrie aient été, ici aussi, à l'origine de l'évangélisation.

Dès 410 (129), le synode d'Isaac inclut parmi les évêques qui « devront plus tard accepter la définition établie dans ce concile », ceux du Béṯ Madāyé et du Béṯ Raziqāyé. La tournure de la phrase est telle que l'on ne peut décider si le canton avait un évêque ou plusieurs.

---

(125) Le Strange, p. 214-217.

(126) Yāqūt (Barbier), p. 398-399 et notes. Au temps de la prospérité de Rayy, Tehran n'était qu'un village où les riches habitants de la ville allaient respirer un air plus pur.

(127) Yāqūt (Barbier), p. 273-280.

(128) Sic! Barbier, p. 273, n. 1.

(128a) On disait aussi au XIe siècle: « Bavard comme un habitant de Rayy »; Barbier, p. 288.

(129) *Syn. or.*, p. 273.

Le premier évêque nommé est DAVID, rencontré en 424 (130). Au synode d'Acace, en 486, JOSEPH, évêque de Rayy, fait signer les actes par Abraham, prêtre de l'église des 'Aksondnokré (131). Le même Joseph assiste encore au synode de Bāwaï, en 497, mais est remplacé pour la signature par Aḥaī, prêtre et moine (132).

Entre 524 et 537, lors de la lutte pour le patriarcat, Élisée, l'un des deux rivaux, vient à Rayy pour emprisonner ses adversaires, dont probablement l'évêque du lieu, partisan de Narsaï (133). En 554, enfin, l'évêque DANIEL adhère par lettre scellée au synode de Joseph (134).

La fin du VIe siècle représente pour la ville une période troublée; par deux fois elle est choisie par des rebelles contre l'autorité royale comme centre de leur révolte: en 590, Vahrām Tšōbīn y frappe monnaie au nom du prince héritier contre son père Chosroès II (135), et avant 596 le rebelle Bistam y prépare son insurrection contre le même Chosroès. C'est au cours de la bataille de Rayy que le fantôme de l'évêque Sawrīšō' de Lāšōm apparut dans la mêlée, prenant la bride du cheval du roi et lui rendant courage en lui promettant la victoire (136). L'incident augmenta encore la faveur dont les chrétiens jouissaient auprès du roi à cause de l'aide que lui avait apporté l'empereur Maurice, mais l'attitude de la ville lui attira certainement des représailles; on n'en entend plus parler jusque dans la seconde moitié du VIIIe siècle.

Rayy ressuscite alors sous la baguette magique d'Al-Mahdī qui y habite avant son califat (774-785) et aime encore y séjourner dans la suite. C'est lui qui rebâtit la ville, l'entoure d'une muraille neuve, et lui ajoute une « ville extérieure » appelée al-Muḥammadīya, elle aussi entourée d'un

(130) Au synode de Dādīšō', *ibid.*, p. 285.

(131) *Ibid.*, p. 307. En n. 1 Chabot suggère de lire: du Xénodochion.

(132) *Ibid.*, p. 310, 311, 316.

(133) *Chron. de Seert*, II, p. 58.

(134) *Syn. or.*, p. 366, n° 28.

(135) *Chron. de Seert*, II, p. 123.

(136) *Ibid.*, p. 161, 170; *Chron. anon.*, GUIDI, p. 15; le détail est omis par l'*Histoire de Mār Sawrīšō'*, qui se contente de souligner, sans l'expliquer, la prédilection de Chosroès pour l'évêque.

second mur. Rayy devint alors la plus grande ville de la province du Ǧabal et sa capitale.

La conséquence normale se produisit sous le patriarche Timothée qui, probablement entre 799 et 804 (137), détacha le diocèse de Rayy de la métropole de Ḥulwān et l'érigea lui-même en métropole. « C'est en effet une métropole, écrit le patriarche (138), et il convient qu'il y ait là un métropolite. Et de plus, dans la province royale qui en dépend il y a deux satrapes (gouverneurs) ou *spāhbedān* (139), l'un à Rayy elle-même, l'autre à Ḥulwān. » Soulignons au passage cette loi de la formation des circonscriptions ecclésiastiques, suivant les divisions administratives civiles et la croissance et décroissance des villes (140).

La nouvelle éparchie s'étend, au dire de Timothée, sur environ deux cents parasanges. En dépendait, selon ʿAwdīšōʿ de Nisibe (141), les villes de Qum (142), citadelle du chiisme, et sa voisine Kāšān (143), célèbre par ses faïences.

Dans la plaine aride qui réparait Rayy de Qum s'élevait, au temps de Yāqūt, une « vaste et haute » forteresse, dont le nom trahit l'origine chrétienne: Dayr Girdšīr. On ne sait rien sur ce couvent devenu château au début du XIIIe siècle.

Le nouveau métropolite de Rayy prenait le cinquième rang (ou le deuxième) (144) parmi les métropolites de l'extérieur, alors que celui de Ḥulwān et Hamadān était, au même moment, le sixième de ceux de l'intérieur.

---

(137) Mgr Bidawid, *Lettres*, p. 75.

(138) Lettre XXI à Serge, *C.S.C.O.*, p. 131-132, trad. p. 88; Mgr Bidawid, p. 10, 25, 70, 80. Également cité par J. Dauvillier, *Provinces extérieures*, p. 278.

(139) Le titre iranien: *aspahbet*, qui veut dire « général » (cf. A. Christensen, *L'Iran sous les Sassanides*, 2e éd. 1944, p. 104) est encore en usage sous al-Māʾmūn, Yāqūt (Barbier), p. 386.

(140) Sur les métropoles créées par Timothée, voir J. Dauvillier, cit. p. 285.

(141) Dans sa version du canon XXI d'Isaac.

(142) Yāqūt (Barbier), p. 456-460.

(143) *Ibid.*, p. 434-435.

(144) Élie de Damas, *B.O.*, II, p. 458-460.

Le premier titulaire, consacré par Timothée le « dimanche nouveau », était Ḥabbīwa, prêtre et docteur de la ville de Ḥadīṯa du Tigre (145). C'est à sa demande que le patriarche écrira, vers 804/805, ses 99 questions et réponses canoniques (146).

En 810, Rayy est choisie par le calife al-Amīn comme ville de frappe de son *dirham* d'argent (147).

Plusieurs métropolites des Raziqāyé sont connus: Thomas, qui participe à l'élection de Théodose en 853 (148), Marc, ancien évêque du Béṯ Bġāš, créé métropolite par Jean III en 893 (149), et 'Abd al-Masīḥ qui assiste au sacre de 'Awdīšō' ibn al-'Āriḍ en 1075, avec le titre de métropolite de Ḥulwān et al-Rayy (150).

Entre-temps et malgré les calamités naturelles, tarissement des sources en 849 (151), grave tremblement de terre en 957 (152), la ville est devenue la plus grande des quatre centres du Ǧabal. Au dire d'Ibn Ḥawqal (m. 977), c'est, Bagdad exceptée, la plus belle ville de l'Orient.

En 1043, trois des métropoles créées par Timothée ont déjà disparu, et Rayy est une des trois qui subsistent (153). Son tour viendra de disparaître, la quatrième, avant 1316, au témoignage de 'Awdīšō' de Nisibe (154).

---

(145) Également mentionné par Thomas de Marga, *Bk.*, II, p. 494 et n. 1; *O.C.*, II, col. 1291-1294.

(146) Labourt, p. 51-52.

(147) *Sūmer* (Bagdad), XXIII (1967), p. 212-213 par Widād al-Qazzāz.

(148) Le texte arabe de Māri, p. 79, écrit *al-Ruha* au lieu de *al-Rayy*. Gismondi traduit en conséquence (p. 70): *Edesse*. En fait, Assémani a raison de corriger (*B.O.* III.I, p. 210-211) car cette dernière ville n'est « métropole » que dans la liste de Ṣliwa, ar. p. 126, n° 9.

(149) Ṣliwa, ar. p. 80.

(150) Māri, ar. p. 130, lat. p. 114.

(151) Bar Šināya en 281 H.

(152) *Ibid.* en 346 H.

(153) Ibn al-Ṭayyib, ar. p. 121.

(154) Mai, X, p. 141-142; alors que le même auteur la garde dans sa version du Canon XXI d'Isaac: *Syn. or.*, p. 619-620; *Ordo*, p. 56-57. 'Amr, ar. p. 132, mentionne au 16e rang parmi les métropoles Rayy et le Ṭabaristān, ce qui semble plus exact que le texte de Ṣliwa, ar. p. 126, qui sépare Rayy (n° 18) du Ṭabaristān (n° 19).

En fait les Mongols y portent le fer et le feu, passant, dit-on, 700.000 habitants au fil de l'épée (155). Quant Yāqūt, lui-même fuyant l'invasion, traverse la ville en 1220, il la trouve aux deux tiers en ruines. Une tentative pour la faire revivre sous le règne de Ġāzān Ḫān (1293-1305), sera de courte durée. Rayy sera supplantée, sous les Safavides, par Varāmīn et Tehrān.

Aujourd'hui, selon les mots de Barbier de Meynard (156), « il ne reste plus de la splendide ville des califes que de vastes tumuli inexplorés et un village pittoresque où repose, sous une coupole de lapis-lazzuli, le Šāh Zādeh 'Abd al-Azim, un des derniers rejetons de la maison d'Ali. » Le christianisme en est complètement absent.

VIII. Gurgān.

A l'est du Ṭabaristān, lequel est situé au nord de Rayy et au sud de la Caspienne, se trouve la région de Gurgān, l'ancienne Hyrcanie. Encore plus à l'est vient le Ḫurāsān, auquel quelques auteurs rattachent la région de Gurgān (157).

La ville elle-même était « une belle ville située au milieu d'une longue vallée sur la frontière des pays de plaine et de montagne, et du littoral de la mer. » Elle était, au moment de la conquête musulmane, plus importante que Rayy. Al-Iṣṭaḫrī va même jusqu'à dire: « Quand on sort de l'Iraq, on ne rencontre pas à l'Orient de ville plus belle et plus florissante... Ses habitants se font remarquer par leur humanité et leur caractère aimable »; ce à quoi Yāqūt ajoute: « On pourrait en citer un grand nombre qui se sont illustrés par leurs vertus et leur générosité. »

Cette population devait être en partie d'origine syrienne, car une « captivité de Gurgān » apparaît comme nom de diocèse en 424. On ne sait quand ils furent déportés, et si ce fut par eux que le christianisme fut introduit dans la région. En tout cas le titre d'évêque de la Šwīṯa d'Gurgān

---

(155) Note de Barbier, p. 273-274, d'après le Šayḫ Naǧm al-Dīn Rāzī, dans le *Mirṣād al-'Ibād.*

(156) Cit. p. 274 note.

(157) Yāqūt (Barbier), p. 154-157, 380-387, 481.

est porté par Domitien qui assiste au synode de Dādīšōʿ en 424 (158). Que ce titre soit bien à interpréter comme signifiant « captivité » de Gurgān, au lieu de « plaine » de Gurgān (159), est corroboré par le fait que le nom de l'évêque est grec. On a vu un titre semblable pour la « déportation » du Bét̲ Lāšpār.

Deux évêques sont encore connus à Gurgān, désormais nommée sans son qualificatif de « déportation ». L'omission de ce qualificatif, aussi bien que les noms araméens des évêques semble indiquer que des chrétiens de Mésopotamie, probablement des marchands, étaient venus se joindre aux déportés et que le christianisme était devenu là-bas « pluraliste ». Peut-être aussi a-t-on affaire à des chrétiens aborigènes affublés de noms araméens; entre-temps également l'Église de Perse avait opté officiellement pour le nestorianisme, que les fils des déportés semblent avoir adopté, en Iran même, sans difficulté.

Les deux évêques de Gurgān (160) sont: Abraham, qui prend part au synode de Bāwaī en 497 (161), et Zaʿūra, au synode d'Ézéchiel près de cent ans plus tard, en 576 (162).

En plus de la rareté des textes, une autre cause peut peut-être rendre compte des lacunes de notre information. Il n'est pas impossible que, ici plus qu'ailleurs, la série épiscopale n'ait pas été continue, et que les vacances du siège de Gurgān aient été quelquefois très longues.

On voit dans les lettres des patriarches, tels Īšōʿyaw III et Timothée Ier, qu'on ne trouvait pas toujours de candidats pour ces sièges éloignés et peu favorisés par la nature et les hommes. C'est dans ce sens qu'il faut lire l'éloge dithyrambique que Thomas de Marga adresse aux moines de Bét̲ ʿĀwé qui, en obéissance aux ordres de Timothée, partirent pour ces contrées

(158) *Syn. or.*, p. 285.

(159) *Ibid.*, p. 682.

(160) *B.O.*, III.II, p. 424, 426-428, 750-751; Le Quien, col. 1293-1294, n'a pas d'évêque à mentionner; A. Mingana, *Early Spread*, p. 319.

(161) *Syn. or.*, p. 310, 311, 316.

(162) *Ibid.*, p. 368.

lointaines (163) : « ... Et ils n'acceptèrent pas seulement des trônes établis et princiers, dans des villes florissantes et des pays civilisés, mais aussi dans des contrées qui étaient privées de toute connaissance des choses divines et de la sainte doctrine, et qui abondaient en sorcellerie, idolâtrie et toutes les pratiques corrompues et abominables, pour qu'ils puissent déraciner le mal et semer le bien, chasser les ténèbres de l'erreur et faire luire sur eux la lumière glorieuse de leur doctrine, et chasser les démons, maîtres de souillure. »

Quant aux nombreux miracles que ces missionnaires firent, Thomas lui-même n'arrive pas très bien à s'y reconnaître « à cause de leur nombre et de l'éloignement des pays où ils furent opérés ».

Gurgān reparaît dans la table d'Élie de Damas, vers 900, comme l'unique évêché suffragant de Rayy (164) ; on n'en entend plus parler par la suite. En fait, la ville, qui eut déjà beaucoup à souffrir des ravages de la guerre sous les Bouwayhides au Xe siècle, fut « renversée de fond en comble » par les Mongols, dit al-Mustawfī (165), qui ajoute : « et maintenant (en 1339) elle est totalement ruinée et presque déserte. »

Conclusion.

Comme nous le disions en commençant, la région que nous venons d'étudier n'est qu'un lieu de passage, quelques étapes sur une route vitale. Le christianisme s'y égréna avec les marchands et les déportés ; on n'a pas de preuve qu'il ait jamais été très florissant, ni non plus que son implantation ait été profonde dans le milieu autochtone. Cela explique sa disparition totale de la région quand la route ne sera plus celle du commerce, mais celle des envahisseurs.

Bagdad, Iraq.

---

(163) *Bk.*, II, p. 489. Thomas est frappé par la présence des loups (p. 509) et par fait que le pain de ces contrées était fait de riz (p. 493), alors que, inversement, les habitants de ces régions qui arrivaient à Rayy étaient malades en mangeant du pain de blé pour la première fois (p. 494).

(164) *B.O.*, II, p. 459.

(165) Cité par Barbier, p. 154 note.

V

LES PROVINCES SUD-CASPIENNES DES ÉGLISES SYRIENNES

Dans les textes chrétiens, syriaques et arabes, apparaissent sporadiquement des noms de régions qui, reportées sur la carte, forment un arc de cercle à peu près complet autour de la partie sud de la Caspienne.

Ce sont, d'ouest en est: le Mūqān, maintenant en Union Soviétique; puis les provinces iraniennes du Gīlān, avec son arrière-pays montagneux le Daylam; le district central où se trouve aujourd'hui Téhran, où était naguère Rayy; Amol et le Ṭabaristān, aujourd'hui Mazandérān; et enfin le Gurgān ou Hyrcanie, à côté de l'autre frontière soviétique.

Nous avons déjà étudié (1) la partie centrale, avec Rayy, qui eut un évêque à partir de 410, devint métropole vers 800, et d'où le Christianisme disparut avec le massacre par les Mongols, en 1219, de la majorité des habitants de la ville.

D'abord les Gèles?

Parmi les autres provinces, la première qui aurait été atteinte par le Christianisme serait le Gīlān (2). Sans retenir la prétention de Bar Hébraeus (3) qu'ils auraient été convertis par Addaï (alors qu'historiquement cet Apôtre ne semble pas avoir dépassé Édesse), la première mention digne de foi de Gèles chrétiens apparaît dans le *Liber legum regionum.*

---

(1) *Médie chrétienne*, dans *Parole de l'Orient*, I.2, 1970, p. 378-382. Y ajouter Yoḥannān, métropolite de Rayy, au sacre d'Élie III en 1111, Sliwa, ar. p. 103.

(2) Réf. dans Le Strange, *The Lands of the Eastern Caliphate*, p. 172-175 et B. Spuler, *E.I.*², II (1965), p. 1137-1138, s.v. Gīlān.

(3) L'affirmation de Bar Hébraeus, *Chron. eccl.*, II, col. 15, qu'ils avaient été convertis par l'Apôtre Addaï lui-même est trop tardive pour mériter créance.

Tels que les décrit Philippe, disciple de Bardésane, entre 196 et 226, ces Gèles avaient de curieuses coutumes. Tous les durs travaux, semailles, moisson, construction, etc., étaient faits par les femmes, qui du coup ne portaient ni vêtements colorés ni même chaussures et ne se parfumaient pas. Ceci était réservé aux hommes, qui y ajoutaient des vêtements bariolés, des bijoux d'or et des pierres précieuses, et dont l'occupation préférée, pour ne pas dire unique, était la chasse, et la guerre quand besoin était.

Tout ceci était façons de voir que le Christianisme n'avait pas de raison de changer car il n'était pas encore question alors de l'émancipation de la femme, et les mêmes coutumes se retrouveront en 982 (4). Ce qui était plus répréhensible, bien que ces messieurs n'y aient pas vu d'objection, était que les dames gèles étaient connues pour leurs rapports très libres avec les étrangers et les esclaves. Un des effets de leur conversion au Christianisme, nous dit le prude Philippe, fut d'y mettre le holà (5).

S'il est peut-être un peu optimiste de penser que le Christianisme avait déjà changé les mœurs de tout un peuple, dès la fin du deuxième siècle, on peut cependant retenir le témoignage de son existence, ce qui n'est déjà pas si mal.

La mention suivante de chrétiens dans la région se trouve dans la passion des vingt martyrs gèles (6), vers le 12 avril 351. Ces Gèles pratiquaient leur sport national dans l'armée de Sapor II quand ce dernier, partant en guerre contre les Byzantins et sur le point de passer l'Euphrate, voulut s'assurer de la fidélité de ses troupes en leur demandant d'adorer « le soleil, la lune et le feu ».

Le texte donne les noms de 9 des 18 soldats gèles chrétiens qui refusèrent d'obéir à l'ordre, ainsi que de deux femmes qui les accompagnaient, et qui tous furent mis à mort. Trois soldats portent des noms syriaques: Brīḫīšōʿ, ʿAwdīšōʿ et Īṯālāhā; ce n'est peut-être pas par hasard que les deux premiers (considérés comme meneurs?) sont interrogés d'abord et

---

(4) C'était encore les femmes qui s'occupaient de l'agriculture en 982, *Ḥudūd al-ʿālam*, p. 136 sq.

(5) *P.S.*, I. 2, § 30, col. 586-589 et § 46, col. 608-609, dans une réfutation de ceux qui croient à l'influence des signes du zodiaque.

(6) *BHO*, 180, 1043; *A.M.S.* IV, p. 166-170; *Šuhadā' al-Mašriq*, I, p. 345-348.

suppliciés avant les autres. Quatre ont des noms parthes ou perses: Šāpūr, Hāḏar-Šāpūr, Sanatrūq et Hormizd. Les deux derniers sont appelés l'un Maqyim, l'autre Halpīd; ces noms appartiendraient-ils à l'onomastique gèle (7)?

De même pour les femmes. La première a un nom grec, Phoebé, et la seconde un nom indigène (?) Halamdur. Cette dernière était accompagnée de ses enfants.

Ce mélange de noms nous fait soupçonner que le Christianisme gèle était aussi pluraliste que celui que nous rencontrerons au Gurgān. On devine, à côté des éléments locaux convertis du paganisme, des Araméens chrétiens qui ont probablement suivi les routes du commerce et se sont fixés sur place, et enfin des « Grecs », probablement fils de déportés des campagnes victorieuses des premiers Sassanides, notamment de Sapor Ier en 260. Ce caractère pluraliste: Grecs, Araméens, indigènes (ces derniers, semble-t-il en minorité), sera une constante du Christianisme iranien.

Alors que, plus au sud, nous avons déjà signalé l'évêché de Rayy en 410, on voit que le Christianisme s'est également étendu vers l'est dès la même époque. Parmi les peuples sur lesquels Théodoret de Cyr (8), au début du Ve siècle, note l'influence du Christianisme, on relève les *Tibarenoi*, peut-être les habitants du Ṭabaristān (9). Ceux-ci, selon une coutume qui se retrouvera au Hakkari, dans le sud de la Turquie actuelle, précipitaient leurs vieillards du haut des rochers pour les aider à mourir. Un des bienfaits du Christianisme fut de mettre fin à cette pratique.

Et nous arrivons ainsi au premier évêque connu (ce qui ne veut pas dire qu'il n'y en eut pas avant lui) d'Amol, capitale du Ṭabaristān (10) et du Gīlān, Sūrīn, qui participe au synode du catholicos Joseph en 554 (11).

(7) Ils ne figurent pas, non plus que le nom mentionné peu après, dans l'*Iranische Namenbuch* de F. Justi, ni non plus le nom de la seconde femme, quelquefois écrit Halāmdur ou Halmādūr.

(8) *Graecorum affectationum curatio*, IX; *De legibus*, *P.G.*, LXXXIII, col. 1046-1047.

(9) A moins qu'il ne s'agisse des habitants de Ṭūs, de laquelle une partie, dit al-Balāḏuri (cité dans Yāqūt, Barbier, p. 198), s'appelait aussi Ṭaberān.

(10) Barbier de Meynard, *Dictionnaire géographique de la Perse*, traduction de Yāqūt, p. 380 et 5-7.

(11) *Synodicon orientale*, p. 366, n° 35.

La présence d'un évêque ne doit pas cependant nous faire imaginer que tout le « diocèse » était devenu chrétien. Loin de là, et pour longtemps encore. Nous le retrouverons encore à peu près entièrement païen vers 800.

Les « Grecs », déportés et marchands: Gurgān et Abaskūn.

Une autre chrétienté apparaît au début du Ve siècle dans la province frontalière du Gurgān (12). Son premier évêque, en 424, porte un nom grec, Domitien, et le titre de l'évêché est donné en clair: la Déportation de Gurgān (13). Deux de ses trois successeurs connus jusqu'à la fin du VIe siècle, Abraham (497) et Ze'ōra (576), portent des noms syriaques; le troisième, Pierre (14), vers 540, a un nom passe-partout. Ces derniers évêques portent le seul titre du Gurgān; on ne précise pas où était leur siège.

Ici aussi des gens du pays adoptèrent la religion des déportés; dès cette première moitié du Ve siècle, Théodoret (15) souligne les effets civilisateurs du Christianisme sur les Hyrcaniens et les Caspiens qui, avant leur conversion, abandonnaient aux chiens les cadavres humains.

L'évêché de Gurgān, maintenant nestorien, continuera à exister probablement jusqu'à la destruction de la ville par les Mongols. On le retrouve vers 900, dans la *Table* d'Élie de Damas, comme le seul diocèse suffragant de Rayy.

Mais à côté de ce diocèse syrien oriental apparaît, dès le deuxième quart du VIIe siècle, un diocèse syrien occidental appelé également de Gurgān. L'origine de ce diocèse est aussi due à des chrétiens de l'empire byzantin, mais cette fois venus de leur plein gré, des marchands.

---

(12) *E.I.*², II (1965), p. 1168, par R. Hartmann, revu par J. A. Boyle. La ville actuelle de Gurgān correspond en fait à l'ancienne Astarābād, q.v. *E.I.*², I (1960), p. 741-742, par R. N. Frye. Le site de l'ancienne Gurgān (Barbier, p. 32 et 295-296), construite lors de la conquête musulmane, en 716/7, se trouve dans l'angle formé par le confluent du Gurgān et du Ḫurmā-Rūd.

(13) Cp. *Médie chrétienne*, p. 382-383.

(14) Excommunié par Mār Ābā pour actions honteuses, adultère et libertinage, il prendra la religion des Mages et s'opposera au catholicos lors de son séjour forcé en Adherbaïdjan. *Chronique de Seert*, II, p. 67 et *Vie de Mār Ābā* (dans Yahwālāhā, 2e éd. Bedjan), p. 249.

(15) *P.G.* LXXXIII, cit. col. 1046-1047.

La *Chronique de Seert* (16) nous apprend que 900 marchands « jacobites », dont certains étaient en fait arméniens, suivirent dans l'empire perse le transfuge Šahrīr qui accompagnait Heraclius dans sa campagne victorieuse de 627-628. Quand Šahrīr fut tué et que la situation en Perse fut troublée, voyant que la route de retour chez eux était coupée, les marchands s'avancèrent résolument vers l'intérieur de la Perse, suivant la route du Ḫorāsān. Parvenus au coin nord-est de l'empire ils se dispersèrent. Les Arméniens descendirent au Ségestan; certains des « Jacobites » continuèrent vers Hérat, dans l'Afghanistan actuel, d'autres revinrent vers la Caspienne et s'installèrent au Gurgān. « Après la disparition de l'empire des Perses, continue la *Chronique*, comme ils s'étaient multipliés par la génération, ils préférèrent rester là où ils étaient. Le patriarche d'Antioche Jean [III, 631-649] s'occupa d'eux et ordonna des évêques pour ces régions éloignées; c'est ainsi qu'ils eurent des sièges au Ḫorāsān. »

Aucun évêque du siège syrien occidental du Gurgān n'est connu jusque vers l'an 793. A cette date commença à régner à Antioche le patriarche Cyriaque. Le deuxième évêque qu'il ordonna, PHILOXÈNE, était destiné au Gurgān (17). Sous le patriarche Denys (818-845) sont sacrés successivement trois évêques (18) pour le même siège: BAR ḤADBŠABBA (nº 60), JOSEPH (nº 66) et YAWNĀN (nº 98).

Faut-il penser (19) que le diocèse disparut dans la seconde moitié du IXe siècle? Je ne le crois pas, car il reparaît immédiatement, cette fois sous le titre de la ville qui fut son siège probablement dès le début, le port d'Abaskūn (20), centre commercial du Gurgān, où il était normal que des marchands se soient établis.

Le lieu, dont le nom est écrit dans le texte syriaque de la *Chronique* du patriarche Michel Ier tantôt Abadqavan, tantôt Abazqavan, est situé

(16) II, p. 225.

(17) M.S., III, p. 451 (nº XVII, 2).

(18) M.S., III, p. 455 (nº XVIII, 60, 66, 98); E. HONIGMANN, *Le couvent de Barsauma*, p. 126, nº 48.

(19) J. DAUVILLIER, *Orient syrien*, 1956, p. 81.

(20) Q.v. dans *E.I.*², II (1965), p. 4, par V. MINORSKY.

correctement (21) « en Ḫorāsān », plus vaguement ailleurs (22) « en Perse ».

Nous avons donc, succédant aux quatre évêques de Gurgān, mentionné précédemment, une série ininterrompue de prélats, ce qui porte à neuf le total des évêques connus du siège, de 793 à 935.

Les évêques d'Abaskūn en Gurgān sont:

— Sévère (XIX.18) sacré par Jean V (847-874);
— Īwānīs (XX.20) sacré par Ignace II (878-883);
— Jacques (XXII.25a) sacré par Denys II (896-909);
— Anastase (XXII.34) sacré par le même;
— Job (XXIV.5) sacré par Basile Ier (923-935).

On a vu plus haut que le diocèse syrien oriental voisin apparaissait pour la dernière fois vers 900. L'agitation continuelle et les querelles intestines de cette région laissèrent-elles longtemps en paix la minorité chrétienne? Si elle ne disparut pas avec l'établissement du royaume ziyāride-daylamite de Mardāwīǧ b. Ziyār, en 928, elle ne survécut certainement pas à l'invasion mongole du début du XIIIe siècle qui ne laissa de la ville de Gurgān qu'un monceau de ruines.

Les missions de Timothée le Grand.

Le règne du patriarche Timothée Ier (780-823) fut marqué par une expansion missionnaire vigoureuse de l'Église syrienne orientale. Sous l'impulsion du fougueux patriarche, vague après vague d'évêques et de moines (quelquefois renâclant) furent lancés à l'assaut des frontières encore païennes du califat oriental. « N'ayant pour tout bagage qu'un bâton et une besace », les moines « passaient les mers jusqu'aux Indes et en Chine »; le Turkestan, la Mongolie, le Tibet entendirent l'appel de l'Évangile (23).

Les provinces sud-caspiennes devaient évidemment attirer l'attention

---

(21) No XXII, 34. J'ai déjà préféré cette option à d'autres avancées précédemment, dans *Diocèses syriens orientaux du Golfe, Mémorial Mgr Gabriel Khouri-Sarkis* (1969), p. 197-98.

(22) No XXIV, 5.

(23) Voir Mgr R. J. Bidawid, *Les lettres du patriarche nestorien Timothée Ier*, par exemple p. 84-85.

du patriarche. En plus de l'érection de Rayy en métropole, Timothée crée encore une métropole du Gīlān et Daylam, bientôt scindée en deux, puis une autre au Mūqān.

Disons un mot de chacun de ces districts:

— Gīlān.

Le Gīlān, nous l'avons vu, avait déjà entendu parler du Christianisme. Il était, dès 554, rattaché au diocèse de l'évêque d'Amol. L'attaque de Timothée se porta plus vers l'ouest, avec pénétration dans la région montagneuse dominant la côte du Gīlān, le Daylam.

Entre 795 et 798, Timothée créa donc le premier métropolite de ces « pays de barbares qui étaient si éloignés de toute civilisation et de toutes bonnes œuvres, parce qu'aucun des prédicateurs de vérité n'avait pénétré dans leur région et parce qu'on n'avait pas annoncé parmi eux l'Évangile du Sauveur... Ils adoraient les arbres, les bois sculptés, les animaux, les poissons, les reptiles, les oiseaux ailés, etc., tout ceci en plus de l'adoration du feu et des astres » (24).

Šūḥālīšō' fut choisi comme premier métropolite. C'était un pieux ascète du couvent de B. 'Āwé, de race arabe mais également versé en syriaque et en persan. Tous les notables qui assistèrent à la cérémonie splendide de son sacre par Timothée, émus par le zèle apostolique du nouveau prélat, lui offrirent de substantielles sommes d'argent et tout ce dont il pouvait avoir besoin pour son voyage et son établissement. Son entrée au Gīlān se fit en grande pompe, « car ils étaient barbares et avaient besoin de voir quelque chose de la grandeur de la gloire extérieure pour être inclinés à s'approcher avec amour vers le Christianisme » (25).

On voit ici que ces barbares qu'il fallait impressionner n'étaient pas seulement païens, mais aussi « Marcionites et Manichéens, de toute religion et de toute impureté » (26). La présence de Marcionites au Ḫorasān ne

---

(24) Thomas de Marga, *The Book of Governors,* trad. E. A. Wallis Budge, II, p. 467-468; quelquefois corrigé par la traduction arabe de A. Abouna, *Kitāb al-Ru'asā'*, p. 206-7.

(25) *Ibid.*, *Bk.* II, p. 480; *Ru'asā'*, p. 211.

(26) *Bk.* II, p. 481; *Ru'asā'*, p. 211.

nous étonne pas; Ibn al-Nadīm en mentionnera encore dans cette région une colonie très nombreuse au début du XIe siècle (27).

On a peu de détails sur l'apostolat du nouveau métropolite. Grâce à sa prédication et à ses miracles il put convertir de nombreux villes et villages. Il bâtit des églises, ordonna des prêtres et des diacres, et laissa chez eux pour parfaire leur éducation religieuse certains des moines qui l'accompagnaient.

Après un séjour de « plusieurs années », il voulut revenir au couvent de ses Pères, ramenant avec lui comme cadeaux des tentures, des voiles et différentes sortes d'étoffe. Ces richesses attirèrent la convoitise de bandits de grand chemin qui assassinèrent le métropolite sur sa route de retour, on ne dit malheureusement pas où (28).

Après le « martyre » de Šūḥālīšō', Timothée résolut de doubler l'effectif et de diviser la charge. Il choisit deux pieux moines de B. 'Āwé, deux frères selon le sang, originaires d'un village voisin du couvent (29), deux saints hommes loués par tous, l'un calligraphe et l'autre relieur, nommés Qardāġ et Yāhwālāhā. Thomas de Marga nous dit qu'ils furent choisis, non seulement à cause de leurs qualités, mais aussi parce que Timothée « avait pressé d'accepter la charge tous ceux qui pouvaient le faire, mais aucun ne voulut prendre sur lui un tel labeur pour l'amour de Dieu » (30). Le patriarche avait donc été « obligé » de convoquer les deux frères, qui seraient métropolites l'un du Gīlān, l'autre du Daylam. Avec eux il convoqua quinze moines (31) parmi lesquels les métropolites choisiraient les évêques des pays « au-delà du Gīlān et du Daylam ». Timothée permettait même aux métropolites de consacrer à eux deux le premier évêque, malgré les canons de Nicée qui exigeaient trois évêques pour le

(27) *Les Marcionites dans les textes historiques de l'Eglise de Perse*, dans *Le Muséon*, LXXXIII (1970), p. 183-188.

(28) *Bk.* II, p. 485; *Ru'asā'*, p. 213.

(29) On voit qu'en ce temps comme maintenant il y avait des Kurdes dans la région. Les moines devaient donc parler leur langue qui est, comme on le sait, proche du persan.

(30) *Bk.* II, p. 488; *Ru'asā'*, p. 214.

(31) Dans une lettre inédite à Serge, métropolite d'Élam (n° XLVII, Bidawid, p. 37), Timothée écrit qu'il avait d'abord envoyé dix moines.

sacre d'un autre (32); pour ce premier sacre le Livre des Évangiles placé sur le trône de droite remplacerait le troisième consécrateur.

Sept des quinze moines devinrent évêques. Leurs noms sont connus: Thomas, Zakka, Šem, Ephrem, Simon, Ananias et David (33), mais Thomas de Marga qui les mentionne ne sait pas très bien lui-même (bien qu'il soit à peu près leur contemporain) quels furent leurs sièges.

Thomas ne peut trop louer ces hommes qui « n'acceptèrent pas seulement des trônes établis et princiers, dans des villes florissantes et des pays civilisés, mais aussi dans des contrées qui étaient privées de toute connaissance des choses divines et de la sainte doctrine, et qui abondaient en sorcellerie, idolâtrie et toutes les pratiques corrompues et abominables, pour qu'ils puissent déraciner le mal et semer le bien, chasser les ténèbres de l'erreur et faire luire sur eux la lumière glorieuse de leur doctrine, et expulser les démons, maîtres de souillure » (34).

Qardāġ, métropolite du Gīlān, s'enfonça beaucoup plus loin « dans ces pays au-delà de ceux où était son frère » (35) et ne revint jamais à B. ʿĀwé. La maison mère entendit seulement parler de beaucoup de miracles et de prodiges accomplis par lui, par ses évêques et par ses moines. Mais justement il y en eut tellement, et les pays où ils les accomplirent était si loin que « nous n'avons pas été capable, dit Thomas, de distinguer clairement comment ils furent accomplis, dans quel village ou dans quelle ville, au bénéfice de qui furent faites les cures ou de qui les démons furent expulsés et les maladies guéries ».

Faute de pouvoir satisfaire notre curiosité (et la sienne propre, car Thomas de Marga était un véritable historien) l'auteur s'apitoie une dernière fois sur ces héros: « De plus, le pain de ces contrées est fait de riz, car on n'y trouve point les céréales bénies, le blé et l'orge, mais seulement du riz et des légumineuses, etc., au point qu'ils tombèrent malades quand, repassant par Rayy, ils goûtèrent à nouveau le pain de froment » (36).

(32) Étude canonique dans *Assyrie chrétienne*, II, p. 765-768.
(33) *Bk.* II, p. 491.
(34) *Bk.* II, p. 489.
(35) *Bk.* II, p. 491-492.
(36) *Bk.* II, p. 493-494; *Ruʾasāʾ*, p. 217.

Après Qardāġ aucun métropolite du Gīlān n'est plus mentionné. Le nom du diocèse est absent des *Tables* d'Élie de Damas, a fortiori des listes d'Ibn al-Ṭayyib et de 'Awdīšō' de Nisibe; ce dernier nous prévient que quatre des métropoles créées par Timothée avaient disparu de son temps, vers 1310.

On se souviendra encore plus tard au Gīlān que les Turkomans du district, « peuple guerrier, combattants très estimés dans la région, étaient, dit-on, d'origine chrétienne » (37).

— DAYLAM.

Le Daylam (38) aussi, arrière-pays montagneux du Gīlān, avait déjà entendu parler de l'Évangile avant l'arrivée de Šūḥālīšō'. Le premier évangélisateur (39) y vint d'une manière encore différente de ceux que nous avons rencontrés, déportés, marchands ou missionnaires. Cette fois un des nombreux raids des féroces habitants de la région (40) vers les montagnes du nord de l'Iraq actuel ramena en esclavage un moine appelé Jean, qui vivait au temps du patriarche Ḥnānīšō' Ier (685/6-699/700) et devait devenir célèbre sous le nom de Jean de Daylam (41).

Les sources classiques sont plutôt laconiques à son sujet: il fit des prodiges et des miracles et enseigna les païens barbares. Les légendes plus récentes ne pouvaient évidemment se contenter de cette maigre pitance. Les détails y sont multipliés, hélas toujours vagues: dans une ville anonyme où il reste trois ans il convertit 7.000 hommes « sans compter les femmes et les enfants »; dans un « autre pays », à « de nombreux jours de marche » du premier, où il reste encore trois ans, il baptise 25.000 adorateurs d'arbres;

(37) TOMÉ PIRES, *Suma oriental* (Hakluyt soc. 1944), I, p. 22.

(38) LE STRANGE, *Eastern Caliphate*, p. 172-174; *E.I.*², II (1965), p. 195-200, s.v. par V. MINORSKY.

(39) Je ne retiens évidemment pas la présence d'un évêque au B. Daylamāyé dès 225 comme le voudrait le pseudo-Mšīḥa Zḫā, *Chronique d'Erbil*, *Sources syriaques*, I (Mossoul, 1907), p. 106, retenu par l'article s.v. du *D.H.G.E.* par A. VAN LANTSCHOOT.

(40) On en trouve un autre vers le nord-est de l'Iraq, soit Salāḫ et Ḥnayṯa, sous l'évêque Serge, vers 750, lequel met ses livres en sûreté au couvent de B. 'Āwé, *Bk.* II, p. 282.

(41) *Bk.* II, p. 221-227; *L.C.*, n° 117 et 105; MARI, lat. p. 57; détail des légendes récentes dans *P.O.C.*, 1960, p. 195-211.

dans un troisième lieu, à « 30 ou 40 » jours de distance du précédent, chez un « peuple de montagnes », il détourne 40.000 personnes de l'adoration du feu, etc...

Il passe trois fois à travers le feu, bâtit (au moins) deux églises, dont l'une près d'une source dont l'eau se change en sang tous les ans, le Vendredi Saint à trois heures du soir...

Malgré tout cela on semble repartir à zéro quand Šūḥālīšō' est nommé par Timothée, vers 795/798, premier métropolite du Gīlān et Daylam (42). On ne peut distinguer son action au Daylam de ses labeurs au Gīlān, où nous l'avons déjà suivi.

Nous avons dit également que le Daylam fut séparé du Gīlān après l'assassinat de Šūḥālīšō' et eut son métropolite propre, Yahwālāhā; quelques-uns des sept évêques et des huit moines qui l'accompagnèrent furent aussi désignés pour cette province. Tous moururent là-bas, dont Yahwālāhā qui eut cependant le temps de revenir deux fois à son couvent de B. 'Āwé et à qui les informateurs de Thomas de Marga doivent les détails que ce dernier a enregistré sur la mission (43).

Il ne semble pas que Šūḥālīšō' et Yahwālāhā aient eu des successeurs. Un Joseph, métropolite des diocèses du Daylam et du Gīlān (qui auraient donc été à nouveau réunis) figure dans les listes d'un manuscrit de 900 (44), mais la même énumération par Ṣlīwa (45) des métropolites présents à la consécration de Jean bar Marta remplace Joseph de Daylam et Gīlān par Joseph de Barda'a (Arménie). De plus les *Tables* contemporaines, d'Élie de Damas, ne parlent plus de notre métropole. Même silence de la part d'Ibn al-Ṭayyib (m. 1043) et évidemment de 'Awdīšō' de Nisibe. On sait qu'on ne peut tirer d'argument chronologique des listes vide-poche de Ṣlīwa (46) et de 'Amr (47).

Il ne faut pas retenir non plus le métropolite anonyme du Daylam

(42) Voir également *O.C.* II, col. 1293-1294.

(43) *Bk.* II, p. 447, 491, 494; *B.O.* III.I, p. 489.

(44) B.N., syr. 354, fol. 147, catal. Nau, *R.O.C.* VI, 1911, p. 309-310.

(45) Lat. p. 48; ar. p. 83.

(46) Ar. p. 126, nº 20.

(47) Ar. p. 132, nº 17.

qui, vers 987, selon Le Quien (48), aurait subi ainsi que ses chrétiens des vexations dont Šaraf al-Dawla l'aurait délivré, sur intervention du secrétaire Nāṣer b. Ahrūn. Assémani (49), parlant du Daylam, n'avait rien signalé de tel. Le recours au texte de Māri (50) montre qu'il s'agit du métropolite de Gondisapor (51), du nom de Dīlam, qui rencontre à Ahwāz la troupe du prince (52).

Il semble donc que, même si peut-être des chrétiens isolés restèrent dans la région pendant un certain temps, le siège métropolitain du Daylam et du Gīlān fut éphémère, ne survivant pas de beaucoup à son créateur, Timothée, lui-même mort en 823.

— Mūqān.

Le district du Mūqān, ou Mūġān (53), fait partie de l'Adherbaidjan. Sur la carte moderne il est marqué par l'enclave soviétique au sud de l'Araxe, le long de la Caspienne. Aucun prédicateur de l'Évangile n'avait encore pénétré dans cette partie du monde (54), pays de barbares qui adoraient les animaux muets (55), quand Timothée, après avoir sacré Yahwālāhā et Qardāġ métropolites du Gīlān et du Daylam, voulut envoyer également un évêque au Mūqān.

Une fois de plus il eut recours à B. 'Āwé où il choisit le moine Elīya, aux vertus duquel Thomas de Marga consacre deux chapitres entiers (56). Cet ascète et mystique commença bien par poser une petite condition, que Timothée lui passa; il serait sacré dans son propre couvent. Puis il partit sans rechigner, accompagnant une caravane de marchands.

Était-ce par goût personnel, ou parce que la leçon de l'assassinat de Šūḥālīšō' avait porté, toujours est-il que l'évêque Élie voyageait en plus simple appareil, marchant la plupart du temps un peu en arrière de la

(48) *O.C.* II, col. 1293-1294.

(49) *B.O.* III.II, p. 741.

(50) Ar. p. 105; lat. p. 93.

(51) *Elam chrétien*, p. 265.

(52) Un habitant du Daylam al-Nawba (?) se convertit à Bagdad sous le patriarche 'Awdīšō' (963-986), Mari, ar. p. 103; lat. p. 92.

(53) Barbier, p. 548; Le Strange, p. 175-176; *Bk.* II, p. 448 n.

(54) *Bk.* II, p. 468.

(55) *Ibid.*, p. 504-520.

(56) *Ibid.*, p. 495-504.

caravane pour pouvoir chanter ses psaumes en paix. Au lieu de la croix (de bois ou de bronze) que les moines portaient habituellement pendue à leur cou, il portait un livre miniature des Évangiles. Sa croix de bronze pouvait s'emmancher au bout de son bâton de marche, qu'il fixait devant lui dans le sol chaque fois qu'il priait à l'étape.

A part l'accident d'une mule qui se démit un sabot dans un passage difficile, ce qui donna à Élie l'occasion de faire un miracle, le voyage se passa sans encombre. Arrivé à la ville des païens, l'évêque constata qu'il ne s'y trouvait même pas de Musulmans ni de Juifs. Sa croix en main il prêchait par la ville pendant tout le jour; le soir il sortait hors des murs pour passer la nuit en prière, malgré le danger des meutes de loups qui terrorisaient la campagne. Les gens de la ville admirèrent fort sa bravoure et s'étonnèrent que rien de désagréable ne lui arrivât, mais restèrent sourds à ses appels à la conversion. Heureusement, la peste se déclara dans la ville, et le saint évêque put guérir tous les malades. Avant de se laisser convaincre, les habitants voulurent encore qu'il mesure sa puissance à celle de leur dieu, Yazd, qui habitait dans un chêne majestueux appelé « le roi de la forêt ». En trois coups de hache le vieil évêque, dont on nous a décrit plus haut la faiblesse (car il ne se nourrissait que de croûtes de pain un peu amolies dans l'huile) abattit le géant. Il coupa de même tous les rejetons qui entouraient l'arbre et qu'on appelait « les enfants de Yazd ». Le peuple lui-même termina le travail en mettant le feu à l'idole tombée. Dès lors les baptêmes commencèrent, on érigea une église, l'évêque ordonna des prêtres et des diacres et continua l'instruction de tous. Remarquons au passage qu'il écrivit pour eux psaumes et répons; on ne dit malheureusement pas en quelle langue.

Élie resta au Mūqān de nombreuses années. Puis il souhaita revoir son couvent d'origine avant de revenir mourir dans sa mission. Après une tournée de miracles autour du couvent, il mourut dans la région de B. ʿĀwé, où son corps fut enterré.

On ne dit pas qu'Élie, premier évêque de Mūqān (57), ait eu un successeur. On ne sait ce que devinrent ses ouailles.

---

(57) *B.O.* III.I, p. 162; *O.C.* II, col. 1293-1294 lui donne le n° III des évêques du Daylam.

Conclusion.

Le Christianisme semble donc avoir fait plusieurs tentatives de pénétration dans les provinces sud-caspiennes. Grâce à quelques individus on le voit au Gīlān dès le IIe siècle; grâce à Milès et malgré la persécution du temps un évêché est établi à Rayy au IVe siècle, suivi d'un autre au Ṭabaristān au Ve.

Plus solides sont les deux vagues « grecques » au Gurgān, captifs à l'intérieur dont le diocèse, attesté dès 424 et bientôt nestorien, se perpétuera jusqu'au Xe siècle, et marchands monophysites d'Abaskūn vers 640, dont le diocèse vivra également jusqu'au Xe siècle.

Les missions extérieures de Timothée, au Gīlān, au Daylam et au Mūqān, vers l'an 800, ne semblent avoir été ici qu'une grande flambée, bientôt retombée. On ne parle déjà plus de leurs métropoles ou de leurs évêchés en 900.

D'où vient l'extinction rapide du Christianisme dans ces régions? D'abord des conditions climatiques très dures et des dangers rencontrés par les missionnaires chez les peuplades de ces pays inhospitaliers. Malgré toute sa poigne, Timothée avait déjà du mal à recruter des « volontaires », même pour l'épiscopat. Il faut reconnaître que, tout entraînés qu'ils aient été aux jeûnes et aux privations, les moines syriens orientaux considéraient comme un droit de garder au moins la paix achetée si chèrement. Ils n'étaient plus prêts au IXe siècle, comme ils l'avaient été au VIe, à sacrifier leur bienheureuse solitude pour les dangers et surtout les ennuis des pérégrinations lointaines. Peut-être le premier signe de cet attachement à leur tranquillité se trouve-t-il dans le refus obstiné opposé par les mêmes moines de B. ʿĀwé à leur bienfaiteur et maître le catholicos Īšōʿyaw III (pourtant aussi autocrate que Timothée), quand il voulut ouvrir chez eux une école dans la seconde moitié du VIIe siècle.

A part des cas isolés, tel Élie de Mūqān (qui d'ailleurs garda toujours sa « cellule intérieure ») le moine du IXe siècle n'était pas « tourné vers le monde ». Admirablement ascète, souvent mystique, quelquefois apostolique, il était rarement missionnaire. Sans le juger on constate qu'il fallait trop souvent un « trône princier », ou les fanfreluches d'un Šūḥālīšōʿ, pour le sortir de sa solitude. Quand le puissant excitateur qu'était Timothée mourut, ses successeurs (qui tous d'ailleurs ne régnèrent que quelques années) n'eurent ni son énergie entreprenante, ni son autorité pour continuer son entreprise. L'Église syrienne manqua donc l'occasion de s'implanter sérieusement en ces pays avant les cataclysmes des XIIIe et XIVe siècles qui arrachèrent les Églises de presque tout le Pays des Perses, même les plus anciennes et les mieux établies.

VI

CHRÉTIENTÉS SYRIAQUES
DU ḪORĀSĀN ET DU SÉGESTĀN

Le Ḫorāsān, province de l'empire sassanide, est aujourd'hui divisé entre l'Iran, l'URSS et l'Afghanistan. Le Ségestān, dépendance du Ḫorāsān vers le sud, est partagé entre l'Iran et l'Afghanistan. Encore plus au sud se trouve le Balūčistān, voisin du Pakistan.

Du point de vue chrétien, trois métropoles syriennes orientales : de Merw, de Hérāt et de Sarbāz, et trois métropoles syriennes occidentales : de Hérāt, d'Aprah et de Zarang administraient cet immense territoire.

I. Merw

Le premier témoignage sur le christianisme dans la région de Merw [1] vient d'un auteur persan des environs de l'an 1000, al-Birūni [2]. Reproduisant un calendrier melchite du Ḫwārizm, il mentionne, le 21 Juin, la « commémoraison de Bar Šaba le prêtre qui convertit Merw au Christianisme 200 ans après le Christ ».

Par ailleurs on verra bientôt un (autre ?) Bar Šaba, celui-ci premier évêque de Merw vers 370.

L'identité de nom cache-t-elle une identité de personne, malgré les apparentes différences de temps (230 et 370) et de degré (prêtre et évêque) ?

La question a passionné les savants [3] sans que, semble-t-il, l'on puisse atteindre une solution décisive. À la différence de G. Messina [4],

* Cet article fait suit à quatre autres sur *Les diocèses syriens orientaux du Golfe Arabo-Persique*; *L'Élam, première des métropoles syriennes orientales*; *La Médie*; *Les provinces sud-caspiennes*, parus, le premier dans le *Mémorial Mgr Gabriel Khouri Sarkis*, Paris, 1969, p. 177-219, les autres respectivement dans *Melto*, 2(1969), p. 221-267, *Parole de l'Orient*, 1 (1970), p. 123-153; 357-384 et 2 (1971), p. 329-434. Un dernier article sur l'Adarbāyǧān clôturera cette série sur les *Chrétientés syriaques de l'Iran*.

[1] Merw Šāhiǧān, Merw la Royale, est pour Yāqūt (Barbier, p. 526-533) « la plus célèbre et la première des villes du Ḫorāsān ».

[2] *Al-āṯār al-bāqia*, éd. E. Sachau, arabe p. 299, Baršyā. Le calendrier suit les mois syriens. Cf. p. 268.

[3] E. Sachau, *Die Christianisierungs-Legende von Merw*, Giessen, 1918, p. 409; G. Messina, *Al-Birūni sugli inizi del cristianesimo a Merw*, p. 221-231, dans *Al-Birūni Commemoration Volume*, A.H. 362-A.H. 1362 (= 1943), Iranian Society of Calcutta.

[4] P. 225.

qui propose la distinction des deux, je pencherais plutôt pour voir dans le prêtre du IIIe siècle un dédoublement de l'évêque du IVe. En effet, j'hésite à mettre sur le même pied le témoignage d'un écrivain musulman qui ne distingue pas toujours très bien [5] entre un prêtre et un évêque, et donne une date très approximative, et la *Chronique de Seert* dont les sources sont très anciennes. De plus une source nestorienne éprouvée [6] me semble préférable à une source melchite (peut-être encore déformée par son rapporteur) quand il s'agit d'histoire de l'Église syrienne.

L'homonymie ne peut être invoquée pour ou contre l'identification ou la distinction des personnages, car le nom de Bar Šaba ou Baršyā est un nom commun. Il veut dire « le fils de la déportation », ou « celui qui est né en déportation ». Retenons seulement que, de toute façon, l'entrée du christianisme à Merw fut due à un déporté d'origine syrienne.

Que le Bar Šaba du IVe siècle ait été ou non le premier évangélisateur de Merw, ce fut certainement son premier évêque. De ceci les Diptyques font foi [7].

D'après la *Chronique de Seert*, les deux protagonistes principaux de la conversion de la ville sont une sœur/femme [8] de Sapor (m. 379) et un moine d'Occident syrien exilé à al-Madā'in. C'est dans cette ville qu'ils se rencontrèrent. La princesse (la *Chronique* l'appelle Širārān, nom probablement déformé) souffre d'une maladie (l'épilepsie ?) ; le moine l'en délivre et commence à la convertir. Sapor qui avait déjà eu des ennuis avec la conversion d'une de ses concubines romaine, qu'il avait fait exécuter, craint de se trouver en difficulté à cause de sa sœur. Il la marie donc à un de ses parents, Šīrwān, marzban de Merw et aspahbed [9] du Ḫorāsān. Avant de partir pour son exil, la princesse fait sacrer le moine évêque, mais le laisse aux Villes Royales.

Alors commence la première partie de l'évangélisation de Merw, où Širārān, peut-être par prudence, agit seule. Se déclarant ouvertement chrétienne, elle prêche sa nouvelle foi parmi les habitants « d'ori-

[5] Jusque dans les journaux, à fortiori dans les rapports quotidiens.

[6] Pour Mari aussi, et pour le *Liber castitatis*, n 36, Bar Šaba est « celui qui annonça à la ville la vérité ».

[7] *Chronique de Seert*, I, p. 143-146 ; Mari, ar. p. 27, lat. p. 23.

[8] Māri n'a pas vu qu'il s'agissait d'une seule personne (un tel mariage étant selon la « loi des Mages ») et a mis la phrase au duel.

[9] Corriger le texte imprimé qui porte *aspahīd* ; la différence entre le *b* et le *i* arabe est minime.

gine grecque». Ces «Grecs» étaient-ils vraiment venus avec Alexandre, donc sept siècles auparavant, lors de la «fondation» de la ville [10], ou leur déplacement était-il plus récent? Peu importe, ce qui est remarquable c'est qu'une princesse perse convertisse des «étrangers».

Détail naïf, tant les nouveaux convertis, naguère païens, que leur apôtre sassanide ignorent comment construire leur lieu de prière, leur église. «Ne sachant quelle forme lui donner, ils la construisirent sur le plan du palais des rois de Perse»; de là serait venu le nom de l'église et celui du faubourg de Merw où elle fut construite : Ctésiphon [11].

Tout ceci dut prendre à peu près une année, car on signale alors la naissance du fils de Širārān et de Šīrwān. La mère retombe malade, elle demande au roi son frère de lui envoyer Bar Šaba, ce qui est accordé.

Après le stade de défrichement par la princesse commence l'organisation et l'élargissement de la conquête; ce sera le rôle de l'évêque.

Celui-ci arrive avec des prêtres et diacres, des livres liturgiques et les objets du culte. Il consacre l'autel de l'église déjà construite. Les guérisons qu'il opère multiplient les baptêmes, y compris cette fois d'un certain nombre de Mages, d'où nécessité de construire de nouvelles églises. Le chroniqueur ajoute la phrase traditionnelle sur la prévoyance du fondateur qui assura à chaque église des sources de revenus, propriétés diverses et notamment vignes, Les «disciples» de l'évêque, c'est-à-dire les prêtres (moines?) venus avec lui, se dispersent «dans toutes les villes du Ḫorāsān», y baptisant et y construisant des églises.

Avec les quinze ans de répit qui lui auraient été accordés à la suite de sa première mort et de sa résurrection (?), Bar Šaba aura passé 70 ans dans l'épiscopat, dont 69 à Merw dont il inaugure les Diptyques [12]. Il y était encore en 424, au moment du synode de Dādīšō', auquel il prend part [13].

Le gouverneur Šīrwān lui-même ne s'était pas converti comme sa femme. Leur fils Ḫūskin qui lui succéda, et sa sœur/femme, fille de Širārān, Zarndūht, pratiquent également la religion officielle. Cependant «sur la recommandation de leur mère mourante» ils montrèrent de la bienveillance envers les chrétiens, diminuant notamment les impôts qu'ils devaient acquitter.

[10] Cette fondation est également retenue par la *Chronique anonyme de* Guidi (CSCO p. 34-35, V. p. 28-29) qui dit que le premier nom de la ville fut Alexandrie.

[11] Yāqūt (Barbier, p. 400) connaît encore ce lieu au XIIIe siècle.

[12] *Oriens christianus*, II, col. 1261-1264, n I, l'appelle Bar-Codsaba (?)

[13] *Synodicon Orientale*, p. 215.

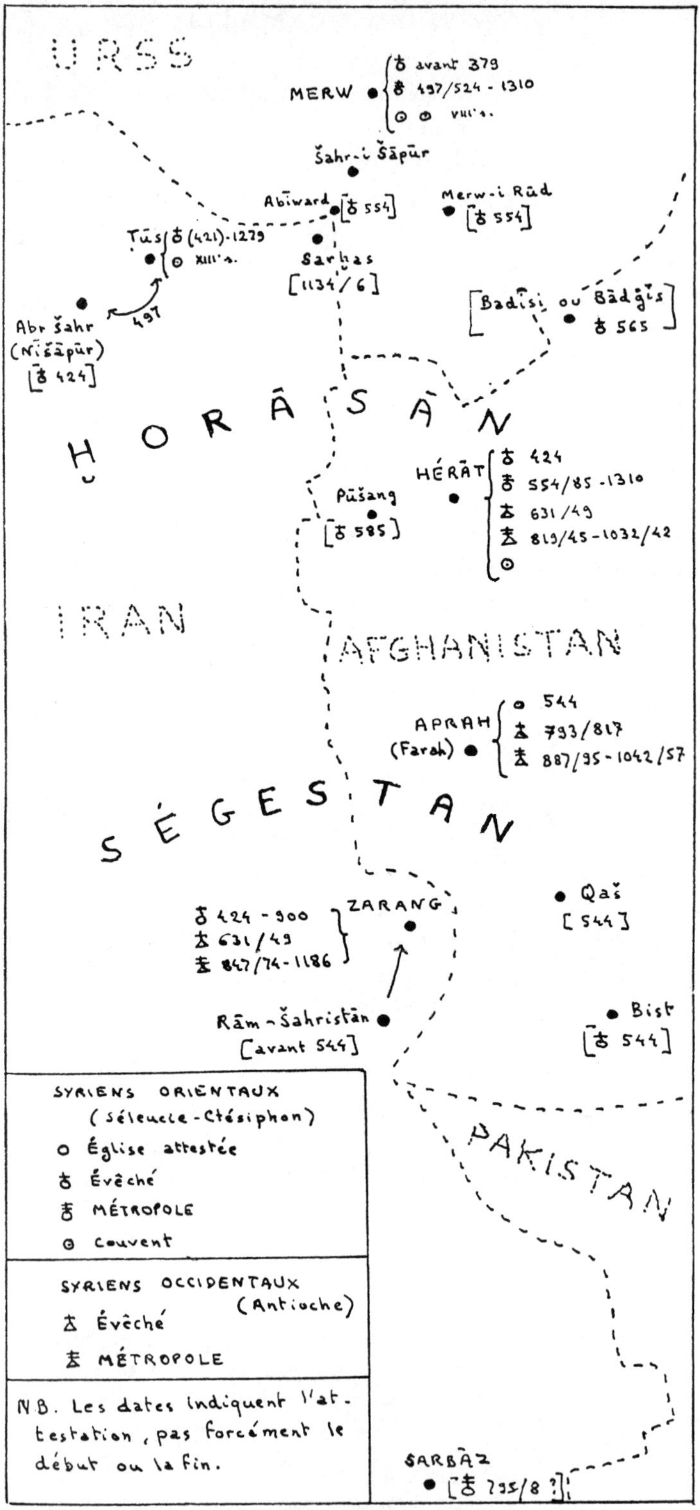
URSS
MERW
avant 379
497/524 - 1310
VIII s.
Šahr-i Šāpūr
Abīward [554]
Merw-i Rūd [554]
Tūs (421)-1279
XIII s.
Sarhas [1134/6]
[Badisi ou Bādgis 565]
Abr šahr (Nišāpūr) [424]
497
HORĀSĀN
HÉRĀT
424
554/85-1310
631/49
819/45-1032/42
Pūšang [585]
IRAN
AFGHANISTAN
APRAH (Farah)
544
793/817
887/95-1042/57
SÉGESTAN
ZARANG
424 - 900
631/49
847/74-1186
Qaš [544]
Rām-Šahristān [avant 544]
Bist [544]
PAKISTAN
SYRIENS ORIENTAUX (Séleucie-Ctésiphon)
Église attestée
Évêché
MÉTROPOLE
Couvent
SYRIENS OCCIDENTAUX (Antioche)
Évêché
MÉTROPOLE
N.B. Les dates indiquent l'attestation, pas forcément le début ou la fin.
SARBĀZ [795/8 ?]

On ne peut prétendre que tous les détails de cette histoire soient rigoureusement authentiques; il semble cependant qu'elle donne une idée juste des conditions d'extension du christianisme aux confins de la Perse, au IVe siècle. Que la nouvelle religion se soit propagée d'abord dans les milieux de « personnes déplacées », cela n'est pas étonnant quand on pense que, dans tout l'empire perse, la persécution sévissait alors durement contre les renégats de la religion officielle, qui étaient considérés comme ayant rallié l'hérésie (*ahramokih*) et comme ayant passé au « non-iranisme » [14], alors que les personnes déplacées étaient plutôt épargnées, le roi ayant besoin de leurs services qualifiés.

Dans la seconde partie de l'épiscopat de Bar Šaba, Sapor est mort, la persécution s'est relâchée, les gouverneurs sont plus tolérants; alors, même des Mages osent se convertir.

Un détail qui risque d'être un peu interpolé, justement dans le récit bizarre de la mort provisoire de l'évêque pour trois jours, est la mention du *Couvent de David* où il aurait été d'abord été enterré. On voit ailleurs que Bar Šaba avait institué une école dans la ville de son siège [15], mais on ne dit nulle part qu'il ait également fondé un couvent. A moins qu'il y ait eu ici dédoublement, donnant deux couvents de David à Merw, le seul couvent de ce nom fut fondé par un disciple de Rabban Ḫudāhwi, donc vers le milieu du VIIIe siècle [16]. Le fondateur s'appelait David bar Notāra, c'est-à-dire le fils du secrétaire; nous en reparlerons en son temps.

Après Bar Šaba, il semble que la suite des évêques de Merw se soit continuée. Deux autres évêques du Ve siècle sont encore connus : PHAROUMAI (? - un nom grec déformé ?) qui participe au synode d'Acace en 486 [17] et YOHANNAN qui assiste au synode de Bāwaï en 497 [18].

Jusqu'à cette date le titre qui leur est donné dans le *Synodicon* est toujours celui d'évêque. Cependant Ibn al-Tayyib († 1043) fait remonter l'érection de l'évêche en métropole [19] au temps du catholicos

14 Cf. J. DE MÉNASCE, *Problèmes des Mazdéens dans l'Iran musulman*, dans *Festschrift für Wilhelm Eilers*, p. 222-223 et *L'inscription de Kartir* par M.L. CHAUMONT, *J.A.*, 248 (1960), 3, p. 378, n. 110.

15 *L.C.* 36.

16 *Assyrie chrétienne*, III, p. 222.

17 *Syn. or.*, p. 306.

18 *Ibid.*, p. 310, 315, no 13.

19 *Fiqh al-Naṣranīya*, texte arabe p. 211.

Isaac (399-410), alors que 'Awdīšō' de Nisibe (1316) retarde le changement de degré [20] après Isaac, sous Yahwālāhā Ier (415-420).

Le premier *métropolite* connu est DAVID qui consacre, en 524, le catholicos intrus Élisée. Ce dernier viendra à Merw emprisonner tous les opposants [21]. Quand Mār Ābā sera nommé catholicos, en 540, il déposera David [22] qu'il remplacera par un homonyme, choisi parmi ses propres disciples [23]. C'est ce dernier, que Le Quien appelle DAVID II, qui signe en 554 la lettre d'adhésion aux décisions du catholicos [24]. À cette époque on note que Merw est la septième [25] et dernière métropole de l'Église syrienne orientale.

Je ne cache pas que le paragraphe précédent n'est qu'un des arrangements possibles des faits. On pourrait encore réunir en un seul les deux David; mais être évêque en 524 n'est-il pas un peu tôt pour un disciple de Mār Ābā ?

On peut également supposer que David II ne succéda pas immédiatement à David Ier. Un métropolite intermédiaire inconnu aurait régné entre 540 et 554. On pourrait ainsi supposer que le futur métropolite David II était alors cet évêque de Mazūn ('Umān) qui participa au synode de Mār Ābā en 544 [26]. Comme il n'y a que des possibilités il vaut mieux se garder de toute option.

Il serait également risqué de suivre Assémani [27], qui suggère que l'écrivain Théodore de Merw fut peut-être le successeur de David Ier après sa déposition. La seule base pour faire de Théodore un métropolite est le tardif catalogue de 'Awdīšō' de Nisibe [28]. Comme il y avait aussi dans les parages et à la même époque un Théodore, évêque de Merw-i Rūd, auquel Serge de Reš 'Ayna dédia ses œuvres [29], il faut se méfier des associations. Il est très possible que 'Awdīšō' de Nisibe n'ait plus su très bien la distinction entre Merw-i Rūd et Merw Šāhi-

[20] *Coll. can. syr.*, VIII, XVIII (MAI, X, 1, p. 141-142); *Ordo judiciorum ecclesiasticorum*, p. 56-57; *Syn. or.*, p. 619-620, dans pseudo canon XXI d'Isaac.

[21] Sliwa, ar. p. 38; *Chr. Seert*, II, p. 57-58; *O.C.*, n° II.

[22] D'après la 6e lettre (*Practica*) de Mār Ābā dont la fin est corrompue, mais que l'on peut reconstituer grâce au résumé arabe d'Ibn al-Ṭayyib, *B.O.*, III, I, p. 79, cité en trad. lat. dans *Syn. or.*, p. 554, n. 1.

[23] Sliwa, ar. p. 40; *Chr. Seert*, II, p. 79; *B.O.*, II, p. 412; *O.C.*, n° IV.

[24] *Syn. or.*, p. 366 et n. 4.

[25] *Ibid.*, p. 367.

[26] *Ibid.*, p. 328 et 332, n. 3, où le nom du diocèse est écrit, d'après Guidi, Marzōn.

[27] *B.O.*, III, I, p. 147.

[28] *Ibid.*, n. 77.

[29] P. PEETERS, *Recherches*, II, p. 125-126.

ǧān et, trouvant un « évêque » de la première en ait fait un « métropolite » de la seconde, mieux connue.

La suite des métropolites de Merw nous offre Grégoire en 585. Il n'a pu venir lui-même au synode d'Išō'yaw Ier et son prêtre Maraq (?) signe pour lui [30].

Remarquons à ce propos un privilège des métropolites lointains, dont nommément celui de Merw [31], privilège dont on ne signale malheureusement pas la date d'origine : ils ont le droit de conférer eux-mêmes le « complément » de sacre à leurs évêques, cette « perfection », sorte d'investiture un peu analogue à la remise du pallium, que le patriarche se réservait pour les évêques des diocèses plus proches, qui devaient ainsi faire leur voyage « ad limina ».

Mais il est temps de parler du *monachisme* au pays de Merw. Il ne semble pas qu'il y ait eu de groupes cénobitiques installés dans le pays avant l'âge d'or du monachisme mésopotamien, c'est-à-dire la restauration d'Abraham le Grand, au VIe siècle.

Le premier fondateur connu est Georges de Merw [32]. Iranien d'origine il refusa dès sa jeunesse l'étude des sciences profanes, notamment « l'étude de la littérature persane, comme les gens du monde », à quoi son père l'incitait. Il préféra entrer à l'école de science religieuses fondée par Bar Šaba dans la ville de son siège. Ayant acquis un bagage scholastique il se soumit aux différents stages de l'initiation monastique type : voyage à Jérusalem, prise de scapulaire au Mont Izla. Il semble qu'il faille suivre le texte du *Liber Castitatis* qui en fait un disciple de Mār Abrahām, plutôt que la chronique de Ṣlīwa [33] qui le retarde jusqu'au VIIIe siècle, sous le règne de patriarche Ṣlīwa Zḇā.

En effet on sait par le *Liber castitatis* que le couvent de Georges de Merw, couvent dit Igalgal (?), était situé près du village de Zarq. Or ce village est bien localisé [34], à sept lieues au sud-est de Merw, en direction de Merw-i Rūd. C'est là que se trouvait le fameux moulin où fut tué misérablement Yazdegerd III, le dernier Sassanide, en 651. Les moines qui recueillirent son corps et qui étaient, au dire d'al-Firdawsi [35], des « Rūm », c'est-à-dire des fils de déportés, n'étaient-ils pas de ce couvent de Zarq ?

30 *Syn. or.*, p. 423.

31 Ibn al-Ṭayyib, ar. p. 124.

32 *L.C.*, no 36, 14.

33 Ar., p. 61.

34 Le Strange, p. 400-401.

35 *Chron. Seert*, II, p. 261; Barbier, p. 250-260; Abū 'l-Qāsim al-Firdawsi, *Le livre des rois*, trad. J. Mohl, Paris, 1878, VII, p. 394-398.

Les récits de la mort de Yazdegerd sont assez divergents. Certaines des versions rapportées par al-Ṭabari [36] montrent « l'évêque » (*usqof*) de Merw mettant le roi dans un cerceuil qu'il transporte à Pā-i Bābān (?), dans la partie basse du faubourg de Māǧān [37], et le déposant dans la salle de réception voûtée de la manse épiscopale avant de l'enterrer.

Le métropolite de Merw à cette époque était ÉLIE, dont le gouvernement commença sous Mār Emmeh (646-649) [38], se continua sous le règne d'Išō'yaw III (649-659) [39] et jusqu'à l'élection de Georges Ier (661).

Élie de Merw est surtout connu comme écrivain [40]. Les éxégètes pourront regretter la perte de sa *Catena Patrum* sur les Évangiles ou de ses *Commentaires* de l'Ancien Testament, l'histoire se lamente sur la disparition de son *Histoire ecclésiastique*, dont seules quelques citations nous sont parvenues, et aussi de ses *Lettres*, qui contenaient certainement de nombreux détails tant sur la région que sur l'époque cruciale à laquelle vécut leur auteur. Le recueil de lettres d'Išō'yaw III n'a pas gardé non plus de trace de correspondance du patriarche avec le métropolite de Merw.

On devine qu'Élie de Merw ne fut pas seulement un savant en chambre. Nous le voyons, alors qu'il faisait route sur les confins du Turkestan, rencontrer un roitelet des Turcs qui partait en guerre contre un de ses voisins. Nullement intimidé par l'appareil guerrier du personnage, Élie entreprend de lui prêcher la raison, essayant de le dissuader de poursuivre son expédition. Fut-ce par le miracle éclatant qui nous est raconté, (peut-être inspiré à l'hagiographe par le nom du métropolite et les souvenirs de son homonyme le prophète), en tout cas le « roi » se laisse convaincre et baptiser. Élie institua des prêtres et des diacres pour cette peuplade turque et revint à Merw. C'est là qu'il mourut. Son sarcophage connaîtra encore quelques vicissitudes, trois cents ans plus tard.

En plus du couvent de Georges de Merw, à Zarq, on en trouve un autre, probablement plus près de la ville puisque c'est là que Bar Šaba aurait été enterré, au moins la première fois. Son fondateur,

[36] *Annales*, éd. DE GOEJE, I, p. 2881.

[37] Faubourg situé au sud-ouest de Merw, LE STRANGE: p. 399. Aujourd'hui Sulṭān Qal'a.

[38] *Chron. anon.* cit.

[39] *Chron. Seert*, I, p. 67; *O.C.*, n° V.

[40] *Chron. Seert*, II, p. 193 et *Littératures syriaques*, s.v.

David [41], le « fils du secrétaire » (bar Nōtāra), était également originaire de Merw. Lui aussi embrassa la vie monastique en dehors d'Iran auprès de Rabban Ḫudāhwi, qui fonda son couvent au milieu du VIIIe siècle [42]. David revint dans son pays, fonda son propre couvent et, selon le cliché hagiographique bien connu, y mourut. Le couvent était encore « connu là-bas » quand fut écrite la *Chronique de Seert* [43] c'est-à-dire avant 1020 [44].

Un troisième moine de Merw est signalé, du nom de Jean [45]. Lui aussi était riche mais préféra rejoindre Mār Abraham au Mont Izla. Le couvent de Šamrōna qu'il fonda se trouve en Palestine et donc n'intéresse pas directement la présente étude.

La chrétienté de Merw apparaît incidemment dans les *Annales* de Tabari au début du VIIIe siècle. En 734 des troupes se préparant au combat campent à côté d'une église dont le nom est vocalisé Ğȳāsir par De Goeje. Les variantes signalées en note de l'édition, variantes démunies de points diacritiques, permettent un trop grand nombre de suppositions pour étayer une hypothèse. Le seul nom très vaguement ressemblant à l'une des graphies serait celui de Ğurğasar (?), village aux environs de Merw d'après Yāqūt [46].

À la même occasion est cité un *dihqān* de Merw appelé Quriāqōs.

L'année suivante, 735, on parle d'habitations de moines [47]; mais surtout, en 737, un discours d'Asad b. al-Qasri est adressé à « Ğrīğūr (Grégoire), défenseur des chrétiens, qui les protège et les défend ». Le professeur Ṣāliḥ A. al-'Alī, qui cite le texte [48], en conclut que les chrétiens devaient représenter à cette époque à peu près un tiers de la population de Merw, les deux autres tiers étant constitués par les Mages et les Juifs.

Il faut attendre un siècle après la mort d'Élie pour retrouver un

41 *L.C.*, no 88.

42 *Assyrie chrétienne*, III, p. 222.

43 I, p. 143-145.

44 *Jalons pour une histoire de l'Église en Iraq*, p. 22.

45 *L.C.* no 37; Chabot l'appelle « Joseph » (?).

46 Barbier, p. 157. C'est là, plutôt que près de Pā-i Bābān, que je chercherais le lieu dit « Māserğesān » (?) situé à un parasange de Merw, cité dans les événements de 745/6 (Ṭabari, II, p. 1925). A. Jakoubovsky, qui écrit sur *Merw* avec l'aide des études russes, dans le *Supplt. E.I.*[1] (1938), p. 161, cite également à son propos un « Dayr » (?) Māserğesān qu'il trouve dans Yāqūt (*Mu'ğam*, éd. Wüstenfeld, II, p. 684). Dans ce dernier cas il semble plutôt qu'il s'agisse des environs de Dayr Fīq, c'est-à-dire du Šām.

47 Ṭabari, II, p. 1575.

48 Article (en arabe) sur *L'établissement des Arabes au Ḫurāsān*, dans *Mağallat Kulliyat al-ādāb wa 'l-'Ulūm*, Bagdad, 1958, p. 66.

métropolite de Merw, Joseph Bar Mari [49]. Homme éloquent tant en arabe qu'en persan, il apparaît après la mort du patriarche Ḥnānīšō' II, en 780, pour prendre part à l'élection d'un successeur, On sait le « grenouillage » auquel se livra Timothée. Que promit-il à Joseph ? On ne le dit pas ; ce qui est sûr c'est qu'il y eut une condition pour que le métropolite accorde sa voix au candidat. En même temps Timothée obtenait le désistement du vieil Išō'yaw de Marga, alors évêque de Ninive, en l'effrayant par l'opposition que lui ferait probablement le redoutable Joseph, métropolite de Merw.

La consécration terminée, Timothée oublia une partie de ses promesses. Joseph joignit alors l'opposition au patriarche. Timothée l'ayant suspendu, il riposta en sacrant son rival Rustam, Le patriarche déposa alors Joseph et nomma Grégoire à sa place.

Joseph, dont Bar Hébraeus ajoute qu'il fut également convaincu publiquement de sodomie, chercha alors à faire intervenir le caliphe al-Mahdi. Venant à Bagdad il fabriqua une lettre à l'empereur de Byzance, soi-disant écrite par Timothée, qu'il accusa d'être un espion des Grecs. Les autorités ne s'émouvant pas outre mesure, Joseph embrassa l'Islam ; on lui accorda un poste dans la région de Basrah. Il passera plus tard en territoire byzantin [50], peut-être pour pouvoir revenir au christianisme.

Pendant à peu près un siècle on n'a plus de nouvelles des métropolites de Merw. On sait seulement de la ville qu'elle connut encore une période de prospérité quand al-Ma'mūn, avant son accession au caliphat en 813, la prit pour centre de son gouvernement.

Elle retomba dans la somnolence d'une ville de province quand la dynastie de Ya'qūb b. Layṯ al-Ṣaffār (m. 979) la délaissa pour Nīšāpūr.

À cette époque, sous le patriarche Serge (860-872), se situe le métropolite Jean de Balad [51], puis un peu plus tard le métropolite Joseph qui arrive pour participer à l'élection dont sortira le patriarche Jean b. 'Isa, en 899/900. Joseph, dit le chroniqueur Māri [52], « affichait l'austérité pour que les gens témoignent de sa vertu ».

Au IXe siècle se rattachent deux écrivains originaires de Merw,

[49] Mari, ar. p. 72 ; lat. p. 63-64 ; Sliwa, ar. p. 64 ; B.H., II, col. 172-176 ; *Book of Governors*, II, p. 303-391 ; *B.O.*, II, p. 433, 495 ; III, I, p. 207 ; *O.C.*, n° VI ; *Syn. or.*, p. 603, n. 5.

[50] Deux lettres (perdues) de Timothée expliquent sa conduite à Joseph lui-même et, après sa défection, au peuple de Gondisapor. Cf. Mgr. R.J. Bidawid, *Lettres de Timothée*, p. 3-4, 50.

[51] Sliwa, ar. p. 73.

[52] Ar. p. 86 ; lat. p. 76.

Išō'dād, évêque de Ḥadīṯa, candidat au patriarcat en 853, connu pour ses commentaires de la Bible, et le lexicographe Zacharie.

Le Xe siècle se passe presque tout entier dans le silence. On sait seulement que le siège ne connut pas de vacance de 963 à 986, années du règne du patriarche 'Awdīšō' Ier [53].

Le diocèse se réveille quand le patriarche Māri b. Tūba (987-999) sacre l'évêque d'Ispahan, 'Awdīšō', métropolite de Merw [54]. Il sera encore métropolite en 1019 quand Élie de Nisibe écrira sa *Chronographie* [55].

Ses lettres aux patriarches, aujourd'hui perdues, ont servi de source à Māri et à Bar Hébraeus, qui en résument explicitement quelques unes.

'Awdīšō' écrit par exemple à Māri b. Tūba pour raconter une émeute populaire à Merw en protestation contre les incursions du byzantin Basile II (976-1025) en terre d'Islam. La populace fit irruption dans l'église cathédrale (peut-être dédiée à saint Serge ?) et extrait de sa place le sarcophage du métropolite Élie, mort après 651. Malgré tous leurs efforts ils ne parviennent ni à le casser ni à le brûler .Quand même impressionnés, il le remirent eux-mêmes en place.

Une autre fois, à la même période, c'est un des piliers de l'église qui secrète une espèce de résine, très semblable à la matière dont est fait l'encens.

Plus tard, sous le patriarche Iwānīs (1000-1011), le métropolite écrit pour dire que l'archidiacre s'est fait musulman et s'est approprié l'église, qu'il a transformée en mosquée. Quelques jours plus tard le transfuge est frappé de cancer et meurt; l'église est rendue à sa destination primitive.

En 1007/8, 'Awdīšō' annonce au patriarche une nouvelle importante : un des rois des Turcs Kéraïtes, en danger dans une tempête, a eu une apparition de saint Serge et a été sauvé. Des marchands chrétiens de ces parages lui ayant expliqué sa vision, il a fait demander un prêtre pour le baptiser, lui et son peuple, en tout 200.000 personnes. Le patriarche, intéressé, demande au métropolite de leur envoyer un prêtre avec une chapelle portative et un diacre. Il y aura encore une petite question, canonique : comment peuvent jeûner ces gens qui n'ont pour toute nourriture que de la viande et du lait, deux choses

[53] Mari, ar. p. 102; lat. p. 91.

[54] Sliwa, ar. p. 94; Mari, ar. p. 109-110, 112-113; lat. p. 97, 99-100; B.H. II col. 279-280; *Chronographie*, Bedjan, p. 204; *O.C.*, n° IX; Mingana, *Early Spread*, p. 308-311. al-Birūni, cit. p. 289, mentionne également à cette époque la résidence à Merw du métropolite melchite du Ḫorāsān.

[55] Fol. 16 r.

normalement interdites pendant le carême? Le patriarche souhaite qu'ils s'abstiennent de viande, mais permet le lait.

Ici aussi on entrevoit un trésor de correspondance, probablement préservé jusqu'au XIIIe siècle, mais qui a disparu depuis.

La fortune de Merw connaîtra encore des hauts et des bas : regain de prospérité sous les Seljoukides, notamment sous le règne de Sanǧār, fils de Malik Šāh II; pillée par les Ghōz en 1153; relevée de ses ruines, elle sera à nouveau pillée par les Mongols au début du XIIIe siècle.

On ne sait si la communauté chrétienne survécut à ces différentes calamités. On n'entend plus parler de métropolite. Le siège est mentionné pour la dernière fois par 'Awdīšō' de Nisibe en 1316, comme le septième siège métropolitain, ou bien la deuxième des métropoles extérieures, sous le titre jumelé de Merw et Nīšāpūr [56].

Mais qui dit métropole dit (au moins jadis) évêchés suffragants. La seule liste qu'on ait des diocèses dépendant de Merw est celle d'Élie de Damas, vers 900 [57]. Les sources géographiques générales ne sont d'aucune utilité pour déchiffrer les noms mystérieux des trois évêchés : Dayr Hans, Damādūt et d'A'bar Sanaï, sauf peut-être que le dernier (a-t-on dit) viserait la Transoxiane (?). Cependant l'un des trois doit cacher Tūs-Nīšāpūr, nous le verrons plus tard.

Aucun évêque n'est connu pour les deux autres diocèses.

Par ailleurs, les divisions administratives telles qu'on les trouve, par exemple, dans al-Balāduri, [58] suggèrent de relier à Merw certaines localités qui apparaissent en histoire chrétienne : Sarḫas [59], Nisā, Abīward, Merw-i Rūd, et même Amol, ce dernier déjà étudié avec les provinces sud-caspiennes.

Disons un mot de chacune de ces localités :

— Sarḫas, dans le coin nord-est de l'Iran moderne, à mi-chemin entre Nīšāpūr et Merw [60], est rangée par le Quien [61] parmi les évêchés syriens orientaux et aurait eu un évêque appelé Yōḥannān, sacré par le catholicos Barsaume (1134-1136).

En fait, le recours à la source, ici Ṣlīwa [62], montre que cet évêque

56 Mai, X, 1, p. 141-142; *Ordo*, p. 56-57; *Syn. or.*, p. 619-620.

57 B.O., II, p. 458-459.

58 Cité par Barbier, p. 197-202.

59 Ou Sarahs.

60 Barbier, p. 307-308; Le Strange, *Lands of the Eastern Caliphate*, p. 395-396. Les produits textiles de cette ville : voiles de femmes, rubans brochés d'or, etc. font penser à une ascendance lointaine d'artisans « grecs » déportés, comme on le voit dans des cas parallèles.

61 *O.C.*, II, col. 1331-1332.

62 Ar. p. 104-105.

avait été sacré pour l'Extrême Orient et qu'il ne faisait que passer par Sarḫas. Rencontrant un muet, frère d'un orfèvre de la ville le Ḫwāǧa Yaḥia al-Sarḫi, l'évêque le guérit. Le miraculé deviendra prêtre.

Il faut donc retenir Sarḫas parmi les localités où il y avait des chrétiens, mais le barrer de la liste des évêchés.

— Abīward et Šahr-i Pērōz : La première, dont le nom est également écrit Bāward, est située à un jour de marche de Sarḫas, vers l'est donc hors d'Iran, aujourd'hui en Union Soviétique [63]; la seconde, qu'un texte du Qazwīni [64] permet d'identifier à Nisā [65], se trouve à un autre jour plus à l'est en direction de Merw, dont elle est encore distante de cinq jours de marche.

Ces deux localités sont le domaine d'un évêque syrien oriental, Yōḥannān, qui signe le synode de Joseph en 554 [66]. On ne parlera plus de ce siège dans la suite.

— Merw-i Rūd : Bâtie par Bahrām V Gōr (421-439) [67], la Merw du Fleuve (le Murġāb) était une ville secondaire située à 4 ou 5 journées au sud de la grande Merw [68], donc encore en URSS aujourd'hui.

Il semble raisonnable de la reconnaître dans la Mrmruḏ [69] dont Théodore [70] est évêque au temps du synode de Joseph, en 554 [71]. La suggestion de Chabot d'identifier Théodore à l'écrivain de ce nom, qui serait alors « évêque » de Merw(-i Rūd) au lieu d'être « métropolite » de Merw (Šāhiǧān) semble également probable. On a vu que c'était le catalogue tardif de 'Awdīšō' de Nisibe qui en faisait un métropolite, selon le procédé courant de l'attribution au plus connu de ce qui appartiendrait en droit au moins connu, la grande Merw étant plus célèbre que la petite.

II. Ṭūs et Abr Šahr (Nīšāpūr) Syriens Orientaux

La partie nord ouest du Ḫorāsān, aujourd'hui encore en Iran, se groupe autour de la ville de Nīšāpūr, appelée dans les anciens textes

63 Barbier, p. 13.

64 Cité par Le Strange, p. 394, qui la localise à Muḥammad Ābād.

65 Barbier, p. 81, 563.

66 *Syn. or.*, p. 366, 665.

67 *Ibid.*, p. 677, d'après Markwart p. 76.

68 Barbier, p. 525-526. Cela la placerait dans les environs de la localité appelée aujourd'hui Imām Bābā ?

69 La correction Maru Ruḏ est suggérée par Guidi, *ZDMG*, 43, p. 412, n. 4.

70 Faut-il remarquer le nom grec ?

71 *Syn. or.*, p. 366 et n. 6.

Abr Šahr [72]. Fondée sous Sapor Ier (241-272), la ville fut détruite, puis réedifiée par Sapor II (309-379) à l'époque duquel elle devait être très importante.

Ṭūs, un peu plus au nord-est [73], est l'ancienne capitale du Ḫorāsān. À moins de supposer qu'il y ait eu deux évêques, l'un à Ṭūs l'autre à Abr Šahr, il faut considérer l'un ou l'autre titre comme alternatif. Même après les avoir réunis, on verra que l'évêque qui porté le double titre sera quelquefois aussi désigné par un seul.

Pour laisser la question ouverte, reproduisons pour chacun des prélats le titre tel qu'il est donné :

Le premier évêque connu est appelé par Māri [74] et par Ṣlīwa [75] évêque de Ṭūs [76]. C'est Samuel [77], qui obtient de Bahrām V Gōr, en 421, la permission pour les chrétiens de procéder à l'élection d'un catholicos. On nous dit que cet évêque avait la faveur du monarque parce qu'il « avait empêché l'ennemi d'entrer en Ḫorāsān ». On ignore les circonstances de cette prouesse.

Son successeur, David, appelé ici d'Abr Šahr [78], assiste plus prosaïquement au synode de Dādīšō' en 424. De même Īwānīs participe eu synode de Bāwaï en 497. Il est appelé quelquefois évêque de Ṭūs et Abr Šahr [79] et quelquefois d'Abr Šahr seulement [80], comme son prédécesseur David.

Désormais on n'entendra plus parler pour longtemps du siège de Ṭūs, siège qui est toujours resté épiscopal sans jamais devenir métropolitain.

Cependant, comme on le retrouve au XIIIe siècle, il doit se cacher quelque part dans les *Tables* d'Élie de Damas [81]. En fait on n'a le choix qu'entre les diocèses suffragents de Merw. Ceux-ci portent les titres de Dayr Hans, Damādūt et D'a'bar Sanāï. Peut-être le premier a-t-il plus de chance de cacher Ṭūs. En effet on sait par ailleurs que l'évêque de cette ville résidait, vers 1250, dans un couvent (Dayr).

[72] Barbier, p. 577-582, 7-8; *E.I.*², I, p. 3-4 s.v. par J. Walker; bibliographie archéologique, Vanden Berghe, *Archéologie de l'Iran ancien*, nº 23, carte p. 234.

[73] Barbier, p. 395-398. Ruines à 22 km. au N/NO de Mašhad.

[74] Ar. p. 36.

[75] Ar. p. 28.

[76] Ce qui peut être une simplification anachronique du double titre, car au temps des auteurs le nom d'Abr Šahr n'était plus employé.

[77] *O.C.*, II, col. 1337-1338 nº I.

[78] *Syn. or.*, p. 285.

[79] *Ibid.*, p. 311, 316, nº 23.

[80] *Ibid.*, p. 310.

[81] *B.O.*, II, p. 458-459.

Ce couvent était celui de la Ste Sion (Mār Sehyōn) [82]; Rabban Ṣawma et Marqos, futur Yahwālāhā III, y font escale. Dans le *Diatessaron* persan de Muzaffar Iwānīs (1291/1295?) le couvent est appelé de Sanābād [83]. La communauté de Tūs y est distinguée de celle de Nišāpūr. On sait que le site de Sanābād est marqué actuellement par Meshed [84].

Un évêque de Ṭūs apparaît encore en 1279. C'est Siméon Bar Qalīġ, nommé par le patriarche Denḥa métropolite de Tangūt et Katay [85].

Une dernière mention, au début du XIVe siècle, dans le canon XXI d'Isaac tel que le donne 'Awdīšō' de Nisibe [86], confirme que Nīšāpūr est unie à Merw, qui forme la deuxième métropole extérieure, la septième en tout.

III. Hérāt Syrien Oriental

Hérāt, en pehlevi Harew, d'où en syriaque le Pays des Hériwāné, aujourd'hui en Afghanistan du nord-ouest, était quelquefois comptée par les géographes arabes [87] parmi les villes de la région de l'Irān Šahr, avec Nīšāpūr. Dans les traités persans [88] Nīšāpūr et Hérāt formaient, à l'intérieur du Ḫorāsān, deux circonscriptions différentes. C'est cette dernière division qui sera adoptée en géographie écclésiastique.

On ne sait rien de l'appartenance ethnique de la colonie chrétienne de Hérāt. Si la légende de l'origine de la ville a quelque véracité [89], Alexandre, qui la fonda, dut y laisser quelques-uns de ses hommes. En fait quand on essaie de deviner la race des chrétiens par les noms de leurs évêques, sept cents ans plus tard, on trouve surtout des noms iraniens : sur trois évêques connus au Ve siècle, le premier s'appelle Yazdoï et le troisième Yazdād. Le deuxième porte un nom biblique, Gabriel, qui convient à n'importe quelle race.

Faute de rien pouvoir conclure des noms, contentons-nous de les relever : nous avons donc Yazdoï, premier évêque connu, qui assiste

82 *The Monks of Kublai Khan*, p. 139-140.

83 D'après le ms. XVII. 81 de la Bibliothèque Laurentienne de Florence, de 1548, édité en persan à Tehran, éd. Nūr ǧihān, sans date.

84 Yāqūt, Barbier, p. 321.

85 B.H., II, col. 450; *B.O.*, II, p. 255; *O.C.*, II, col. 1337-1338, n° II.

86 *Syn. or.*, p. 619.

87 Al-Balāḏuri cité par Barbier, p. 198.

88 *Ibid.*, p. 199, n. 1.

89 *Ibid.*, p. 593.

au synode de Dadīšō' en 424 [90]. Puis, probablement après un blanc [91], Gabriel, qui participe au synode d'Acace en 486 [92]; enfin Yazdad, qui prend part au synode de Bāwaï en 497 [93].

L'importance de la colonie dut augmenter rapidement, car elle sera bientôt dotée d'un métropolite. Ceci n'est pas encore fait en 554 au synode de Joseph [94], mais bien en 585, quand le métropolite Gabriel est représenté par son prêtre Daniel au synode d'Išō'yaw Ier [95]. C'est pourquoi Ibn al-Ṭayyib [96] semble avoir raison quand il attribue l'érection de la métropole à ce dernier catholicos (582-595). Au contraire, 'Awdīšō' de Nisibe [97], écrivant trois cents ans plus tard, ne sait très bien sous quel catholicos le fait se produisit et suggère alternativement Aḥḥa, Šīla ou même Ṣlīwa Zḫā, ce qui serait retarder l'érection jusqu'au VIIIe siècle. Notons que, tant pour Ibn al-Ṭayyib que pour 'Awdīšō', le métropolite de Hérāt tient le neuvième rang [98].

On trouve une succession de trois évêques de Hérāt dans la lettre de Mār Ābā II aux membres de l'École patriarcale de Séleucie [98a]. Faisant allusion à quelques « exemples récents » de destitutions d'évêques par les patriarches, il écrit : « Ṣlīwa Zḫā (714-728), de vénérable mémoire, destitua Aristus, évêque de Hérāt et établit Jean (à sa place) ; Péṯiōn (731-740), de vénérable mémoire, destitua Jean et établit Panahiso'. » On ignore pourquoi les deux patriarches consécutifs durent destituer les deux évêques.

Désormais les nouvelles de Hérat se font rares. On l'entrevoit dans deux lettres de Timothée [99] datées de 799/804 [100]. Les textes sont corrompus. Dans le premier il est question de l'évêque [101] du Gawkaï [102]

[90] *Syn. or.*, p. 285.

[91] Des satrapes arméniens emprisonnés par Yazdegerd furent libérés par Pérōz (456-458) mais envoyés en résidence forcée à Harew (Hérāt et non pas Rayy), cf. Lazare de Pharbe (Ve s.), *Histoire*, dans *Collection des historiens anciens et modernes de l'Arménie*, V. Langlois, II, p. 319; même épisode dans Élisée Vartabed, *ibid.*, p. 248.

[92] *Syn. or.*, p. 299, 301.

[93] *Ibid.*, p. 311, 620.

[94] *Ibid.*, p. 367.

[95] *Ibid.*, p. 423.

[96] Ar. p. 121.

[97] Dans Mai, I, 1, p. 141-142.

[98] Dans *Ordo*, le douzième.

[98a] Publiée et traduite par J.B. Chabot dans les *Actes du XIe Congrès des Orientalistes*. Paris, 1897, p. 295-335. Le texte cité ici se trouve p. 326.

[99] A Serge, XXII, *CSCO*, T.p. 134; V. p. 90; XXV, T. p. 94, 96; V. p. 140, 141-142.

[100] Bidawid, p. 75.

[101] Le texte dit « métropolite » (?).

[102] En arabe Ğūḫa, cf. *Assyrie chrétienne*, III, p. 257.

que Timothée a consacré pour Hérāt. Il semble que ce soit lui le Yawnān [103] que le patriarche envoie à ... (il faut probablement compléter : à Maišān) pour enquêter à propos de l'évêque du lieu.

Dans le second texte on voit qu'il y a eu erreur : Timothée dit qu'il « croyait alors » que Yawnān était métropolite de Hérāt (?). En fait, il cherche un candidat pour le siège et pense à un jeune logicien connu de Serge d'Elam, qui pourra controverser avec les « Sévériens » de Hérāt, assez combatifs, semble-t-il.

Cependant en 823, après la mort de Timothée, c'est toujours Yawnān qui est métropolite de Hérāt. Il vient à al-Madā'in [104] et participe à l'apposition des scellés sur la manse du patriarche défunt.

Dans les *Tables* d'Élie de Damas [105], vers 900, Hérāt figure au troisième rang des métropoles extérieures, avec un seul évêché suffragant, celui du Ségestan [106].

À la fin du Xe siècle, un métropolite de Hérāt est encore mentionné : Ibrahīm b. Al-'Adel, moine du couvent de Mār Yawnān, nommé à ce poste par Māri b. Ṭūba (987-999) [107].

Ici s'arrêtent les listes épiscopales explicites. Je crois que l'on peut cependant récupérer un dernier nom, celui de Georges de Kaškar que le patriarche Sawrīšō' Zanbūr (1064-1072) sacre pour le Ḫorāsān et le Ségestan [108]. Si l'on se réfère aux *Tables* d'Élie, le Ḫorāsān vient ici pour Hérāt (le tout pour la partie) dont dépend le Ségestan. De là Georges passera au Katay où il mourra.

J'hésiterais par contre à intégrer aux Diptyques de Hérāt Nestorius

103 Ou Yōḥannān ? On a un évêque de ce nom au Gawkaī en 780 (*Syn. or.*, p. 608, n. 3) si bien que ce ne serait peut-être pas par lapsus que Mgr. Bidawid, qui toujours l'appelle Jonas (p. 26, 27, 70) l'appelle aussi une fois Jean (p. 47).

104 Sliwa, ar. p. 66; *B.O.*, II, p. 435; *O.C.*, II, col. 1263-1264, n° I, s.v. Herat. Voir également R. Dauvillier, *Provinces extérieures*, p. 281-282.

105 *B.O.*, II, p. 458-460.

106 Hérāt figure aussi, bien sûr, dans les listes vide-poche et donc peu éclairantes de Sliwa (ar. p. 126, n° 12) et de 'Amr (ar. p. 132, n° 10).

107 Sliwa, ar., p. 95; *B.O.*, II p. 443; *O.C.*, n° II.

108 Mari, ar. p. 125, lat. p. 110. Corriger *O.C.*, II, col. 1297-1298 qui, s'appuyant sur *B.O.*, III, II, p. 523, fait de Georges un « évêque » de Kaškar et conclut qu'il devint « métropolite » du Ségestan (n° I s.v.). Le Quien cite à nouveau ce Georges, cette fois sous le nom de « Alfakani » parmi les métropolites de Merw (*ibid.*, col. 1261-1261) et le fait sacrer pour le Ḫorāsān et le « Rigestan ». D'où M. Dauvillier (*Provinces extérieures*, p. 280) fait du Ségestan la « seconde métropole » du Ḫorāsān et Ségestan en 1064/1072; il doit la faire « disparaître » dans 'Awdīšō' pour la faire réapparaître dans Slīwa et 'Amr (et aussi dans le « manuscrit Siouffi », qui est en fait le texte de Slīwa). En réalité les listes de Slīwa et 'Amr sont entièrement intemporelles et on n'en peut rien conclure.

Šaḫsa qui, d'évêque d'al-Nu'mānīya devint métropolite de « Hérāt » [109] sous 'Awdīšō' b. al-'Ārid (1075-1090). Le recours au texte arabe de Gismondi [110] fournit la lecture Barāh ou Barāt. Assémani, suivi par Le Quien [111], a préféré lire Barda'a, qui est une autre métropole connue.

Il ne faut pas s'étonner que l'on possède si peu de renseignements sur un diocèse aussi lointain que celui de Hérāt. En fait, la seule source un peu détaillée que nous ayons du XIIe au XIVe siècle est le *Livre de la Tour*. Encore ses continuateurs se bornèrent-ils le plus souvent à dresser la liste des évêques présents à tel ou tel sacre ou enterrement de patriarche; les métropolites de Hérāt étaient trop éloignés pour y assister souvent.

On peut supposer que la vie chrétienne continua dans la ville, la « perle du Ḫorāsān », que Yāqūt décrit avec enthousiasme telle qu'il la vit en 1217 [112]. Elle fut ruinée par les Tartares en 1221. Cependant une copie du *Diatessaron* de Muzaffar-Iwānīs lui est encore envoyée en 1291/1295 [113] et sa métropole figure encore dans les listes de 'Awdīšō', au début du XIVe siècle.

Elle disparut probablement à la fin du siècle. En 1339 Ḥamd Allāh al-Mustawfi [114] mentionne dans le voisinage de Hérāt, entre le Temple du Feu de Sirišk et la ville, donc probablement vers le nord, du côté de la montagne, une vieille « église » des chrétiens. On remarquera que le texte persan est au passé : « il y avait » ...

— *Pusang*

A dix parasanges avant d'arriver à Hérāt par la route de Nīšāpūr [115], sur la rivière Haré Rūd, se trouvait la petite ville de Pūšang ou Fūšānǧ [116]. Cette ville avait une chrétienté avec un évêque à la fin du VIe siècle. Le seul évêque connu, Ḥabīb, est représenté par son diacre Elisée au sacre d'Išō'yaw Ier en 585 [117].

[109] Mari, lat. p. 111.

[110] Mari, ar. p. 131.

[111] *O.C.*, II, col. 1287-1288.

[112] Barbier, p. 592-594.

[113] Ms. de Florence de 1848, éd. Nūr Ǧihān (Tehran, sans date).

[114] *Nuzhat al-qulub*, 3e partie, éd. Le Strange, p. 152; *Eastern Caliphate*, p. 408.

[115] Barbier, p. 122.

[116] Aujourd'hui Gōryan (*Syn. or.*, p. 679 d'après Markwart p. 77) encore en Afghanistan, entre Hérāt et la frontière iranienne.

[117] *Syn. or.*, p. 423, n. 27.

— *Badīsi et Qadistan, les Huns Blancs*

La région de Bādġīs [118], aujourd'hui sur la frontière soviéto-afghane, s'étend entre Hérāt et Merw-i Rūd [119]. C'est là que les Huns Hephtalites avaient leur centre et leur « roi ». Ces peuplades jouèrent un rôle dans l'histoire des Sassanides, surtout sous le règne de Kavāt (488-531) qui séjourna d'abord chez eux pendant trois ans avant de prendre le pouvoir, puis y prit refuge en 497 après s'être enfui de la prison où l'avaient enfermé ses nobles au temps de l'usurpation de Zamasp. Il prit pour femme la fille de leur roi (d'ailleurs sa propre nièce) mais plus tard les combattit.

Or au cours de sa fuite vers « le pays des Turcs », Kavāt apprécia les services d'un groupe de chrétiens qu'il rencontra sur sa route, on ne dit malheureusement pas où. Ceci vaudra aux chrétiens la bienveillance du roi quand il aura réoccupé son trône [120].

Certains captifs chrétiens de Syrie byzantine, peut-être pris en 531 lors de la victoire de Kavāt sur Bélisaire à Callinice, furent vendus aux Huns. Parmi eux se trouvait Jean de Rēš 'Ayna et Thomas le Tanneur, dont le Pseudo-Zacharie a recueilli le témoignage [121]. Ils restèrent dans le pays plus de trente ans et y firent souche. Ce sont eux qui aidèrent les Huns à mettre leur langue par écrit, donc en caractères syriaques.

La première mission écclésiastique qui vint s'occuper des captifs comprenait un évêque arménien de la région d'Arrān nommé Qardusat (en grec : Théoclet) qui vint avec trois prêtres et quatre compagnons, « par dessus les monts » ... « dans la région où on ne trouve pas la paix ». Non contents de pourvoir aux besoins religieux des déportés, les Arméniens « firent même des convertis parmi les Huns ».

Les Byzantins s'intéressèrent à la mission, qu'avait visité leur ambassadeur Probus, et lui envoyèrent une caravane de vivres et de vêtements, ainsi que des vases sacrés.

« Deux semaines d'années » plus tard, un second évêque arménien, Macarios, vint encore dans la région avec quelques prêtres. En plus de l'édification d'une église, celui-ci s'occupa également d'améliorer l'agriculture du pays.

Cependant ce ne fut pas aux Arméniens que les Huns demandèrent

[118] Barbier, p. 75 ; *Syn. or.*, p. 667 d'après Markwart, p. 77 ; Le Strange, p. 412-417.

[119] En font partie : Bawn (Barbier, p. 123). Bām'in (p. 80), Bebneh (p. 81) et peut-être encore Bagšur.

[120] *Chron. Seert*, II, p. 32, 36.

[121] XII. VII, dans *CSCO*, 87, *Syr. 41* ,V. p. 145-147 cité par Mingana, *Early Spread* p. 303-304.

leur premier évêque. Ils s'adressèrent au catholicos Mār Ābā qui fut très étonné, dit son biographe [122], non seulement du « pouvoir de Jésus » de convertir de tels barbares, mais aussi « du fait que les chrétiens Hephtalites reconnaissent le catholicos comme leur chef et leur administrateur ». Ils lui présentèrent un de leurs prêtres indigènes pour qu'il le sacre évêque, ce qui fut fait immédiatement .On était alors en 549.

En 585, au synode d'Išō'yaw Ier [123], on retrouve le diacre Sergius qui signe pour son évêque GABRIEL dont le titre est « évêque du Badīsi et du Qadistan ». Ce dernier nom ne figure pas dans les sources géographiques classiques; quant au premier, on y a reconnu le Bādġīs [124].

En ce même VIe siècle, Cosmas Indicopleustès [125] atteste également la diffusion du christianisme jusque chez les Huns.

Plus tard les Huns Hephtalites seront absorbés par les Turcs. Les suivre dépasserait les limites de notre étude : les maîtres Nau, Mingana et Dauvillier ont déjà consacré des pages classiques au Christianisme chez les Turcs.

IV. LE SÉGESTAN SYRIEN ORIENTAL

Le Ségestan [126] est actuellement partagé entre l'Afghanistan, dont il forme le coin sud-ouest, et l'Iran, sous le nom de Sīstān. La partie afghane est surtout groupée autour de la ville de Farah, nous la retrouverons quand nous parlerons des Syriens occidentaux. Les Syriens orientaux étaient plutôt concentrés dans la partie actuellement iranienne, autour de la ville de Rām Šahristān puis de Zarang.

Ici aussi le christianisme pénétra dès le IVe siècle. Un évêque du Ségestan, APHRID [127], est attesté au synode de Dadīšō' en 424.

Où cet évêque avait-il son siège ? On retrouvera le centre du diocèse à Zarang un siècle plus tard, mais il n'est pas téméraire de penser qu'il fut d'abord à Rām Šahristān, la capitale du Ségestan sous les

122 *Biographie de Mar Aba,* éd. BEDJAN, p. 266-269, cité par MINGANA, *ibid.*, p. 304-305.

123 *Syn. or.*, p. 423, no. 28.

124 F. NAU, *L'expansion nestorienne en Asie* (*Annales du Musée Guimet,* 1913), p. 245.

125 *Topographie chrétienne,* III, 65, éd. W. WOLSKA-CONUS (coll. *Sources chrétiennes,* 141), I, p. 502.

126 BARBIER, p. 300-305; *Syn. or.*, p. 682; LE STRANGE, p. 333 s.; VANDEN BERGHE, *Archéologie de l'Iran ancien,* bibliog., no. 27.

127 *Syn. or.*, p. 285; *O.C.*, II, col. 1297-1298; DAUVILLIER, *Provinces extérieures,* p. 280.

Sassanides [128]. Plus tard, à une date qui semble antérieure à 544, le fleuve Hīrmand sur lequel la ville était bâtie changea de cours et abandonna la ville. Ses habitants se transférèrent alors trois parasanges plus loin, où ils construisirent Zarang.

Au temps de la scission du catholicat entre Élisée et Narsaï, deux évêques se trouvaient, là comme ailleurs, se disputer le siège. Le premier consacré était sans contredit YAZD APHRID, alors que SERGE, au demeurant un très saint homme, s'était laissé ordonner de bonne foi et fut très marri quand il apprit que son sacre était illégitime. Placé devant le dilemme, le catholicos Mār Ābā, qui raconte l'affaire en détail dans sa lettre (la quatrième) aux fidèles du Ségestan [129], décide de scinder le diocèse « pro hac vice ».

De telles dédoublements font les délices de l'historien, car l'acte de partage doit nommer les localités attribuées à l'un et à l'autre. Sans un tel document on n'aurait jamais su dans quelles villes il y avait alors des chrétiens.

Dans le cas présent, Yazd Aphrid garde la ville du siège, Zarang [130], ainsi que Farah [131] et leurs dépendances.

Le second évêque, Serge, reçoit Bist [132], « lieu très convenable pour un siège épiscopal », sur le fleuve Hīrmand, et Roukout [133]. Si par hasard Serge n'était pas accepté à Bist, le catholicos demande qu'on lui réfère à nouveau le cas.

Restait la localité de Qaš [134], de l'attribution de laquelle on pouvait discuter. Mār Ābā l'adjoint à Zarang, mais n'aurait pas d'objection si, par entente commune, les évêques préféraient la rattacher à Bist.

Ce jugement de Salomon terminé, le catholicos précise que, à la mort du premier des deux évêques, le diocèse de Ségestan sera réunifié, « selon la coutume qui existait avant la perturbation qui eut lieu dans tout le pays du Ségestan ».

En 576 en effet, au synode d'Ézechiel, est présent KOURMAH [135], évêque de tout le Ségestan.

128 BARBIER, p. 253-254; LE STRANGE, p. 340; VANDEN BERGHE, p. 17; aujourd'hui Ramrōd, explorée par HERZFELD, *Reisebericht*, p. 269.

129 *Syn. or.*, p. 339-343.

130 A dix jours au sud de Hérāt, BARBIER, p. 284, 685; LE STRANGE, p. 335-338. La ville, la principale du Ségestan, est donc appelée Šahr-i Sīstān. Elle sera détruite par Timour.

131 BARBIER, p. 679. Il n'y a pas lieu de faire de Farah un évêché syrien oriental comme le voudrait MINGANA, *Early Spread*, p. 319.

132 BARBIER, p. 670; LE STRANGE, p. 344-345.

133 Raḫḏ ou Raḫḫūḏ, BARBIER, p. 681.

134 Ḫawās, au sud-ouest de Farah et à l'ouest de Bist, BARBIER, p. 680.

135 *Syn. or.*, p. 368.

Il faut désormais attendre jusqu'en 900 pour trouver une mention de l'évêché de Ségestan, qui existait toujours. Dans les *Tables* d'Élie de Damas [136] le diocèse est rattaché à l'éparchie de Hérāt, dont il est d'ailleurs l'unique suffragant.

Entre temps, au VIIIe siècle, on entrevoit un *couvent* quelque part au Ségestan. Il aurait été fondé sous le patriarche Slīwa Zḫā (717-728) par un certain moine du nom d'Étienne [137].

Je ne crois pas qu'il faille jamais faire du Ségestan une métropole syrienne orientale. Nous avons écarté plus haut Georges de Kaškar sacré pour le Ḫorāsān (et le Ségestan) en 1064/1072. Il est vrai que le Ségestan figure parmi les « métropoles » de Ṣlīwa [138] et de 'Amr [139]. On sait que ces listes ramasse-tout ne tiennent pas en face des listes systématiques du canoniste 'Awdīšō' de Nisibe, chez qui on ne trouve rien de pareil.

V. Hérat Syrien Occidental

Les Syriens occidentaux du Ḫorāsān et du Ségestan sont groupés dans les mêmes trois centres que les Syriens orientaux : Hérāt, Farah et Zarang. Cependant leur introduction dans ces pays est postérieure à celle des Syriens orientaux. Il semble que les chrétiens de l'Iran proprement dit aient suivi Séleucie-Ctésiphon dans le nestorianisme, quelle qu'ait été leur origine ethnique, marchands araméens venus de la partie occidentale de l'empire iranien (l'Iraq actuel) ou déportés araméens ou héllénisés amenés de Mésopotamie ou de Syrie. Les convertis locaux suivirent évidemment l'Église mère.

Au début du VIIe siècle, la dichotomie doctrinale et administrative étant bien fixée, deux groupes « monophysites » viennent s'établir dans l'Iran oriental.

Les premiers sont des déportés d'Édesse, après la prise de la ville par les Perses en 609 [140]. Les seconds sont des marchands de Syrie qui, au nombre de 900, accompagnent Héraclius dans son avance en territoire perse (628), puis se dispersent dans les contrées orientales pendant les années de décomposition de l'empire des Sassanides [141]. À ces groupes de base, qui feront souche dans le pays, viendront se

136 *B.O.*, II, p. 458-459.
137 Sliwa, ar. p. 61.
138 N. 24; ar. p. 126.
139 N. 21; ar. p. 132.
140 B.H., II, col. 125-127.
141 *Chron. Seert*, II, p. 225.

joindre des individus entreprenants, surtout commerçants, qui s'égrènent sur les routes du nouvel empire arabe.

Grâce à ces facteurs, les « jacobites » se multiplièrent « en Perse », dira un chroniqueur nestorien [142], et la foi « orthodoxe » se répandit rapidement dans tout l'Orient, dira Bar Hébraeus.

Bientôt ces groupes voulurent avoir une hiérarchie. A qui la demandèrent-ils, et où furent les premiers évêchés ? Ces questions ne sont peut-être pas tout à fait claires.

D'abord en ce qui concerne le créateur de la hiérarchie : pour Bar Hébraeus ce fut Mārūṯā qui institua deux évêchés dans la région; pour la *Chronique de Seert* [143] ce fut la patriarche Jean (III, 631-649) qui « s'occupa d'eux et ordonna des évêques pour ces régions éloignées; c'est ainsi qu'ils eurent des sièges au Ḫorāsān ».

La première solution eût semblé plus logique car Mārūtā était plus près d'eux pour mieux en prendre soin. Cependant on remarquera que les diocèses ne sont pas mentionnés, même par Bar Hébraeus, parmi ceux du « maphrien » dont la juridiction se limitait en fait aux territoires de l'empire perse passés sous mouvance byzantine après la campagne d'Héraclius, mais ne comprenait pas de territoires restés (provisoirement) sous contrôle perse. De plus on voit que ce sont les patriarches qui, normalement, sacreront les évêques de ces diocèses. Il semble donc que les diocèses syriens occidentaux du Ḫorāsān et de Ségestan furent créés par le patriarche d'Antioche, au milieu du VIIe siècle, et furent rattachés directement à son autorité, sans dépendre du « maphrien » de Takrīt.

Quant aux diocèses alors fondés, celui de Hérāt ne fait pas de difficulté, il est expréssement nommé par Bar Hébraeus. Le second mentionné par cet auteur est le diocèse du « Ségestan », sans autre précision. S'agit-il de Zarang ou de Farah, que nous retrouverons tous deux dans la suite ? Je crois qu'on peut opter pour le premier. En effet l'évêque Thomas, entre 818 et 829, sera appelé tantôt évêque de Zarang [144], tantôt évêque du Ségestan [145].

Nous avons donc deux diocèses fondés vers 640 : Hérāt, et le Ségestan (Zarang). Le troisième, celui de Farah (Ḫorāsān) apparaîtra plus tard, entre le milieu du VIIe et la fin du VIIIe siècle.

142 *Ibid.*, p. 345.
143 *Ibid.*, p. 225.
144 Listes de M.S., XVIII, 14.
145 M.S., III, p. 86.

On n'a aucun nom d'évêque du diocèse syrien occidental de Hérāt [146] avant le début du IXe siècle. Vers la même date apparaît la seule notation un peu personnelle sur les « jacobites » de la ville. Écrivant à Serge, métropolite d'Élam [147], le patriarche Timothée demande à son correspondant de lui envoyer un jeune logicien dont il lui a parlé. Peut-être en fera-t-il un métropolite de Hérāt : « En effet, il y a là-bas des sévériens et on y a besoin d'un bon controversiste ». Ceci nous indique que les disputes théologiques devaient être fréquentes entre les deux groupes chrétiens.

Pour le reste on ne possède que les sèches listes épiscopales de Michel le Syrien. On y remarque que, sur deux évêques sacrés par Denys Ier (818-845), le premier, Abraham, est appelé « évêque »,alors que le secons, Iwānīs, porte le titre de « métropolite ». Comme Michel est en général exact dans ses listes, on peut présumer que ce fut sous Denys de Tell Mahré que l'évêché syrien occidental de Hérāt fut érigé en métropole.

Liber pontificalis syrien occidental de Hérat selon Michel le Syrien [148].

Patriarches	*Évêques*
XVII. Denys Ier (818-845)	45. Abraham, év.
	52. Īwānīs, mét.
XIX. Jean V (847-874)	37. Jacques, mét.
	73. Abraham, mét.
XXI. Théodose (887-895)	2. Job, mét.
XXII. Denys II (896-909)	12. Isaac, mét.
XXIII, Jean VI (910-922)	2. Īwānīs, mét.
XXIV. Basile (923-935)	32. Paul, mét.
XXIX. Jean IX (965-986)	4. Yōḥannān, mét.
	10. Īwānīs, év. (doublet de 4 ?)
XX. Athanase V (987-1003)	13. Īwānīs, mét.
XXXI. Jean X (1004-1030)	8. Basile, mét.
XXXII. Denys IV (1032-1042)	19. Īwānīs, mét.
	21. Īwānīs, mét.

146 *Aperçu*, p. 198, fait créer le diocèse en 424 (?) et du coup totalise 17 évêques connus ; Honigmann, *Le couvent de Barsauma*, p. 104 en fait une métropole dès le début, *ibid.*, p. 130 ; Dauvillier, *Orient Syrien*, I, 1956, p. 81.

147 Lettre XXV, trad. CSCO p. 96 ; Bidawid, p. 27.

148 Résumé dans l'édition Chabot, III, p. 499.

VI. Le Ségastan (Zarang) Syrien Occidental

Fondé, nous l'avons vu, vers 640, le siège [149] est aussi mal connu que celui de Hérāt son voisin. La seule chose qu'aient pu remarquer les chercheurs est la fluctuation des titres : évêché jusqu'au règne de Jean V (847-874), lequel érige le siège en métropole; retour à l'évêché sous Jean VII (936-953); de nouveau métropole sous Jean XI (1042-1057); évêché puis métropole sous Athanase VI (1091-1129) et ses successeurs. On se demande ce que cachent ces fluctuations étranges, à supposer que les copistes de Michel n'aient pas souffert ici du *taedium* qui aurait nui à leur exactitude.

Autre remarque : on devine ici aussi, comme Thomas de Marga nous l'avait fait entrrvoir à propos des évêques syriens orientaux, que le siège du Ségestan n'était pas tellement convoité. Dès 767, probablement faute de candidats, le patriarche Georges ré-ordonne et re-sacre un des évêques de l'intrus Jean de Callinice, « qui voudrait bien aller aux régions inférieures du Ségestan et de Harew » [150].

Dans le même sens, entre 1063 et 1073, un certain Philoxène accepte le sacre pour le Ségestan, puis refuse de s'y rendre. Le patriarche Jean XII le dépose.

Voici donc le *liber episcopalis* syrien occidental [151] du Ségestan-Zarang, aux titres mystérieux :

Patriarches	*Évêques*
XVIII. Denys Ier (818-845)	14. Thomas, év. Zarang
	79. Serge, év. Ségestan
XIX. Jean V (847-874)	5. André, év. S.
	47. Samuel, mét. S.
XX. Ignace II (878-883)	21. Sévère, mét. S.
XXIV. Basile (923-935)	27. Pierre, mét. S.
XXV. Jean VII (936-953)	32. Yōḥannān, év. S.
XXIX. Jean IX (965-986)	39. Basile, év. S.
XXXI. Jean X (1004-1030)	17. Matta, év. S.
XXXIII, Jean XI (1042-1057)	16. Thomas, mét. S.

149 *O.C.*, II, col. 1592-1596; *Aperçu*, p. 197 : fondé au VIIe siècle, 21 évêque connus, le premier en 424 (?); Honigmann, *Barsauma*, p. 116, n. 110 et p. 155, n. 128; Dauvillier, *O.S.*, 1956, p. 81. — On a noté plus haut que des marchands arméniens accompagnaient les « jacobites » au Ségestan. « Ils y bâtirent une église où ils priaient en arménien », *Chron. Seert* II, p. 225.

150 *Chronique* de Denys, citée dans *O.C.*, II, col. 1593-1596.

151 M.S., III, p. 502 s.v. et 504 (Zarang).

XXXV. Jean XII (1063/4-1073)	10. Philoxène (« pour le S », déposé)
XL. Denys VI (1088-1090)	6. Aharon, mét. S.
XLI. Athanase VI (1091-1129)	40. Īwānīs, év. S.
	61. Yōḥannān, mét. S.

Ce dernier évêque fut sacré peu de temps avant la mort du patriarche. Dans le second texte où Michel en parle il ne lui donne que le titre d'évêque [152].

C'est ce Jean que l'on retrouve sous le règne du patriarche suivant, Jean XV Mawdiāna (1129-1137). Il quitta son diocèse et revint dans des pays plus hospitaliers. Pour éviter l'influence du mauvais exemple, le patriarche le traita très durement, l'excommuniant et décrétant qu'il ne serait jamais plus accépté dans l'Église [153].

Aucun évêque pour le Ségestan n'est plus enregistré avant le règne de Michel Ier (1166-1199); était-ce parce qu'on ne trouvait pas de candidats? Sous Michel on trouve les deux derniers *métropolites* connus du Ségestan : Basile (nº 22) et Étienne (nº 36); ce dernier fut probablement sacré en 1186 [154].

Un petit point à débrouiller à propos du Ségestan : il n'y a pas lieu d'introduire dans les listes épiscopales, en 1155, un évêque Aaron. En fait, Aaron du Ségestan, c'est-à-dire « né au » Ségestan, devint à cette date évêque de Ḥadīṯa (ou Ḥādeṯ) [155]. On ne peut non plus confondre ce personnage avec son homonyme rencontré plus haut dans les listes (XL, 6). Ce dernier eut un successeur avant 1129. Enfin, éliminons le diocèse de Ḥadīṯa au Ségestan, introduit par Le Quien [156].

VII. Le Ḫorāsān Syrien Occidental : Aprah

On ignore la date de fondatiin de ce diocèse. On ne lui connait pas d'évêque avant ceux qui figurent dans les listes de Michel, c'est à dire avant 793/817.

Quant à la situation de la ville, il semble difficile de l'identifier, comme l'aurait voulu Honigmann [157], à « Aparšahr » qui est Nīšāpūr. C'est plutôt la ville bien connue de Farah, à quelques 250 kilomètres

[152] III, p. 228.

[153] *Ibid.*, p. 231. Il sera plus tard réintégré, à la demande de Jocelin, mais connaîtra encore d'autres aventures.

[154] M.S., III, p. 397.

[155] Honigmann, *Barsauma*, p. 164.

[156] *O.C.*, II, col. 1583-1584, suivant *B.O.*, II, p. 362 et *Dissertatio.*

[157] *Barsauma*, p. 114, n. 8, et p. 104.

au sud de Hérāt, où nous avons rencontré également des Syriens orientaux [158].

Le siège d'Aprah [159] connut lui-aussi bien des avatars bizarres. On s'en rendra compte par la liste ci-après, où le siège est devenu métropolitain depuis le patriarche Théodose (887-895), avec retours sporadiques au titre d'évêque, jusqu'à ce que, sous Jean X b. 'Abdūn (1004-1030), on semble revenir définitivement à celui de métropolite.

On trouve également dans les listes de Michel, sous Denys (818-845) [160] un « évêque » portant le seul titre du Ḫorāsān : Constantin, originaire du monastère de Qennesrīn. On pourrait aussi bien le situer [161] à Hérāt, dont les évêques ne sont mentionnés qu'à partir du nº XVIII. 45, qu'ici à Aprah où il viendrait entre Tibère (XVII.65) et David (XIX.41).

Liber pontificalis d'Aprah au Ḫorāsān

Patriarches	*Évêques*
XVII. Cyriaque (793-817)	10. Paul, év. « d'Aprah, ville du Ḫorāsān »
	65. Tibère, év.
XVIII. Denys (818-845)	91. David, év.
XIX. Jean V (847-874)	14. Yawnān, év.
	55. Pierre, év.
	59. Job, év.
XXI. Théodose (887-895)	13. Ignace, mét.
XXII. Denys II (896-909)	17. Abraham, mét.
XXIII. Jean VI (910-922)	33. Paul, év.
XXV. Jean VII (936-953)	12. Athanase, mét.
	16. Athanase, év.
XXVI. Jean VIII (954-957)	8. Siméon, év.
XXVII. Denys III (958-961)	5. Théodose, év.
XXIX. Jean IX (965-986)	36. Paul, év.
XXX. Athanase V (987-1003)	25. Timothée, év.
XXXI. Jean X (1004-1030)	38. Philothée, mét.

[158] Il y a une plus petite localité de « Parah » à environ 50 km. au sud-ouest de Hérāt, mais on peut difficilement supposer l'existence de deux métropoles si près l'une de l'autre, puisqu'il y avait déjà à Hérāt une métropole syrienne occidentale dont les listes épiscopales sont bien distinctes d'Aprah.

[159] *Barsauma*, p. 114; M.S., III, p. 496.

[160] N. XVIII, 7.

[161] *Barsauma*, p. 135, n. 76 (et p. 100).

XXXII. Denys IV (1032-1042) 20. Marc, mét.
XXXIII. Jean XI (1042-1057) 21. Basile, mét.

On aura remarqué que les deux listes épiscopales, de Hérāt et d'Aprah s'arrêtaient à peu près à la même époque, vers le milieu du XIe siècle. Les deux métropoles appartiennent au Ḫorāsān. Au contraire, la liste du Ségestan (Zarang) se continue jusqu'au temps de l'écrivain, le patriarche Michel (1186), après lequel on n'a plus de sources de renseignements.

L'absence de titulaires pour les deux premiers sièges pendant plus d'un siècle peut difficilement s'expliquer par une vacance, qui ne pourrait guère se prolonger si longtemps. Le diocèse syrien oriental de Hérāt, de son côté [162], survivra au moins jusqu'au début du XIVe s., alors même que la ville avait été ruinée en 1221. Ce ne sont donc pas les circonstances politiques qui ont fait disparaître les deux diocèses syriens occidentaux; il faut probablement en chercher la cause dans un dépérissement progressif, avec diminution du nombre des croyants. Cette extinction lente aurait amené les patriarches à ne plus sacrer de métropolites, même si officiellement ils n'avaient pas supprimé la métropole.

Quant au Ségestan, on peut penser qu'il continua à avoir des métropolites, au minimum jusqu'en 1220, quand les Mongols ravangèrent la région.

VIII. Sarbāzia

Si l'on descend encore vers le sud, bien au dessous de Zarang et de Rām-Šahristān, on arrive à ce qui est aujourd'hui le Balūčistān, naguère le Mukrān [163]. Dans ces « pleines incultes, solitudes arides et sauvages », comme le dit al-Istaḫri, il n'y avait que des villes petites et sans importance. Sarbāz, à moins de 150 kilomètres au nord du Golfe de 'Umān, était une de ces villes, renommée pour son sucre.

La métropole syrienne orientale de Sarbāz [164] n'est connue que par une lettre de Timothée à Serge d'Elam [165], datée [166] de 795/798.

En fait, on ne peut décider s'il y avait déjà des chrétiens à Sarbāz,

162 Bien que le dernier métropolite connu soit également du troisième quart du XIe siècle.

163 Barbier, p. 306, 538-540.

164 Dauvillier, *Provinces extérieures*, p. 279-280.

165 N. XIII, CSCO T. p. 106-109; V. p. 69-72.

166 Bidawid, *Lettres*, p. 23, 81.

des marchands araméens attirés par le sucre, par exemple, ou s'il y avait déjà là-bas un évêché, voire une métropole. Il est possible, vue la recommandation que Timothée va faire au candidat, qu'il s'agisse de l'établissement d'une mission, comme au même moment le patriarche en lançait dans toutes les directions. En tout cas, Timothée décida, vers la fin du VIIIe siècle, de sacrer pour Sarbāzia un certain moine nommé Ḥnānīšō'.

Mais Timothée avait peur pour lui de la cruauté et de la férocité des habitants du pays des Perses s'ils connaissaient sa qualité d'évêque. Le prenant à part, il lui conseilla de voyager incognito jusqu'à son arrivée à son siège.

Avis inutile. Avant même son sacre le métropolite désigné s'était empressé de raconter son élévation dans « la Ville Royale du Monde » (Bagdad). Puisqu'il avait divulgué le secret, Timothée décida de ne plus le sacrer. Le candidat s'entremit auprès de quelques personnes influentes qui plaidèrent sa cause auprès du patriarche : « Ne fais pas attention à sa bêtise, dirent-ils d'une façon peu flatteuse; ce qu'il a fait, il l'a fait par impatience plus que par malice ».

Cédant aux pressions, Timothée convoqua le moine à nouveau : « Je veux bien te sacrer, mais à une condition, c'est que tu ne restes pas une heure après ton sacre, ni à Bagdad, ni à Basra, ni à al-Ubulla ».

Quand Ḥnānīšō' lui demanda de l'argent, Timothée eut cette réponse mangifique : « Beaucoup de moines passent les mers pour gagner la Chine et l'Inde avec seulement un bâton et une besace. Considère-toi comme l'un d'entre eux quand tu prendras la mer sans argent ».

Cela ne corrigea pas le vaniteux, qui fit son entrée à Baṣra et al-Ubulla en habits pontificaux; il prit parti dans des querelles locales, lançant même l'excommunication contre les métropolites de Baṣra et du Fārs.

Devant la tempête qui s'amoncelait contre lui, Ḥnānīšō' eut peur. Il écrivit à Timothée : « L'épiscopat ne me va pas. Je rentre dans ma cellule ». Timothée lui répondit en le suspendant de tout exercice des fonctions épiscopales en dehors de son diocèse de Sarbāz. On ne sait s'il y alla jamais, ni s'il y eut une chrétienté qui eut dépendu du métropolite de Sarbāz.

Conclusion

L'histoire du christianisme au Ḫorāsān semble donc avoir commencé par deux périodes principales d'évangélisation : celle des déportés de Syrie byzantine, dont on trouve les diocèses devenus nestoriens au Ve siècle, celle des déportés du début du VIIe siècle et des marchands «jacobites» qui avaient accompagné Héraclius en 627/8. En dehors de ces foyers fixes, étrangers à l'origine, alimentés dans la suite par les marchands également étrangers puisqu'Araméens, on relève un cas de campagne de conversions (Širārān et Bar Šaba à Merw) et peut-être une des pointes lancées par Timothée (Sarbāz) en 795/798.

Nous avons noté à Merw et chez les Huns des adhésions locales au christianisme. Il y en eut probablement ailleurs. Les précautions prises par Timothée en envoyant Ḥnānīšō', les refus de certains évêques de rejoindre leur poste, l'abandon par d'autres de ce poste, nous rappellent les dangers de l'entreprise.

Ces habitants du Ḫorāsān, que les rois de Perse devaient quelquefois déporter vers l'intérieur, étaient loin d'avoir tous adopté le mazdéisme officiel. On en retrouve en Iraq, à 'Ayn al-Namīr [167], qui ont gardé jusqu'à la fin du VIIe siècle le culte des arbres, notamment des palmiers, avec également des idoles, figures à formes humaines, dont la plus grande était appelée Nahrdan.

Il ne semble pas que beaucoup de ces païens sauvages aient été gagnés au christianisme. S'il serait probablement inexact de dire sans nuance que les diocèses du Ḫorāsān étaient des diocèses étrangers, car ils s'étaient iranisés au cours des siècles et s'étaient augmentés de convertis locaux, cependant l'implantation chrétienne fut certainement moins forte que, par exemple, en Iraq : le petit nombre des couvents en témoigne.

Néanmoins les diocèses, même diminués, continuent, qui jusqu'au XIIe siècle (au moins) tels Farah et Zarang, qui jusqu'au début du XIVe, tels Merw, Nīšāpūr et Hérāt. Le centre le plus important semble avoir été à Merw, où une école fut fondée dès le IVe siècle et qui fournit plusieurs écrivains célèbres à l'Église orientale.

Le rôle de ces chrétientés dans la vie du pays fut surtout important avant l'arrivée de l'Islam, par les éléments de civilisation qu'ils apportèrent avec eux de leur Syrie natale, les techniques du tissage et l'écriture des langues locales [168], voire les méthodes agricoles (Arméniens chez les Huns).

Après l'Islam les centres chrétiens de culture en Iran seront ailleurs, notamment à Gondisapor.

Beyrouth (Liban)
B.P. 7227

167 *Chron. Seert*, II, p. 268.

168 On verra la même chose chez les Turcs Üngut.

VII

ĀḎARBĀYǦĀN CHRÉTIEN

Après les chevauchées sanglantes des hordes mongoles, après les décennies d'anarchie qui suivirent la disparition de leur empire, après les tueries massives de Tamerlan, après la peste noire, disons : après le XIVe siècle, le christianisme disparut complètement de l'Iran, sauf d'une province : l'Āḏarbāyǧān [1].

Haut plateau montagneux au centre duquel se trouve la grande dépression du lac salé appelé aujourd'hui de Riḍā'iya, le district forme la province du nord-ouest de l'Iran moderne, limitée par la Turquie et l'Iraq à l'ouest, par l'URSS au nord, et par les provinces iraniennes et soviétiques bordant la Caspienne à l'est.

En fait l'Āḏarbāyǧān historique dépasse les frontières modernes, tant du côté de l'ouest que du côté du nord. Les divisions administratives ecclésiastiques nous obligeront également à les dépasser.

Deux remarques avant de commencer :

D'abord, cette étude sera basée presque uniquement sur les textes. Ceci est évidemment insuffisant pour une région comme l'Āḏarbāyǧān où d'importants noyaux chrétiens subsistent, perpétuant les traditions transmises par leurs ancêtres qui habitaient la multitude de villages chrétiens de la région, notamment dans la partie occidentale, jusqu'à la dispersion causée par la première guerre mondiale [2].

Ici toutes les traditions devraient être notées, *ne pereant*, quelque soit leur valeur ; tous les monuments, les tombes et les ruines devraient être relevés et photographiés avec toutes leurs inscriptions [3], et tous les détails toponymiques recueillis sur place.

Un exemple de ce travail pourrait être l'étude de M. Hubert de Mauroy, *Lieux de culte syriens orientaux d'Azerbaidjan* [4].

Les colophons de manuscrits sont également une mine inépuisable de renseignements. Le catalogue le plus important ici est celui des 232 volumes de la bibliothèque des missionnaires américains à Urmi [5],

[1] Yaqut al-Ḥamawi (trad. Barbier de Meynard), *Dictionnaire... de la Perse*, p. 14-17 ; G. Le Strange, *The Lands of the Eastern Caliphate*, p. 159-171 ; *E.I.*², I (1960), p. 194-197 par V. Minorsky.

[2] Cf. carte manuscrite dressée en 1924 par Qas Yūsuf de Qalayta.

[3] Exemple : *Inscriptions syriaques de Salamas en Perse*, par R. Duval, *J.A.* VIII.V. (1885), p. 39-62, reproduisant l'introduction à ses *Dialectes néo-araméens de Salamas*, 1884.

[4] A paraître.

[5] Par O. Sarau, 1898, en soureth local, et souvent très vague. — Deux mss. (43 et

aujourd'hui en plus grande partie disparue. Le plus ancien (nº 15) datait seulement de 1562.

Ceci nous amène à notre seconde remarque préliminaire : Il est probable que les documents oraux et épigraphiques que l'on pourra recueillir sur place (sauf si des fouilles devaient être effectuées) concerneront presque uniquement la période moderne qui commence au milieu du XVIe siècle avec l'intervention de nouveaux éléments : passage de certains groupes au catholicisme (Chaldéens), puis entrée en scène des différentes Missions étrangères et morcellement des communautés nestoriennes et « jacobites » de base. Ici les études de M. le pasteur J. M. Hornus [6] pourraient servir de guide à travers les publications plus récentes, notamment à propos des Missions Lazariste et américaines en Perse.

Dans la présente étude les éléments postérieurs à 1552 (date de la consécration du premier patriarche chaldéen) n'ont été retenus que dans la mesure où ils pouvaient prolonger et éclairer une situation antérieure sur laquelle on n'a pas de documents par ailleurs.

A. — Les Syriens orientaux

1. — Ganzak

La première mention textuelle du christianisme en Āḏarbāyǧān a été relevée dans la titulature des *Actes* du synode du catholicos Yahwālāhā Ier, en 420 [7]. En fait cette liste de localités soumises au catholicos peut très bien avoir été ajoutée par un copiste postérieur car ce n'est qu'un titre. On ne peut donc en tirer argument péremptoire pour ou contre l'existence du Christianisme dans un lieu donné à cette époque. De plus on remarquera qu'il s'agit de localités et non d'évêchés [8].

180) et un fragment de 1 se trouvent aujourd'hui à Princeton. Certains seraient au Kérala. Cf. W. F. Macomber, *O.C.P.* 32 (1966), p. 335, n. 2.

[6] V.g. sa présentation de *La Mission de l'Archevêque de Cantorbery auprès des Assyriens*, par le chef d'escadrille George S. Reed, *Cahiers d'études chrétiennes orientales*, VI, 1968, et *Un rapport du consul de France à Erzéroum sur la situation des chrétiens en Perse au milieu du XIXe siècle*, *P.O.C.*, à partir de XX (1970), fasc. 3.

[7] *Synodicon orientale*, p. 276.

[8] Il ne faut pas retenir comme premier évêque d'Āḏarbāyǧān, Abraham de Béṯ Rabban, introduit par Le Quien, *O.C.*, II, col. 1283-1284, ajoutant aux confusions d'Assemani (*B.O.*, I, p. 352 et 354 ; III.I, p. 71). Il s'agit en fait, dans la lettre de Siméon de B. Aršam, d'Abraham le Mède, « inflammator balneorum », expulsé d'Édesse en 457 et créé évêque du Béṯ Maḏāyé. Cf. *Médie chrétienne*, p. 370.

Le premier évêque connu (ce qui ne veut pas dire qu'il n'y en ait pas eu auparavant) s'appelle Osée. Il participe au synode d'Acace, en 486, avec le titre d'évêque de Ganzak et d'Āḏarbāyğān [9].

Cette localisation du siège est normale puisque la capitale pré-islamique de la région était la ville de Ganzak, marquée aujourd'hui par les ruines de Laylān au sud-est du lac [10].

Faute d'autres indications ou en est réduit à supposer que le siège épiscopal de l'Āḏarbāyğān resta à Ganzak au moins jusqu'à la conquête musulmane de 639/643.

Pour la fin de la période sassanide trois évêques sont encore attestés :

C'est d'abord Yōḥannān, qui signe certaines des lettres de Mār Ābā en 544 [11].

En fait le catholicos lui-même fut en exil au village de Saraš des Mages, dans le district de « Prhror » en Āḏarbāyğān de 543 à 550. Le P. Peeters [12] a brillamment commenté les passages de la biographie de Mār Ābā [13] concernant son séjour en Āḏarbāyğān, notamment l'action pastorale du prélat qui se traduisit par les actes officiels de réforme qui nous sont parvenus. La maison où il se confinait volontairement et où il avait consacré un autel fut en fait le centre de l'Église syrienne orientale pendant sept ans [14]. Il y fit d'éclatants miracles.

Menacé par un « pasteur devenu loup », l'évêque déposé Pierre de Gurgān, Mār Ābā quitta le village, pendant l'hiver 549/550, pour aller se présenter au roi. L'évêque Jean d'Āḏarbāyğān accompagna son supérieur.

Après Jean on trouve l'évêque Melchisedeq, qui signe les *actes*

[9] *Syn. or.*, p. 307, n° 25.

[10] Il y a une certaine confusion dans les localisations. V. Minorsky (*E.I.*, cit.) semble avoir raison quand il dit que le grand temple du feu pour lequel la ville de Ganzak (ou Šīz) était célèbre, fut transféré plus tard au château arsacide connu aujourd'hui sous le nom de Taḫt-i Sulaymān. C'est à ce dernier site, à 70 km. au sud-est de Miyāna, que se rapporte ce que dit M. Vanden Berghe, *Archéologie de l'Iran ancien*, p. 118 et photo pl. 149b, et *On the Track of the Civilization of Ancient Iran* (1968), p. 37 et 42. Sur sa carte (*ibid.*, p. 31b) l'auteur met le site au sud-ouest du lac (?). — Voir aussi Le Strange, *Eastern Caliphate*, p. 223-224. — Références sur Šīz dans G. Wiet, *Soieries persanes*, p. 133-134.

[11] *Syn. or.*, p. 345 (4e document, n° 10) et p. 332, n. 3, d'après Guidi, *Z.D.M.G.*, XLIII, p. 402.

[12] *Recherches d'histoire et de philologie orientales*, II, p. 145-150. Il essaie de restituer le premier nom en Faruḫ Ador, Heureux Ador (un des Feux ?) et le second en Korš d'Mġūšé, soleil des Mages (?).

[13] P. Bedjan, *Histoire de Jabalaha*, 2e éd., 1885, p. 206-274; *BHO* 595.

[14] Māri arabe, p. 30; *Chron. de Seert*, II, p. 67.

du synode de Joseph en 554 [15], et assiste encore au synode d'Ézéchiel en 576 [16].

Le dernier évêque connu s'appelle Ḥnānīšōʿ; il paraphe le synode de Grégoire Ier en 605 [17]. On n'entendra plus parler d'évêque d'Āḏarbāyğān avant le milieu du XIIIe siècle.

Entre temps les environs de Ganzak avaient vu, en 591, la grande bataille où Chosroès II, appuyé par Maurice, reconquit son trône sur l'usurpateur Bahrām [18]. L'armée byzantine poussa jusqu'à Ganzak.

En 623, de nouveau, Héraclius y parvint et, cette fois, la dévasta.

Le martyr Vahunām et son couvent.

Même s'il fallut (?) attendre 486 pour avoir un évêque à Ganzak, il est certain qu'il y eut des chrétiens dans la région bien auparavant.

Ceci m'amène à revoir la localisation que j'avais naguère proposée [19] du lieu du martyre de Vahunām. Celui-ci, un enfant voué (ce qui attesterait également dans la région un certain monachisme de «fils du pacte»), fut lapidé sous Ardašīr, fils de Sapor, vice-roi d'Adiabène (qui deviendra le roi Ardašīr II en 379) par de nobles femmes originaires de Karka d'Béṯ Slōḥ, «chrétiennes de nom», probablement détenues, «contraintes par le roi». Le lieu du martyre est donné dans le texte [20] comme étant «Gazzak». Le P. Bedjan propose de restituer «Ganzak».

Bien qu'il y ait en Adiabène, donc non loin de Kerkouk, à Koï Sanğaq, un couvent de St-Behnām [21], peut-être ne faut-il pas écarter absolument Ganzak d'Āḏarbāyğān comme lieu du martyre.

En effet un autre couvent de St Behnām se trouvait également dans la région, en tout cas dans les parages d'Ušnū se trouvait également dans la région, en tout cas dans les parages d'Ušnū qui est également située au sud du lac d'Urmi. C'est dans ce couvent, que le texte donne comme situé à Laqḥa, que le patriarche Denḥa enferma, avec d'autres évêques et prêtres rebelles, après 1279, le nouveau métropolite de

[15] *Syn. or.*, p. 366, nº 32.

[16] *Ibid.*, p. 368.

[17] *Ibid.*, p. 479, nº 25.

[18] Détails géographiques intéressants sur les deux rives du lac dans P. JOUBERT, *Byzance et l'Orient*, I, p. 155-163.

[19] *Assyrie chrétienne*, II, p. 566-567.

[20] *A.M.S.*, II, p. 287; *B.O.*, I, p. 189.

[21] À qui l'on a, bien sûr, attribué la légende, mieux connue, du plus grand Behnām, frère de Sārah. Le saint Behnām mentionné ici avait sa fête au synaxaire grec le 20 novembre.

Chine, Simon bar Qalīġ, qui l'avait insulté. Chabot, éditeur du texte [22], propose de placer Laqḥa au Ḫorāsān. N'est-il pas plus probable que le patriarche, qui était alors à Ušnū, ait préféré avoir le réfractaire à sa portée ? Nous en reparlerons à propos d'Ušnū.

Retenons ici une possibilité de couvent, au sud du lac d'Urmi, entre Ušnū et Ganzak.

2. — Paidangaran

Le second affleurement ancien attesté du christianisme se situe beaucoup plus au nord, aujourd'hui en Āḏarbāyǧān soviétique, dans la ville de Paidangaran, en arménien P'aitakaran.

Partie de l'Arrān que nous verrons plus loin, c'est-à-dire de la Transcaucasie orientale, le district était considéré avant 387 comme appartenant à l'Arménie. À cette date, lors du partage de l'Arménie entre Grecs et Sassanides [23], il échut à la Perse. Aujourd'hui la ville est représentée par Baylaqān, au sud-est de Barda'a [24].

Elle figure dans l'histoire de l'Église syrienne orientale comme évêché attesté de 540 à 554 seulement.

Deux de ses évêques sont connus. Le premier est Yōḥannān [25], qui signe la *Pragmatique* du catholicos Mār Ābā en 540. Le second est Jacques, dont le nom apparait en 544 dans les signatures de la *Lettre 4* du même catholicos [26], et encore en 554 dans les *actes* du synode de Joseph [27].

On n'a plus aucune nouvelle des chrétiens de Paidangaran dans la suite. Au début du Xe siècle, sous le gouvernement des Ġuzz, Baylaqān semble avoir remplacé Barda'a comme centre de l'Arrān. Elle sera détruite par les Mongols en 1221.

Aussi étrange que cela puisse paraître, ce que nous venons de dire représente tout ce que l'on sait de sûr au sujet du christianisme en Āḏarbāyǧān avant la conquête musulmane, datée ici de 639/643.

[22] *Éloge du patriarche nestorien Mār Denḥa I*[er], par le moine Jean (d'après un ms. Alqōš 1890), publié et traduit par J.-B. CHABOT, dans *J.A.*, 9e série, t. V (1895), p. 110-141 ; ici p. 135.

[23] *E.I.*², I (1960), p. 680-681, s.v. *Arrān*, par R. N. FRYE.

[24] BARBIER, p. 128-129 ; LE STRANGE, p. 178 ; CHABOT, *Syn. or.*, p. 678 ; E. HONIGMANN et A. MARICQ, *Recherches sur les Res Gestae Divi Saporis*, p. 81, n. 4.

[25] *Syn. or.*, p. 328.

[26] *Ibid.*, p. 345, n° 9.

[27] *Ibid.*, p. 366, n° 28. On trouve à la fois Jean et Jacques dans le document GUIDI en 544 (?). *Ibid.*, p. 332, n. 3.

On devine qu'il devait encore y avoir des chrétiens dans la province puisque, pour le VIIIe siècle, le chronographe Māri s'y intéresse [28] à un grand incendie causé par la foudre, avec perte d'hommes et de bétail; ceci se passait sous le patriarcat de Ya'qūb (754-773).

La province connut de longues heures noires; pratiquement détachée du califat après les gouverneurs sağides (889-929), eux-mêmes durs aux chrétiens d'Arménie, elle passa sous la férule de différentes dynasties locales d'origines diverses, Daylamites, Kurdes, ou mélangés. Il faut attendre 1256, quand Hülegü [29] fit de l'Ādarbāyǧān le centre de son grand empire s'étendant de l'Oxus à la Syrie, pour que le pays retrouve sa prospérité.

3. — Urmi

D'après une « tradition » locale, le christianisme apparut dans cette ville [30] dès les temps apostoliques. L'église de Mart Maryam daterait de cette époque [31].

De même, sans donner ses sources, J. Tfinkdji [32] affirme-t-il la présence d'un « évêque d'Ourmi » appelé Jean parmi les Pères de Nicée, en 325. En fait la *Liste originale des Pères de Nicée* [33] ne comporte qu'un seul Jean « de Perse »; ceci n'est pas suffisant pour le localiser arbitrairement ici ou là, il a d'ailleurs déjà été réclamé par Erbil [34] et par Kerkouk.

À l'opposé, une autre « tradition » recueillie par Perkins [35] retarde-

[28] Ar., p. 70.

[29] L'orthographie adoptée pour les noms mongols est celle de B. Spuler, s.v. *Ilkhans* dans *E.I.*², III (1970), *Tableau général*, p. 1149.

[30] Urmi, ou Urmiya, aujourd'hui Riḍā'īya, est bien connue : Barbier, p. 26-27; Le Strange, p. 165-166; *E.I.*¹, IV (1934), p. 1088-1093 par V. Minorsky, etc.

[31] *A Handbook on the Christian Communities in Iran* (1970), résumé par N. A. Horner pour The United Presbyterian Commission in Iran, d'après une communication intitulée *The Assyrian Church of the East in Iran,* lue à Tehran le 9 juin 1969 par Shemshoun Maghsoodpour. L'auteur se réfère (hélas !) au pseudo Mšīḥa Zḫā, « a 6th century historian ». — J. M. Hornus, dans *La Mission de l'Archevêque de Cantorbery auprès des Assyriens*, p. 22, n. 20, rapporte un complément de « tradition » assignant la construction de l'église (sic !) aux Mages, retour de la Nativité. L'un d'eux y aurait même été enterré.

[32] *L'Église chaldéenne catholique* (1913), p. 49.

[33] Établie par E. Honigmann dans *Byzantion* (1939), p. 45-48 et reproduite par R. Devreesse dans *Le patriarcat d'Antioche* (1945), p. 124-126.

[34] E. Honigmann dans *Byzantion* (1937), p. 340.

[35] R. Duval, *Inscriptions syriaques de Salamas*, reproduisant Justin Perkins, *A Residence of eight years in Persia among the Nestorian Christians* (New York, 1843), p. 9 et Noeldeke, *Grammatik der neu-syr. Sprache, Einleitung*, p. xxi et xxiii. Sur la langue voir également Socin, *Die Neu Aramäischen Dialekte von Urmia bis Mosul.*

rait jusqu'au XVIe siècle la descente des montagnes des éléments araméens chrétiens vers la plaine d'Urmi.

La vérité est probablement entre les deux [36], car on trouve, au début du XIIe siècle, la première mention écrite de la ville (à ma connaissance), avec deux de ses évêques.

Le premier est ʿAwdīšōʿ qui assiste au sacre d'Élie II en 1111 [37]. Cet évêque meurt avant le patriarche (1132) puisque celui-ci le remplace par un anonyme transféré du siège de Balad [38].

L'église de Mart Maryam est mentionnée pour la première fois dans les textes quand la patriarche Yahwālāhā III y a un rêve l'avertissant qu'il ne reverrait plus le Khān Aḥmad [39], lequel sera tué en 1284.

Puis on n'entend plus parler d'un évêque d'Urmi.

Dans la hiérarchie pléthorique de ʿAwdīšōʿ IV [40], en 1562, donc après les grands cataclysmes et au moment où l'ère moderne commençait avec l'apparition des « Chaldéens », Urmi aurait donné son nom à deux « métropoles » (?) : Urmi supérieure dont dépendaient deux diocèses, et Urmi inférieure avec trois suffragants. Nous essaierons de voir ce que l'on peut savoir de l'histoire chrétienne ancienne de chacune de ces localités.

Cependant, même si le siège n'était plus vraiment métropole (?), il devait encore exister puisque l'on trouve, en 1586, parmi les signataires de la profession de foi d'Élie VI, un « Joseph (évêque) d'Urmi » [41], encore mentionné dans un rituel du Patriarcat chaldéen (Mossoul, cod. 39) de 1600.

Pour la suite de son histoire je me contente de renvoyer aux études telles que celles de J. Tfinkdji [42] et de P. Naṣri [43], sans en discuter la valeur.

[36] LE QUIEN, *o.c.*, II, col. 1327-1328, au début de sa liste d'évêques d'« Ormia », met l'évêque anonyme qui, en 1072, vient avec le métropolite de Mossoul (d'où l'auteur dira qu'Urmi est rattachée à la métropole de Mossoul), à la mort de Sawrīšōʿ III. Le recours au texte de Māri ar., p. 128, lat., p. 112, montre qu'au lieu d'Urmi il est question d'Arménie. — M. de Mauroy suggère que la descente du XVIe siècle est peut-être une re-descente.

[37] MARI ar., p. 152, lat., p. 129; ṢLIWA ar., p. 103.

[38] MARI ar., p. 153, lat., p. 130; ṢLIWA ar., p. 104.

[39] *The Monks of Kublai Khan*, p. 162. L'église de Mart Mariam comporte une grande nef de 13 m. × 6 et une petite nef de 2,50 m. de large terminée par un baptistère diaconicon (de Mauroy).

[40] D'après BIAGIO TERZI DI LAURIA, dans *Siria sacra* (Rome, 1695), p. 311 et S. GIAMIL, *Genuinae relationes* (Rome, 1902), p. 64-65.

[41] *Gen. rel.*, p. 506 et xxxv.

[42] *L'Église chaldéenne catholique*, p. 49-50. L'évêché catholique fut ré-érigé en 1890.

[43] *Aṣl al-Nasāṭira al-ḥāliyn.* dans *Machriq*, XVI (1913), p. 436-498, vicissitudes des

Parmi les églises remarquables d'Urmi et des environs, M. de Mauroy signale une église à deux nefs, bâtie en pierres, au village de Mār Sergīs à une quinzaine de kilomètres au sud-ouest de la ville, une église de terre, l'église nestorienne de Sangar, dans la banlieue, et celle des SS. Pierre et Paul, en pierre, mesurant 18 m. sur 13, àKilisa Kandi, sur la route de la ville au lac. Rien ne permet de dater ces sanctuaires. Le dernier daterait de 1615, Mār Sergīs de 1650.

Avant de quitter Urmi, disons un mot du district de Gāwer et Tergāwer situé au nord/nord-ouest de la ville. Ce district, dont le centre était le village de Mawāna, formait au siècle dernier [44] un diocèse qui appartint d'abord directement au patriarche Mār Šim'ūn, puis fut donné à Mār Ḥnānīšō' Rūwel, métropolite du Béṯ Šamsdīn au moment de la famine de 1881.

De nombreux manuscrits d'Urmi et d'autres collections (v.g. Cambridge) proviennent de cette région, s'échelonnant du XVe au XXe siècle. Malheureusement, à part des noms de villages et de copistes, ce qui a été noté des colophons par l'auteur du catalogue ne nous renseigne guère sur l'histoire du pays.

M. de Mauroy a relevé cependant, à Balulān en Tergāwer, la plus grande église bâtie en pierres de tout l'Āḏarbāyǧān (14 m. sur 24). La tradition locale la fait remonter à l'époque pré-islamique.

Quant au district de Mergāwer, dans la vallée s'enfonçant en direction du sud-ouest à partir d'Urmi, il fournit lui aussi au XIXe siècle, un évêché dépendant du métropolite de Šamsdīn.

Je n'ai trouvé aucun texte ancien qui mentionne ces districts.

4. — Ūšnūḫ et Soldūz

Distinguons d'abord soigneusement Ūšnūḫ, la localité dont nous parlons maintenant, d'une autre localité de la région dotée d'un nom voisin, Ušnū, dont nous parlerons plus tard [45].

évêchés nestoriens d'Ardišaï, Nazlū, Gog Tapa, Gévilān et Armūdaġaǧ. Ardišaï était la résidence de l'archevêque d'Urmi au milieu du XIXe siècle, cfr DE CHALLAYE, dans HORNUS, *P.O.C.*, XXI (1971), p. 133-147. Près de là, à Taḫié dans le delta du Barandouz, à 20 km. au sud-est d'Urmi, M. de Mauroy signale une intéressante église nestorienne en terre, de 19 m. sur 8, dédiée à Mār Šalliṭa. Deux mss d'Urmi du XVIe siècle viennent de « Nāzé ».

44 G. P. BADGER, *The Nestorians and their Rituals*, I (1852), p. 329; P. NASRI, cit. *Machriq*, p. 498-499. — DE CHALLAYE, dans HORNUS, cit. met le siège de l'évêché à 'Āda. — L'église de Mart Mariam à Mawāna, rebâtie pour la dernière fois en 1881, sert actuellement de grange.

45 V. MINORSKY dans les deux articles *Urmīya* et *Ushnū* de l'*E.I.*[1], IV (1934), p. 1088-1093 et 1106-1107, ne semble pas avoir fait la distinction.

Ūšnūḫ est située dans la partie sud du district de Soldūz, à environ 30 milles de cette dernière, vers la frontière turque. Le P. Samuel Giamil, écrivant en 1902 [46], y mentionne encore quelques Chaldéens qui gardent une église au nom de Mār Abrahām.

Pendant la seconde moitié du XIIIe siècle, qui marque l'âge d'or de la province toute entière, un évêque d'Ūšnūḫ apparaît : Abrahām, qui assiste au sacre de Yahwālāhā III en 1281 [47].

Plus tard ce dernier patriarche y passa une partie de l'hiver 1304-1305 [48].

Ūšnūḫ, déguisé en Escinuc [49], ou en Eschiniruch [50], est encore siège d'un évêché dépendant de la métropole d'Urmi inférieure dans la hiérarchie de 'Awdīšō' IV.

Dans la même hiérarchie apparaît comme second évêché suffragant d'Urmi inférieure le district de Soldūz, dont le nom est transcrit par S. Giamil : Durasoldos et par Terzi : Dutra (et) Saldos.

Ce district est situé à 50 km. au sud-ouest du lac d'Urmi [51]; son centre s'appelle Naġāda. La région comptait en 1902 [52] quelques villages chrétiens. Le P. Samuel Giamil note que « si l'on examine les inscriptions tombales qu'on y trouve actuellement on peut en déduire facilement qu'ici, au moyen âge, les chrétiens étaient en majorité. » Il relève également que les habitants musulmans du temps répondaient au nom turc de « Qara Papas », qu'il traduit « Nigri Sacerdotes ».

Les textes du moyen âge et du temps des Mongols semblent être muets sur Soldūz.

5. — Al-Rustāq

Distinct d'Ūšnūḫ on trouve le district (ou la ville ?) d'al-Rustāq ou al-Rūstāq, qui est doté d'un évêque, Gabriel, à la même date de 1281 [53]. Là fut le lieu d'origine [54] du patriarche Denḥa Ier (1265-

[46] *Gen. rel.*, p. 64, n. 4.

[47] Ṣliwa ar., p. 124; *The Monks*, p. 156; *B.O.*, II, p. 456; *O.C.*, II, col. 1285-1286. — Minorsky en fait un évêque d'Ušnū.

[48] *The Monks*, p. 257.

[49] *Gen. rel.*, p. 64-65.

[50] Terzi cit., p. 311.

[51] *E.I.*[1], IV (1934), s.v. *Suldūz*, p. 566, par V. Minorsky; Vanden Berghe, p. 116.

[52] *Gen. rel.*, p. 64, n. 3.

[53] Ṣliwa ar., p. 124.

[54] Assémani paraphrase (*B.O.*, III.I, p. 565) le texte de Ṣlīwa (*ibid.*, p. 564; éd. Gismondi ar., p. 121) quand il dit : « in *oppido* quod Rustachum appellant natus »; l'original dit simplement : « il est d'al-Rustāq ».

1281). Dans le texte de Gismondi on a ajouté la glose : au pays d'Ūšnūḫ. En fait, même si on ne lui connaît plus d'évêque particulier dans la suite, le district était adjoint à celui de Šāpāṭ, dépendant du métropolite du Bét̲ Šamsdīn, dont la résidence était à Rustāq [55] et qui est attesté du XVIe siècle à nos jours.

Ce qui ne simplifie pas les choses est que, en 1599 et 1607, l'évêque d'al-Rustāq, alors appelé Yūsif, résidait à Urmi [56], cependant que la région d'al-Rustāq est plus au sud-ouest, aujourdhui dans la pointe sud-est de la Turquie.

6. — Ušnū et Qūkiā

Ušnū, aujourd'hui Ušnūiya, au sud-ouest de lac d'Urmi, à 50 km au sud de cette dernière ville [57], ne semble pas avoir été ville épiscopale au moyen âge.

Elle comptait certainement des habitants chrétiens puisque, en 1271, le patriarche Denḥa Ier (originaire de la région, on l'a vu) s'y retira [58] après avoir eu des ennuis à Erbil [59]. C'est là que comparut devant lui Simon bar Qalīġ qu'il venait de nommer métropolite pour la Chine et qui s'était comporté avec arrogance à son égard. Denḥa le fit condamner, dégrader et priver de tous ses insignes cléricaux. Enfermé au couvent de Mār Behnām à Laqḥa, le rebelle s'en enfuit. Repris, il fut confiné en cellule avec quelques évêques et moines. Il mourut mystérieusement peu après [60].

Denḥa resta à Ušnū jusqu'à la veille de sa mort, en 1280.

Ušnū ne figure comme siège épiscopal que dans la hiérarchie inflationniste de ʿAwdīšōʿ IV en 1562, où on reconnaît la ville dans le « Uscini » de Terzi, plus déformé en « Ulcismi » chez S. Giamil, un des deux diocèses suffragants de la métropole d'Urmi supérieure.

55 En Kurdistan central, cf. G. P. Bagger, cit., I, p. 399. Dans le texte l'auteur donne au métropolite trois suffragants dont les régions incluent Tergawer, Margawer, Somâva, Bradostnai et Mahmedayeh, alors que d'Urmi dépendent quatre évêques. Dans la récapitulation les deux métropoles ensemble ont trois métropolites (?) et cinq évêques (?). La correction de l'éditrice d'« évêque » en « patriarche » n'est pas toujours heureuse. — J.-B. Chabot, *Éloge* cit., *J.A.*, 1895, n. 1. — Sur le diocèse de B. Šamsdīn cf. P. Nasri cit., p. 498-499.

56 Réf. dans *Assyrie chrétienne*, II, p. 785, n. 2.

57 Barbier, p. 39-40; Le Strange, p. 165; *E.I.*1, IV (1934), s.v. *Ushnu*, p. 1106-1107 par V. Minorsky.

58 *Éloge* cit., p. 110-141.

59 Laquelle est à cinq jours de marche d'Ušnū.

60 *B.H.*, II, col. 450 et *Chronography*, p. 447-449.

Avec Ušnū on trouve dans cette hiérarchie le deuxième diocèse de « Chuchia » ou « Cuchia » en qui S. Giamil [61], a suggéré de reconnaître le village de Qūkīa, à environ 35 milles au nord d'Urmi et dont les habitants étaient tous musulmans en 1902.

Dans les environs d'Ušnū, à Singān, J. Shiel [62] signale les ruines de Dayr-i Šayḫ Ibrāhīm, également vénéré par chrétiens et musulmans, où il voit une ancienne église. Il est cependant difficile de suivre cet explorateur quand il y voit le tombeau de « l'évêque d'Ušnū », Abraham, qui assistait au sacre de Yahwālāhā III. Nous avons vu qu'Abraham était évêque d'Ūšnūḫ, ce qui est différent.

7. — Salmās et Ḫosrōwa

Le dernier diocèse attesté en 1281, avec ceux d'Ūšnūḫ et d'al-Rustāq, est celui de Salmās dont l'évêque Joseph assiste au sacre de Yahwālāhā III et entre à Bagdad avec lui [63].

Salmās, aujourd'hui Šāhpūr, est située à l'ouest de la pointe nord du lac d'Urmi [64], à deux jours de marche au nord de cette ville et à trois jours de Tabrīz. Ḫosrōva (Khosrō Ābād) est à trois kilomètres à l'ouest de Šāhpūr-Salmās.

Les chrétiens de Salmās-Ḫosrōwa [65] se considèrent comme originaires du pays et font remonter leur christianisme aux premiers siècles de notre ère. Ils placent dans leur ville le martyre de l'Apôtre Barthélemy [66]. On a vu qu'on n'y a pas trouvé d'évêque avant la fin du XIIIe siècle.

Une Mission de Franciscains s'y établit avant 1318; on ne sait jusqu'à quelle date elle subsista.

Le diocèse syrien oriental continue à exister puisque, au moment de l'élection de Sulāqa, en 1552, l'évêque de Salmās (on précise bien qu'il n'est pas métropolite) est un des trois évêques électeurs [67].

En 1562, donc dix ans plus tard, ʿAwdīšōʿ IV se vante d'avoir un métropolite à Salmās, dont aurait dépendu trois évêchés. Ceci nous

[61] *Gen. rel.*, p. 64, n. 2.

[62] *Notes on a Journey from Tabriz* (1836), *J.R.G.S.*, VIII (1838), p. 54-101, cité par V. Minorsky.

[63] Ṣliwa ar., p. 124; *The Monks*, p. 155; *B.O.*, III.II, p. 773; *O.C.*, II, col. 1329-1332; voir aussi col. 1283-1284.

[64] Barbier, p. 315-316; Vanden Berghe, *Bibliographie*, n° 298.

[65] R. Duval, *Inscr. syr. de Salamas*, citant Smith et Dwight, *Missionary Researches*, p. 352.

[66] D'après le *De locis fr. Minorum*, *Archivum O.P.*, p. 73-75.

[67] *Gen. rel.*, p. 15, n.; J. Habbi, *O.S.*, XI (1966), p. 106.

donne au moins les noms de villages importants où il y avait alors des chrétiens :

— Baumar, situé dans la plaine de Salmās [68],
— Šāpāṭ, où il restait en 1902 quelques Chaldéens dans un village à majorité kurde [69],
— Wasṭān, naguère dépendant, avec Vān, de la métropole d'Aḫlāṭ en Grande Arménie [70].

En 1580 on constate un groupement administratif différent dans la titulature de Simon Denḥa, qui unit le Ǧīlo [71] et Seert à Salmās. Devenu catholique [72], il est bientôt patriarche chaldéen sous le nom de Simon IX (1581-1600). Ne pouvant résider à Āmed à cause des persécutions suscitées par son rival, le patriarche Élie de Mossoul, il fixe sa résidence à Ḫosrōwa, dont la principale église était sous le nom de S. Georges [73].

Là est également, plus tard, la résidence de l'évêque chaldéen de Salmās [74] qui porte le titre de métropolite d'Āḏarbāyǧān [75].

Entre temps, en 1751, le diocèse de Salmās avait été ravagé par Oz Bey et par divers fléaux. Le titulaire de cette époque, Īšō'yaw, alla résider à Ṣedūḥ « village du métropolite d'Āmed, Gazārta et Seert » [76]. On voit que les titres continuent à changer.

Le cimetière de Ḫosrōwa contient « plus d'une centaine de tombes éparses dans un immense champ » [77]. Elles sont marquées de grosses pierres tombales taillées dans un tuf volcanique. Parmi les inscriptions chaldéennes des inscriptions en latin et en français marquent

68 *Gen. rel.*, p. 65, n. 5.

69 *Ibid.*, n. 6.

70 V.g. dans les *qanōnē* d'Abū Ḥalīm.

71 Le « Ceulah » des pèlerins de 1606 ? *Gen. rel.*, p. 102 et n. 2.

72 *Ibid.*, p. 89, n. 1, 93, n. 2, 115; Tfinkdji, p. 10.

73 Cod. LXVI de Léningrad, catal. N. Pigoulevskaya (1960). L'église, reconstruite en 1885 par Mgr Valerga est à nouveau en ruines depuis le séisme de 1929 (de Mauroy). Trois des successeurs (nestoriens) de Sulāqa résideront en partie ou totalement à Ḫosrōwa pour la même raison : Simon XI, XII et XIII, qui règneront de 1638 à 1700 Cf. A. Lampart, *Joseph I* (1966), p. 63-64, cité par J. Habbi dans *Parole de l'Orient*, II.1 (1971), p. 126, n. 16.

74 Tfinkdji, p. 65-67.

75 Beaucoup plus tard le patriarche chaldéen Nicolas Zéy'a (1839-1846) aura été, depuis 1836, « archevêque » d'Āḏarbāyǧān (Salmās). Il revient à Ḫosrōwa après sa démission et y meurt en 1855. *Gen. rel.*, p. 400-411.

76 Colophon ajouté au Cod. 54 (recueil d'hymnes) de Seert, *Catal.*, A. Scher, p. 37.

77 H. de Mauroy, cit.

les tombes des Pères Lazaristes et des Filles de la Charité morts en Mission. Quelques tombes sont ornées d'une sculpture en forme de bélier, une parmi les autres est marquée des outils du charpentier. Les inscriptions des pierres tombales de métropolites chaldéens de Salmās, ont été relevées par plusieurs personnes [78].

8. — Marāġa

Marāġa, la ville « la plus grande et la plus célèbre de l'Āḏarbāyğān » au début du XIIIe siècle [79], fut choisie par Hülegü comme capitale en 1256, succédant à Tabrīz qui était le centre de la province sous les derniers Abbassides et qui le redeviendra sous les derniers Ilkhans [80].

La « ville royale » [81] fut résidence patriarcale, déjà occasionnelle sous Denḥa (1266-1281), presque permanente sous Yahwālāhā III (1281-1317). C'est l'archidiacre anonyme de cette « cellule patriarcale » qui écrivit la vie de ce dernier [82].

Pour Denḥa, que nous avons déjà rencontré à Ušnū, il était à Marāġa quand les deux moines uyġurs, Rabban Ṣawna et Marc y arrivèrent [83].

Quand Marc est devenu le patriarche Yahwālāhā III, il y reçoit plusieurs fois la visite de Khans : Arġūn, en 1289, lui fait baptiser son fils Ḫardabanda [84]; Gayḫātū vient deux fois pendant l'été 1292 [85], et Ġāzān est l'hôte du patriarche pendant trois jours en 1300 [86].

Notons au passage une relique qui nous est parvenue de cette période, un manuscrit daté de 1293, copié à la « cellule » patriarcale par le prêtre moine Joseph [87].

Hélas, la vie du catholicos à Marāġa ne fut pas toute en réceptions

78 Dont feu Mgr Zéya Dasthu et M. le pasteur Hornus.

79 Barbier, p. 521-522.

80 Le Strange, p. 159-171; Hoffmann, *Auszüge*, p. 222-227; *E.I.*^{1}, III (1936), p. 277-282 par V. Minorsky. Pour al-Mustawfi (XIVe s.) ce sera « l'ancienne capitale de l'Āḏarbāyğān ».

81 Cod. Vat. syr., CLXXIV, *catal.* Assemani, III, p. 360.

82 D'après le ms. 53 d'Urmi, *catal.* 1898, p. 12.

83 *The Monks*, p. 140.

84 *Ibid.*, p. 199. — Le baptême « magique » est quelquefois encore pratiqué de nos jours en milieu musulman. Arġūn lui-même n'était pas chrétien (mais bouddhiste) comme il le précise dans une lettre de 1290 au pape. Cf. J. Richard, *The Mongols and the Franks*, dans *Journal of Asian History* (Indiana Univ.), III.1 (1969), p. 55, n. 41 avec réf.

85 *The Monks*, p. 204.

86 *Ibid.*, p. 242.

87 À la bibliothèque partiarcale chaldéenne à Bagdad, *Éthique* de Bar Hébraeus (Cod. A. Scher 99, Bidawid 521). Mingana syr. 156 fut copié dessus en 1896.

royales. Malgré la protection mongole il fut, de 1295 à 1297, plusieurs fois en butte à des vexations et même en danger d'être assassiné.

En 1295 l'émir Nawrūz déclencha la persécution, profitant du relâchement du pouvoir central (Gayḫātū et Baydū assassinés à quatre mois d'intervalle). Le patriarche est arrêté, torturé, et ne doit son salut qu'à l'intervention du roi des Arméniens, Hayṯam [88]. Ayant pu quitter la ville, il est dénué de tout quand il y revient, pour être obligé de s'enfuir une seconde fois devant la persécution. C'est alors que ses disciples sont torturés à leur tour [89].

La période de violences dura jusqu'à Pâques 1296. Nous verrons bientôt quels en furent les effets sur les églises de la ville. Profitant de l'accalmie causée par l'édit de protection que lui accorde Ġāzān [90], le patriarche monte jusqu'au camp royal pour remercier le Khan, en juillet 1296 [91].

La fin de 1296 et le début de 1297 sont marqués par une nouvelle éruption de fièvre populaire. Se prétendant en possession d'un édit pour forcer les chrétiens à apostasier, un certain Šenāḫ al-Taymūr (?) excite une émeute. La « cellule » patriarcale est pillée par la populace [92]. Les émirs mongols essaient de contrôler le tumulte et de faire restituer les objets volés ; l'émeute augmente, la cellule est détruite et plusieurs moines tués. Dans le reste de la ville, les églises ont également à pâtir.

Le patriarche et ses disciples sont sauvés cette fois par la reine Būrgeṣin Argī [93] qui les cache pendant cinq jours puis les fait partir à Šāqāṭū, d'où ils gagnent la montagne de Siya Kūh [94]. De là ils se rendent à Hamadān pour rencontrer le roi. Celui-ci donne des ordres sévères ; les pillards présumés sont appréhendés et battus, très peu du butin est récupéré.

À part l'été de 1300 que le catholicos passe encore dans la cellule rebâtie de Marāġa [95], la biographie de Yahwālāhā ne parle plus de la ville.

En fait, il y revient encore, par exemple en 1304, quand le Domini-

[88] *Ibid.*, p. 210.

[89] *Ibid.*, p. 216.

[90] *Ibid.*, p. 221. — Ġāzān lui-même était musulman depuis 1295.

[91] *Ibid.*, p. 224.

[92] *Ibid.*, p. 226-230. Voir p. 227 la liste des objets précieux dérobés.

[93] Ou Būrgesina Bagi (?).

[94] Kale Siah, à l'est de Maku, au nord-ouest de Ǧulfa, à l'extrême nord de l'Āḏarbāyǧān iranien.

[95] *The Monks*, p. 241.

cain Jacques d'Arles-sur-Tech est auprès de lui et reçoit du patriarche un message pour le nouveau pape Benoît XI [96].

La Mission des Dominicains à Marāġa prend corps quand, en 1318, le pape Jean XXII crée la province ecclésiastique latine de Sulṭānīya [97], comprenant tout l'empire mongol (sauf les terres à l'ouest de l'Ararat), la Transoxiane et toute l'Inde. Un des suffragants de l'archevêque de Sulṭānīya est l'évêque de Marāġa.

Vers 1320 Marāġa est également mentionnée dans le *De locis Fratrum Minorum et Fratrum Praedicatorum in Tartaria* [98], et encore en 1329/30 par Jourdain Cathala de Séverac dans ses *Mirabilia descripta* [99] qui appelle Marāġa « Ur Chaldaeorum, ubi natus fuit Abraham, quae est civitas opulenta valde et distat a Thaurisio per II dietas », et y met un millier de « convertis » parmi les « schismatiques ».

Entre 1318 et 1374 trois évêques latins de Marāġa sont connus, tous dominicains. En 1363, quand la Société des Pérégrinants est suprimée, ils sont remplacés par les Frères Uniteurs arméniens qui avaient fait beaucoup de recrues locales. À leur retour, en 1374, les Pérégrinants travaillent avec les Uniteurs.

En fait, depuis 1335, à la mort d'Abū Sa'īd, la monarchie mongole s'était émiettée en une poussière d'émirats locaux, rivaux les uns des autres et toujours en guerre. On verra que certaines des installations chrétiennes à Marāġa avaient même déjà disparu avant cela.

À part la maison des Dominicains, quelles étaient ces installations ?

À travers les pages de la vie de Yahwālāhā III, deux églises et un couvent apparaissent à Marāġa :

C'est d'abord la vieille église de Mār Šallīṭa [100] que le patriarche fait démolir peu de temps après son élection (1281) pour la faire reconstruire avec splendeur.

En 1295 l'église fut victime de la persécution de Nawrūz, elle fut pillée et détruite.

Rebâtie dans la suite, elle reçut en propriété un village donné par l'émir Irnāğīn, dont le père, la mère et la femme étaient enterrés dans cette église.

À côté de Mār Šallīṭa apparaît en 1291 l'église de Mār Māri et Mār Guiwārguīs. Rabban Ṣawma, le vieux maître et compagnon

96 R. Loenertz, *La Société des Pérégrinants* (Institut historique dominicain, 1937), p. 161, réf. dans note 47, p. 162.

97 *Ibid.*, p. 160-163; *Archivum Fratrum Praedicatorum*, II (1932), p. 43-44.

98 Texte dans *Archivum* cit., p. 73-74.

99 Texte, *ibid.*, p. 75-76.

100 *The Monks*, p. 164, 205, 213, 305.

de Yahwālāhā, lassé de ses pérégrinations qui l'avaient conduit jusqu'aux cours de Byzance, de Rome, de Paris et d'Angleterre, voulut se fixer à Marāġa et y avoir son église. Il obtint de Gayḫātū la permission de se bâtir cette église et même d'y mettre les vases et ornements de l'église du camp royal du temps d'Arġūn. La construction étant terminée en 1293, le pieux Rabban Ṣawma dota son église de reliques : de S. Étienne, de S. Jacques l'Intercis et de S. Démétrius. Puis il s'installa dans la « cellule » qu'il avait fait édifier à côté de l'église, espérant bien y passer en paix les dernières années de sa vie.

Heureusement qu'il mourut, à Bagdad, en 1294, sans quoi le saint homme aurait assisté, en 1295, à la persécution de Nawrūz, qui menaça son église. Celle-ci fut sauvée grâce à l'intervention du roi Hayṯam.

En 1296/97 elle échappa encore à la destruction, mais eut à subir un pillage [101].

L'édifice religieux le plus important de cette période est certainement le couvent de St-Jean-Baptiste [102] fondé par Yahwālāhā en 1294, à une distance de deux tiers de parasange au nord de Marāġa.

La construction était arrivée à hauteur du départ des voûtes quand les troubles déclenchés par l'assassinat de Gayḫātū commencèrent. Le travail fut donc interrompu de 1295 à 1301. Cette année-là, le catholicos put achever l'œuvre; l'église avait 60 coudées de long et 20 de large. L'autel était surmonté d'un dôme décoré de carreaux de faïence verte. Des reliques en grand nombre vinrent enrichir ce temple admirable, que le patriarche consacra lui-même au cours d'une fête splendide.

Le couvent avait coûté 420.000 zūzé [103]. Notons au passage parmi les propriétés que le patriarche consacra à son entretien le village de Ḏāwī, à l'est de Marāġa [104].

La biographie de Yahwālāhā [105] n'a rien à dire des premières années de la vie du couvent. Le patriarche y réside quand, en 1308, le Khan Ölğeytü, son ancien élève [106], le visite et lui accorde l'exemption d'im-

101 Ici, les traditions locales permettraient probablement quelques localisations : une mosquée (laquelle ?) serait connue comme ancienne église; on parlerait encore aussi d'un « jardin de l'église ». Ceci d'après des renseignements communiquée par un vieux diacre nestorien, aujourd'hui défunt, qui y passa en 1915.

102 *The Monks*, p. 208, 243, 247, 248, 258, 260, 302, 307.

103 Que Budge donne comme équivalant à entre 40 et 50.000 livres sterling, en 1928...

104 V. Minorsky suggère de reconnaître ce village (dont il épelle le nom : Dahli) dans le « Kilisa-kändi », le « village de l'église », qui existe encore au nord-est de Marāġa.

105 Dont le texte syriaque, que nous possédons, est la traduction d'un original persan perdu.

106 Voir aussi le *Tableau chronologique des huit khans mongols de Perse durant l'épisco-*

pôt. Le prélat y passera l'hiver et l'été 1308-1309, y reviendra en 1310, las et brisé après les massacres d'Erbil. C'est dans ce couvent qu'il mourra et sera enseveli, en novembre 1317.

On ne sait combien dura le grand couvent de Yahwālāhā. Ṣlīwā conclut sa notice sur le patriarche en disant : « Quand les musulmans s'emparèrent du couvent [107], son corps fut transporté au couvent de Mār Miḫā'īl au pays d'Erbil » [108], à Tar'īl.

Quand ceci se produisit-il ? Certainement avant 1349, date de rédaction de la *Chronique des patriarches d'Orient* de Ṣlīwa. Ce ne peut être durant le règne d'Ölğeytü lui-même, comme semble le suggérer Budge [109], puisque Yahwālāhā survécut d'un an à ce Khan. Il est donc plus normal de placer la spoliation du couvent sous le règne du Khan Aḥmad (1316-1335). C'était aussi le moment où le patriarche Timothée II (1318-1332) résidait à Erbil. Certaines formes durent être respectées dans la prise de possession, puisqu'on permit aux chrétiens d'emporter les restes du fondateur.

9. — Tabrīz

Tabrīz [110], simple village avant l'Islam, devint une ville à la fin du VIIIe siècle. Malgré plusieurs destructions par des tremblements de terre elle continua à progresser et joua trois fois le rôle de capitale de l'Āḏarbāyğān, voire de l'empire, sous les derniers Abbassides, sous les Ilkhans après Marāġa, et à partir du XVIIe siècle.

L'église des Nestoriens [111] était sous le patronage de « Mart Maryam, Étienne et Georges ». Elle est mentionnée dans un colophon de 1262 [112].

pat de Yahbalaha, par A. G. Zananiri, dans deux articles de *L'Ami du Clergé* (no du 9/I/1964, p. 14-16 et no du 16/I/1964, p. 19-22) sous le titre *Yahbalaha III, les Mongols et le Saint Siège.*

107 Il n'y a pas lieu de traduire avec N. Siouffi, cit. p. 94 : « Quand les musulmans eurent enlevé ce couvent d'assaut ».

108 Ṣliwa, ar. p. 125; *B.O.*, III.II, p. 457; *Assyrie chrétienne*, I, p. 180.

109 Budge, dans *The Monks*, p. 109 dit : « Durant son règne l'Église nestorienne fut détruite en Chine, en Asie Centrale, dans l'Irāq al-'Ağami et en Mésopotamie », sans donner de références.

110 Barbier, p. 132-134; Le Strange, p. 159-164; *E.I.*[1], IV (1934), p. 612-623, par V. Minorsky.

111 '*Umra.*

112 Recopié dans le Cod. Patr. chald. 26, catal. A. Scher, p. 13 et dans Cod. Urmi, no 218. Le scribe était le prêtre médecin Sawrīšō'. Sa désignation comme « quelqu'un qui resta des miettes d'Erbil » semble être un anachronisme du copiste de 1889, car le grand exode d'Erbil ne se produisit pas avant la fin du XIIIe et le début du XIVe siècle, jusqu'aux massacres de 1310.

La ville de Tabrīz fut à peu près ruinée par l'oppression des fonctionnaires de Gayḫātū [113] en 1294.

En 1295, échappant à la persécution de Marāġa grâce au roi d'Arménie Hayṯam, le patriarche Yahwālāhā III y arrive en déguisement dans la suite du roi. Il y est reçu par Ġāzān [114].

L'année suivante, lors de la deuxième vague de persécution, les églises de Tabrīz sont entièrements détruites [115]. C'est vers cet époque que Muẓaffar-Īwānīs de Tabrīz traduit en persan le Diatessaron pour les chrétientés du nord-est [116].

En 1299 et 1301 le catholicos vient de nouveau à Tabrīz. À la seconde date il y rencontre encore Ġāzān [117]. Du temps de ce roi le ministre Rašīd al-Dīn ajoute de nouveaux quartiers à la ville et, notamment, se fait envoyer de Rūm quarante jeunes gens et jeunes filles pour peupler l'un de ces quartiers. On ne sait si ces « Grecs » étaient chrétiens.

C'est encore à Tabrīz, « dans le grand dôme qu'il avait bâti... le monument le plus élevé du monde » situé dans le faubourg de Šam [118], que Ġāzān est enterré en 1304.

À la fin de l'hiver 1304-1305 le catholicos vint à Tabrīz [119]. Malheureusement la biographie de Yahwālāhā ne profite jamais de la mention de ces visites pour parler de la communauté syrienne orientale de la ville, sur laquelle on n'a aucun détail.

Nous retrouverons dans un paragraphe suivant Tabrīz syrienne occidentale. Disons seulement un mot des religieux latins établis dans la ville [120].

On sait qu'une colonie de marchands vénitiens fut installée dans la ville dès 1264. Or, le traité de commerce entre Venise et les Mongols avait prévu la liberté de culte pour les religieux latins. En fait, on trouve des Dominicains et des Franciscains à Tabrīz dès 1289-1290, au témoignage de Jean de Monte Corvino. Fra Ricoldo de Monte Croce y passe l'hiver 1290-1291.

113 B.H., *Chronography*, p. 497.

114 *The Monks*, p. 214-215.

115 *Ibid.*, p. 223; *Chronography*, p. 507.

116 Édition Nūr-Ǧihān (Tehran, sans date).

117 *The Monks*, p. 240, 249.

118 *Ibid.*, p. 254; Barbier, p. 132 note, d'après al-Mustawfi. — Šam serait une déformation de Šamb, la coupole.

119 *The Monks*, p. 257.

120 R. Loenertz, *Pérégrinants*, p. 152-160; *Archivum*, p. 40-42.

Avant 1318 les Franciscains ont même deux centres dans la ville [121]. Un évêché latin, suffragant de Sulṭanīya, y est établi à cette date. On lui connait cinq titulaires, tous dominicains, jusqu'en 1383.

Quant à la communauté « latine » de Tabrīz elle comptera en 1329/30, au témoignage des *Mirabilia descripta* [122], un millier de personnes converties du « schisme » et desservies par une église « assez jolie ».

Cette communauté connaîtra les mêmes tribulations que celle de Marāġa, entre la suppression et le rétablissement des Pérégrinants, en 1363-1374 et de plus par suite des dissensions intérieures des Franciscains [123]. On ignore son histoire après 1383.

Tabrīz fut prise par les Turcs en 1532. Il semble que les auteurs qui louent la modération dont fit preuve à cette occasion le sultan Soliman Ier [124] aient raison car il y eut certainement encore des chrétiens syriens orientaux dans la ville après cette date. Ils sont représentés parmi les laïcs qui postulent Sulāqa en 1552 [125].

La nouvelle prise de la ville par les Turcs en 1585 [126] fut plus domageable. La population fut ou massacrée ou déportée et remplacée par des Turcs, protégés par une vaste citadelle. Les quelques « Persans » qui restèrent eurent à supporter le joug le plus dur.

Au siècle suivant la ville reconquerra la suprématie sur Ardabīl, qui l'avait supplantée sous les Safavides.

Il semble même que le patriarche Simon X (1600-1625/38) y ait eu pour un temps son siège, si l'on en croit les pèlerins de Lhassa [127].

10. — Espurġan et Gavilan

Je ne connais aucun texte ancien sur Espurġan.

Cette localité [128], située près du lac dans la plaine d'Urmi [129], devait être assez importante pour que ʿAwdīšōʿ IV, en 1562, décide d'y implanter un métropolite [130], dont dépendait les évêques de « Nare », que

121 *De locis Fratrum Minorum*, dans *Archivum*, p. 73-75.

122 Dans *Archivum*, p. 75.

123 *Ibid.*, p. 41.

124 Barbier, p. 134 note.

125 *Genuinae relationes*, p. 15, n. 1 ; J. Habbi, *O.S.*, XI (1966), p. 106.

126 Barbier, p. 15 note, citant *Zinat al-maǧālis*.

127 *Gen. rel.*, p. 103 et n. 3.

128 *Ibid.*, p. 65, n. 1.

129 Près d'elle se trouve une des rares collines qui bordent le lac, la colline St-Georges, avec la source du même nom. R. T. Günther, *Contribution to the Geography of Lake Urmi and its Neighbourhood*, dans *The Geographical Journal*, XIV (1899), p. 508.

130 Terzi, p. 311 ; *Gen. rel.*, p. 65.

S. Giamil [131] identifie à Nazi, village à l'ouest d'Urmi, et de « Cian » ou « Giennum », pour lequel le même auteur [132] suggère Gavilan, village également situé dans la plaine d'Urmi.

Espurġan ne semble plus avoir été évêché jusqu'à ce que, à la fin du XIXe siècle, pour compenser les défections de ses évêques de la région qui avaient joint les rangs des Protestants ou des Orthodoxes Russes, le patriarche nestorien y crée un nouvel évêché. Le nouvel évêque, Yawnān, mourra en 1910 [133]. Le village, entièrement chrétien, comptait environ mille âmes en 1902.

À Gavilan, à côté de l'église de pierre [134], on voit encore des tombes (récentes) de prêtres et d'évêques [135]. Au nord de Gavilan, à Jamalābād, on voit aussi aujourd'hui une grande église bâtie en pierres [136].

11. — Dih-Ḫirgān

Cette localité, dont le nom est écrit de plusieurs façons différentes [137], était située à mi-route entre Tabrīz et Marāġa [138], sur l'ancienne route des caravanes [139]. Les sources syriaques ne mentionnent pas (que je sache) sa communauté chrétienne. Celle-ci devait cependant exister puisque des Pérégrinants s'y fixèrent et qu'elle est citée parmi leurs trois « loca » en 1320 [140].

En fait, la ville était le siège d'un évêque latin dominicain depuis 1318 [141]. Un autre titulaire est encore connu, prolongeant l'existence de cet évêché au moins jusqu'en 1349.

12. — L'église du camp royal

Comme on l'a remarqué [142], les premiers Ilkhans n'ont guère laissé de monuments, car ils étaient semi-nomades. Leur « capitale », la « Horde », était une cité de tentes qui les suivait dans leurs prérégrinations.

131 Cit., p. 65, n. 2.

132 *Ibid.*, n. 3. Son dernier évêque mourut en 1868.

133 P. Nasri, *Machriq*, XVI (1913), p. 496; Hornus cit. (1971), p. 142 n.

154 De 9 m. sur 6. Cf. de Mauroy.

135 Sur son évêque au milieu du XIXe siècle, d'après de Challaye, cf. Hornus, *P.O.C.*, XXI (1971), p. 133-147.

136 16 m. sur 11, d'après de Mauroy.

137 Barbier, p. 247.

138 À une distance de deux journées de chaque.

139 R. T. Günther, cit., p. 504-523, carte p. 592.

140 Texte dans *Archivum* cit., p. 73-74 sous le nom de Diacorogon.

141 R. Loenertz, *Pérégrinants*, p. 163; *Archivum*, p. 42-43.

142 *Chronography*, p. 411.

Déjà du temps de Gūyūk (vers 1250) et de sa mère Tūrkīnā Ḫātūn, « son camp était plein de saints hommes, de prêtres et de moines ». Le Khan, qui était un « vrai chrétien », était entouré de chrétiens, dont un certain Qadaq qui lui servait de « conseiller et gouverneur ». Ainsi « de son temps, la corne de nombreux partisans du Christ fut exaltée », dit Bar Hébraeus. Budge [143] en conclut qu'il y eut, dès cette époque, « une tente chapelle dressée à côté du pavillon royal ».

De fait on a plusieurs indications que ce camp (qui était souvent dans la province qui nous occupe) possédait une tente chapelle dotée même d'un chapelain attitré. On pourra verser cette présence au dossier de l'aumônerie militaire si l'on veut, mais la réalité serait plus proche d'un aumônier de harem, si l'on peut ainsi s'exprimer.

En effet la première église établie dans *l'Ordu* l'avait été par la fameuse Doqūz Ḫātūn, "la reine croyante et vraiment chrétienne" comme l'appelle Bar Hébraeus [144], la femme kéraïte de Hülegü († 1265), grâce à laquelle "dans toute l' étendue de l'empire, on élevait journellement de nouvelles églises" [145].

C'est probablement dans cette église que le patriarche Denḥa Ier, en 1281, sacra son futur successeur, le moine Marc, comme métropolite de Tūngut [146].

C'est dans cette tente-église que le Khan Gayḫātū assista à la fête de la Vierge en 1391, le catholicos Yahwālāhā III célébrant les Mystères. L'auteur de la biographie de ce dernier est dithyrambique sur le spectacle de cette cérémonie, à laquelle il assistait peut-être à côté du patriarche dont il était l'archidiacre : « les fils des rois, les filles des reines, les émirs, les nobles et les troupes étaient rassemblés là », écrit-il [147].

À ce moment le camp était dressé à la résidence habituelle d'été des Ilkhans, la « Montagne multicolore » (Ālā Dāġ), au nord-est du lac de Vān [148], près des sources du Murād Sū, une des branches de l'Euphrate.

Après l'église de Doqūz Ḫātūn, on trouve dans le camp royal une

143 *Ibid.*, préface, p. VIII.

144 *Ibid.*, éd. BEDJAN, p. 491.

145 RASCHID EL-DIN, *Histoire des Mongols de Perse*, éd. trad. E. QUATREMÈRE (1836/1968), p. 93-95. L'outrecuidance des chrétiens à cette époque, de la Mongolie (Rašīd al-Dīn cité dans *Iran*, IX (1971), p. 25), à Damas (*Collier de perles*, p. 215-216), doit beaucoup à l'arrogance de cette reine. Références sur elle dans *Early Spread*, p. 312 et note.

146 ṢLIWA ar., p. 123; B.H., II, col. 452; N. SIOUFFI, *J.A.*, janvier 1881, p. 91 ne traduit pas al-Ordu mais introduit un lieu qu'il appelle « Ardawa ».

147 *The Monks*, p. 200-202.

148 *E.I.*², I (1960), p. 356.

seconde tente-chapelle, celle-ci érigée par le Khan Arġūn en 1288 [149].

Connaissant l'intention du roi d'élever cette église « à la Porte du royaume », Rabban Ṣawma, retour de son ambassade en Occident, suggéra à Arġūn d'inviter le catholicos à la consacrer et d'en profiter pour lui remettre les ornements pontificaux envoyés par le pape à son intention.

En fait la tente-église fut dressée si près de la tente royale que leurs cordes s'entremèlaient. Le roi, qui, semble-t-il, ne craignait pas le bruit, ordonna que les prières chantées et accompagnées des simandres n'y cessassent point à son intention. Évêques, prêtres, diacres et moines assurèrent ce service, on ne dit pas pendant combien de temps, « et ainsi, dit l'auteur, la gloire des chrétiens, tant orientaux qu'occidentaux [150], augmenta ».

Le recteur de cette église fut Rabban Ṣawma lui-même, qui devait veiller à ce que les prières pour le roi ne cessent pas, régir prêtres et diacres, et recevoir les visiteurs. « Et quand le camp changeait de place, les prêtres déplacaient l'église et tout son mobilier. »

Le roi Arġūn étant mort et ayant été remplacé par son jeune frère Gayḫātū, celui-ci, après la grande fête de la Vierge, célébrée, nous l'avons vu, dans l'église de Doqūz Ḫātūn, semble avoir moins apprécié la présence d'une église bruyante à côté de sa tente. Bien sûr, l'auteur souligne qu'il était impartial en matière religieuse, mais quand Rabban Ṣawma lui demandera, la même année 1291, pour toutes sortes de bonnes raisons (il était devenu vieux, la vie des Mongols était dure, on faisait des séjours prolongés dans des déserts, etc.) de se construire une église en ville et de déménager le mobilier de la tente-église d'Arġūn, Gayḫātū n'y verra pas d'objection. Les vases sacrés et ornements furent donc transportés à la nouvelle église de Mār Māri et Mār Guōrguīs, en ville [151].

Quand, en 1294, le catholicos revient au camp royal d'été de l'Ālā Dāġ [152] on ne parle plus de cérémonie religieuse.

Baydū, qui ne règna que pendant un temps très court en 1295, avait déjà une église dans son camp avant d'accéder à la royauté [153]. Personnellement bien disposé vis-à-vis du christianisme, il recevait

[149] *The Monks*, p. 197-198.

[150] Les Syriens (?) ou les « Latins », puisque R. Ṣawma revenait de Rome et que le patriarche portait probablement ce jour-là les ornements « occidentaux » offerts par le pape (?)

[151] *The Monks*, p. 203.

[152] *Ibid.*, p. 207.

[153] *Chronography*, p. 505.

volontiers, avec les nobles et les savants, les moines et les ascètes, à quelque communauté qu'ils aient appartenu, qui passaient par là. Il s'appelait lui-même chrétien jusqu'à ce qu'il se convertisse à l'Islam, par politique, après son accession au pouvoir suprême; même alors il continua à porter une croix au cou.

Ici encore une femme avait joué un rôle dans l'établissement d'une église dans le camp : la Despina Ḫātūn, Marie, fille naturelle de Michel Paléologue, femme d'Abaqa, qui avait beaucoup d'influence sur Baydū.

Celui-ci avait donc eu une église qui « marcha avec son camp... pendant plusieurs années ». Cette église était dotée, évidemment, du personnel nécessaire. Bar Hébraeus qui en parle note seulement le « frappeur de simandre », car c'était là le signe tangible du « triomphe » du Christianisme, comme le premier acte de persécution était d'interdire le bruit de ces « cloches » de bois.

13. — La métropole : Barda'a ?

De quelle métropole dépendaient les évêchés anciens (Ganzak, Paidangaran) et plus récents (Urmi, Ūšnūḫ, al-Rustāq, Salmās) ?

Au début du Xe siècle apparait dans la région, attestée par la *Table* d'Élie de Damas [154], la métropole de Barda'a. À côté d'elle figure la métropole d'Arménie, créée par Timothée entre 799 et 804.

On ne sait quand fut instituée la métropole de Barda'a. Le siège occupe le quinzième rang dans la liste d'Élie, mais l'auteur ne suit pas l'ordre chronologique des établissements, ordre qui déterminait la préséance. En 900 le métropolite de Barda'a n'a pas d'évêque suffragant.

En fait, Ganzak et Paidangaran ne donnent plus signe de vie, et les autres diocèses n'apparaîtront que plus tard, Urmi en premier vers le début du XIIe siècle, les autres au XIIIe siècle.

La ville de Barda'a et la province d'Arrān représentent l'avancée la plus septentrionale de l'Église syrienne orientale.

L'Arrān [155], naguère Albanie, aujourd'hui l'Āḏarbāyğān soviétique, soit, par rapport à la Russie, la Transcaucasie orientale, est enserrée dans l'angle formé par l'Araxe au sud et le Kour au nord. La ville de Paidangaran, où nous avons relevé un des plus anciens centres du christianisme dans la région, dépend de l'Arrān; nous avons vu qu'elle avait échu aux Perses lors du partage de l'Arménie en 387.

154 *B.O.*, II, p. 458-459.

155 *E.I.*², I (1960), p. 680-681 par N. Frye; Barbier, p. 17, 51, 503; Le Strange,

La ville de Barda'a [156] fut, jusqu'au Xe siècle, la capitale de l'Arrān. Si l'on en croit l'étymologie populaire Bardah dār elle aurait été construite par Kavāt (488-551) pour y loger des captifs, probablement Syriens byzantins, ce qui expliquerait aussi l'origine du christianisme syrien dans cette région.

En 553/554, au témoignage de l'*Histoire ecclésiastique* du pseudo-Zacharie le Rhéteur [157], le peuple de l'Arrān, dont le roitelet est soumis à la Perse, est « fidèle et baptisé ».

Conquise par les Arabes en 652, la ville prospéra jusqu'en 943, date à laquelle elle fut ravagée par les Russes.

Du point de vue chrétien, l'Arrān figure dans la suscription du synode de Yahwālāhā Ier, qui se réunit en 420 [158]. On sait qu'on ne peut tirer argument de cette mention car le titre peut être tardif, œuvre d'un copiste, et de toute façon il n'est pas dit que tous les lieux énumérés aient été sièges épiscopaux [159].

La métropole de Barda'a semble subir une éclipse dans la liste d'Ibn al-Ṭayyib († 1043) [160], où par contre est mentionnée l'Arménie, le texte précisant que c'est une des trois métropoles qui restent sur les six fondées par Timothée.

'Awdīšō' de Nisibe donne la liste des métropoles dans deux textes différents de son œuvre. Dans la *Collectio canonum synodicorum* [161], il rappelle que Timothée fonda six métropoles. Il mentionne également l'Arménie (à laquelle il donne de 13e rang) parmi les deux provinces qui subsistent de son temps. Barda'a n'est pas nommée.

Au contraire, dans la seconde liste du même auteur, dans l'*Ordo judiciorum ecclesiasticorum* [162], au 13e rang, le 7e des métropoles extérieures, vient « Arrān et Alania. Son siège est Barda'a et Snīḫa, partie de l'Arménie ».

Faut-il, comme l'a fait le maître Dauvillier [163], identifier le siège de Barda'a avec celui d'Arménie, cette dernière remplaçant l'absente Barda'a dans la liste d'Ibn al-Ṭayyib et la première liste de 'Awdīšō' ?

p. 176-179.

156 *E.I.*², I (1960), p. 1072-1073 par D. M. Dunlop; Barbier, p. 91-93. En arménien la ville s'appelait Partaw; aujourd'hui Barda.

157 CSCO., t. 84, p. 214; t. 88, p. 144.

158 *Syn. or.*, p. 276.

159 A. Mingana, *Early Spread*, p. 319, se base sur ce seul texte pour mettre un évêque en Arrān dès 420 (?).

160 Ar., p. 121.

161 VIII.XIV. Mai, X.1, p. 141-142.

162 Trad. Vosté, p. 57; *Syn. or.*, p. 619-620.

163 *Provinces extérieures*, p. 278.

Sed contra : Élie de Damas distingue les deux sièges, de Barda'a (nº 9 des provinces extérieures) et d'Arménie (nº 6 des mêmes).

Par ailleurs on ne peut pas ne pas remarquer que, avant le temps de 'Awdīšō', la métropole d'Arménie avait disparu, le siège d'Arménie (Aḫlāṭ) était devenu simple évêché, d'abord semble-t-il rattaché à Mossoul, par exemple en 1072 [164], puis neuvième diocèse dépendant de Nisibe dans le pseudo-canon XXI d'Isaac tel qu'il est rendu (mis à jour) par 'Awdīšō', lui-même métropolite de Ṣōba (Nisibe) et Arménie [165]. On retrouve cet ordre dans les colophons de manuscrits [166], et Assemani, traduisant la *Table* d'Élie [167], avait déjà ajouté la remarque entre parenthèses : l'Arménie fut plus tard annexée par Nisibe.

Il y a donc deux Arménies, celle de Barda'a, qui est encore métropole en 1316, et celle d'Aḫlāṭ qui a été assimilée par Nisibe. Le recours aux circonscriptions administratives civiles nous aide à résoudre cette apparente contradiction : Aḫlāṭ était le centre d'un district appelé la Grande Arménie [168], alors que l'Arrān, avec sa capitale Barda'a constituait, selon la division arabe l'Arménie Ire [169], ou, comme le dit le deuxième texte de 'Awdīšō', une « partie de l'Arménie ».

La définition de l'Arménie Ire va également nous aider à déchiffrer le reste de ce deuxième texte. Relisons-le : « l'Arrān et le pays des Alains, c'est-à-dire Barda'a et Šnīḫa » [170]. Le pays des Alains [171] est connu, c'est le district entre le Kour et la Caspienne, au nord-est de l'Arrān. le Širwān [172] qui, avec l'Arrān, formait l'Arménie Ire. Selon Yāqūt les Alains étaient devenus chrétiens après l'Islam, sous les Abbassides; puis, après 922, ils abjurèrent et chassèrent le clergé envoyé par les Byzantins.

Cette présence byzantine (à côté des Syriens) explique que le grand Marché du Dimanche à Barda'a ait porté un nom grec, al-Kurki (Kuriakos) [173].

Une dernière démarche sera de préciser le mystérieux Snīka ou

164 Mari ar., p. 128, lat., p. 112.

165 V.g. dans le titre de son catalogue, *B.O.*, III.I, p. 3.

166 V.g. un hymnaire de 1483, cod. 43 de Mardin (*catal.* A. Scher) où Élie est « métropolite de Nisibe, Arménie, Mardin, Amid, Seert et Hassan Kéf ».

167 *B.O.*, II, p. 460.

168 *E.I.*², I (1960), s.v. *Arminiya*, p. 662.

169 *Ibid.*, p. 663.

170 Ceci d'après Vosté; Chabot écrit *Snīka*.

171 Barbier, p. 51 et 503; le pseudo-Zacharie, cit., p. 144, dit qu'ils ont cinq villes, que malheureusement il ne nomme pas.

172 Le Strange, p. 178-180.

173 Al-Iṣṭaḫri, cité par Le Strange, p. 177.

Šnīẖa qui, d'après ʿAwdīšōʿ, est le centre du pays des Alains comme Bardaʿa est la capitale de l'Arrān.

J.-B. Chabot [174] avait supposé « par pure conjecture » que le mot représentait une corruption de l'arménien Siunik; il avait en conséquence traduit par : la Siounie.

En fait la Siounie est bien en Arménie, mais au sud-est de Dvīn, en dessous du lac Sévan. De plus c'est un district et ici la phrase indique que nous avons affaire à une ville. Or, le centre du Širwān-Alanie est connu, c'était Šamāẖi [175], aujourd'hui Chemakha, à l'ouest de Baku.

Dans le même district du Širwān — pays des Alains — al-Maqdisi mentionne également une localité de Šābarān [176], à vingt lieues de Darband (Bāb al-abwāb) [177] dont la population était en majorité chrétienne.

Mais revenons à Bardaʿa. Nous avons vu que la ville fut ravagée en 943. Le christianisme syrien oriental n'en disparut pas pour autant. Deux et peut-être trois métropolites syriens orientaux de Bardaʿa sont connus [178] :

— Sawrīšōʿ, qui est un des électeurs de Jean bar Marta en 900. Le texte de Ṣlīwa [179], tel qu'il est publié par Gismondi, est tronqué. Assemani [180] a une meilleure version; au lieu du télescopage : Joseph, métropolite de Bardaʿa, il restitue : Joseph, métropolite de Merw, et Sawrīšōʿ, métropolite de Bardaʿa.

— Élie, qui, d'évêque de Balad, est créé métropolite par Māri II (987-999) [181].

— Probablement Nesṭōrus Šaẖsa, originaire de Ḥadīṯa du Tigre et évêque d'al-Nuʿmāniya, transféré par ʿAwdīšōʿ III b. al-ʿĀrid (1075-1090) au siège de « Barāh » ou « Barā(t) » [182].

D'après ʿAwdīšōʿ de Nisibe, le siège métropolite de Bardaʿa aurait continué à exister jusqu'au début du XIVe siècle [183].

174 *Syn. or.*, p. 620, n. 2.

175 Barbier, p. 353, appelée aussi al-Yazīdīya, *ibid.*, p. 612.

176 Barbier, p. 338.

177 *Ibid.*, p. 68-73.

178 *O.C.*, II, col. 1287-1288.

179 Ar., p. 83.

180 *B.O.*, II, p. 440.

181 Ṣliwa ar., p. 95; *B.O.*, II, p. 443.

182 T final muet; Mari ar., p. 131. Dans la traduction latine, p. 114, Gismondi a lu « Hérāt » ?

183 Comme d'habitude je ne fais pas état des listes synthétiques de Ṣlīwa : ar., p. 126, nº 16, Būdaʿ, et de ʿAmr, ar., p. 132, nº 14.

Mais, même si le titre subsiste, il est possible que le métropolite n'ait plus résidé dans la ville, ni même au Širwān.

Après les premiers ravages des Russes en 943, « l'injustice de ses gouvernants et une administration de fous » [184] sous les Musāfirides Daylamites (jusque 983) avaient définitivement réduit « la plus belle ville (à part Rayy) entre l'Irāq et le Ḫorāsān » [185] à l'état d'« un village au milieu de ruines, hanté par quelques mendiants » [186]. Baylaqān elle-même, qui avait remplacé Barda'a, fut détruite par les Mongols en 1221.

Où fut donc le nouveau centre chrétien de la province syrienne orientale ? Il serait tentant de penser que ce fut à Urmi. En effet, non seulement on y trouve des évêques entre 1111 et 1132, mais même le seul évêque de la région pour la consécration duquel Élie III abū Ḥalīm (1176-1190) ait composé des *qanōné* spéciaux est celui d'Urmi [187]. Cependant dans les textes concernant 'Awdīšō' d'Urmi en 1111 et son successeur avant 1132, ceux-ci sont appelés « évêques » et non pas « métropolites » et viennent en fin de liste. L'« évêque » d'Urmi ne portait donc pas le titre de métropolite à cette époque.

Même mystère à propos de l'unique « métropolite d'Āḏarbāyǧān », Jean [188], qui est présent au sacre du patriarche Denḥa en 1265 [189] et à celui de Yahwālāhā III en 1281 [190].

Représente-t-il une mutation du métropolite de Barda'a attesté avant lui (1075/90) et après lui (début du XIVe s.) ? Et si les textes sont précis, où habitait ce métropolite ? En 1265 et 1281 le centre de gravité du christianisme en Āḏarbāyǧān s'était déplacé, avec l'avènement de la domination mongole, vers Tabrīz et Marāġa. Il est de fait qu'on ne connait pas d'évêque syrien-oriental de ces deux villes [191].

On a vu également que quand le diocèse d'Āḏarbāyǧān, silencieux

[184] Ibn Ḥawqal, cité, dans *E.I.*², I, s.v.

[185] Iṣṭaḫri, *ibid.*

[186] Yaqut, s.v.

[187] Dans les Pontificaux mss. v.g. Cod. Palmer du Patriarcat chaldéen, *Catal.* A. Scher, 55 ; Bidawid, 341), p. 525-559 ; Add. 1998 de Cambridge (*catal.* Wright, p. 340)...

[188] *O.C.*, II, col. 1283-1284 lui donne le nº II.

[189] Ṣliwa ar., p. 121 ; *B.O.*, II, p. 456.

[190] Sa biographie, éd. Bedjan, p. 37 ; *The Monks*, p. 155.

[191] Il ne faut évidemment pas retenir les « divagations » du bon P. Le Quien (*O.C.*, II, col. 1285-1286) qui met correctement son « Église de Maraga » en Āḏarbāyǧān et la distingue soigneusement de Marga « urbs episcopalis de qua postea dicitur », puis revient attribuer à « Maraga » deux évêques qui appartiennent en fait à Marga, dont l'écrivain Thomas lui-même.

depuis 605, reparaît chez ʿAwdīšōʿ de Nisibe [192], ce n'est plus alors qu'un simple évêché dépendant du métropolite « d'Arbèle, Ḥazza, Āṯōr et Mossoul ».

Le fait est confirmé quand on précise qu'il n'y a plus un seul métropolite de l'Église syrienne orientale quand a lieu l'élection d'un patriarche, en 1552. Parmi les trois « évêques » qui postulent Sulāqa du pape Jules III [193] figure le titulaire d'Āḏarbāyǧān.

On voit que l'histoire de l'évolution du siège d'Āḏarbāyǧān est loin d'être claire. On voudrait pouvoir être aussi intrépide que le patriarche Georges Ebedjésus Khayyath qui mentionne sans hésiter comme seizième métropole : « Bardaʿa *ou* Āḏarbāyǧān, avec des évêques à Tabrīz (ou Ecbatane), Ardabīl, Marāġa, Salmās, etc. » [194], quitte à ajouter que quelquefois les droits métropolitains furent octroyés à Tabrīz, ou Tabrīz et Salmās...

Si nous devions entrer dans la période moderne nous trouverions encore des groupements différents des diocèses chaldéens et « assyriens ». Arrêtons-nous à la limite que nous nous sommes fixée pour l'étude du christianisme en Iran : l'union de Sulāqa à Rome en 1552.

B. — Les Syriens occidentaux

1. — Le diocèse d'Āḏarbāyǧān (ouest)

Un autre petit imbroglio nous attend ici. Les études sont prudemment vagues quand il s'agit du ou des diocèses syriens occidentaux d'Āḏarbāyǧān. Mgr Barsaume [195] range sous le même nº 28 : « Āḏarbāyǧān (Iran) : parmi ses villes (on compte) Tabrīz dont l'évêque est mentionné en 1272, et Urmi dont on connait le « métropolite » Ignace Gabriel en 1189 ».

Le maître Honigmann parle séparément de l'Āḏarbāyǧān, d'Urmi et de Tabrīz [196]. À propos du premier, en 1166, il dit : « On ne sait où résidait l'évêque jacobite de cette province (à Ardabīl ?) ; Barhébrée nomme Tabrīz et Marāgah à côté d'Adorbaïgān ».

[192] Dans le même pseudo-canon XXI d'Isaac, *Syn. or.*, p. 619 ; *Ordo*, p. 56, où Bardaʿa est métropole.

[193] *Gen. rel.*, p. 506 ; J. Habbi, cit., p. 106. — Assémani (*B.O.*, III.II, p. 300) mentionne encore l'évêque Gabriel qui partit au Malabar en 1708 et fit profession de foi catholique en 1712.

[194] *Syri orientales... et Romanorum Pontificium Primatus* (Rome, 1870), p. 153.

[195] *Aperçu*, p. 198.

[196] *Barsauma*, p. 112-113, 164-165, 169.

C'est un fait que, par trois fois [197], Bar Hébraeus distingue l'Āḏarbāyğān de Marāġa et Tabrīz (ou de Marāġa seule). Il va bientôt ressortir des textes syriens occidentaux que, avant le milieu du XIIIe siècle, Āḏarbāyğān veut dire Āḏarbāyğān occidental, c'est-à-dire la rive ouest du lac d'Urmi, autour de la ville de ce nom. C'est là qu'étaient les premières colonies syriennes occidentales.

Plus tard, quand les Mongols choisiront leur capitale en Āḏarbāyğān oriental (Tabrīz, Marāġa), les « marchands » syriens occidentaux y seront attirés et un évêché s'y créera, qui bientôt assimilera l'ancien évêché d'Urmi.

Mais suivons le détail de ces transferts et disons comment on arrive à les établir.

La première mention de Syriens occidentaux en Āḏarbāyğān remonte au temps où Mārūṯā venait d'être institué grand métropolite des fidèles de la partie de l'empire perse conquise par les troupes d'Héraclius. Les « orthodoxes » déportés d'Édesse au début du siècle et maintenant installés au Ségestan et au Ḫorāsān, de même que les marchands qui les avaient rejoints en accompagnant d'abord les troupes romaines, demandèrent des évêques. Établis par le patriarche Jean (631-649) ou par le catholicos Mārūtā (629-649), les diocèses d'Iran oriental sont créés à cette époque [198]. Bar Hebraeus mentionne à côté d'eux un diocèse d'Āḏarbāyğān formé on ne sait par qui, déportés ou marchands [199]. Le résultat est le même : d'Édesse ou d'ailleurs, les Syriens occidentaux d'Āḏarbāyğān sont des Syriens de Syrie, au sens actuel du terme.

Remarquons encore qu'on ne précise pas quel fut le centre de ce diocèse d'Āḏarbāyğān.

On se doute déjà que les Syriens sont groupés en Āḏarbāyğān occidental quand on retrouve, en 958/961, donc plus de trois cents ans plus tard, un « fidèle » nommé Gayasa, « originaire d'Ušnū, ville d'Āḏarbāyğān », qui « désire vivre dans des régions chrétiennes » et vient de fonder un couvent au nom de St Serge au pays de Gubos, non loin de Mélitène [200]. Le fait que la région d'Ušnū n'était pas considérée comme une « région chrétienne » montre que les Syriens, orientaux et occidentaux, y étaient alors en minorité [201].

197 B.H., I, col. 783, 793, 797.

198 *Ibid.*, col. 123; *Chron. de Seert*, II, p. 225.

199 *O.C.*, II, col. 1565-1566. Le Quien donne le nº I au premier évêque anonyme.

200 M.S., III, p. 124-127; B.H., I, col. 401-402; Honigmann, p. 54.

201 Minorité qui, cependant, méritait d'être combattue. Cf. une controverse nestorienne contre Ḥnāniens, Eunomiens et « Jacobites », en plus d'hérétiques persans (?),

Vers la même époque l'Āḏarbāyǧān syrien occidental a toujours un évêque, c'est Philoxène qui, en 962, surpris en adultère avec une femme musulmane, essaie de sauver sa vie en devenant lui-même musulman [202]. Le nom du siège de Philoxène est toujours donné comme étant l'Āḏarbāyǧān.

Il en est de même pour Timothée, qui assiste au sacre de Michel Ier en 1166 [203], et donc avait été lui-même sacré auparavant. C'est à son propos qu'Honigmann suggère [204] que le centre du diocèse était peut-être à Ardabīl (?). Ardabīl était en effet capitale de l'Āḏarbāyǧān sous les premiers Abbassides, mais on n'a pas d'indice qu'elle ait jamais été centre chrétien.

Nous avons vu des Syriens occidentaux à Ušnū en 958/961; on en trouve maintenant, dans le même district, à Urmi, dont Ignace Gabriel, fils de Jean l'Indien est évêque en 1189 [205]. Lui aussi n'est connu que par un délit : il participe à l'élection de l'intrus Karīm b. Māsiḥ. Urmi est qualifiée dans le texte de « ville d'Āḏarbāyǧān ». Devrait-on traduire « la ville de l'Āḏarbāyǧān » [206] que l'on aurait une indication claire que la source de Bar Hébraeus considérait Urmi comme étant, à cette époque, le centre de la province chrétienne.

À titre d'hypothèse je considérerais volontiers Urmi comme siège de l'évêché syrien occidental jusqu'en 1272, évêché unique jusqu'à la création de celui de Tabrīz avant 1264.

2. — Le jumelage Āḏarbāyǧān - Mār Matta

Le grand couvent de Mār Matta, près de Ninive, était l'un des rares bastions qui soient restés à l'Église syrienne occidentale au début du XIIIe siècle. Sa rivale longtemps victorieuse, Takrīt [207], avait perdu de son importance par suite des guerres et des pillages multiples ; le maphrien l'avait déjà quittée une fois en 1089 pour Mossoul, et le titre était passé définitivement à cette dernière en 1156.

Le voisinage du maphrien et du couvent n'aurait fait que raviver la rivalité traditionnelle si le prélat n'avait pris soin de laisser le couvent sans évêque. Les Kurdes donnèrent le coup de grâce en pillant Mār

---

par le moine Simon le persécuté (pour le Christ). Daté de 1050-1150 (?). Cod. syr. Mingana 544, *Catal.* I, col. 1002.

[202] B.H., II, col. 248; *O.C.*, n° II.

[203] M.S., III, p. 480.

[204] *Barsauma*, p. 112-113, n° 3.

[205] B.H., II, col. 377; *O.C.*, II, col. 1601-1602; *Barsauma*, p. 164-165, n° 10.

[206] On sait qu'il n'y a pas d'article défini en syriaque.

[207] Cf. mon étude à paraître *Diocèses du « maphrianat »*.

Matta en 1171, et le synode du couvent de Mār Ḥnānya, en 1174, ne parle plus d'évêque du couvent, mais d'un simple supérieur qui, stipule-t-on, sera soumis au maphrien « dans les grandes et les petites choses ».

Pourquoi les maphriens ne s'en tinrent-ils pas à cette solution de prudence ? On ne le sait. Toujours est-il qu'on retrouve un évêque au couvent de Mār Matta en 1189. À cette date, quand on lui refusa le maphrianat, cet évêque reprit les bonnes traditions et leva l étendard de la révolte.

Le patriarche Michel et son neveu, le nouveau maphrien Grégoire, en vinrent à bout et le déposèrent, mais comprirent la leçon : il valait décidément mieux qu'il n'y ait pas d'évêque à Mār Matta.

Cependant en 1232 on voit apparaître un étrange jumelage : l'évêque Jacques de Barṭelli est le premier attesté portant le double titre de Mār Matta *et* d'Āḏarbāyğān [208], alors que le couvent est à quelque 300 kilomètres d'Urmi. Le titre est encore établi pour le successeur, Grégoire Jean, en 1241.

Après eux, sous le maphrien Grégoire Bar Hébraeus, le seul titre donné aux évêques est celui d'Āḏarbāyğān [209]. Bar Hébraeus (1264-1286) sacre trois évêques pour ce diocèse, en 1265, 1266 et 1277. À ce propos la liste donnée par son contemporain Gabriel de Barṭelli [210], lui-même douzième et dernier évêque sacré par le maphrien, est dirimante, bien que les noms tantôt de baptême, tantôt de monachisme, varient de cette liste au texte de la *Chronique Ecclésiastique* de Bar Hébraeus.

Les deux premiers évêques d'Āḏarbāyğān sacrés par Bar Hébraeus sont :

— Īwānīs, appelé au baptême Qurīāqōs b. Hamza, devenu au couvent de Mār Matta le moine Denḥa, sacré à Bagdad en 1265. Il n'a même pas le temps d'arriver à son siège, et meurt en route [211].

— Sévère, au baptême Īšōʿ, supérieur de Mār Matta sous le nom de Rabban Ṭīṭō [212], est sacré à Ninive à l'automne 1266. Il reste

[208] Réf. *ibid.* Corriger Baumstark, Honigmann, etc. qui mettent un couvent de Mār Matta *en* Āḏarbāyğān.

[209] Il n'y a pas d'évêques de Mār Matta seul à cette époque. Le premier connu datera de 1290.

[210] Ms. Saka à l'archevêché syrien orthodoxe de Mossoul. Traduction arabe dans *Lisān al-Mašriq* (Mossoul), III, 1950-1951, p. 29-32.

[211] B.H., II, col. 438.

[212] *Ibid.*, col. 440. Il n'est pas possible de distinguer deux Sévère car la liste de Gabriel de Barṭelli est formelle, un seul évêque de ce nom fut sacré par Bar Hébraeus.

évêque d'Āḏarbāyǧān occidental seul jusqu'en 1272, puis reçoit également le siège de Tabrīz, où nous le retrouverons.

Ceci marque la fin du diocèse d'Āḏarbāyǧān ouest. Nous avons vu à propos des diocèses syriens orientaux que le fait coïncidait avec l'ascension de la partie est de la région, choisie pour centre par les Mongols.

3. — Le diocèse de Tabrīz (Āḏarbāyǧān est)

Tabrīz, nous l'avons vu, simple village jusqu'au IXe siècle, devint capitale sous les derniers Abbassides, et à nouveau sous les derniers Ilkhans [213]. Elle devint alors la ville « où les marchands font grand profit » dont parle Marco Polo.

Le commerce [214] y amena des marchands syriens occidentaux et, comme ils étaient « pieux », ils commencèrent à bâtir une église « pour notre peuple » [215]. La ville avait alors un évêque, le premier connu, du nom de Basile. Comme il ne figure pas dans la liste de Gabriel de Barṭelli parmi les évêques sacrés par Bar Hébraeus, on peut dire qu'il était évêque avant le règne de ce maphrien, c'est-à-dire avant 1264. On se rappelle que la prise de Bagdad, apogée de la conquête mongole, eut lieu en 1258.

Quand Basile mourut, en 1272, la compétition fut vive pour le riche siège de Tabrīz. Des moines de Mār Matta allèrent même jusqu'à offrir de l'argent au maphrien pour qu'il les sacre. Bar Hébraeus n'accepta pas parce qu'ils n'étaient pas assez instruits et étaient « jeunes de mœurs », mais « nomma » Sévère « du couvent ». Il « nomma », c'est-à-dire déplaça, car l'évêque était déjà sacré, et il était « du couvent » ce qui peut vouloir dire qu'il avait d'abord été moine au couvent de Mār Matta, ou que l'Āḏarbāyǧān, dont il était évêque, était encore jumelé au couvent, puisque Gabriel de Barṭelli fait sacrer Sévère pour l'Āḏarbāyǧān.

Comme on ne parle plus plus tard d'évêque d'Āḏarbāyǧān, on peut penser que le siège fut purement et simplement absorbé par celui de Tabrīz.

L'évêque Sévère s'attela donc à terminer la nouvelle église commencée par son prédécesseur Basile. On retrouve cette église dès

213 Le Strange, p. 159-164.

214 Yāqūt mentionne surtout les tissus fabriqués à Tabrīz. Deux sortes ont des noms orientaux (ʿattābi et ḫiṭābī), la troisième un nom grec : siqlāṭūn, écarlate. Barbier, p. 133.

215 B.H., II, col. 444.

l'année suivante, 1273, quand un violent tremblement de terre [216] jette à bas palais et mosquées, fait 250 morts et force les sinistrés à camper sous la tente. La nouvelle église de Sévère ne subit absolument aucun dommage et les autres rites chrétiens de Tabrīz, Grecs, Arméniens et Nestoriens (notons l'énumération) purent s'y réunir (notons l'œcuménisme).

Sévère de Tabrīz mourut en 1277 [217], pleuré par tous et par Bar Hébraeus lui-même qui lui consacra une élégie. Les fidèles élurent pour remplacer le défunt son neveu Joseph qui fut consacré à Mār Matta sous le nom de Denys et gagna immédiatement son siège.

Pendant l'épiscopat de Denys se situent les visites de Bar Hébraeus à Tabrīz, de 1282 à 1286, et son programme de constructions. Nous leur consacrerons un paragraphe spécial.

L'épiscopat de Denys connut encore les vexations des fonctionnaires de Gayḫātū, qui causèrent la fermeture du souq pendant deux mois complets de 1294 [218], et aboutirent aux destructions des églises par Nawrūz en 1296 [219]. On note par ailleurs la correspondance du prélat avec les papes Nicolas IV en 1288 et Boniface VIII en 1302 [220]. Ceci est la dernière date connue de sa vie, qui dut être très longue.

On ne parle plus après cela d'évêque syrien occidental de Tabrīz. Nous avons vu plus haut que les Latins y eurent un évêque de 1318 à 1383.

En 1319 le maphrien Matthieu vint à Tabrīz où des cadeaux précieux lui furent offerts par les fidèles, parmi lesquels on cite le Ḫwāǧa Šakr Šarīf [221]. Au cours d'une seconde visite [222], le maphrien y reçoit les envoyés (et les pots-de-vin) du patriarche occidental de Sīs auquel il se rallie contre le patriarche de Mardīn, Ismāʿīl, avec lequel d'ailleurs il se réconciliera plus tard.

En 1330 enfin, le pape Jean XXII envoie au même maphrien Matthieu une lettre dans laquelle il lui recommande l'évêque latin de Tabrīz et les missionnaires dominicains [223], et l'exhorte à l'union avec Rome.

216 *Chronography*, p. 450.

217 B.H., II, col. 446.

218 *Chronography*, p. 497. — Une des causes du marasme fut la tentative d'introduction du papier monnaie, à l'imitation de la Chine. Cf. B. Spuler, dans *E.I.* cit.

219 *Chronography*, p. 507.

220 P. Hindo, *Primats d'Orient* (Rome, 1936), p. 91-92.

221 B.H., II, col. 500.

221 *Ibid.*, col. 504.

223 Loenertz, *Pérégrinants*, p. 156; Hindo, *Primats*, p. 91-92.

4. — Bar Hébraeus et Tabrīz

Les constructions de Basile et de Sévère ne comportaient qu'un petit édifice « sous » l'église pour l'habitation de l'évêque [224]. Bar Hébraeus vint à Tabriz en 1282 pour finir un « oratoire » à l'église. La mort d'Abaqa interrompit provisoirement son entreprise. Le maphrien assista au couronnement d'Aḥmad, sous l'Arc de Chosroès au sud de Ctésiphon, et obtint du nouveau khan un diplôme l'autorisant, entre autres choses, à édifier des églises en « Āḏarbāyǧān, Assyrie et Mésopotamie ».

De retour à Tabrīz, il termina l'oratoire, qu'il dota d'un portail en pierres taillées. Au dessus de l'oratoire il construisit des cellules pour les visiteurs, réserva une partie du terrain pour le cimetière, ajoutant galerie ouverte fournissant de l'ombre en été, et maison avec chauffage pour l'hiver. Le frère du maphrien, Barsaume al-Ṣafi servit de maître d'œuvre.

L'année suivante, 1283, Bar Hébraeus envoya à Tabrīz un de ses disciples laïcs, le médecin Abū Ḫayr [225].

Le maphrien vint encore à Tabrīz au début de 1284; il quitta la ville pour Ninive au début du carême [226]. C'est qu'en effet il avait là-bas aussi des entreprises de construction, au couvent de Jean bar Nagōré qu'il faisait édifier à côté du village de Barṭelli.

Quand, l'année suivante, 1285, les Grecs bâtiront à leur tour une église splendide à Tabrīz et que la Despina Ḫātūn, Marie Paléologue, fera venir de Constantinople deux peintres pour la décorer, ce sera pour son couvent de Barṭelli que Bar Hébraeus s'assurera les services de l'un d'eux [227].

On a vu que toutes les églises de Tabrīz, menacées par un ordre de Ġāzān [228] en 1295 et sauvées par l'intervention d'Hayṯam, furent en fait détruites par l'émir Nawrūz en 1296. Certaines furent certainement reconstruites par la suite.

5. — Le couvent de Barsaume

Vers 1294 le fameux marchand vénitien Marco Polo passait à Tabrīz où il demeurait neuf mois à la cour de Gayḫātū. Le chapitre que Marco

224 B.H., II, col. 454-456.

225 *Ibid.*, col. 460.

226 *Ibid.*, col. 462.

227 La description de la décoration de ce couvent peut servir de comparaison avec celle de l'église des Grecs de Tabrīz; *Assyrie chrétienne*, II, p. 433-444.

228 Cet ordre énumère les temples des différentes religions dans le pays : temples d'idoles (maisons d'images), églises, synagogues et pyrées. Seuls les premiers seront en fait détruits, *E.I.*[1], IV, s.v.

Polo écrit sur la ville [229] parle surtout de son importance commerciale. Il y mentionne en passant le foisonnement de chrétiens : Arméniens, Nestoriens, Jacobites et Géorgiens, à côté des Persans (Parsis ?) et des Musulmans.

Mais ce qui nous intéresse le plus est le chapitre suivant, qui ne figure pas dans toutes les éditions [230]. Le chapitre est intitulé : « Du monastère de St Barsamo près de Tauris ».

On y voit que ce couvent, qui compte de nombreux moines sous l'autorité d'un supérieur, est renommé pour sa dévotion. L'habit des moines ressemble à celui des Carmes. Pour ne pas vivre dans l'oisiveté les religieux s'adonnent au tissage des ceintures de laine. Celles-ci sont bénites en les plaçant sur l'autel pendant la célébration des Mystères.

Cependant les moines ne peuvent vivre du produit de leur artisanat ; comme les moines orientaux d'aujourd'hui le pratiquent encore [231], ils font de temps en temps le tour des provinces pour demander l'aumône en faisant vénérer l'image ou la relique de leur saint patron. À cette occasion ils font cadeau à leurs amis et aux personnes de distinction de ces ceintures qui sont en grande demande : elles ont en effet la réputation d'être souveraines contre les rhumatismes.

Ce couvent des « confins » de Tabrīz a évidemment attiré l'attention des chercheurs. E. Honigmann [232] rapporte les avis de plusieurs d'entre eux. Il a raison d'écarter le grand couvent du saint près de Malāṭya, longtemps résidence patriarcale. Ce couvent devait s'appeler le Couvent Austral de Barsaume, puisqu'on trouve, près de Mardin, un second couvent homonyme que l'on distingue du premier en l'appelant Couvent Boréal de Barsaume [233]. On peut conclure avec Honigmann « qu'il s'agit probablement (ici) d'un couvent du saint, inconnu d'ailleurs », près de Tabrīz. Il n'y a rien d'étonnant en effet qu'on ait fondé plusieurs monastères au nom d'un saint aussi célèbre que Barsaume. Ce troisième couvent, connu seulement grâce à Marco Polo, devait être de fondation récente, comme l'établissement des Syriens occidentaux dans la région. Il ne devait pas exister au temps de Jean de

229 V.g. dans l'édition française d'A. T'SERSTEVENS (1955), p. 83-84.

230 On le trouve par exemple dans la traduction M. KOMROFF (New York, 1932) comme chapitre 12 du Livre I, p. 37 ; dans la traduction A. DEUTSCH (1960) c'est le ch. 10, p. 32.

231 Et, dit Marco Polo, de son temps les Frères de l'Ordre du St-Esprit.

232 *Barsauma*, p. 76.

233 Cod. Vat. syr. CXLIII de 1234/5, *Catal.* Assémani, III, p. 277 avec référence à Jean de Mardin, *B.O.*, II, p. 221, 222, à côté des villages de Tell Qabab et de Bagadsya.

Mardin, en 1155, ni même au temps de la copie du texte vatican de Mūssa b. Kīpha, en 1234.

6. — Bar Hébraeus et Marāġa

« Quand il séjournait quelques jours dans un lieu il n'omettait jamais d'y construire quelque chose », écrira de Bar Hébraeus son frère Barsaume [234], lequel mentionne les trois lieux de prédilection de ces constructions : Marāġa, Tabrīz et Barṭelli.

La première visite enregistrée de Bar Hébraeus à Marāġa date de 1268 [235]. À cette date le maphrien ne construit encore rien mais se contente d'habiter dans le *Nouveau Couvent*, qui se trouvait probablement un peu en dehors de la ville, comme le sont habituellement les couvents [236]. C'est que Bar Hébraeus était occupé à autre chose que des constructions. On lit que, cette année-là, il « exposa le livre d'Euclide », comme on lira qu'en 1273 il « exposa le livre d'Almageste de Ptolémée ». Cet intérêt de Bar Hébraeus pour la géométrie et l'astronomie n'est pas hors de place ici et en ces années-là, puisque c'est justement de 1262 à 1274 que Naṣīr al-Dīn al-Ṭūsi et d'autres savants, rassemblés par Hülegü pour l'observatoire qu'il venait de créer à Marāġa, discutaient de ces sujets. Al-Ṭūsi lui-même « arrangea Euclide et l'Almageste très exactement », dira Bar Hébraeus [237]. Il est certain que le maphrien, qui parlait couramment le persan [238], passa plus d'un heureux moment en conversation scientifique avec les savants de l'observatoire [239].

Sa démangeaison de construire le reprit en 1272. Marāġa avait également, en plus du « nouveau couvent », une « nouvelle église ». Bar Hébraeus y ajouta ses appartements particuliers, la « cellule » maphrianale, et un oratoire [240]. Désormais mieux installé pour travailler, il termina, au cours de l'année complète (1272-1273) qu'il passa dans la ville, son *Chronicon syriacum*, basé sur des sources puisées dans la bibliothèque de Marāġa [241].

[234] B.H., II, col. 484.

[235] *Ibid.*, col. 444.

[236] On ignore tout de la fondation et du titulaire de ce couvent qualifié de « nouveau » en 1268. On se souvient que Marāġa avait pris de l'importance, par le choix de Hülegü, après 1258.

[237] *Chronography*, p. 452.

[238] Sa biographie par Gabriel de Barṭelli.

[239] Sur cet observatoire, cf. *E.I.*¹, III (1936), p. 281 par V. Minorsky.

[240] B.H., II, col. 444.

[241] *Chronography*, préface de l'auteur, p. 2. On a relevé que, pour ce qui est des Mongols, B.H. devait beaucoup à Juwayni, *Histoire du conquérant du monde*.

Une visite à Marāġa qui n'est pas rapportée dans les chroniques est celle qu'il fit, assez inopinément semble-t-il, en 1277. Il était à Bagdad et (entre autres activités) composait des poèmes sur des sujets variés, quand il dut interrompre la tâche pour se mettre en route [242].

À l'Épiphanie de 1279, en l'absence du maphrien, les Syriens de Marāġa enregistrèrent un succès qui les réconforta [243]. Ils avaient naguère la coutume, chaque année en ce jour de fête, de sortir en procession, croix déployées, pour aller bénir la rivière [244]. Or, depuis quelques années, ils avaient été obligés de cesser cet exercice public du culte à cause des vexations dont les participants étaient l'objet de la part des « Arabes », c'est-à-dire des musulmans, les autorités mongoles ayant maintenant embrassé l'Islam.

Une fois de plus ce fut une des reines restées chrétiennes qui réagit. Cette année-là la Grande Reine Qutaï Ḫātūn vint en personne à Marāġa et ordonna aux chrétiens de suivre leurs coutumes, avec les croix attachées aux hampes des lances. Or il se trouva que le froid, qui était intense avant la fête, s'adoucit ce jour-là. L'herbe poussa et, chacun y trouvant son compte, les Mongols furent contents pour leurs chevaux, les chrétiens pour leur foi, dit Bar Hébraeus.

Je ne reviens pas ici sur la tentative faite par le Department of Middle Eastern Studies de l'Université de Melbourne [245] pour identifier une série de chambres taillées dans le roc [246], près de Marāġa, à l'« église-couvent » de Bar Hébraeus. L'argumentation me semble loin d'être probante [247].

Le maphrien revint encore plusieurs fois à Marāġa, par exemple en 1279 [248]. En 1283 il y envoya son disciple médecin Jean [249].

En 1286, pour la dernière fois, Bar Hébraeus vint à Marāġa [250]. À la demande de ses amis musulmans, il traduisit lui-même en arabe sa *Chronique syriaque.* Le travail lui prit un mois et était à peu près

242 Catal. mss. syr. Cambridge, p. 1024, nº Gg.3.30, fol. 147a.

243 *Chronography*, p. 460.

244 Le Ṣāfi, Le Strange, p. 164-165.

245 *Abr Nahrain*, VII (1967-1968), p. 35-61.

246 Réf. dans *E.I.*[1], III (1936), s.v. *Marāgha.*

247 *Le Muséon*, LXXXIX (1971), p. 213-217. — M. de Mauroy qui a revisité le site depuis veut bien confirmer mon opinion. — L'observatoire était déjà en ruine au temps d'al-Mustawfi (1340), cf. *Nuzhat al-Qulub*, trad. G. Le Strange, p. 88, avec réf. à *Z. f. Erdkunde*, Berlin, 1883, p. 338 où H. Schindler en donne un plan.

248 B.H., II, col. 448-450.

249 *Ibid.*, col. 460-462.

250 *Ibid.*, col. 468.

fini (il restait trois feuillets à traduire) [251] quand il mourut, le 30 juillet de cette année, au temps que lui-même avait calculé par l'astronomie [252]. Son corps fut déposé dans le petit sanctuaire où il priait et offrait le sacrifice chaque fois qu'il séjournait dans la ville [253]. Le jour de ses obsèques, auxquelles assistait le catholicos nestorien Yahwālāhā III avec sa suite, ainsi que les clergés arménien et grec, mais seulement quatre prêtres syriens occidentaux, tous les chrétiens de la ville fermèrent leurs boutiques en signe de deuil. Les Nestoriens, les Grecs et les Arméniens donnèrent une triple absoute, puis le corps fut inhumé sur place.

Son frère Barsaume éleva immédiatement une chapelle sur son tombeau et resta là à « servir » le mausolée. C'est là qu'on vint le chercher pour lui annoncer qu'il avait été élu, à son tour, à la dignité de maphrien de l'Église syrienne occidentale [254].

Bar Hébraeus le Cadet, Barsaume Ṣafi, se retira lui-même à Marāġa, de 1293 à 1298, pour échapper aux difficultés rencontrées dans l'exercice de sa charge dans la région de Ninive [255]. Ce fut lui qui transporta le corps de son frère au couvent de Mār Matta, quand il put s'y établir. Barsaume mourut en 1308 et fut enterré, à Mār Matta, à côté de son frère [256].

Conclusion

Résumons maintenant l'histoire du christianisme en Āḏarbāyǧān. On trouve donc deux centres anciens (V^e/VIe s.) au nord (Paidangaran, peut-être Barda'a) et au sud (Ganzak) du lac d'Urmi. Ces centres dépendent de l'Église syrienne orientale; il est impossible de préciser ni la date ni les circonstances de leur origine.

Le diocèse syrien occidental d'Āḏarbāyǧān ouest, autour d'Urmi, apparaît à son tour au milieu du VIIe siècle, créé au service de récents arrivés, déportés d'Édesse ou marchands « Jacobites » qui avaient accompagné les armées d'Héraclius en 628/29 et avaient été coupés de leurs bases par la décomposition de l'empire perse.

Quand Barda'a est attestée comme métropole syrienne orientale,

[251] *Ibid.*, col. 470.

[252] Cod. Mingana 342, *catal.* I, p. 634.

[253] B.H., II, col. 474-476.

[254] *Ibid.*, col. 490.

[255] B.H., I, col. 783.

[256] B.H., II, col. 494. — Il faut corriger en Marga la mention de « Maraga » en B.H., II, col. 532.

vers 900, on devine des chrétiens Syriens, tant orientaux qu'occidentaux, dans tout l'Āḏarbāyğān occidental, à l'ouest du lac. Urmi syrienne orientale et Ušnū syrienne occidentale sont attestées à cette époque (Xe-XIIe s.).

Dans la seconde moitié du XIIIe siècle, le centre de gravité du christianisme en Āḏarbāyğān se déplace, suivant le centre administratif de l'empire du temps, l'empire mongol, vers l'Āḏarbāyğān oriental. Tabrīz et Marāġa jouent maintenant leur rôle, pour environ un demi-siècle.

C'est alors l'âge d'or du christianisme dans la région, incarné par deux personnages de premier plan : pour les Syriens occidentaux, Bar Hébraeus, qui participe avec le groupe de savants musulmans de Naṣīr al-Dīn al-Ṭūsi aux études mathématiques et astronomiques, et aide à embellir par ses constructions les deux villes en plein développement; pour les Syriens orientaux : le patriarche Yahwālāhā III, lui-même de la race des conquérants, qui joue à fond la carte mongole.

Bar Hébraeus meurt avant l'islamisation des Mongols; Yahwālāhạ vit assez longtemps pour être témoin (et victime) des excès que le changement de religion provoque, excès en partie amenés par l'outrecuidance de certains chrétiens qui avaient trop misé sur l'appui des éléments restés chrétiens des harems des Khans.

Quand Yahwālāhā désillusionné meurt en 1317, après avoir prononcé sa parole célèbre : « Je suis las de servir les Mongols », il peut encore être enterré dans le grand couvent de Marāġa qu'il avait réussi malgré tout à construire.

Il ne faut pas attendre le milieu du XIVe siècle pour que même ses restes en soient délogés. C'est probablement vers cette époque également que le christianisme commence à se replier sur sa région d'origine, l'Āḏarbāyğān occidental, à portée des montagnes de refuge, pratiquement inaccessibles, du Hakkāri, où il survivra pendant de longs siècles encore.

On sait que les remous politiques de la première guerre mondiale provoquèrent l'exode des « gens de la montagne » loin de leur patrie. Beaucoup des « Urmuğnāyé » les suivirent en exil. Ceux qui restèrent et survécurent aux épreuves, forment le noyau le plus important pour un nouvel essor du christianisme, non seulement en Āḏarbāyğān, mais dans tout l'Iran.

Beyrouth,
B.P. 7227.

VIII

A-T-ON RETROUVÉ
LE COUVENT ET L'ÉGLISE DE BAR HEBRAEUS
A MARĀĠA ?

La revue *Abr-Nahrain* [1], organe du « Department of Middle Eastern Studies » à l'Université de Melbourne, dans un article signé par deux de ses principaux collaborateurs, le professeur John Bowman et le Dr J. A. Thompson, publie les résultats d'une visite faite en 1964 et de travaux rapides effectués en 1966 à un site situé à deux ou trois milles au nord de Marāġa [2].

Localement le site est connu sous le nom de Rasad-i Khan, l'observatoire du Khan, c'est-à-dire l'observatoire bâti par Hulagu et dirigé par Naṣīr al-Dīn al-Ṭūsi pendant les douze dernières années de sa vie, de 1262 à 1274 [3].

Laissant de côté ce qui peut rester de l'observatoire proprement dit, les savants australiens ont concentré leurs études sur un « remarquable ensemble de chambres et de passages » creusé dans le roc à une trentaine de mètres en dessous du sommet, ensemble appelé sur place « les grottes ».

L'interprétation locale du lieu varie : tantôt on y voit quelque chose ayant rapport avec l'observatoire, tantôt on le considère comme des tombes. Cependant, disent les auteurs, déjà en 1914 le Canon Wigram y avait vu « a cave monastery ».

Les auteurs vont plus loin. Ils considèrent comme « very likely, if not certain » que les grottes représentent l'église et le couvent mentionnés par Bar Hebraeus.

L'argumentation est basée sur les documents écrits et les indices archéologiques.

Les textes se référant aux constructions syriennes occidentales à Marāġa sont au nombre de trois, empruntés à la *Chronique ecclésiastique* de Grégoire Abū 'l-Farağ bar Hebraeus [4] et de son continuateur et frère Barsaume al-Ṣāfi [5].

[1] Publié par Brill (Leiden), VII, 1967-1968, p. 35-61.

[2] Elle-même à 75 km. au sud de Tabriz, capitale de l'Azerbaijan occidental.

[3] *E.I.*, IV (1924) p. 1033-1034.

[4] Les auteurs syriens orthodoxes modernes (Mgr Barsaume, Mgr Paulos Behnām, S. S. Mgr Ignace Ya'qūb III) ont beaucoup écrit pour prouver que ce nom n'a rien à faire avec les Hébreux, comme les auteurs le disent p. 59 n. 11. — On pourrait les taquiner

On y voit que Bar Hebraeus lui-même séjourna à Marāġa en 1268, demeurant dans « le nouveau couvent » qui s'y trouvait. En 1272 le maphrien fit un nouveau séjour dans la ville et « construisit une *cellule* et un oratoire dans la nouvelle église ». Par *cellule* on entend ici un appartement de deux ou trois chambres, nous dirions la « manse épiscopale ».

On aura remarqué le verbe « construisit », ce qui indique un bâtiment en surface, et également que le premier texte parle d'un *nouveau couvent* et le deuxième d'une *nouvelle église*. Strictement parlant on peut avoir affaire à deux bâtiments et à deux emplacements différents aussi bien qu'à un seul. On ne peut donc baser l'argumentation (comme le fait l'article p. 38-40) sur l'identité présumée des deux lieux et toujours parler d'un « monastery-church » ou d'une « church *cum* monastery ». Au contraire, habituellement, les couvents étaient plutôt en dehors des villes et les églises à l'intérieur, à portée des fidèles.

Le troisième texte, qui raconte la mort de Bar Hebraeus en 1286, dit que son corps fut déposé « *dans* [6] le petit *autel* où il priait et offrait l'Eucharistie chaque fois qu'il séjournait à Marāġa ». On sait que le mot *autel* désigne dans une église syrienne le « lieu de l'autel », c'est à dire le sanctuaire (le Saint des Saints) de l'église, ou, s'il s'agit de l'oratoire cité plus haut, de cette petite chambre elle-même, adjacente à l'église. Il est d'ailleurs plus normal que le maphrien en visite, qui devait être accessible aux fidèles, ait résidé dans la ville, à l'église, plutôt que dans un couvent qui se serait trouvé à deux ou trois milles de distance.

Sans insister sur l'église urbaine et sa chapelle épiscopale privée, sans non plus essayer de transposer des éléments empruntés à la topographie de l'église de Tabriz et à ses dépendances (p. 41), il nous reste à chercher, dans les environs de Marāġa, le *nouveau couvent* qui existait avant 1268.

Les auteurs signalent (p. 39) un cimetière chrétien ancien sur l'une des pentes sud de la chaîne de collines, ils ne disent malheureusement

aussi à propos de (p. 37), l'association antérieure de Bar Hebraeus avec le monastère de Barsaume, qu'ils placent à Takrit (?), en Syrie (?). — Également (p. 59, n. 8) le couvent de Barsaume près de Tabriz, signalé par Marco Polo, peut difficilement avoir comme patron « the famous Nestorian of the same name ». — De même (p. 42) le couvent de Rabban Hormizd n'a pas été fondé en 562, mais au milieu du VIIe siècle.

[5] On pourrait également reprocher aux auteurs de citer Bar Hebraeus par l'intermédiaire de la *Bibliotheca Orientalis*. Les références à l'édition d'Abbeloos et Lamy seraient : II, col. 443-444 (pour l'année 1268) et col. 475-476 (1286).

[6] Et non pas « sur » l'autel.

pas à quelle distance des « grottes ». Aucun relevé de traces de constructions (village ou couvent) n'est signalé pour les environs immédiats de ce cimetière.

La preuve archéologique est donc la seule qui reste pour décider si l'ensemble des grottes et passages représente ou non un couvent. En l'absence de toute croix ou emblème chrétien sculpté, ou de toute inscription syriaque, la clef ne peut être fournie que par la présence d'une église [7].

En fait, trois chambres en enfilade, orientées vers l'est, pourraient être ainsi interprétées. On y trouverait, de l'ouverture vers l'intérieur, une « nef », puis un « trullos », puis le sanctuaire ou « haikal » [8]. Cette dernière partie, surélevée, contient un « autel » dûment séparé du mur du fond pour la circumambulation de l'encensement propre au rite syrien occidental.

Cependant, ce sont d'abord les dimensions de cet « autel » qui me gênent. Il est rectangulaire, alors que les vieux autels syriens occidentaux étaient plutôt presque tous carrés; il est de dimensions énormes (9 pieds 6 sur 5,6), alors qu'ils étaient en général minuscules; et il est orienté dans le sens de la longueur [9]. Je n'ai jamais vu un autel syrien occidental ancien de trois mètres de profondeur!

De plus il est séparé du mur du fond par un espace (7 pieds) disproportionné à l'espace des côtés, et inutile. Au contraire sa face ouest, celle où se tient le prêtre dans un autel chrétien oriental, n'a à la base que « two short steps purely decorative » [10], où le prêtre aurait eu peu de place pour se tenir, et ces marches tombent immédiatement de façon abrupte sur la dénivellation du « trullos ».

Cet autel donc (si autel il y a) n'aurait été utilisable qu'à l'envers, le « célébrant » se trouvant derrière, « face au peuple », ce qui est contraire à la liturgie syrienne ancienne.

Même remarque à propos de « l'autel » de la « chapelle latérale » [11] sud, haut de 3 pieds 9, long de 8 et large de 3. Celui-ci est le plus rapproché (4 pieds) du mur nord de la salle, alors que tous les autels

[7] On lit p. 39 que « les plus anciennes églises syriennes ... étaient probablement des grottes naturelles ». Peut-être, si les villages étaient adossées à des montagnes. Mais une église de 1268 est plutôt tardive.

[8] Le *haikal* est au contraire l'église des fidèles, c'est à dire la nef; voir par exemple G. Khouri Sarkis, *Le Livre du guide, de Yahya ibn Jarir*, dans *Orient syrien*, 12 (1967), p. 324, nº 7.

[9] Plan, p. 61.

[10] On n'en donne malheureusement pas les dimensions.

[11] Est-il si sûr que (p. 60) « a side chapel was possible in a Jacobite church, but not in a Nestorian, which can have only one altar » ?

syriens occidentaux que je connais [12] sont plus rapprochés du mur est. L'orientation ouest-est remarquée pour l'enfilade des salles principales ne joue donc plus ici.

L'argument des « autels » et de l'orientation n'étant pas (de loin) probant, je ne suis pas convaincu non plus par l'absence de cloison ou de séparation entre le sanctuaire et la nef. Pour les auteurs (p. 44), « the *church* at Maragheh was *evidently Jacobite* since the sanctuary was open to view in contrast to the nestorian church where the sanctuary is closed off ». Je ne sais où on a été chercher cet apophtegme. J'ai fait ou vu les plans de plus d'une centaine d'églises syriennes occidentales, certaines de l'époque même de Bar Hebraeus (le couvent de Mār Behnām, par exemple, et l'église du couvent de Mār Matta), tous ont une « porte royale » qui ferme le « saint des saints ». L'absence de séparation, loin de prouver que nous avons affaire à une église « jacobite », ajoute encore à nos doutes que nous nous trouvions en face d'une église.

Ajouterai-je que la forme du plafond surmontant l'autel, deux plans taillés se coupant en forme de toit à pignon, ne ressemble à rien que je connaisse dans les grottes des monastères où Bar Hebraeus vivait habituellement. Si l'on veut trouver un tel toit il faut penser, par exemple, au tombeau de Cyrus à Pasargades [13], à une tombe achéménide à Buzpar [14], ou au fronton du temple de Haldi à Musasir (Urartu) tel qu'il est figuré sur un bas relief de Sargon II d'Assyrie (721-706 av.J.C.) [15]. Je ne sais si on le retrouve dans d'autres grottes taillées de l'Iran ancien.

Si donc rien ne prouve que l'élément principal de l'ensemble soit une église, l'interprétation des autres parties du « monastère » s'effondre. La chambre de gauche (E et p. 44) n'a plus de raison d'être le « Kanghi » (Qanké), lequel d'ailleurs n'est pas tout à fait « the place where the holy bread is prepared for the Eucharist », et il est inutile de chercher les archives, la place des manuscrits, etc.

Quant à la « chambre sépulcrale » extérieure (p. 48 et pl. VIII fig. 6), elle contient trois alvéoles pour sarcophages. Les caveaux funéraires connus de monastères syriens occidentaux, par exemple

[12] Voir la description de l'église syrienne occidentale également troglodyte de ʿAqra dans *Assyrie chrétienne*, I, p. 266. — Je ne discuterai pas l'attribution à l'Islam de la niche creusée dans le mur de la chapelle latérale (cit. p. 45).

[13] L. Vanden Berghe, *Archéologie de l'Iran ancien*, 1966, pl. 21.

[14] L. Vanden Berghe, *On the Track of the Civilizations of Ancient Iran* (*Memo from Belgium*, n° 104-105, sept-oct. 1968), photo face p. 18.

[15] Botta - Flandin, *Monuments de Ninive*, pl. 141.

à Mār Matta [16] et à Mār Théodote de Qulleth au Ṭūr 'Abdīn, sont plutôt [17] des salles rectangulaires élonguées avec alvéoles latérales.

Il faut conclure que les « Grottes » de Rasad-i Khan ne semblent pas être ni église ni couvent, ni donc le *couvent nouveau* où Bar Hebraeus habita en 1268. Qu'elles aient eu une destination cultuelle et soient bien antérieures à l'observatoire d'Hulagu (dont le personnel a pu en faire usage) cela semble probable. Peut-être faudrait-il les étudier en comparaison avec les grottes voisines de Karafto, mentionnées par les auteurs (p. 41-42), où une inscription grecque du IVe ou IIIe siècle avant Jésus Christ atteste un culte d'Hercule, et où des dessins de chevaux se référeraient à un culte de Mithra.

Quant à l'église de Bar Hebraeus (que j'insiste à distinguer du couvent), on nous dit (p. 39) qu'il n'y en a pas de trace à Marāġa. Cela est fort possible puisque le christianisme a disparu de la ville, peut-être de façon brutale, depuis longtemps.

Cependant, qui sait, une conversation avec les vieux de la ville, passant en revue non seulement toutes les ruines et toutes les grottes des environs, mais encore les noms (qui ne figurent pas sur les cartes, même les plus détaillées) des lieux-dits, permettrait peut-être de retrouver, non seulement le couvent où résida Bar Hebraeus, mais aussi le monastère plus important, dédié à St. Jean Baptiste, bâti par le patriarche Yahwālāhā III à la même époque. Je souhaite que ce soit le Professeur Bowman et son équipe qui les découvrent.

Bagdad (Iraq),
P.O.B. 5797

16 Plan dans *Dafaqāt al-ṭīb*, histoire (en arabe) du couvent de Mār Matta, par S. S. Mgr Ignace Ya'qūb III (Zahlé, 1961), p. 187.

17 Voir aussi, H. Pognon, *Les inscriptions sémitiques de la Syrie, de la Mésopotamie et de la région de Mossoul*, Paris, 1907, p. 69.

IRAK SYRIAQUE

IX

TOPOGRAPHIE CHRÉTIENNE DE MAHOZÉ

L'agglomération appelée dans les sources syriaques Mahozé, dans les sources arabes al-Mada'in, était constituée par le groupe des *Villes* (*Royales*) Parthes-Arsacides puis Perses-Sassanides dont les plus connues sont Séleucie et Ctésiphon.

Cinq villes principales viendront s'amalgamer au cours des siècles, dont il est important de bien préciser les rapports géographiques et chronologiques si l'on veut comprendre l'histoire tant profane que religieuse. A défaut de notions claires de topographie historique, des faits tels que la campagne de l'empereur Julien d'une part, ou d'autre part l'historicité de l'évangélisation par Mari, sont incompréhensibles.

Pour ne pas alourdir le présent article de toutes les pièces justicatives d'histoire générale, je me permets de renvoyer à mon article sous presse dans *Sumer*, revue de la Direction Générale des Antiquités de l'Iraq, volume de 1967.

Il faut préciser dès l'abord à quoi s'appliquent les différents noms qui seront utilisés :

1. — *Séleucie*

Située sur la rive droite (ouest) du Tigre, au point où vient s'y jeter le Canal Royal (Nahar Malka) qui relie le Tigre à l'Euphrate, l'ancienne Séleucie est toujours florissante au début de l'ère chrétienne. Création hellénistique, elle avait été « fondée » par Seleucus Nicator (306-280 av. J.-C.) pour supplanter Babylone ; elle avait tellement bien réussi en cela que sa population aurait naguère atteint 600.000 habitants, la faisant ainsi l'égale d'Antioche et d'Alexandrie, ne le cédant qu'à Rome.

Même quand les Parthes auront fondé sa rivale Ctésiphon, même quand le Tigre aura déserté ses murs entre

79 et 116 de notre ère, même quand Avidius Cassius l'aura prise et pillée en 165, Séleucie continuera à survivre, grâce au Canal Royal. Elle ne s'inclinera que devant sa seconde rivale, perse celle-ci, Veh-Ardachir, la "Nouvelle Séleucie", fondée vers 230 de notre ère.

Dans les textes chrétiens nous aurons donc deux choses : Sliq Kharawta, la Séleucie hellénistique en ruines, et, quelquefois sous le simple nom de Séleucie, la nouvelle ville Veh-Ardachir.

2. — *Ctésiphon*

La date exacte de la fondation de cette deuxième ville est inconnue. Elle était située sur la rive gauche (est) du Tigre, à trois milles en amont de Séleucie. De fondation Parthe, elle fut développée par le roi Vardanes (ca. 39-47/8 de notre ère), qui en fit « la ville la plus splendide de toute la Perse (Parthie) ». Les causes de sa fondation sont multiples : le désir des Arsacides d'avoir une capitale à eux, sans être toujours sous le poids de l'atmosphère hellénistique de Séleucie, le besoin aussi d'isoler leurs troupes scythes des bourgeois « grecs » de la vieille ville, comme plus tard les califes voudront éloigner de Bagdad arabe leurs mercenaires turcs, et fonderont Samarra[6].

Ctésiphon sera la capitale des rois Arsacides et Sassanides et leur résidence d'hiver. C'était une ville commercialement prospère et militairement forte. Ses murs défieront les attaques de Julien en 363.

Au temps de sa fondation, seule la partie ouest du mur de la ville touchait le Tigre. Au sud de la ville, sur une colline, se trouvait le lieu-dit Kokhé, et également la nécropole de la ville parthe.

3. — *Vologésias*

Bien que cette localité ne figure guère en histoire chrétienne, il faut la mentionner ici pour compléter le tableau. Elle devait son nom à son fondateur, le roi Arsacide Vologèse Ier, un peu avant 69 de notre ère. Construite également pour rivaliser avec Séleucie, elle était située à un parasange plus au sud, sur la même rive ouest, à l'embouchure d'une nouvelle branche du Canal Royal. La ville sera donc le port et l'emporium de Ctésiphon. Les textes grecs la connaissent sous le vocable de (Meinas) Sabatha, qui est peut-être l'ancien nom du site, le *Talmud* donne ses coutumes commerciales comme règles des échanges. Chez les Arabes, elle s'appellera tantôt Sabat-al-Mada'in, tantôt Walash-Abad.

4. — *Kokhé et Veh-Ardachir*

Un fait important se produisit entre 79 et 116 de notre ère : sortant de son lit en une crue violente, le Tigre submergea la nécropole située au sud de Ctésiphon et, changeant de cours, se tourna vers l'est pour emprunter la dépression qui séparait Ctésiphon de Kokhé. Désormais, le Tigre ne longe donc plus seulement le mur ouest de Ctésiphon, mais aussi son mur sud, faisant passer Kokhé sur la rive droite ; désormais aussi, rien que l'ancien lit un peu marécageux ne sépare plus Kokhé de Séleucie, elle-même laissée à sec à l'intérieur des terres.

On comprend donc pourquoi, alors que les anciens géographes, avant 79/116, définissent la position de Kokhé par sa relation à Ctésiphon, dorénavant le hameau sera considéré comme dépendant de Séleucie. Une observation attentive des textes permettra de les départager, selon qu'ils reflètent la géographie d'avant l'inondation, ou la géographie nouvelle qui en est le résultat. Un texte qui situera Kokhé près de Séleucie, ou appellera la ville qui va y être bâtie (la Nouvelle) « Séleucie », sera un texte récent; un texte qui situera Kokhé près de Ctésiphon sera ancien, car la première disposition des lieux sera vite oubliée.

Maintenant placée en face de Ctésiphon, dont seul le Tigre la sépare, Kokhé va bientôt être choisie par le premier roi Sassanide, Ardachir, vers 230, comme le site d'une quatrième ville, bâtie sur un plan circulaire et portant le nom du roi, Veh-Ardachir, d'où dérivera le nom arabe Bahrsir [1].

Les sources grecques continueront à appeler la ville Kokhé, du nom du hameau dont elle a pris la place; on

1. C'est ce nom que les éditeurs de la *Chronique de Seert* n'ont pas reconnu dans la titulature d'un prétendu édit de ʿUmar « aux habitants d'al-Mada'in (ici, Ctésiphon) et Bahrsir », cit. II, p. 300.

l'appellera aussi Sliq, ou comme le *Talmud* Sliqos, c'est-à-dire Séleucie, du nom de l'ancienne ville dont les ruines font face à sa porte ouest.

Un autre nom de Veh-Ardachir se trouve dans les sources araméennes (*Talmud*) et syriaques : Mahuza, la Ville. En arabe, le nom al-Mada'in (les Villes) la désignera aussi quelquefois toute seule. Il faudra donc être très prudent dans la traduction de ces vocables dans les textes (les traducteurs de la *Chronique de Seert* n'ont pas toujours évité l'écueil) et bien réfléchir laquelle de Ctésiphon ou de la Nouvelle Séleucie est la plus importante à la période d'un auteur déterminé et par rapport à sa propre communauté, juive ou chrétienne, avant de décider si « la Ville » désigne Veh-Ardachir ou Ctésiphon.

5. — *La meilleure Antioche de Chosroès*

Une dernière ville va venir compléter la Pentapole. Autour de 540, Chosroès Ier Anochirwan pilla deux fois la grande Antioche de Syrie. Il en déporta la population, qu'il établit sur la rive est du Tigre, à deux ou trois milles arabes au sud de Ctésiphon. La ville que ces prisonniers se bâtirent avec la permission du roi était une réplique en modèle réduit de leur cité d'origine, dont ils avaient apporté avec eux plaques et colonnes de marbre ainsi que panneaux de mosaïque. La Meilleure Antioche de Chosroès, que les Arabes appelleront al-Roumiya à cause de ses habitants « romains », pouvait bien être luxueuse, dotée d'un bain public et d'un hippodrome, ce n'en était pas moins un camp de prisonniers, ou plus exactement un camp de travail, entouré d'un mur sur lequel veillaient les sentinelles perses, et séparé par le Tigre de la Mésopotamie derrière laquelle se trouvait la patrie des déportés.

Pourquoi Chosroès avait-il amené ces « Romains » près de sa capitale? Le professeur G. Gullini, chef de l'expédition archéologique de Turin à Séleucie-Ctésiphon, vient de découvrir les traces de leurs mains dans la construction du gigantesque palais, jusqu'ici considéré comme purement sassanide, dont la partie encore debout est connue sous le nom d'Arc de Chosroès.

6. — *Aspanir*

Sur la rive est du Tigre, toute la zone située entre Ctésiphon au nord et al-Roumiya au sud, zone dans laquelle se trouve le palais de Chosroès, toute cette zone allait se couvrir de parcs royaux, de jardins zoologiques et de bâtiments publics, telle la nouvelle petite forteresse qui abrita le trésor royal. Des quartiers résidentiels s'y implantèrent également. A la différence des villes précédentes, ce que l'on pourrait appeler la « Nouvelle Ctésiphon » n'était pas entourée de murs.

L'un des quartiers, dont le nom semble indiquer qu'il s'éleva sur l'emplacement d'anciennes écuries royales (Aspanbar), figure dans les textes chrétiens sous le nom d'Aspanir.

Au terme de cette revue rapide et volontairement schématique, nous trouvons donc les localités suivantes, telles du moins que la configuration du terrain les dispose entre le IIe et le VIIe siècle :

sur la rive droite (ouest) du Tigre : Kokhé, à l'ouest de laquelle, plus à l'intérieur, sont les ruines de Séleucie; plus au sud, le port de Sabat-Vologésias.

Sur la rive gauche (est) : Ctésiphon, au nord-est de Kokhé à laquelle elle est reliée par un et même deux ponts. Au sud de Ctésiphon, le long du Tigre, Aspanir et les palais et jardins de Chosroès Ier; tout à fait au sud, la ville romaine des Antiochiens.

L'ensemble forme *les Villes* (Mahozé, al-Mada'in), bien que le nom soit quelquefois appliqué à la ville la plus importante du groupe, Ctésiphon ou (la nouvelle) Séleucie.

La topographie ici proposée diffère quelquefois sensiblement des cartes dressées par les missions archéologiques allemande, américaine ou italienne qui ont fouillé le site. La clef en est évidemment l'observation et la datation des changements de lit du Tigre. La découverte de celui de 79/116 m'a été fournie d'abord par le *Talmud;* elle a été corroborée par de nombreux autres textes et vérifiée sur les photographies aériennes.

Mar Mari à Kokhé.

La géographie historique semble fournir dès l'abord la réponse à un problème des plus discutés : quand et par qui le christianisme fut-il introduit au cœur de l'empire parthe?

La version récente de la « tradition » attribue l'évangélisation à Mar Addaï « l'Apôtre » et Mar Mari son disciple. J'ai déjà eu l'occasion de dire ailleurs que les anciens écrivains ne faisaient pas pousser Addaï au-delà d'Edesse et considéraient Mari comme le fondateur de l'Eglise syrienne orientale. Le calendrier d'al-Biruni (Xe siècle) est explicite sur ce point, et les catholicoi appelleront leur siège « le siège de Mar Mari ».

Les orientalistes, surtout depuis Labourt, ont mis en doute l'historicité de la venue de Mari à Séleucie-Ctésiphon, et il est maintenant courant de voir les manuels d'histoire ecclésiastique retarder l'évangélisation de l'Eglise « de Perse » jusqu'à la fin du IIe siècle, voire le début du IIIe.

Que disent les textes? La plupart, telle la tardive *Légende de Mar Mari*[2], amènent Mari à « Séleucie ». C'est là qu'après force miracles au profit des parents du roi Artaban il entre en possession d'un temple d'idoles qu'il transforme en église et école. On laisse entendre que la ville de « Séleucie » fut alors entièrement convertie. Quant à l'église de Mari, c'est évidemment l'église de Kokhé.

En fait, nous l'avons vu, si vraiment Kokhé était à « Séleucie », la venue de Mari serait à situer après le changement de lit du Tigre, c'est-à-dire certainement après 79 et peut-être même après 116.

Heureusement nous devinons à travers la *Chronique de Seert*[3] et nous trouvons en clair dans le *Livre de la Tour* de Mari[4] une tradition beaucoup plus ancienne. Le nom de Kokhé est expliqué par la présence de *huttes* (en arabe : *akwâkh*, rendant le syriaque : *kukhyatha*) appartenant aux

---

2. D'abord publiée par J.B. ABBELOOS dans les *Anal. Bolland.*, IV (1885) p. 50-131, puis par P. BEDJAN, *A.M.S.*, I, p. 45-94. Traduction arabe abrégée dans A. SCHER, *Chuhadâ' al-Machriq*, I, p. 26-34.

3. II, p. 57.

4. Ar. p. 5, lat. p. 4.

laboureurs de Mardanchah, « chef » de Ctésiphon. La mention de Ctésiphon est tout à fait exacte, à moins que l'on ne suppose que les laboureurs de Mardanchah travaillaient habituellement de l'autre côté du fleuve. Au contraire, le fait est des plus normaux dans la géographie d'avant 79/116, quand le lieu des Huttes n'était encore séparé de Ctésiphon que par une vallée. Encore une fois, après cette date, quand le Tigre eut emprunté cette vallée et coupé Kokhé de Ctésiphon, les sources oublieront vite la première configuration du terrain et relieront Kokhé à Séleucie.

La géographie reflétée dans les textes de la *Chronique de Seert* et *du Livre de la Tour* ne pouvant avoir été inventée dans les siècles suivants, je suis persuadé que nous avons dans la source de ce passage un texte de la plus grande antiquité. Je suis prêt à l'accepter comme preuve historique de la venue de Mari à Kokhé-de-Ctésiphon entre 79 et 116 de notre ère.

Si la mention d'Artaban a une valeur historique et ne représente pas seulement un nom de roi cité au hasard comme l'est celui du roi Aphraat qui apparaît dans d'autres versions des mêmes événements, on peut remarquer qu'il y eut en fait un Artaban IV qui régna en 80-81. Est-ce là la date de la venue de Mari à Kokhé? On peut en tout cas retenir la fin du Ier siècle ou au plus tard le début du IIe siècle comme date de l'introduction du christianisme dans la capitale des Arsacides.

La Grande Eglise de Kokhé

Le nom de l'église de Kokhé est cité des centaines de fois dans l'histoire de l'Eglise syrienne orientale, car c'est là que le catholicos, bientôt appelé patriarche, aura d'abord sa résidence officielle. Son siège est appelé, par exemple dans le *Synodicon Orientale* [5], « le siège de Kokhé », « le siège patriarcal (ou apostolique) établi dans la ville de Séleucie, dans la grande église de Kokhé », « le siège sublime de l'église de Kokhé dans la terre de Séleucie » [6], etc. A partir

5. P. 265, 266, 286, 293, 313, 319, 457, 459, 460, etc.
6. SLIWA, ar. p. 10.

de 544, par décision de Mar Aba [7], la consécration du catholicos ne sera pas valide si elle n'a pas été faite dans cette église.

La grande « église du trône à al-Mada'in » [8], fondée par Mari vers l'an 100 [9], fut, bien sûr, restaurée, reconstruite et agrandie plusieurs fois.

Elle fut détruite au début de la persécution de Sapor II, et les catholicoi Chahdost en 341 et Barba'chmin en 343 durent recevoir la consécration dans une maison particulière [10]. Elle était reconstruite pour le sacre de Tomarsa en 363.

Elle tombait en ruines quand, entre 415 et 420, le catholicos Yahwalaha Ier la restaura, sous Yazdegerd Ier, grâce à un don de l'empereur romain Théodose II [11]. Le catholicos Mar Aba l'agrandit, entre 450 et 451 [12], avec l'aide de 'Abd al-Masîh de Hira.

Par les comptes rendus de l'installation solennelle de chaque nouveau patriarche « sur le siège apostolique de St Mari l'Apôtre », l'on sait que « la grande église de Kokhé, qui est située dans les Villes Royales de Séleucie et Ctésiphon », resta en usage au moins jusqu'en 1318, quand Timothée II y fut encore consacré « selon la loi et l'antique coutume des chrétiens » [13]. Son synode est le dernier connu

7. *Syn. or.* p. 554, 555; *Chron. de Seert,* II, p. 57; AL-MAS'UDI mentionne cette règle dans le *Livre de l'avertissement et de la révision,* trad. fr. B. CARRA DE VAUX (Paris, 1896) p. 206.

8. MARI, ar. p. 152.

9. BAR HEBRAEUS voudrait même que Mari ait bâti plusieurs églises, *Chron. eccles.,* III, col. 20.

10. SLIWA lat. p. 9 et 21; le texte arabe, p. 16 ligne 4, porte par erreur *Karkhi* au lieu de *Kûkhi,* on sait la différence minime qu'il y a en arabe entre un R et un U. L'orthographe *Kûkhi* se retrouve dans MARI ar. p. 5.

11. *Chron. de Seert,* I, p. 215; SLIWA ar. p. 27, lat. p. 16.

12. MARI, ar. p. 5.

13. Actes du synode de Timothée, cités par EBEDJESUS, *Collectio canonum synodicorum,* dans A. MAI, *Scriptorum veterum nova collectio,* X, 1, (Rome, 1838) p. 97. — Le rite de consécration du catholicos « dans la grande église de Kokhé à Mahuza » est publié dans la *B.O.,* III. II, p. 667-678.

et l'on ne possède aucun document qui montre où ses successeurs furent consacrés.

Dans le grand temple de Kokhé se tinrent les assises de plusieurs conciles de l'Eglise d'Orient. Le plus ancien connu est le concile de « Séleucie » en 358, mentionné par Socrate [14]. La plupart du temps ces synodes profitaient pour se réunir de la présence des évêques déjà sur les lieux pour l'élection d'un nouveau patriarche [15].

Dans cette église également furent enterrés quelque vingt-quatre patriarches, dont Abrès (121-137?) aurait été le premier [16] et Hananicho' II le dernier, en 1089 [17]. Leurs successeurs furent inhumés en différents lieux, surtout dans l'église du Dar al-Roum à Bagdad.

On sait que l'expédition archéologique allemande à Séleucie-Ctésiphon, en 1928-1929 [18], découvrit et fouilla en partie une église située dans l'enceinte de Veh-Ardachir, au site appelé le *Château de la fille du Qâdi*.

J'espère que l'exploration de cette église sera reprise, surtout au milieu de la nef, pour y vérifier la présence des parties caractéristiques d'une église syrienne orientale ancienne, *béma, qostroma* et *chqaqona* [19]. Ce point est très

---

14. Mentionné par ELIE DE NISIBE, *Chronographie*, trad. fr. DELAPORTE, p. 67. — A. SCHER, *Tarikh Kaldu wa Athur*, II, (Beyrouth, 1913) p. 57, place le premier synode de Séleucie en 317, pour l'élection du catholicos Papa.

15. Le pseudo DENYS DE TELL MAHRÉ, *Chronicon*, éd. *C.S.C.O.*, vol. 121, trad. lat. p. 143, localise le synode de 420 à « Ctésiphon », peut-être par un usage inexact du nom.

16. SLIWA, lat. p. 2.

17. Ibid. p. 20. — On fera attention que la traduction latine de GISMONDI parle encore de l'église de *Kokhé* là où le texte arabe porte *Al-Karkh*, qui est un quartier de Bagdad, v.g., lat. p. 68 et 69, ar. p. 118.

18. O. REUTHER, *Ktesiphon Expedition 1928-1929*, p. 11 sq., plan 1, pl. 5; statue pl. 6; *The German Expedition at Ctesiphon*, dans la revue *Antiquity*, III (1929) p. 449-551; *Sassanian Christian Churches*, dans *A Summary of Persian Art*, par A.U. POPE, I (1938) p. 560-566; G. GULLINI, *First Preliminary Report of Excavations at Seleucia and Ctesiphon*, dans *Mesopotamia*, I (1966), p. 34.

19. *Mossoul chrétienne*, (Beyrouth, 1959) p. 65-84.

important car l'église de Kokhé était le modèle et la norme de toutes les églises en matière de liturgie [20].

L'église qui a été dégagée peut-elle être la « grande » église du catholicos elle-même? L'église de Qasr bint al-qâdi a livré deux niveaux : une petite église au niveau inférieur, et une plus vaste au niveau supérieur, celle-ci datée par les archéologues du milieu ou de la fin du VIe siècle. Cette date concorderait avec la restauration de Mar Aba. Cependant cette église n'est-elle pas un peu petite (la nef mesure 27 m. 18 sur 15 m. 06) pour être la « grande » église du trône?

Seule la recherche des tombes des patriarches fournirait la réponse à la question. Bien sûr les tombes ont été très probablement pillées et bouleversées, mais il reste certainement des fragments d'inscriptions. On ne possède malheureusement aucune information quant à leur position exacte. On devrait les trouver du côté est de l'église, dans celle des deux chapelles latérales de chaque côté de l'autel, au nord et au sud, qui est le *Beth Sahdé* ou martyrion (l'autre étant la sacristie ou *diaconicon,* ou le baptistère) et aussi sous le *béma* et le *qostroma.* Un troisième emplacement où l'on peut trouver des tombes serait sous le *Beth slôtha* ou oratoire d'été, c'est-à-dire la galerie est de la cour, elle-même située au nord ou au sud de l'église proprement dite; enfin on connaît des exemples de tombes dans le sanctuaire, près de l'autel.

Les fouilles devront aussi s'étendre aux alentours immédiats de l'église, où l'on trouverait probablement la « cellule » c'est-à-dire la résidence patriarcale.

L'Ecole de « Séleucie »

Encore à Kokhé, peut-être près de l'église, on pourrait retrouver encore l'académie théologique, biblique et liturgique célèbre connue sous le nom de l'Ecole de Séleucie. Elle semble avoir occupé deux emplacements successifs. Le premier, où le futur catholicos Acace enseigna de 457 à

20. *Syn. or.* p. 266.

484 [21], n'est pas précisé. Le second édifice, fondé par Mar Aba, prit la place d'un petit temple du feu dont le catholicos avait converti le prêtre.

Un texte d'origine douteuse, publié par A. Mingana [22], traduit en français par J.B. Chabot [23], et accepté par A. Scher comme ayant fait partie de l'*Histoire ecclésiastique* de Bar Hadhbchabba ʿArbaya [24] bien qu'en fait on ne le trouve pas dans cet ouvrage [25], attribue la venue du premier « interprète » de l'école, Ichay, et de son successeur Ramîchôʿ, à une guerre entre Perses et Romains, qui aurait troublé l'école de Nisibe et causé l'exode de certains de ses maîtres, qui aux Villes Royales, c'est-à-dire à Veh-Ardachir, qui à Karka de Lédan, Kachkar et Suse, où ils auraient fondé des écoles. Deux ans plus tard, à la fin de la crise, quand l'école de Nisibe rouvrit ses portes, plusieurs de ces professeurs seraient demeurés en Perse.

Parmi les maîtres de l'école de « Séleucie », les plus célèbres sont, après Ichay [26] et Ramîchoʿ [27], Mari en 567 [28], Job en 581/585 [29], Grégoire de Prath Maichan qui devint catholicos en 605 [30], Bokhtîchôʿ vers 605 [31], Ichôʿ bar Nun avant 823 [32], Yozadaq en 831 [33], etc.

21. MARI, ar. p. 43. — On doit mentionner ici deux articles sommaires en arabe sur *Le christianisme à al-Madaʾin,* par feu RUFAʾIL BABO ISHAQ, dans Al-Nadjm, XI (1950) p. 332-338, 392-398.

22. Dans l'*Introduction,* § VI, p. 18, de *Narsai doctoris Syri homiliae et carmina* (Mossoul, 1905).

23. *J.A.*, Juillet-Août 1905, p. 170-173, traduction critiquée par A. MINGANA dans une brochure de 16 pages, *Réponse à M. l'abbé Chabot à propos de la Chronique de Bar Hadhbchabba* (Mossoul, 1906).

24. Cf. *La cause de la fondation des écoles, P.O.*, IV (Paris, 1907), *Introduction,* p. 325 (10).

25. Ed. F. NAU, *P.O.*, XXIII (1932) p. 177-343, et IX (1913) p. 490-631.

26. *Chron. de Seert,* II, p. 65, 95, 201.

27. Ibid. p. 65.

28. MARI, ar. p. 54.

29. *Chron. de Seert,* II, p. 118; Syn. or. p. 391, n. 3.

30. *Chron. de Seert,* II, p. 201; *Syn. or.* p. 472, n. 1; *Book of Governors,* II, p. 87; trad. ar. A. ABOUNA, p. 49.

31. *Chron. de Seert,* II, p. 174, 177; MARI ar. p. 59.

32. MARI ar. p. 75.

33. Ibid. p. 76.

Parmi ses élèves on mentionne : Tite, qui deviendra évêque de Haditha du Tigre en 595 [34], Grégoire, futur métropolite de Nisibe vers 596 [35], Sawrîcho', plus tard métropolite du Beth Garmaï, qui y étudia entre 596 et 604 [36], et leur contemporain le moine Habîb [37].

Plus tard l'école eut encore comme élèves au moins trois futurs catholicoi, Slîwa Zkha († 668) [38], Aba II († 751) [39] dont on possède une lettre adressée à son école patriarcale de « Séleucie » [40], et Elie Ier († 1049) [41].

On aura remarqué la lacune dans les dates entre le début du IXe et le milieu du XIe siècle. En fait l'école avait décliné; quand le patriarche Sawrîchô' II la visita en 835, il n'y trouva aucun élève mais seulement quelques vieillards. Le patriarche attribua la décadence de l'école à l'enseignement fastidieux qui y était donné et réorganisa le curriculum [42].

Le bâtiment de l'école fut restauré et agrandi par les catholicoi Ezéchiel (567-581) [43], puis Péthion (731-740) [44].

La citadelle de Kokhé

Les *Actes* des martyrs, par exemple de Georges [45], parlent de la citadelle de Kokhé où les confesseurs étaient empri-

---

34. *Chron. de Seert,* II, p. 153.
35. Ibid. p. 187 ; *Liber castitatis,* n° 56.
36. *Chron. de Seert,* II, p. 311.
37. *L.C.*, n° 52.
38. MARI, ar. p. 65.
39. Ibid. p. 66.
40. *Syn. or.* p. 7 n. 3.
41. MARI, ar. p. 118.
42. EBEDJESUS, *Coll. can. syn.*, VI. 3; MAI, X. 1, p. 110-111; *B.O.*, III. I. p. 506-507.
43. *Chron. de Seert,* II. p. 72-75.
44. MARI, ar. p. 66.
45. Texte chaldéen dans P. BEDJAN, *Histoire de Mar Jabalaha, de trois autres patriarches, d'un prêtre et de deux laïques nestoriens* (Paris, 1895) p. 536. Extrait dans G. HOFFMAN, *Auszüge,* p. 110. — Le P. PEETERS, *Observations sur la vie syriaque de Mar Aba,* dans *Recherches d'histoire et de philologie orientales,* II (1951), p. 160 n. 1, appelle la forteresse Grovandakan, de même dans *Anal. Bolland.*, LXII (1944) p. 113, quand il parle de Vindoy, beau-frère de Hormizd, également emprisonné là.

sonnés. Ce fort était appelé en persan Garondagan ou Grondagan.

Il est probable que c'est lui qui est décrit dans l'*Histoire de Mar Ahoudemmeh*[46], lequel y fut également incarcéré avant sa mort en 575. Le texte l'appelle « cette prison dont personne ne sortit vivant ». On y laissait le prisonnier mourir de faim, avec autour du cou un collier fermé du sceau royal, pour qu'on ne puisse l'enlever sans couper la tête. Le condamné mettait habituellement sept ou huit jours à mourir; au-delà de cette période « il y en a à peine un sur mille qui conserve encore un peu de vie et on ne peut le sauver. Cela n'arrivait pas seulement à cause de la faim et de la soif, mais encore parce que cette prison était très étroite et resserrée; beaucoup, pour ainsi dire, mouraient rien qu'en la voyant ».

Le *Talmud,* qui fait également allusion à la prison, appelle la citadelle « le fort des tourelles » (*Kubé*). On y voit que le fort était à l'intérieur de la ville, ce qui rendait Veh-Ardachir aussi imprenable que Ctésiphon elle-même. Le *tell* situé à l'intérieur du site de Kokhé, à peu près en son centre, à l'ouest du lit actuel du Tigre (qui a coupé la ville en deux), à l'est de l'église, ce tell recèle probablement les restes du donjon.

La ville de Veh-Ardachir

Le nom de Veh-Ardachir apparaît rarement dans les sources syriaques, qui préfèrent le vieux nom de Kokhé. On voit qu'en 420 deux évêques-ambassadeurs, Maroutha et Acace, y prirent leur résidence[47], préférant le voisinage de la cellule patriarcale à celui du palais du roi, qui était à Ctésiphon, de l'autre côté du fleuve.

De même en 544, les actes du synode sont signés par le clergé de Ctésiphon et de Veh-Ardachir[48].

Le *Marché au foin* de Veh-Ardachir semble avoir été une des places principales de la ville. Certaines exécutions

46. *P.O.*, III (1905) p. 41-46, trad. fr. F. NAU.
47. *Syn. or.* p. 277.
48. Ibid. p. 328.

capitales y avaient lieu; le martyr Georges y fut crucifié en 615 [49].

Les sources syriaques, à la différence du *Talmud,* ne parlent pas des murs de la ville. Cependant St Grégoire de Nazianze, dans sa seconde *Invective contre Julien* [50], donne une description des villes jumelles qui résistèrent à l'Apostat en 363 : « Ctésiphon, dit-il, est une citadelle puissante, difficile à capturer, avec des murs de briques cuites et un fossé profond, rendus plus formidables encore par les marécages et le fleuve boueux.

Une autre citadelle renforce encore la première; on l'appelle Kokhé. Elle a été bâtie avec l'aide de la nature aussi bien que de l'art. Reliées l'une à l'autre, elles forment une seule ville. En fait, rien ne sépare les deux villes, sinon la largeur du fleuve ».

Nous verrons en parlant de Ctésiphon ce que l'on sait des autres églises des Villes Royales.

« *Séleucie en ruines* »

Sliq Kharawta, l'emplacement des ruines de l'ancienne Séleucie, a laissé un souvenir sinistre dans les sources chrétiennes et autres. C'est là, au-delà de l'ancien lit du Tigre avant 79/116, en vue de l'une des portes ouest de Kokhé, qu'étaient érigés les gibets [51]. C'est là que Julien trouva accrochés les corps des parents des « traîtres » qui lui avaient livré Piroz-Chahpuhr.

Le lieu entre dans le martyrologe chrétien en 342, quand le catholicos Chahdost y est mis à mort avec cent vingt huit compagnons, par ordre de Sapor II. Plus tard, vers 400, à la faveur des négociations de paix entre Yazdegerd Ier et Honorius, l'évêque Maroutha de Maypharqat, chef de l'ambassade romaine, obtint des Persans la concession d'un terrain voisin du lieu des supplices. Un « glorieux et magnifique » martyrion y fut érigé.

---

49. *Chron. anon.*, GUIDI, p. 21 et *Syn. or.* p. 625; la date est donnée ibid. p. 634. *Passion de Georges,* éd. BEDJAN (1895) p. 537.

50. *P.G.*, 35, col. 675-678.

51. Donc sur le lieu ou dans les environs immédiats du Tell ʿUmar actuel.

Quand la persécution reprit, à la fin du règne du même roi Yazdegerd Ier, vers 420, Narsaï, un moine de Rayy, Tataq, « domestique » du roi, Hormizd et neuf autres laïcs de la province du Beth Garmaï, furent exécutés au même endroit.

Une nouvelle vague de persécution, sous Vahram V Gor (420-438) y amènera pour être mis à mort le notaire Ya'qub. A la même époque, les reliques des précédents martyrs furent enlevées du martyrion [52] pour être déposées en un lieu plus sûr.

C'est probablement là aussi que, en 484, le catholicos Bawoy fut laissé pendu à la potence par le doigt qui portait son anneau, jusqu'à ce que mort s'ensuive [53].

Ainsi donc, au moins de 342 à 484, le lieu fut utilisé pour les exécutions. Les fouilles dans le coin nord-est des ruines de l'ancienne Séleucie permettront peut-être de retrouver les traces du martyrion du Ve siècle [54].

Le lieu plus sûr où le second martyrion fut construit et où furent transportées, pendant le règne de Vahram V (420-438), les reliques de plusieurs martyrs dont Narsay [55], était le Fort de Lawarné. On ignore s'il était situé près ou

---

52. Les références aux actes syriaques des martyrs persans sont données dans deux articles de P. Devos, *Abgar, hagiographe perse méconnu (début du Ve siècle)*, dans *Anal. Bolland.*, 83 (1965) p. 303-328, et *Les martyrs persans à travers leurs actes syriaques*, dans *La Persia e il mondo greco-romano*, (Rome 1966) p. 213-225.

53. *Chron. de Seert*, II, p. 10. — *Le D.H.G.E.*, II (1914) col. 1437-1438, s.v. *2. Ananjesu*, par F. Nau, parle d'un monastère que ce moine aurait fondé près de *Séleucie*. En fait, la source citée (*L.C.* N° 21) parle de *Salakh*, qui est un district montagneux de l'ouest de l'Iraq.

54. Le lecteur de la traduction française de la *Chronique de Seert*, surtout dans la seconde partie, doit rétablir *al-Mada'in* chaque fois qu'il trouve *Séleucie*. En fait, le mot y désigne le plus souvent *Veh-Ardachir*. J'ai fait le partage dans la *Table... de la seconde partie de la Chronique de Seert, Mélanges de l'Université St-Joseph*, XLII, 4 (1966) p. 201-218.

55. P. Devos, *Abgar*, p. 309-310, 314. — A. Scher avait déjà signalé Abgar parmi les écrivains des Ve-VIIe siècles, cf. *Tarikh Kaldu wa Athur*, II, p. 271.

loin des Villes Royales. Il devait y avoir à côté du fort un village du même nom, car l'évêque Job, qui bâtit le nouveau martyrion, en était originaire.

Les chrétiens à Ctésiphon

La communauté chrétienne de Ctésiphon semble avoir été moins importante que celle de Kokhé-Veh Ardachir, comme d'ailleurs c'était le cas pour la communauté juive dont l'exilarque résidait à « Ardachir ».

On trouve cependant la mention de quelques personnages chrétiens nés à Ctésiphon, tels Elisée qui devint catholicos en 524 [56], et l'archidiacre Mar Aba, vicaire du siège patriarcal en 605 [57].

Il y avait évidemment plusieurs églises à Ctésiphon, et d'autres églises que la grande église du siège à Kokhé. Ces églises existaient même avant que Chosroès II, à la suite de sa victoire grâce à l'aide de Maurice, ait permis aux chrétiens de bâtir églises et oratoires [58] dont il pouvait, de son palais, entendre les simandres [59].

Y avait-il vraiment vingt et une églises dans les deux villes, comme le prétend la très suspecte *Statistique inédite de l'ancienne Eglise chaldéo-nestorienne* [60]? Le lecteur sait que ce factum est le fruit de l'imagination d'un diacre syrien catholique de Mardin, au début de ce siècle [61]. Dans le cas du paragraphe sur al-Mada'in, l'auteur ne précise pas à quelle date il y aurait eu tant d'églises dans la capitale, mais

56. *Chron. de Seert,* II, p. 56, où le texte semble lacuneux puisque la mention de « l'église du siège » vient tout de suite après le nom de Ctésiphon. SLIWA ar. p. 38 dit seulement qu'Elisée était originaire d'Al-Mada'in.

57. *Chron. anon.* GUIDI, p. 20.

58. AL-THA'LIBI, *Histoire des rois de Perse,* p. 671.

59. *Chron. de Seert,* II, p. 163.

60. Texte arabe, avec traduction française de Mgr P. AZIZ (Beyrouth, 1909).

61. Comme l'est aussi son jumeau, le ms. Ar. n° 52 de l'Université St-Joseph de Beyrouth, cf. *Al-Machriq* (Beyrouth), 1966, p. 261-264.

seulement que c'était à l'époque du « patriarche » Thomas du Beth Garmaï. Malheureusement, il n'y a jamais eu de patriarche de ce nom.

Quel qu'ait été leur nombre, on a gardé le nom de quelques-unes des églises des Villes Royales, dont on ignore malheureusement la situation.

Il y a l'église de Beth Narqos [62], où le patriarche Mar Aba prit sa dernière retraite [63] en 552, et en face de laquelle Chamta, fils du grand argentier Yazdin, fut crucifié en 628 [64].

Il y a aussi une église *gassita*, c'est-à-dire enduite du plâtre local appelée *djass*, que fréquentait Mar Aba avant son baptême, vers 500 [65].

Les Syriens occidentaux, ou monophysites, avaient au moins deux églises dans les Villes. La première, appelée *des Rébibé*, est mentionnée en 575 quand le corps de Mar Ahoudemmeh y reposa pour un temps [66]. La seconde était appelée *la Nouvelle Eglise* en 580; elle était construite près du palais du roi [67], lequel était alors Hormizd IV.

Une école, différente évidemment de l'école des Nestoriens, était attachée à cette dernière église. Un de ses maîtres, appelé Qamîchô', devint grand métropolite des Syriens occidentaux en 580 [68].

---

62. On ne donne pas d'interprétation du nom. Il semble difficile de dire avec A. CHRISTENSEN, *L'Iran sous les Sassanides*, p. 388, que c'était une église de S. Narcisse. Ce saint ne figure nulle part aux calendriers des Eglises syriennes.

63. P. PEETERS, *Recherches*, II, p. 160-161. Les Mages tentèrent de ravir le corps du cortège des funérailles, en route entre Beth Narqos et la cathédrale où il devait être inhumé.

64. *Chron. anon.* GUIDI, p. 25.

65. P. PEETERS, *Observations*, cit. p. 123.

66. *Histoire de St Mar Ahoudemmeh*, éd. F. NAU, p. 48.

67. Mgr BARSAUME, dans la *Revue patriarcale*, III (1936) p. 202 n° 15, (tiré à part p. 11) semble l'identifier avec le Couvent de Chirine et date sa construction des environs de 598.

68. B.H., *Chron. eccl.*, II, col. 102. — L'écrivain emploie le titre de *maphrien* par anachronisme.

Les « Romains » déportés.

La « Meilleure Antioche de Chosroès » fut-elle le siège d'un évêché ou même d'une métropole, c'est-à-dire d'un évêque différent du patriarche? Maricq l'a pensé [69], interprétant ainsi le nom de Mahozé Hdhatta qu'il trouvait parmi les signatures des actes du synode du patriarche Joseph en 554. J.B. Chabot, éditeur du *Synodicon* [70] avait préféré y voir l'autre « Ville Neuve », Rew-Ardachir (Gondisapor), qui était en fait siège métropolitain, étant donné que la signature de Claudianus vient parmi celles des métropolites au rang même qui est celui de Rew-Ardachir [71]. Le nom grec du prélat convient à un exilé (ou à un fils d'exilé) d'Antioche, mais justement sur ce point Rew-Ardachir était dans le même cas que la Meilleure Antioche [72]. Même si l'on suppose que Mahozé Hdhatta indique ici al-Roumiya, Claudianus serait un métropolite déporté avec les autres prisonniers, comme on en connait plusieurs dans l'histoire de Perse. Il ne peut être ni le « patriarche » d'Antioche, dont le nom à cette date est connu, ni l'évêque titulaire de la « Ville Neuve », près de Ctésiphon, qui n'est jamais plus mentionnée par la suite comme évêché.

Quant aux déportés de 540, ils n'étaient pas les premiers « Romains » à avoir été amenés dans les parages. Déjà en 395 [73] les Perses avaient libéré des mains des Huns des prisonniers en provenance de Syrie, Mésopotamie et autres lieux. Quelque dix-huit mille d'entre eux reçurent résidence dans les villes de « Selok et Kaukaba (Kokhé), que l'on appelle Hardachir et Ctésiphon », où ils séjournèrent plusieurs

---

69. *Recherches sur les Res Gestae divi Saporis* (Bruxelles 1953) p. 46. Il emprunte le nom à E. SACHAU, *Zur Ausbreitung des Christentums in Asien,* (1919) I, p. 26-38.

70. *Syn. or.* p. 306; Index p. 676.

71. Le sixième (*Syn. or.* p. 367); du fait de l'absence de deux métropolites le nom vient au quatrième rang.

72. P. PEETERS, *St Demetrianus, évêque d'Antioche?*, dans *Anal. Bolland.* 42 (1924) p. 299-301. — Sur les métropolites de Rew-Ardachir v. *Syn. or.* p. 681 s.v.

73. *Chron. anon. de 724 A.D.*, in *Chronica minora, C.S.C.O.*, trad. lat. p. 106-107.

années en attendant leur rapatriement. Le roi de Perse leur octroyait des rations de pain, vin, vin de dattes et huile. Huit cents d'entre eux étaient encore dans les Villes Royales quand Yazdegerd commença à régner, en 399.

Les premiers habitants forcés de la Meilleure Antioche semblent avoir fait contre mauvaise fortune bon cœur et porté leur « amère captivité » avec une relative légèreté. Quand Chosroès mourut, en 579, ils firent cortège à sa dépouille, « encensoirs et cierges en mains, jusqu'à l'endroit de sa sépulture »[74].

Plus tard, au temps de Tibère II (578-582), de nouvelles théories de captifs, venant de Dara, Apamée, etc., et totalisant 275.000 personnes, furent encore amenés en territoire perse. Certains furent internés à la Meilleure Antioche. Ces nouveaux venus n'aimaient pas leur cage dorée. Deux d'entre eux achetèrent la complicité d'un des gardes du mur, qui les laissa descendre le long d'une corde. Avec l'aide de deux moines arabes, Benjamin et son disciple Samuel, ils purent traverser le désert sains et saufs et quitter le territoire perse. Ils étaient porteurs d'une lettre destinée à l'empereur, pour le mettre au courant de la situation : « Nous sommes plus de trente mille personnes emprisonnées ici, et les Persans qui nous gardent sont à peine plus de cinquante. Si vous vouliez envoyer l'un des généraux romains faire une apparition devant les murs de la ville, nous tuerions les Persans, nous nous échapperions et reviendrions au pays des Romains »[75]. Notons en passant la dimension de la ville en 578/582.

La réponse à la lettre se fit attendre jusqu'en 591. Cette année-là, Chosroès II, avec l'aide de Maurice, était en train de reconquérir son royaume sur l'usurpateur Vahram[75a]. Après que son avant-garde, commandée par Mehbodh, se fut emparée de Veh-Ardachir et de Ctésiphon, elle entra sans coup férir dans la Meilleure Antioche. Mehbodh s'était fait précéder d'une lettre écrite en grec,

---

74. *Chron. de Seert,* II, p. 105.

75. JEAN D'EPHÈSE, *Hist. eccl.* IIIe partie, trad. lat. *C.S.C.O.*, p. 238-240.

75[a]. THEOPHYLACTE SIMOCATTA, *Historiae,* V. 7. 1, cité par P. GOUBERT, *Byzance avant l'Islam,* I, p. 156-157.

qui, même si elle est reconstituée, est caractéristique; le général de Chosroès II et ses alliés romains y disaient : « Les Romains, fidèles dans le Christ Jésus Notre Seigneur, aux habitants d'Antioche de Perse, salut! Ce n'est pas pour obéir aux ordres de l'empereur (Maurice) ni aux supplications de Chosroès que nous avons entrepris cette guerre pénible, c'est pour vous sauver du joug de la Perse, vous qui avez vieilli dans la captivité. C'est dans ce but que nous sommes venus dans ce territoire.

» Aussi, pour que nous puissions atteindre notre but qui est en même temps, frères, votre bonheur, livrez-nous les transfuges et les partisans de Vahram qui se trouvent dans votre ville. Mais sachez que si vous vous montrez négligents dans ce devoir, vous n'aurez pas à vous réjouir de notre venue ».

On devine le résultat d'une telle missive; ce qu'on ne dit pas, c'est si les captifs délivrés revinrent tous au pays natal, après cinquante et un ans d'exil, à la suite de l'accord entre Maurice et Chosroès II.

On ne sait rien de la vie proprement chrétienne à al-Roumiya, sauf que le roi avait attribué aux déportés pleine liberté religieuse. Ils appartenaient vraisemblablement aux rites melchite ou syrien occidental. Leur église, ou plus probablement leurs églises étaient certainement décorées de mosaïques et de colonnes de marbre à la manière des églises d'Antioche; aucune fouille n'a encore été entreprise sur l'emplacement de cette localité.

Aspanir

L'histoire chrétienne semble montrer que l'expansion du quartier résidentiel d'Aspanbar n'attendit pas l'impulsion de Chosroès Ier. Il y aurait eu des chrétiens dans ce lieu dès le temps de Siméon bar Sabba'é [76]. Ces chrétiens devaient avoir une église; celle-ci n'apparaît dans les textes qu'en 524, quand un patriarche rival y est élu et consacré [77], contrairement à tous les canons.

76. Sliwa, lat. p. 9, ar. p. 15.
77. *Chron. de Seert,* II, p. 56-57.

Encore en 823, à la mort de Timothée Ier, on rencontre un certain ‘Ada bar ‘Awa de Hira, dont la maison est située à Aspanir [78].

On se souvient que c'était au sud d'Aspanir que Chosroès érigea, en 607-608 [79], la redoute dans laquelle il serra ses trésors. La Sainte Croix, prise aux romains lors de la capture de Jérusalem en 614 [80], fut entreposée là par le grand trésorier royal, le chrétien Yazdin. Les ruines du donjon correspondent probablement au bâtiment fortifié fouillé en 1931-1932 [81] au lieu dit Tell al-dahab.

Les sources syriaques confirment ce que disent les sources grecques [82] à propos des parcs et jardins zoologiques (les « paradis ») de Chosroès à Aspanir, tels que les découvrirent encore les yeux émerveillés des soldats d'Heraclius en 627. L'*Histoire de Mar Aba, catholicos* [83] mentionne en passant les volières et les réserves de gibier. Le même texte [84] parle aussi d'un lieu appelé Harpadaqa, situé probablement au nord d'Aspanir, près duquel le patriarche passe en arrivant d'Adherbaydjan.

Mabrakhta et le Couvent de S. Serge

La position de la localité de Mabrakhta est fournie par le *Talmud* [85]. Elle était située tout près de Mahozé, c'est-à-dire de Kokhé-Veh Ardachir, à l'intérieur de la limite de marche maximum permise le jour du sabbat. Si l'on se rappelle que la distance sabbatique hors d'une ville était de 4.000 pas ou coudées, c'est-à-dire environ deux kilomètres [86], on doit chercher Mabrakhta sur la rive ouest, à moins de deux kilomètres autour de Veh-Ardachir.

---

78. SLIWA, lat. p. 39, ar. p. 66.
79. IBN MISKAWAYH, VII. I, p. 262.
80. *Chron. anon.* GUIDI, p. 22.
81. *Syria,* XV (1934) p. 2; plans p. 4-5.
82. THEOPHANE, col. 495, cité par C. HUART, *Ancient Persia and Iranian Civilization,* p. 116 AMMIEN MARCELLIN, XXIV. 5. 1.
83. Ed. BEDJAN (1895) p. 255.
84. P. PEETERS, *Observations,* p. 151.
85. *Erubin,* 47b.
86. *D.B.,* V. 2 (1922) col. 1296.

Peut-on préciser davantage? On sait que le monastère de St-Serge était à Mabrakhta [87], et aussi « derrière le mur » de Kokhé-Veh Ardachir [88]. A moins qu'ils y ait eu deux couvents hors les murs [89], ce couvent de St-Serge semble bien être identique au « couvent des Frères » mentionné dans la passion de Narsaï [90] vers 420. Suivons donc le martyr pas à pas sur la route du supplice : avant d'être mis à mort au lieu habituel, dans les ruines de l'ancienne Séleucie, il passe avec sa garde devant le mur et devant une de portes de Mahozé, c'est-à-dire Veh-Ardachir; autrement dit il se dirige du nord au sud. Comme il semble bien que le petit groupe ait pris le chemin le plus direct, étant donné que le *mage* de service souhaitait se débarrasser le plus vite possible de son prisonnier en faveur duquel il craignait l'intervention de la foule, nous devons conclure que la petite procession venait d'un lieu situé au nord de la ville en ruines. Narsaï fut donc d'abord jugé et condamné par le *marzban* qui avait sa résidence dans un fort hors de la ville, vers le nord, puis, en route vers le lieu de l'exécution et avant de passer devant la porte de Kokhé, ils arrivèrent près du « monastère des Frères, qui est hors de la ville ». Ceci correspond à la situation donnée au monastère de St-Serge à Mabrakhta. L'on peut donc conclure que Mabrakhta était un faubourg de Veh-Ardachir, en dehors des murs, à une distance de moins de deux kilomètres vers le nord/nord-ouest.

Revenons maintenant au monastère de St-Serge. Nous l'avons identifié au « monastère des Frères ». Celui-ci ne peut être identifié au couvent où Narsay avait séjourné pendant son temps de liberté provisoire avant le jugement final [91];

---

87. *Chron. anon.* Guidi, p. 21.

88. *Chron. de Seert,* II p. 218.

89. Mais alors comment la *Vie de Mar Aba* (citée par P. Peeters, *Observations,* p. 161) pourrait-elle parler « du » monastère de Séleucie?

90. *A.M.S.*, IV, p. 170-180; *Auszüge,* p. 36-38.

91. L'article cité sur *Abgar*, p. 321-323 semble mêler les deux couvents. De même la *ville* dont l'écrivain a été expulsé par ordre de Vahram V pendant la persécution (Ibid. p. 319) devient ailleurs *notre couvent* (Ibid. p. 322; *La Persia,* p. 219). Je ne vois aucune raison d'identifier l'un de ces deux couvents à celui où furent cachés les restes de Jacques le Notaire (Ibid. p. 320).

ce monastère était à six milles de « Séleucie », et nous avons vu que Mabrakhta n'était guère qu'à deux kilomètres de la ville.

J'hésite aussi à identifier le couvent de St-Serge à Mabrakhta avec le « couvent de Chirine », comme l'ont fait tant d'auteurs [92], puisqu'il existait bien avant Chirine. Les textes parlent de nombreuses églises, parmi lesquelles plusieurs *martyria* dédiés à St-Serge [93], bâties par Chosroès ou avec sa permission. Parmi ces églises, trois sont mises en relations avec les femmes chrétiennes du roi : les églises de la Mère de Dieu (donc pas nestorienne), de St-Serge, et des Apôtres [94].

Deux de ces églises auraient été bâties pour Marie la Romaine, prétendue fille de l'empereur Maurice; une grande église, ainsi qu'un château dans le Beth Lachpar (près de Hulwan), résidence d'été du roi, fut bâtie pour Chirine l'Araméenne [95]. On voit dans un autre texte [96] que le couvent de Chirine était voisin de son château, le fameux Qasr Chirine.

Le nom du patron de l'église de Chirine n'est pas donné. Selon la *Chronique anonyme de 1234* [97], les églises de la Mère de Dieu et de St-Serge avaient été construites pour Marie, l'église des Apôtres resterait donc pour Chirine.

Une autre confirmation que l'église de Chirine n'était pas celle de St-Serge de Mabrakhta vient du fait que les Nestoriens furent expulsés par Gabriel de Sindjar des deux couvents, de Chirine (au Beth Lachpar?) et de Mar Péthion [98],

---

92. V. g. CHRISTENSEN, p. 338.

93. Sur la dévotion de Chosroès à ce martyr, cf. P. PEETERS, *Les ex-voto de Khosrau Aparwez à Sergiopolis*, dans *Anal. Bolland.*, LXV (1947) p. 5-56.

94. M.S., *Chronique*, II, p. 372; B.H., *Chronography*, p. 85.

95. *Chron. de Seert*, II, p. 146-147.

96. *Book of Governors*, II, p. 80-81; trad. ar. p. 45.

97. P. 171.

98. *Chron. anon.*, GUIDI, p. 20. — Le monastère de Mar Péthion n'est pas non plus à Al-Mada'in, comme CHRISTENSEN p. 393 l'a supposé. C'est le Dayr al-ʿAtîq de Bagdad.

alors que l'on voit le moine Georges d'Izla et le métropolite du Beth Garmay, Chouhalmaran, lutter pour garder le monastère de St-Serge en mains nestoriennes [99] contre le même archiâtre favori du roi, qui voulait également s'en emparer pour les donner à ses coréligionnaires.

Les Nestoriens restèrent maîtres du couvent, mais le médecin dénonça leurs champions au roi. Le métropolite fut banni, alors que le moine Georges était mis à mort comme apostat de la religion d'état, en 615. Le martyr Georges fut d'abord inhumé dans le couvent même qu'il « n'avait pas permis aux hérétiques de souiller » [100].

La dernière mention du couvent de St-Serge date de 650, quand y fut enterré [101] le patriarche Mar Emmeh, qui l'avait restauré après sa destruction par le feu [102].

Conclusion

Les fouilles de la Pentapole ont à peine commencé. Les tâtonnements de topographie, avec les erreurs qu'elles entraînaient dans l'identification des lieux, ont certainement retardé les progrès de l'histoire. Maintenant que, je l'espère, l'histoire de la configuration du terrain est à peu près claire, nous ne pouvons que souhaiter que des expéditions archéologiques de plus en plus nombreuses voudront consacrer leurs efforts à ce haut-lieu de l'histoire, centre de l'empire des Arsacides et des Sassanides, pour nous la Ville du catholicos de l'Orient [103].

Bagdad.

---

99. On remarque la contradiction entre ce texte, qui met près d'al-Mada'in le couvent de St-Serge enjeu de la dispute, et la *Vie* du saint (*Syn. or.* p. 633) qui place l'action au Beth Madhayé, c'est-à-dire près de Qasr Chirine. Les deux textes s'entendent entre eux avec la *Chron. anon.* GUIDI p. 21 pour faire enterrer Georges au couvent de Mabrakhta. La discussion de ces sources serait à reprendre.

100. BEBJAN p. 558; *Chron. anon.* GUIDI, p. 21; *Syn. or.* p. 625.

101. *Chron. anon.* GUIDI, p. 28.

102. Ibid. p. 27.

103. Synode de Timothée, *B.O.*, III. I. p. 349.

X

TAGRÎT

Esquisse d'histoire chrétienne

« Une histoire satisfaisante de ce centre des Jacobites de l'ancien empire persan n'existe pas encore », écrivait le maître Ernest Honigmann dans son dernier ouvrage [1]. Hélas, bien qu'un tome complet de la Chronique Ecclésiastique de Bar Hébraeus soit consacré aux métropolites et maphriens de Tagrît [2], l'histoire chrétienne de la ville ne s'en dégage que d'une façon bien fragmentaire. On soupçonne l'importance de Tagrît plus qu'on ne peut la prouver.

Ainsi, on n'a que très récemment décelé des différences entre son rite liturgique et celui de Mélitène ; mais pourra-t-on jamais dire pourquoi, à quelle époque et par qui ces différences furent introduites [3] ? De même,

---

1. *Le couvent de Barṣaumâ et le Patriarcat Jacobite d'Antioche et de Syrie*, *C.S.C.O.*, *Subsidia* t. 7, Louvain 1954, p. 150. On trouve les mêmes courtes notices sur Takrît arabe dans Col. Chesnay, *Expedition to the Euphrates and Tigris*, t. II/1850, p. 27 ; Le Strange, *The Lands of the Eastern Caliphate*, Cambridge 1905, p. 57 ; P. Louis Cheikho, *De Beyrouth aux Indes*, *Machriq*, XVI/1913, p. 62-64 ; J.-H. Kramers, *Takrît*, dans *E.I.*, IV, p. 663-664 ; Guide arabe, Baqr-Safar, *Bagdad* 1962, p. 26-28, etc...

2. Pour une histoire chrétienne, la graphie Tagrît, plus conforme au nom syriaque, est préférable. L'arabe littéraire vocalise Takrît ; en arabe vulgaire on prononce Tikrît.

3. Je crois que le R. P. Matéos, de l'Institut Pontifical Oriental, qui a décelé ces différences, en prépare une étude. Différentes anaphores et Ḥussâyât sont attribuées à des personnages en relation avec Tagrît, notamment le premier Grand Métropolite, Mârûṯâ (cf. *Lû'lû'*, 2e éd., Alep 1956, p. 349-350) et le dernier, Ignace Lazare (*id.* p. 471). On sait également que Mârûṯâ introduisit à Tagrît le Jeûne de Ninive.

on peut dresser une liste des écrivains originaires de la ville ou y ayant habité, mais qui aura la patience et les possibilités de dépouiller toutes leurs œuvres, souvent manuscrites [4], pour y retrouver les petites allusions fugitives qui permettront de ressusciter le climat du milieu où ils vivaient ?

Ce qui montre bien que la personnalité propre de Tagrît est tout à fait estompée, c'est que l'un des meilleurs connaisseurs de la littérature syrienne, Mgr Ignace Ephrem Barsaume, dans son grand ouvrage arabe « Al lû'lû' al-manṯûr fî târiḵ al-'ulûm wal âdâb as suriyânîya », ne range même pas la ville parmi les centres principaux de culture syriaque [5] et ne parle pas non plus de sa bibliothèque [6]. Qui plus est, alors que les plus petits villages avaient leur école de sciences ecclésiastiques [7], il n'est dit nulle part que la cité primatiale de l'Eglise Syrienne Occidentale en Orient ait eu la sienne.

Il est donc trop tôt pour rédiger une « histoire satisfaisante », car trop de points restent à étudier en détail. Essayons cependant, en posant quelques jalons, de donner une esquisse de cette histoire [8].

---

4. V.g. les *homélies de Mârûṯâ* (cod. Brit. Mus. 848) (*Lû'lû'*, p. 349-350) et celles de Moïse bar Kîpha qui fut pendant dix ans vicaire de Tagrît (*Lû'lû'*, p. 439 n° 12 et notes 5, 6, 7, 8) ; *L'Histoire de l'Eglise*, du même Moïse, est malheureusement perdue (*Lû'lû'*, p. 440, n° 15 et n. 2.

5. Liste p. 27-30.

6. Liste p. 30-35 ; rien non plus dans G. 'Awwad, *Ancient Librairies of Iraq*, (en arabe), Bagdad 1948.

7. *Histoire de Marouta*, par Denha, éd. et trad. fr. F. Nau ; *P.O.*, t. III, p. 66.

8. Quelques éléments ont été mentionnés par Mgr Paulos Behnam, aujourd'hui archevêque syrien orthodoxe de Bagdad, dans la revue *Al Mašriq* (Mossoul), I/1946, dans une série de courts articles : pp. 36-41, 85-90, 131-134, 167-170, 215-219, sous le titre général de *Takrît dans l'histoire*. Il y promettait une histoire complète, pas encore parue aujourd'hui. Je le citerai sous la référence *Mašriq* quand il m'aura apporté quelque chose de nouveau.

Antiquité.

Une cinquantaine de kilomètres après avoir franchi la dernière chaîne montagneuse (le ǧabal-Ḥamrîn) qui lui fermait la route de Bagdad, le Tigre est venu se heurter à une barre de conglomérat dont, en temps de crue, il affouille rageusement la base. A un certain endroit, la falaise domine la berge du fleuve d'à peu près vingt-cinq mètres. Les eaux d'écoulement de la rive droite ont découpé cette falaise de profonds ravins [9], qui isolent des massifs plus ou moins importants. Le plus haut, dont le plateau du sommet mesure environ 120 mètres sur 65, était tout désigné pour recevoir une forteresse, entourée d'un fossé, jadis plein d'eau, de 27 mètres de large, alors que les autres collines autour de la première devaient normalement loger la ville que la forteresse protégerait. Ajoutons à cela le voisinage d'un passage facile du Tigre [10], le premier en amont de Sâmarrâ' et de Bagdad, et des

9. Celui qui sépare la citadelle du massif principal s'appelle actuellement Al-Qâ'im aṣ-Ṣaǧir ; le suivant, plus au nord, Al-Qâ'im al-Kabîr. Je décris Tagrît d'après mes observations personnelles, contrôlées sur les plans de la municipalité et de la Direction Générale des Antiquités d'Iraq. — De nombreux voyageurs ont visité la ville, v.g. JONES, cité par *Gazetter of Baghdad*, 1889, rééd. de Simla 1915, p. 249-250 ; C.-J. RICH, *Narrative of a Residence in Koordistan*, t. II/1836, p. 147, avec croquis ; etc... Réf. in HONIGMANN, *Barsauma*, cit. p. 149 n. 4 et 150 n. 1, 2 et 3. On peut y ajouter POGNON, qui la visita en 1890 et 1893, *Inscriptions Sémitiques*, p. 127, n. 1.

10. A 3 milles en aval de Takrît, au lieu appelé Šarî'at al-'awǧa. cf. *Gazetter of Baghdad*, p. 154. C'est probablement là que passa l'armée romaine, en retraite après la mort de Julien, en 363 A.D. (cf. AMMIEN MARCELLIN, XXV. VII. 14, cité par CHESNEY, t. II, p. 441). L. DILLEMAN, *Haute Mésopotamie Orientale et pays adjacents*, (Geuthner 1962, p. 305) suggère que le nom de Peloriarca d'Ammien, ou de Pelloriarcha du Ravennate (p. 67) représenterait en fait Tagrît, la fin du mot étant une mutilation de « Charcha » (Karka) dont on constate par ailleurs l'interchangeabilité avec Birta (plus haut p. 238) et le début « Peliora » étant un « qualificatif encore incompréhensible ». — Tamerlan passera encore par là en 1393 ; (CHESNEY, II, p. 493-495).

raisons stratégiques se joindront aux raisons tactiques pour dicter la présence de la citadelle, comme les raisons commerciales : fleuve, route et hinterland désertique postuleront celle de la ville.

D'ailleurs quand on dit citadelle, il faut comprendre quartier fortifié, comme on en voit encore à Alep, Kerkouk et Erbil. En effet, on citera plus tard une, et même peut-être deux « églises de la citadelle ». La ville ancienne de Tagrît se composait donc de deux parties, le quartier haut, ou citadelle, et les quartiers bas situés à l'ouest et au sud du premier. C'est probablement cette division qui fit donner la forme du duel au nom arabe de la ville, At- Takrîtaïn, les deux Takrît. Au temps de sa plus grande extension, avant sa destruction à la fin du XIVe siècle, la ville était entourée d'un mur de terre avec des revêtements en briques crues, dont Ibn ǧubaïr (1184) dit qu'il avait un périmètre de 6.000 pas [11].

Il est probable que l'homme avait depuis longtemps compris les données de la nature, mais nos connaissances actuelles n'en fournissent l'évidence qu'à partir de la période assyrienne [12], où les Annales de Tukulti-Ninurta (IXe s. av. J. C.), les récits de l'attaque contre Ninive en 615 av. J. C., et une inscription de Nabuchodonosor (605-562 av. J. C.) témoignent de l'existence d'une ville de Tik-ri-ai-tu [13], dont la

---

11. *Raḥla*, p. 211.

12. Guide arabe Baqr-Safar, II, p. 26-28.

13. Ceci n'empêchera pas les chroniqueurs arabes, tels que Yaqût, *Mu'ǧam al-Buldân*, t. I, p. 862, de dire que Takrît reçut son nom de Takrît, fille de Wâ'îl et sœur de Bakr bn Wâ'îl, celui qui donna son nom au Diyâr Bakr. La légende (v.g. *Encyclopédie arabe* de Potros Albustani, VI/1882, p. 187-188 ; s.v. *Takrît*) veut que, du temps des Perses, il n'y avait que la citadelle, bâtie par Sapor, mais pas de ville. Ce fut un marzbân amoureux de l'Arabe chrétienne Takrît qui construit la ville pour elle et ses parents. Id. cf. Abul Féda (avec attribution au *Lubâb*) *Taqwîm al-Buldân* (1321). trad. fr. de S. Guyard, Paris 1883, p. 64 n° 35 ; également cité par Chesney, t. I, p. 27, et P. Louis Cheikho, *Machriq* XVI/1913, p. 62-64, etc... Ce dernier auteur pense que le nom de la ville vient du nom grec du Tigre. L'interprétation est adoptée

citadelle appelée Bir-tu forme la partie principale [14].

On connaît peu de choses de l'histoire ancienne de la ville. Sa position devait en faire une cité caravanière, et même une tête de ligne de caravanes ; elle succédera comme marché commercial à Hatra [15] quand celle-ci sera ruinée par Sapor Ier, au milieu du IIIe siècle. Elle gardera ce rôle à travers toute sa période chrétienne et, au Xe siècle, son port fluvial sera prospère [16]. Elle se souviendra encore jusqu'au siècle dernier de l'art ancestral de construire des bateaux [17].

---

par le P. Anastase Marie, dans *Ḵulâṣa târîḵ al 'Irâq* (Basrah, 1919, p. 54) et à sa suite par Mgr Hindo, *Primats d'Orient ou Catholicos nestoriens et maphriens syriens,* Vatican 1936, p. 41, pour qui le nom de Takrît « est l'abréviation de deux mots latins : Castellum Tigridis, nom donné par les Romains à l'une des formidables citadelles qu'ils avaient construites sur la frontière orientale contre les invasions persanes ». Il n'entre pas dans mon sujet de discuter la frontière romaine du Nord de l'Iraq, un article sur ce sujet a été publié par D. Oates, dans *The Geographical Journal*, CXXII, 2/1956, p. 190-199, où l'on trouvera un bon résumé de la question, avec références. — Quant au *Mašriq* (p. 36-37), après l'*E.I.*, il fait venir le nom du syriaque, dans le sens de « commerce ».

14. La tradition arabe attribuait la construction de la citadelle à Sapor (1er) fils d'Ardašir, fils de Bebek. On voit qu'il s'agit plutôt d'une restauration. — C'est sous le nom de Birta que Tagrît figure dans la *Géographie* de Ptolémée (V. xviii. 9) ajoutant encore un nom à la liste déjà longue des villes ainsi appelées, cf. *D.H.G.E.*, VIII/1935, col. 1538-1539, s.v. *Birtha,* par G. Levenq. — La carte de la Dir. Gén. des Antiq. d'Iraq met par erreur Birta sur la rive est. En fait, les deux quartiers de la ville sont sur la rive ouest.

15. M. Canard, *Histoire de la dynastie des Hamdanides*, t. I, 1953, p. 130, n° 119. — Une partie de ce commerce était celui des chevaux arabes élevés dans la ǧazîra, que les marchands indiens montaient acheter à Takrît, jusqu'au siècle dernier. Cf. W. Budge, *By Nile and Tigris*, t. I, 1920, p. 166.

16. M. Canard, id., avec réf. à Aṣ-Ṣûli, *Aḵbâr ar Râdi*. p. 252.

17. *Gazetter*, p. 67.

Premiers siècles chrétiens.

La tradition légendaire, recueillie bien tardivement par le seul Bar Hébræus[18], raconte que saint Thomas lui-même, en route pour la Perse et l'Inde, serait passé par Tagrît en l'an douze de l'Ascension, et y aurait converti un personnage nommé Bar Ḥaḏbšabba, avec sa famille et un groupe d'habitants.

En réalité, comme il en est pour la grande majorité des villes et des villages d'Iraq, on ignore quand la population de Tagrît accepta le christianisme. On peut penser que son sort religieux, comme probablement son sort politique, fut lié à celui de Hatra, capitale du désert intérieur de Tagrît, située à une distance de 140 km. à vol d'oiseau de celle-ci[19], et dont les rois s'intitulaient « roi des Arabes »[20].

Malheureusement on en est encore réduit, à propos du christianisme à Hatra, à la brève allusion d'Eusèbe, prouvant seulement son existence[21]. Les fouilles de la Direction Générale des Antiquités d'Iraq dans cette ville, de 1951 à 1955, puis les travaux de l'expédition de conservation, depuis 1961, se sont bornés à la zône centrale des temples païens et à plusieurs petits temples domestiques, reconnaissables à la surface du sol par la forme en T de la dépression de leur tell ; cela permet tout au plus de conclure que la classe dirigeante était encore païenne au moment de la chute de la ville, au milieu du IIIe siècle.

---

18. Et citée par Mgr Armalet, *Les catholicoi d'Orient et les maphriens Syriens*, dans *Al-Machriq*, Beyrouth, XXII/1924, p. 190.

19. Tagrît était reliée à Hatra par une route directe qui deviendra plus tard le « chemin de Timour », cf. *Muniat al-Udabâ'* de Yasîn Al-'Omarî, éd. Mossoul, 1955, p. 164, n° 1.

20. A Hatra même les Arabes appartenaient à la tribu de Qudâ'a ; sur celle-ci voir *Mu'ǧam Qabâ'il al-'Arab*, de 'Omar Rida' Kahhala, vol. 3, Damas 1949, p. 957-958.

21. *Præparatio Evangelica*, VI, 10. Dans le texte grec (v. g. *P.G.*, XXI, col. 469) la seconde partie du dyptique sur les « Atroi » avant et après leur conversion a été omise. Elle figure dans le texte syriaque. Cf. R. Aigrain, s. v. *Arabie* in. *D.H.G.E.*, II/1924, col. 1219.

Une ligne d'évangélisation connue, issue d'Edesse, suit la Route du Roi à partir de Nisibe, à travers le Bâ Nûhadra, Marga, l'Adiabène, le Bêṯ Garmaï et le Bêṯ Aramâyé jusqu'à Séleucie-Ctésiphon [22]. Mais il y en a probablement d'autres à travers le désert du Bêṯ ʿArabâyé ; celle passant par Hatra semble plus logique dans la conjoncture du temps qu'une ligne venant du Nord et suivant la rive droite du Tigre. Il n'est pas exclu, évidemment, que l'évangélisation ait passé le Tigre à partir du B. Garmaï, qui se trouve en face de Tagrît sur l'autre rive. Cela dépend un peu des relations, hélas inconnues, qu'avait Tagrît avec Hatra d'une part, et l'empire perse d'autre part. Si elle ne l'était pas déjà auparavant, la ville passa certainement sous mouvence sassanide quand Sapor conquit Hatra [23]. C'est probablement à cette occasion, peut-être pour s'en servir comme tête de pont contre Hatra, que Sapor releva la citadelle de Tagrît.

Remarquons d'ailleurs que l'on sait peu de choses de la population, probablement arabe, de Tagrît avant la conquête musulmane. D'après Al-Yaʿqûbi [24] ce fut Chosroès Anoširwân (531-579) qui chassa les Banî Iyâd de la région de Ḥîra pour les faire descendre « à Tagrît, ville ancienne sur la rive du Tigre ». Plus tard, le même roi les en fit expulser par ses troupes appuyées par Bakr bn Wâ'îl, à cause de leurs déprédations. Ceux qui survécurent au massacre se soumirent alors aux Banî ġassân et, — le texte de Al-Bakri est formel [25], — devinrent alors

---

22. J'ai montré ailleurs comment la *Chronique d'Erbil* était un document très tardif, certainement postérieur au XIVe siècle. L'opinion de la conversion immédiate de l'Adiabène en est donc réduite à la valeur d'une supposition.

23. A. Maricq, *Res gestæ Divi Saporis*, p. 48, souligne que « au fond, on ne sait pas jusqu'où allait l'Asorestan de Sapor Ier en direction de Hatra et Singâr ».

24. *Histoire*, éd. Beyrouth 1960, t. I, p. 225-226.

25. *Muʿǧam ma istaʿǧam*, de Abû ʿObaid ʿAbdallah Bn ʿAbdul-ʿAzîz Al-Bakrî Al-Andalûsi, mort en 1904 (Le Caire, 1945), pp. 71, 75, 341.

chrétiens, ce qui veut dire qu'ils ne l'étaient pas lors de leur séjour à Tagrît[26].

On retrouve des Iyâd[27] avec des Namir[28] et surtout des Banî Taġlib parmi les forces alliées aux Romains assiégés dans Tagrît, en 637, par l'armée musulmane, mais on n'a aucun texte formel disant qu'ils aient eu des contribules dans la ville. Pour les Taġlibites, leur grande migration vers la ğazîra, bientôt suivie de leur christianisation, n'eut lieu que vers 480, et ils s'établirent surtout dans les environs de Nisibe et de Sinğâr, mais leur domaine comprenait également Tagrît. Noeldeke, suivi par H. Kindermann[29], contre le P. L. Cheikho, retarde leur christianisation à peu de temps avant la conquête musulmane[30]. Ici encore on ne peut que constater que (probablement faute de matériaux) les travaux bien connus sur les Arabes Chrétiens de F. Nau, H. Charles, R. Devreesse, etc., se limitent pratiquement à l'étude des

---

26. Canard, t. I, note 119 ; également Ḥamdani, *Ğazîrat al 'Arab*, p. 180. — Leurs allégeances avaient d'ailleurs souvent changé puisque, entre 604 et 611, à la bataille de Dû Qar, près de Kûfa, ils avaient partagé la défaite des Perses, pour lesquels ils combattaient contre An-Na'mân. Cf. Huart, *Histoire des Arabes*, t. I, p. 70. — Les Banû Iyâd passèrent à l'islamisme au temps de 'Omar ibn Ḳaṭṭâb. On retrouve leurs déprédations dans Michel le Syrien, t. III, p. 107-108.

27. Sur cette tribu voir *E. I.*, t. II, p. 601-602, par J. Schleifer, et 'Abbas Al-'Azzawi, *Qabâ'il al 'Irâq*, t. I, Bagdad 1937, p. 68, et surtout Kahhala, t. I, p. 52.

28. C'est la seule fois qu'ils sont mentionnés en relation avec Tagrît, cf. Kahhala, t. III, s.v., et 'Azzawi, t. I, p. 92-93.

29. Cf. art. *Taghlib*, in *E. I.*, *Supplt.* p. 238-243.

30. A la bataille de 'Aïn at-tamar, Ḳâled défit une armée perse appuyée d'Arabes Bakr, 'Iğl, et Taġlib, tous chrétiens ou idolâtres. (Ṭabari, *Chronique*, éd. Zotenberg, III, p. 338). Plus tard, quand les Taġlib se retirent en pays romain, (id. III, p. 429-430), Ṭabari dit qu'ils étaient « tous chrétiens ». A propos de la prophétesse Šağah la Taghlibite, le même auteur (III, p. 258-268) avait dit des Banî Taġlib qu'ils étaient chrétiens « comme en général les habitants de Mossoul, de la Mésopotamie, de l'Iraq et de la Syrie », mais nous sommes ici au moment de la mort de Mahomet.

Lakhmides et des Ghassanides, alors que les Taghlibites chrétiens sont beaucoup moins connus [31]. Même leur grand poète du temps des Omeyades, Al-Akṯal, n'a fait surtout l'objet jusqu'ici que de recherches biographiques [32].

Quant aux autres tribus arabes mentionnées, au VIe siècle, dans la vie de Aḥûdemmeh [33], 'Aqulâyé, Tannûkâyé, et Ṭû'âyé, leurs domaines étaient bien au Sud de Tagrît.

Le nom de la ville ne figure pas non plus dans les Passions des martyrs persans [34]. Cela ne veut pas dire qu'il n'y ait pas eu de chrétiens et de persécutions à Tagrît ; on sait que, alors que les documents abondent pour l'Adiabène et le B. Garmaï, un silence à peu près total couvre Marga et le Bâ Nûhadra voisins.

C'est vers la fin du IVe siècle que l'on trouve Tagrît mentionnée pour la première fois dans un document chrétien, d'ailleurs très postérieur à cette date. Alors, le métropolite nestorien Barsaume de Nisibe, appuyé par les troupes royales, essayait d'accélérer la nestorianisation de l'Eglise de Perse. Selon Bar Hébræus [35], la religion

---

31. Renseignements épars dans la grande étude de R. Aigrain, in *D.H.G.E.*, s.v. *Arabie*, col. 1294, 1299, 1304, 1314, et Canard cit. t. I, p. 134, 135, 138. Pour les sources arabes, réf. dans 'Azzawi, t. I, p. 90 et surtout Kahhala, cit. t. I, p. 120-123. Dans ce dernier corriger sous date 16 : « fîl inṭiâq » en « fîhi-l-Anṭâq ».

32. Remarque de R. Blachère, *E.I.*, t. I/1960, p. 341-342. — Dans la plaquette que lui a consacrée le P. H. Lammens, *Le chantre des Omiades*, (Paris, 1895) on trouve (p. 3-6) un court chapitre sur la tribu et le pays de Taġlib.

33. Ed. Nau, *P. O.*, III, p. 28.

34. Il y a cependant, à 2 kms au Sud-Ouest de Takrît, sur le chemin de Hît, des ruines d'une mosquée des Quarante, en qui certains ont voulu voir un ancien sanctuaire des XL Martyrs chrétiens. Cf. S. Guyer, *Reise in Mesopotamien*, dans *Petermanns Geog. Mitteilungen*, t. 62/1916, p. 257. — D'après le guide Baqr-Safar (fig. 8, p. 29), le mazâr doit dater du VIe s. de l'Hégire. Bien que rien dans le plan ne prête à y voir une ancienne église, J. H. Kramers (*E.I.*, t. IV, p. 663-664) pense cependant qu'il en marque l'emplacement.

35. *Chron. Eccl.* t. II, col. 63-78 ; *B. O.*, II, p. 410 et n. 1.

nouvelle n'eut aucun succès ni dans la ville de Tagrît ni dans sa région. Les Tagritains auraient même menacé Barsaume, s'il entrait dans leur ville, de le dénoncer à Piroz pour sa débauche, et d'en donner les preuves ; le prélat nestorien aurait préféré passer au large[36].

Dans la même optique se situe un récit arabe inséré dans le texte de Michel le Syrien[37], qui place à Karma, près de Tagrît, le meurtre de l'impie métropolite, dont une femme fendit le crâne d'un coup de clef[38].

A l'encontre de cette version des événements, on ne peut s'empêcher de remarquer que Bar Hébræus place le même fait, non plus dans les environs de Tagrît, mais au Ṭûr ʿAbdîn[39], et que la lettre de Mârûṯâ, pourtant lui-même métropolite de Tagrît, sur la persécution de Barsaume[40], ne fait pas état de la résistance de Tagrît à ce dernier[41].

On ne voit pas du tout où placer le texte du chroniqueur nestorien Mâri[42] qui situe sous Péroz (459-484) une persécution des « Jacobites » à Tagrît, persécution qui aurait causé plusieurs morts et de nombreuses apostasies dans la communauté, et à l'occasion de laquelle Jacques Baradée lui-même (d'un siècle postérieur) se serait enfui, habillé à la manière des Ṣûfi. (!).

---

36. B. H. dans *B. O.*, II, p. 410, n. 1.

37. II, p. 440.

38. Certaines clefs anciennes, surtout d'églises, atteignaient jusqu'à 30 cm. de long, avec une tige d'environ 1 cm. 5 de diamètre. Ce sont de véritables petites massues de métal.

39. *Chron. Eccl.* t. II, col. 77.

40. M. S., II, p. 435, 440. Lettre au patriarche Jean, écrite entre 631 et 649.

41. Tous les récits syriens sur cette période ont été certainement très remaniés pour s'accorder avec l'optique postérieure. Mgr A. Scher, *Kaldû wa Aṯûr*, t. II, p. 151-156, avait tendance à ne pas en garder grand-chose.

42. *Livre de la tour*, ar. p. 45, lat. p. 39. — On remarquera que l'autre version du même livre, de Mâri et Ṣlîwa, ne mentionne pas une seule fois Tagrît.

D'une façon ou d'une autre, Tagrît resta « orthodoxe », et c'est dans son église que furent gardées précieusement les « lettres de concession » remises à Siméon de B. Arsam par tous ceux qui déclaraient n'avoir rien de commun avec les Nestoriens [43].

Hiérarchie [44].

La question se pose ici de savoir si Tagrît avait un évêque « orthodoxe » qui organisait la résistance au nes-

---

43. *B. O.*, II, p. 410 ; on ne dit pas formellement dans la vie de ce dernier, (JEAN D'EPHÈSE, *Lives of the Eastern Saints*, *P. O.*, XVII, éd. et trad. E. W. BROOKS, p. 137-158) que le « controversiste persan » soit venu à Tagrît.

44. Les sources générales sur la hiérarchie de Tagrît, MICHEL LE SYRIEN, la *Chronique Ecclêsiastique* de BAR HEBRÆUS, et quelques colophons de manuscrits, ont été étudiées par J. S. ASSEMANI, qui, en 1721, dans le t. II de sa *Bibliotheca Orientalis* (p. 387-462) donne le catalogue long des métropolites de Tagrît, mêlé à celui des patriarches monophysites et nestoriens. A la fin du même tome (p. 482-484), on trouve un catalogue court, de 51 noms. A la fin de la réédition de sa *Dissertatio de Syris Monophysitis*, en 1730, il donne (p. 161-170) une liste moyenne de 56 noms, allant jusqu'en 1722 ; les 51 premiers (y compris l'intrus Bar Qinâya, n° 44) sont numérotés.

— LE QUIEN, *Oriens Christianus*, t. II/1740, Maphriens col. 1553-1560 et trois Evêques de Tagrît, col. 1597-1600, se réfère au « doctissime Assemani », qu'il dit vouloir suivre « interjectis hinc et inde quæ alibi reperero », mais les références qu'il donne sont toujours au *B. O.*

— En 1905, comme *Appendice* IV au t. III de sa traduction de la *Chronique* de MICHEL LE SYRIEN, (p. 495) CHABOT donne une liste de 27 évêques de Tagrît. Cette liste a pour auteur, ou le moine MICHEL DE'URBIŠ [1598] (cf. t. I, p. XXXVII) ou bien MOÏSE DE MARDÎN (ca. 1560) (cf. t. I, p. LI). Avant Šarbel (début du IXe s.), cette liste est incomplète.

— Dans *Les successions historiques des évêques des diocèses syriens*, (en arabe, Beyrouth 1910), le vicomte PH. DE TARRAZI se contente de donner une liste de 7 maphriens « catholiques » de Mossoul (p. 113-162, résumé p. 422-425) qui n'intéresse pas directement Tagrît.

torianisme et à ses propagateurs, et depuis quand la ville était siège épiscopal [45].

Si étrange que cela puisse paraître, il semble qu'il faille répondre par la négative, car les listes épiscopales de Tagrît même, retrouvées par Mgr Rahmani, commencent par Aḥûdemmeh, donc en 559.

— Mgr I. ARMALET a publié en 1924, dans la revue *Al Machriq* de Beyrouth, une étude sur *Les catholicoï d'Orient et les maphriens syriens*, p. 182-192, 272-281, 364-372, 417-427, 519-527, 604-614, dont seule la dernière partie (à partir de la p. 364) nous intéresse ici. La lettre « A » suivie d'un numéro d'ordre dans la liste des maphriens renverra à cet ouvrage de Mgr Armalet.

— En 1929, le patriarche Mgr RAHMANI publia dans son livre *Les Liturgies Orientales et Occidentales*, (Beyrouth) p. 288-289 et fig. 11, une liste des VIIIe et IXe s., retrouvée dans la tombe d'un évêque de Tagrît, — il ne dit pas exactement où ni dans quelles conditions, — en marge d'un fragment sur parchemin de l'anaphore de S. Jacques. La liste est incomplète au début.

— De l'ouvrage de Mgr Armalet s'inspira Mgr P. HINDO, pour *Primats d'Orient, Catholicos Nestoriens et Maphriens Syriens*, (S. Congr. Or., Rome, 1936) où la Section XV offre un tableau chronologique commode des patriarches et primats avec les princes de leur temps.

— De nombreuses notations intéressantes ont été utilisées par E. HONIGMANN, dans *Le couvent de Barsauma et le Patriarcat Jacobite*, (*C.S.C.O.*, vol. 146, Louvain 1954) passim, et surtout p. 106-112.

— Enfin il faut signaler des articles spéciaux, surtout du *D.H.G.E.*, tels que ceux du CHAN. VAN LANTSCHOOT dans le t. VI sur les Basile, maphriens de Tagrît.

45. Le regretté A. MARICQ, in *Res Gestae Divi Saporis*, p. 48, s'appuyant sur SACHAU, *Zur Ausbreitung des Christentum in Asien*, *Actes de l'Académie de Prusse*, 1919, t. I, p. 26-38, fait de Tagrît le siège de l'évêché nestorien du Ṭirhân. En fait, ce diocèse était situé sur l'autre rive.

En tous cas, Chabot, suivi par Honigmann [46], a corrigé une erreur ancienne, répétée par de nombreux auteurs, qui faisait conclure à l'existence d'un évêque de Tagrît dès le IVe siècle, par suite d'une confusion entre le siège de cette ville et celui de Maipherqat.

En réalité, il faudra attendre le milieu du VIe siècle pour trouver une ébauche de hiérarchie « orthodoxe », opposée à la hiérarchie nestorienne. On connaît alors Garmaï, ordonné pour Mâr Matta par le catholicos arménien Christophore [47] ; à côté de lui on trouve bientôt Aḥûdemmeh. Ce dernier fut-il sacré directement pour le B. ʿArabâyé [48] ? Ou plutôt, comme le suggère Nau [49], était-il déjà évêque nestorien de Ninive en 554 avant de passer à la dissidence ? Il ne semble pas en tous cas qu'il y ait eu d'évêque à Tagrît avant que Jacques Baradée, en 559, ordonnât ce même Aḥûdemmeh « métropolite de l'Orient » [50], ou même, comme le dit son contemporain Jean d'Asie [51], « catholicos pour les fidèles ».

La nomination pouvait ne pas être tout à fait selon les canons, car qui peut nommer un catholicos, sinon le patriarche d'Antioche ? Ici ce sont « tous les orthodoxes du pays des Perses » qui, « par les mains du Bienheureux

46. *Barsauma*, cit. p. 150-151.

47. M. S., II. 417 ; B. H., II, col. 85.

48. B. H., II, col. 99-101.

49. *Hist. de M. Ahoudemmeh*, p. 8-10 et 12.

50. B. H., II, col. 99-101 ; les chroniques nestoriennes confirment que Tagrît « reçut » Jacques Baradée, cf. Mari ar. p. 48, lat. p. 42 ; *Chron. de Seert*, II, p. 50.

51. *The Third Part of The Ecclesiastical History of John, Bishop of Ephesus*, Oxford 1853, liv. VI, ch. 20, p. 318 ; également cité par Nau, *Ahoudemmeh*, p. 8-9. — M. S., II, p. 339, dira : En Perse « Mâr Jacques instituera un catholicos pour les orthodoxes ». — B. H. (in *B. O.*, II, p. 414 et *Dissert.* p. 51-52) écrira : « A partir de ce temps, il commença à y avoir en Orient deux primats, l'un pour les Nestoriens, qui était alors Ezéchiel, et l'autre des Monophysites, dont le premier fut Aḥûdemmeh ». Mgr Barsaume, *Lû'lû'*, cit., appelle tantôt Aḥûdemmeh « métropolite de Takrît et de l'Orient », tantôt « catholicos de l'Orient ».

Jacques, évêqe des orthodoxes », établissent un catholicos. Un tel fait « n'avait jamais eu lieu jusque là dans le pays des Perses », mais plus tard un « récit trouvé dans le couvent de Mâr Matta » expliquera la chose pour Garmaï en disant[52] : « Ceux de la région d'Aṯôr, voyant que les Arméniens ne montaient plus à Antioche, par crainte des Perses, pour y recevoir leur catholicos, selon la loi, mais qu'ils l'ordonnaient eux-mêmes, les imitèrent ».

La présence, dès le milieu du VIe siècle, de deux métropolites, ou même catholicoi, Garmaï et Aḥûdemmeh, porte en germe toutes les rivalités de l'avenir entre Tagrît et Mâr Matta. Comme ces rivalités appartiennent plus à l'histoire syrienne générale qu'à l'histoire propre de Tagrît, on me permettra de ne pas y revenir. Elles sont bien connues par ailleurs[53].

On sait peu de choses de Tagrît au temps d'Aḥûdemmeh (559-575). Seule la liste des œuvres du métropolite[54], hélas presque toutes perdues[55], pourrait donner quelque idée du climat intellectuel de la ville et de la région dans ce troisième quart du VIe sièce. A côté d'œuvres de rhétorique et de philosophie, on trouve un ouvrage de polémique contre les philosophes, et un autre contre les Mages. Quant à ses discussions avec les Nestoriens à la cour de Chosroès[56], elles dépassent le cadre de Tagrît même, où il ne semble pas qu'il y ait eu de partisans de cette secte.

L'homélie qui raconte la vie d'Aḥûdemmeh, et qu'a publiée Nau[57], décrit surtout son activité en tant que mé-

---

52. Cité par M. S., II, p. 417.

53. Elles forment une grande partie des histoires de M. S. et de B. H. et ont été classifiées en arabe par Mgr Armalet et en français par Mgr Hindo, cit.

54. Reproduit d'après Ebedjésus par Nau, p. 11, § VI.

55. *Lù'lu'*, p. 42, 196-197, 322-323, n° 62.

56. Jean d'Asie, cit., résumé par M. S., II, p. 251.

57. *Histoire*, cit. p. 15-51, d'après un ms. unique de 936 au B. M., add. 14645, *catal. Wright*, III, p. 1111 et 1113. — Nau lui-même a résumé les résultats de son travail dans *D.H.G.E.*, I/1912, col. 1087, s.v. *Ahoudemmeh.* — Sur lui encore voir *Dissertatio*, p. 161, n° 1 ; *B. O.*, II, p. 414, 481 ; A. 31.

tropolite du B. ʿArabâyé, c'est-à-dire dans ce cas de la steppe de Mésopotamie du Nord appelée la ğazîra. Là, il s'occupe surtout de l'évangélisation des Arabes, mettant dans chaque tribu un prêtre et un diacre. Il tente également de sédentariser les nomades en leur construisant des églises et des couvents, tels que celui de S. Serge [58].

On a disputé à Aḥûdemmeh sa qualité d'évêque de Tagrît. Il est vrai que Michel le Syrien l'appelle seulement « évêque du pays des Perses » ou « chef des orthodoxes » [59], d'où Assémani en a conclu que ni lui ni ses deux successeurs immédiats n'avaient eu de siège fixe [60]. Contre cela on pourrait avancer que la tradition d'en faire un métropolite de Tagrît avait déjà cours deux siècles après sa mort, car la liste des VIIIe-IXe siècles, trouvée à Tagrît dans le tombeau de l'un de ses successeurs, le mettait déjà le premier des évêques du lieu. Encore peut-on attribuer cette croyance à une erreur provoquée par la présence à Tagrît des reliques du saint. D'après son Histoire [61], ceci serait dû au seul fait que le disciple d'Aḥûdemmeh était de Tagrît. L'intérêt pour les reliques, que ce moine suscita chez ses compatriotes, pourrait également s'expliquer, non par des rapports spéciaux entre Tagrît et le prélat défunt, mais par l'amour général du temps pour les saintes dépouilles ; comme on l'a dit plus haut [62], « il y avait beaucoup de fidèles qui désiraient prendre le corps ».

On pourra donc discuter encore longtemps si le siège de Tagrît fut vraiment créé avec Aḥûdemmeh, ou si l'on devra attendre Mârûṯâ pour le voir apparaître.

Un détail donné en passant par l'Histoire d'Aḥûdemmeh nous apprend que, de son temps, il y avait à Tagrît même, ou dans ses environs immédiats, un couvent, puisque le « disciple » du saint ambitionnait d'en de-

---

58. Actuellement Qasr Séréğ, cf. *Analecta Bollandiana*, LXXIX/1961, p. 102-105.
59. II, p. 251, 339.
60. *Dissertatio* p. 52.
61. p. 48.
62. p. 46.

venir supérieur [63]. On trouvera plus tard plusieurs couvents à Tagrît ; il est impossible de dire lequel est cité ici au milieu du VIe siècle.

Il y avait évidemment aussi à Tagrît au moins une église. Aucun texte n'y fait allusion directement, pas même celui de l'Histoire d'Aḥûdemmeh, qui se contente de dire que les reliques du saint furent placées « dans cette ville fidèle » [64]. D'après Jean d'Asie [65], un des résultats du triomphe d'Aḥûdemmeh dans la dispute théologique qui l'opposa aux Nestoriens devant Chosroès fut la permission donnée aux « orthodoxes » de construire leurs églises et leurs monastères. Probablement cette permission fut-elle mise à profit par les Tagritains eux-mêmes.

Les successeurs d'Aḥûdemmeh, Qamîšô' (578-609) [66] et Samuel (614-624) [67] n'ont pas laissé de trace de leur passage à Tagrît. On sait seulement qu'ils consolidèrent la position des monophysites en leur sacrant des évêques.

La liste Rahmani, dans laquelle les noms de ces deux métropolites et de leur successeur Mârûṯâ ont été effacés par les injures des temps, comprend, entre Aḥûdemmeh et Denḥa, un certain Georgi, qui ne figure pas dans les Chroniques. Ce ne peut être en tous cas le pseudo Georges de Tagrît d'Assémani [68].

---

63. p. 48.
64. p. 50.
65. Cité par Nau, id. p. 9.
66. A. 32 ; *Dissert.* p. 161 n° 2 ; *B. O.*, II, p. 414, 416.
67. A. 33 ; *Dissert.* p. 161 n° 3 ; *B. O.*, II, p. 416.
68. *B. O.*, I, p. 465-466. Assémani a relevé dans le Vat. Syr. 24 la mention de « Georges, évêque de Martyropolis ». Comme, auparavant, sa confusion des deux Mârûṯâ (de Tagrît et de Maipherqat) l'avait conduit à identifier les deux villes, il ajoute ici : (Tagrit). La correction a été faite par les modernes (Wright, *Syr. Lit.*, p. 160 ; R. Duval, p. 378 ; A. Scher, *Kaldû.* II, p. 305 ; Honigmann, *Barsauma*, p. 150, etc.), qui ne parlent plus que de Georges de Maipherqat, retardé d'ailleurs jusqu'à la fin du VIIe s. Cependant Wright, *Catal.* p. 607 ; Sarre-Herzfeld, *Reise*, I , p. 230, et même Baumstark, *Syr. Lit.*, p. 336 sont encore témoins de l'ancienne méprise.

Dans l'interrègne qui sépara la mort de Samuel de l'intronisation de son successeur, un événement politique capital s'était produit : l'avance victorieuse d'Heraclius, en 627, avait porté les troupes romaines au delà de Tagrît [69], évacuée par les Perses. On ne sait si le transfert de la ville s'effectua avec ou sans combat, en tout cas les nouveaux occupants profiteront de la situation de la ville et de la force de sa citadelle pour en faire le siège du gouverneur romain [70]. La conjoncture nouvelle créée par le changement politique allait avoir deux conséquences importantes pour Tagrît : elle allait permettre la réunion du siège métropolitain au siège patriarcal d'Antioche, puisque les deux villes se retrouvaient sous la domination romaine ; d'autre part, la promotion de Tagrît au rang de centre du territoire de « Mossoul » allait lui valoir de devenir, en 629 [71], le siège du nouveau « catholicos », le « grand métropolite » de l'Eglise « orthodoxe » [72] d'Orient.

---

69. Certains auteurs (A. Scher, *Kaldû*, II, p. 245 ; Hindo, *Primats*, p. 40) parlent comme si Tagrît était encore perse en 629, et trouvent des « circonstances favorables pour ériger officiellement le maphrianat » ; en fait, Heraclius entrait à Dastegerd, résidence de Chosroès (= Daskarat al-Malik, à 88 kms à l'Est de Bagdad, cf. *E. I.*, t. II/1961 s.v. *Daskara*, par A. A. Duri) dans les premiers jours de Janvier 628 (cf. Ostrogowski, *Histoire de l'Etat Byzantin*, trad. fr. Payot 1956, p. 132). — De même corriger Labourt, *Christianisme dans l'Empire Perse*, p. 234, où il est dit que, par suite de l'avance des Romains, « Mârûṯâ dut quitter Tagrît ». En fait, Mârûṯâ n'arriva à Tagrît que deux ans plus tard.

70. Ṭabari, III, p. 420-421. Ninive (c'est par anachronisme que Ṭabari dit « Mossoul ») était « placée sous son gouvernement ».

71. Tout le monde est d'accord pour préférer cette date, basée sur *Chron. Eccl.*, col. 119, à celle de l'an 3 de l'Hégire (= 624) fournie par Elie de Nisibe, *Chronographie*, trad. Delaporte, p. 79, basée sur *l'Histoire Ecclésiastique* d'Išô' Dnah de Basrah.

72. Le siège de Tagrît n'était pas seulement « orthodoxe », c'est-à-dire ayant refusé « l'hérésie » nestorienne (bien que les Nestoriens de leur côté se considèrent comme « orthodoxes », v.g. *Chron. Anonym.* de Guidi, de *670/680*, p. 20) mais il était monophysite dès le début, dans la filiation authentique de

Réunion à Antioche.

Tagrît va commencer maintenant son rôle historique de capitale du monophysisme oriental, ce qu'elle sera pendant plus de cinq siècles glorieux, de 629 à 1156.

Il semble cependant que ce soit un anachronisme de dire, comme l'ont fait la plupart des auteurs [73], que, pendant cette période, elle fut le siège des « maphriens ». En effet, le mot [74] ne semble pas avoir été utilisé avant une date tardive [75].

Les textes anciens qui parlent des métropolites de Tagrît : Histoire d'Aḥûdemmeh (copie de 936), Histoire de Mârûṯâ (par Denḥa, métropolite de Tagrît de 649 à 659) [76], Chroniques Anonymes de 819 et de 846, Histoire ecclésiastique d'Išô'dnaḥ de Basrah (fin VIIIe s.) [77], etc., n'emploient jamais le nom de maphrien. Il ne figure pas non plus dans ce sens dans le Lexique de Bar Bahlûl (Xe s.). Ce ne serait donc pas par hasard que Michel le Syrien, comme l'avait remarqué Honigmann [78], ne commence à employer le titre qu'à partir de 1130 [79].

Jacques Baradée. Ceci s'ajoutera aux autres facteurs qui feront préférer Tagrît à Mâr Matta comme siège du « Grand Métropolite ». La hiérarchie de Mâr Matta semble avoir été « orthodoxe » (depuis 540) avant de devenir monophysite (officiellement en 629).

73. V.g. Armalet, p. 182 et 364.

74. Du syriaque, « fécondateur, multiplicateur », cf. Assémani, Armalet, Hindo, etc.

75. L'hypothèse de Labourt, cit. p. 241, sur l'origine de la « métaphore », en rapport avec Mârûṯâ, semble donc devoir être abandonnée. Assémani (*B. O.*, II, p. 175) avait déjà remarqué l'anachronisme.

76. Je ne puis dire si les listes épiscopales des VIIIe-IXe s., dont le titre est coupé dans le fac-simile de Mgr Rahmani, confirment cette thèse, car le document n'a pu être retrouvé dans la bibliothèque de Charfet, malgré les recherches actives de M. l'abbé B. Aggoula.

77. Cité par Elie de Nisibe, *Chronographie*, éd. Brooks, *C.S.C.O.*, t. I, p. 127, arabe : « le premier des métropolites de Takrît », trad. Brooks, t. I, p. 61 ; trad. Delaporte, p. 79.

78. Exactement en 1130, cf. *Barsauma*, p. 96 et n. 4 ; p. 94 et n. 6.

79. Et non au XIVe s., comme le pensait Mgr Hindo, *Fonti, Siri*, II, p. 142, § 195. — On pourrait objecter que l'on trouve

Bien sûr, la fonction désignée plus tard par le nom de maphrien existait déjà, mais le titre est tardif. Au sens strict, le premier (et le dernier) maphrien de Tagrît semble bien avoir été Denys (1112-1142), encore ne prit-il le titre que lorsqu'il « fructifia » à nouveau Tagrît en y ramenant les chrétiens et en y rebâtissant les églises. L'inscription de 1123 sur la pierre d'autel de Nicolas Siouffi [80] fournit le premier témoignage de cette appellation.

Fait curieux, ce qui n'était au début qu'un qualificatif personnel de Denys, le fructificateur de Tagrît, fut repris par ses successeurs comme un titre de fonction, le participe présent employé adjectivement devenant substantif, et son sens étant étendu par la substitution de « tout l'Orient » au nom de la ville [81].

On peut regretter que les Syriens aient préféré ce titre de maphrien à celui de catholicos, titre que Mâr Aḥûdemmeh portait déjà, et qui représentait une façon plus grandiose d'envisager les choses. Pour les anciens Syriens, la lignée orthodoxe des catholicoi d'Orient, instituée au Concile de Nicée [82], a été interrompue après

---

plusieurs fois le nom, en 869, dans les décisions du synode de Kaphartutha. En fait, le texte que nous en possédons n'est pas les Actes du synode, dans la rédaction du patriarche Jean V, mais un résumé dû à Bar Hébræus, où celui-ci a très bien pu transposer les noms. (*Nomocanon*, VII, 1 ; Mai, t. X, p. 41). On ne peut donc dire si ces textes datent du IXe ou du XIIIe s.

80. Publiée par Pognon, *Inscriptions Sémitiques*, p. 127.

81. Mutatis mutandis on trouverait peut-être un glissement sémantique semblable dans l'évolution du titre « Augustus », d'abord décerné à Octave, puis devenant une dignité différente du « Cæsar ».

82. Assémani (*Dissertatio*, p. 53) remarque déjà que les termes employés à propos de Mârûṯâ sont exactement ceux par lesquels le canon arabe 38 de Nicée désignait le primat de Séleucie-Ctésiphon. (Mansi, II, p. 993). Mgr Hindo, (*Fonti*, p. 141, § 192) les applique également au maphrien-catholicos. — C'est en se basant sur ce canon que, d'après B. H. (t. II, col. 119-126) le patriarche Athanase laisse aux évêques d'Orient, en 629, le

Baboy qui, d'après eux, refusa le nestorianisme et qu'ils considèrent comme un martyr [83].

Dans cette optique, le siège de l'Orient « resta quelque temps sans direction » après 484/5, et la succession légitime ne fut reprise que par l'intermédiaire de Garmaï. L'auteur du XVIe siècle des listes qui figurent en appendice au texte de Michel conçoit ainsi les choses : les métropolites de Tagrît sont les seuls successeurs légitimes du siège de Séleucie-Ctésiphon, lequel est dépossédé de son titre, parce que tombé dans l'hérésie, et l'unique « catholicos » valide est celui qui est désigné par le patriarche d'Antioche.

Si l'on doit reconnaître que le nom de « catholicos » n'est pas employé par le patriarche Athanase lui-même dans sa lettre aux moines de Mâr Matta [84], du moins les Syriens désigneront longtemps encore de ce titre leur « grand métropolite » [85], au point que, du temps de Bar Hébræus [86], une querelle s'élèvera à ce sujet entre les Syriens et les Nestoriens qui avaient entendu les premiers appeller leur chef « catholicos » dans leurs diptyques.

Mais revenons à Mârûṯâ, « grand métropolite » de Tagrît de 629 à 649. Le détail des diocèses qui lui étaient soumis n'intéresse malheureusement pas l'histoire de la

---

soin de choisir eux-mêmes leur « père commun ». Dans les titres des copies de sa liturgie, cités par Nau, (*Histoire de Marouta*, p. 55 n. 4) Mârûṯâ est appelé catholicos 5 fois sur 9.

83. M. S., t. III, p. 29 et t. II, p. 417. Les Nestoriens anciens ne le commémoraient pas parmi leurs patriarches martyrs, au 1er Vendredi d'Elie (cf. *Orient Syrien*, VIII/1963, p. 38-39) ; ils l'y inclueront dans leurs Diptyques du XIVe s. — Sur « *Babovai* », cf. *D.H.G.E.*, VI/1931, col. 31, par E. Herman, où l'appellation « patriarche *nestorien* » serait contestée par les Syriens, selon lesquels ce fut à cause de son refus du Nestorianisme que Barsaume le dénonça aux Perses. Cf. Lettre de Mârûṯâ, dans M. S., II, p. 438).

84. M. S., II, p. 414-417.

85. Hindo, *Primats*, p. 45.

86. *Dissertatio*, p. 54.

ville, non plus que les péripéties de sa vie privée [87]. A Tagrît, il fonda la grande église de la citadelle, dans laquelle il sera enterré.

Son programme de constructions est résumé laconiquement par Bar Hébræus : « Mârûṯâ alla à Tagrît, et l'orna et la décora des monastères et des églises qu'il y construisit » [88].

Son Histoire donne plus de détails sur les deux monastères qu'il fonda, l'un au nom de S. Serge, pour les moines, comme relais au milieu du désert entre Tagrît et Hît (sur l'Euphrate), sur la route de ʿAqûla (Kûfa) [89] ; l'autre, sous le vocable de la Mère de Dieu, pour les religieuses, sur le lieu d'un ancien temple d'idoles, au lieu dit B. Ebré [90].

Pour la construction de ce dernier couvent, le métropolite bénéficia de l'aide de « son ami » le gouverneur de la ville, un chrétien du nom d'Abraham fils d'Išôʿ. On ne peut malheureusement pas savoir si ce gouverneur administra la ville pour les Romains ou pour les Arabes, autrement dit, si le couvent fut fondé avant ou après 637.

L'influence de Mârûṯâ à Tagrît fut considérable. Après un accueil plutôt froid de la part de la population (on ne sait pourquoi), la résistance se changea en enthousiasme, « ces fils bénis de Tagrît, dit son biographe et successeur (qui y était donc quelque peu intéressé lui-même), parce qu'ils étaient bons de leur nature », produisirent des fruits excellents. Et Denḥa de vanter les

87. Parmi les nombreuses études sur lui, je cite au hasard : A. 34 ; *Dissertatio*, p. 161 n° 4 ; *B. O.*, II, p. 418-419 ; *Barsauma*, p. 95, 96, 99 ; *Lû'lû'*, p. 82 n° 39, p. 97 n° 2, p. 349-350 : Ugo Monneret de Villard, *Il libro delle Peregrinazione... di Fra Ricoldo.*, p. 74 ; les textes sont : M. S., II, p. 414, 416, 433, 435 ; III, p. 29 ; B. H., II, col. 123, 129.

88. B. H., II, col. 123 (cité dans *Histoire*, p. 58).

89. *Histoire*, p. 85-89 ; — c'est le Dayr al-ʿAǧaǧ des sources arabes, cf. *Les Sts. Serge de l'Iraq*, in *Analecta Bollandiana* : LXXIX/1961, p. 108-109. On vante à ce propos les talents du métropolite comme ingénieur d'irrigation.

90. *Histoire*, p. 89-91 ; le nom veut dire : le lieu des plumes, ou des ailes.

offices magnifiques et bien ordonnés qui se déroulaient dans les églises, les fêtes et commémoraisons qui s'y célébraient, la richesse des ornements et des vases sacrés [91]. Les solitaires et les moines se multiplièrent, les fidèles brillèrent par leur foi orthodoxe, leurs bonnes œuvres, leurs aumônes, et surtout par leur « soumission envers les chefs dans l'Eglise, et dans la ville et le monde ».

Cette petite phrase anodine couvre un fait, pourtant important, que l'Histoire du prélat, aussi bien que la chronique de Michel le Syrien [92], passent sous silence, ce qui jette quelque doute sur son authenticité, mais dont Bar Hébræus [93] est le premier témoin : quand les Arabes se présentèrent devant la citadelle de Tagrît, ç'aurait été Mârûṯâ lui-même qui, « par sa prudente direction », leur aurait fait ouvrir les portes, trahissant les Romains, mais obtenant que « personne ne fut molesté » par les conquérants.

Ṭabari [94] n'a gardé de la prise de la citadelle qu'une version violente. Il relate comment l'armée romaine, forte de 20.000 hommes, qui s'était repliée sur la citadelle de Tagrît après la chute de Madaïn, était formée de Romains et d'auxiliaires arabes, sous le commandement d'Antiochus, gouverneur de Tagrît. Sur l'ordre de ʿOmar, ʿAbdallah bn Muʿtam vint assiéger la ville avec 6.000 hommes. Pendant les quarante jours que dura le siège, les différents éléments

---

91. On a vu plus haut que Mârûṯâ est l'auteur d'une anaphore et de Ḥessayât ; il introduisit également à Tagrît le jeûne de Ninive, déjà pratiqué par les Nestoriens. Le métropolite est également l'auteur d'un ouvrage de polémique contre les Nestoriens, malheureusement perdu.

92. Et pourtant M. S. (II, p. 412-413) se félicite rétrospectivement (ad usum Delphini !) de ce que son peuple ait été délivré des Romains ; il aurait été trop content de donner le beau rôle à Mârûṯâ s'il avait connu les faits, mais avaient-ils déjà été « inventés » de son temps ?

93. B. H., II, col. 123, 126 ; *B. O.*, II, p. 419, cité partout v. g. Aigrain, *Arabie*, col. 1303.

94. *Chronique*, trad. Zotenberg, t. III, p. 420-421 (Paris, Impr. Nat. 1871), en partie utilisé par Nau, *Les Arabes chrétiens*, 1933,p. 107. — Suivi par Yaqût, (cit. in *Mašriq*, p. 40).

de la garnison firent vingt quatre sorties[95]. ‘Abdallah cherchait à gagner les Arabes de la ville en leur disant : « Vous êtes des nôtres, qu'avez vous de commun avec les Romains ? », mais les Arabes ne voulaient pas l'entendre. C'est seulement lorsque les auxiliaires apprirent qu'Antiochus avait résolu de se dégager et de s'enfuir en les abandonnant à leur sort, qu'ils prévinrent ‘Abdallah et demandèrent une capitulation séparée. ‘Abdallah refusa de leur accorder l'Amân s'ils n'embrassaient pas l'Islam ; et tous ces Arabes, Iyâd, Taġlib, Namir, et probablement aussi les Šahrigân persans qui étaient avec eux dans l'armée romaine, devinrent musulmans cette nuit-là même, et ouvrirent les portes à leurs coréligionnaires. Il n'y a aucune place dans ce récit pour un Mârûṯâ négociateur.

Mais comment concilier la version de Ṭabari, suivi par Yâqût[96] disant que la citadelle fut conquise par la force, et l'affirmation de Balâḏuri[97] que la conquête fut pacifique ? La solution semble être fournie par J. H. Kramers[98] qui distingue la conquête de l'an 16, d'une reddition par traité, en 20, dans les négociations de laquelle Mârûṯâ put jouer un certain rôle. Du côté des Arabes, trois personnages apparaissent alors dans les textes, le commandant en chef de l'armée d'occupation : An-Nuṣair bn Daisam ; son lieutenant sur place : ‘Uqba bn Farqad ; et celui qui fut institué le premier gouverneur de Tagrît, où il construisit selon la tradition une mosquée cathédrale, Mas‘ûd bn Ḫuraiṯ bn Abğar. Faute de distinguer la première vague de conquête, en 637, à laquelle se réfère le récit de Ṭabari, de l'armée d'organisation de 641, les auteurs se sont perdus en suppositions pour concilier les textes.

Une version très romancée de la conquête musulmane de Tagrît a été écrite par un Takritain, M. Ša‘bân Rağab aš-Šihâb, sous le titre de « Salma la Taghlibite »[99]. L'his-

---

95. Autres mss : 64 (Ṭabari, III, n. p. 729).
96. Textes reproduits dans *Mašriq*, p. 40-41.
97. *Futûḥ al-Buldân*, p. 248-249.
98. *E. I.*, t. IV, p. 663-664, s.v. *Takrît*.
99. Bagdad 1949, en arabe.

toire populaire traditionnelle du héros arabe chrétien local, ʿAbd ul-Saṭîḥ, qui préféra se précipiter dans le Tigre du haut de la citadelle, à cheval et en armes, plutôt que de renier sa foi, reçoit dans ce livre un traitement assez fantaisiste. Encore aujourd'hui la population musulmane de Takrît appelle ʿAbd ul-Saṭîḥ tout le plateau dénudé qui jadis supportait la citadelle, mais surtout le coin Sud-Est de celle-ci, où la tradition localise le suicide héroïque [100].

Après la conquête.

Il ne servirait à rien de reproduire ici la litanie des noms des successeurs de Mârûṯâ sur le siège de Tagrît, ville désormais définitivement soumise aux musulmans. Les listes des métropolites ont été dressées par plusieurs, il n'y a pas à y revenir.

Une nouvelle église, celle des SS. Serge et Bacchus, fut construite entre 669 et 683 par le métropolite Bar Išôʿ [101]. Cette église deviendra plus tard primatiale et Jean Ier le Vieillard (686-688) sera le premier métropolite à y être enterré [102], alors que ses prédécesseurs depuis Mârûṯâ avaient leurs sépultures à l'église de la citadelle. Ceci souligne probablement un développement des bas quartiers dans la seconde moitié du VIIe siècle, les habitants quittant la protection des hauts murs de la forteresse, que la Pax Arabica rendait désormais inutile.

Entre 688 et 726, Denḥa II, métropolite de Tagrît, d'abord intrus puis légitimisé, construisit la nouvelle église de Mâr Aḥûdemmeh [103] où il fut enterré.

---

100. C. J. Rich, *Narrative*, cit. t. II, p. 147-148 ne rapporte pas les « longues histoires » que le vieux Sayid bavard lui raconta sur « son ancêtre, Sultan Abdul-Siteahh ». Il aurait été intéressant de savoir comment un descendant du héros chrétien pouvait en même temps appartenir à la famille du Prophète ? Le voyageur se contente de citer à ce propos le dicton « parler comme un Tekreetli ».

101. B. H., II, col. 134.

102. B. H., II, col. 144.

103. B. H., II, col. 148-150.

Son successeur, Paul II, est le premier qui semble avoir eu des rapports moins hostiles avec les Nestoriens. Ceux-ci en effet avaient passé le fleuve, et, probablement à l'occasion de relations commerciales, une petite communauté nestorienne s'était établie dans la capitale syrienne. Ṣlîwa Zkâ, évêque nestorien du diocèse de l'autre rive, le Ṭirhân, entra donc en négociation avec Paul II pour qu'il permette à ses ouailles de bâtir une petite église ; en échange, les Nestoriens rendirent aux Syriens leur église de Mâr Dîmâṭ, à Nisibe, qu'ils avaient usurpée. Tractation conclue, les Nestoriens de Tagrît se construisirent une chapelle, en 767, sur le Tigre, hors des murs de la ville [104]. Cette église existait encore au temps de Bar Hébræus, c'est-à-dire au milieu du XIIIe siècle.

Mais déjà les mauvais jours commençaient. Profitant du fait que le patriarche Georges était emprisonné, Jean II Kiyunâya, métropolite de Tagrît, accusé d'actions honteuses, avait levé l'étendard de la révolte contre son patriarche, et sacré des évêques sans l'autorisation de celui-ci. Sorti de prison au début du règne du Mahdi, le patriarche déposera Jean II en 785 [105]. Mais on comprend que de telles circonstances aient amené la déconsidération des chrétiens. Encouragé par la présence à Mossoul d'un gouverneur juif « méchant et cruel », Mûssa bn Muṣ'ab, le mépris des foules prit vite la forme d'opprobres et de persécution larvée. En 769/770, à Tagrît aussi bien qu'à Mossoul, « les moines tremblaient de sortir dans les rues à cause des insultes » [106]. Les riches marchands, qui s'étaient attiré les haines par leurs prêts usuraires, étaient les premiers visés. Un mouvement d'exode s'ébaucha donc vers Amed (Diârbékir), Arzun, Maipherqat, etc., bientôt arrêté par ordre de 'Abdallah bn Muḥammad.

Toute la fin du VIIIe siècle et le début du IXe reflètent l'instabilité et le trouble, aussi bien à l'intérieur qu'à l'extérieur de la communauté syrienne de Tagrît.

---

104. B. H., II, col. 156-158.

105. M. S., III, p. 5 ; *Chron. An. an. 819*, p. 14 ; *Chron An. an. 846*, p. 180.

106. Denys de Tell Mahré, *Chron.*, p. 91.

L'évêque de Karma s'oppose à son métropolite, Šarbil, qui démissionne et retourne à sa tour de Narsâbâd [107] ; Simon II, successeur de Šarbil, est à peine nommé que les Tagritains le font déposer par le patriarche Cyriaque (790-817). Le patriarche et le métropolite s'excommunient réciproquement, et ce dernier reste schismatique jusqu'à sa mort [108].

L'insécurité devait atteindre son paroxysme et se transformer en crise violente du fait des outrances de Basile Ier de Balad, métropolite de Tagrît. Il avait été choisi par le patriarche Cyriaque parce qu'il « était occupé dans les jugements séculiers et était même au tribunal et dans la perception des douanes ». Le patriarche pensait qu'un tel homme pourrait « résister et obvier aux agissements des Orientaux », et pour ce motif il l'ordonna [109]. En fait, le choix se révéla des plus malheureux, car Basile « avait la maladie de l'orgueil ». Non content de susciter des troubles avec les moines de Mâr Matta, au point que les partisans du métropolite à Mossoul et les Ṃattéens « se déchirèrent mutuellement, furent emprisonnés par le prince et condamnés à l'amende », le métropolite en vint même à imposer le tribut aux musulmans de Tagrît et à les menacer de les expulser de leurs maisons [110].

La réaction ne se fit pas attendre et Basile dut s'enfuir devant l'émeute qui causa la destruction des églises. Accusé avec le métropolite de toutes sortes d'infamies, notamment d'avoir « outragé le prophète », un notable de la communauté, nommé ʿAbdûn, fut mis à mort par ordre du Ma'mûn. Basile alla mourir, en 829, dans le couvent de ʿAïn Qénôyé (Qasr Séréğ) près de sa ville natale de Balad (Eski Mossoul).

107. B. H., II, col. 178.

108. A. 45.

109. M. S., III, p. 28-29.

110. M. S., III, p. 48-49, 60, etc. ; on trouvera le reste des sources sur *Basile*, s.v. (n° 128) dans le *D.H.G.E.*, VI/1932, col. 1144-1145, par le Chan. Arn Van Lantschoot.

La Diaspora.

Aux colonies commerçantes de Tagritains que l'on rencontre un peu partout au VIIe siècle, et qui existaient probablement déjà auparavant, il faut ajouter maintenant les réfugiés qui avaient fui les derniers troubles.

J'ai étudié ailleurs la communauté Tagritaine de Mossoul et ses églises [111], ses luttes surtout pour maintenir là-bas la prédominance de son lointain « grand métropolite », contre le proche et jaloux métropolite de Mâr Matta. Récemment, S.S. Mar Ignace Ya'qûb III, patriarche syrien orthodoxe, vient de reprendre les détails de cette rivalité dans son histoire du couvent de Mâr Matta [112].

On trouve encore des émigrés de Tagrît, qui retiennent leurs attaches avec la mère patrie, à Ḥarrân, Kafartûṯa, Damas, Callinice, Râ's-ul-'Aïn, Nisibe, et aussi à Bagdad. Nous avons mentionné plus haut Arzun, Diârbékir et Mélitène. Tout ce qui se rapporte à la diaspora de ces centres devrait figurer dans une histoire complète de Tagrît. Dans plusieurs cas leurs églises portaient le nom du saint tutélaire de leur ville d'origine, Mâr Aḥûdemmeh [113].

Mais c'est surtout avec le couvent de Ste Marie Mère de Dieu, dit Couvent des Syriens, dans le désert de Sqété, que les Tagritains auront des rapports suivis. Fondé probablement au Ve siècle, ce couvent fut acheté par le marchand Mârûṯâ de Tagrît, pour 12.000 dinars d'or [114], vers le milieu du VIe siècle [115], et son premier abbé

---

111. *Mossoul Chrétienne*, Beyrouth 1939, p. 25-31.

112. En arabe : *Dafaqât aṭ-ṭîb fî târîḫ dayr Mâr Matta al-'aǧîb*, Zahlé 1961.

113. Ainsi à Mossoul, et à Ḥarrân, dans le monastère de B. Kûbé, pour lequel les marchands de Tagrît font exécuter trois manuscrits en 824 (au B. M., *catal. Wright*, p. 148, 151, 153, 249, cité dans NAU, *Histoire*, p. 51, n. 3). A Raqqa et Kafartutha l'église portait le nom de Mâr Thomas.

114. Add. 3280, Cambridge, *Catal. Wright*, p. 851.

115. *Lu'lu'*, p. 629.

aurait été le moine Bar ʿIdaï de Tagrît [116]. Comme le remarque Honigmann [117] c'est spécialement depuis le IXe siècle que l'on constate les relations étroites entre Tagrît, et notamment les Tagritains de Callinice (Raqqa), et le désert de Sqété. En 1084, le couvent de la Mère de Dieu comptera 70 moines syriens. Ils y seront remplacés par des moines coptes au XVIIe siècle [118].

Ecrivains originaires de Tagrît.

La période du IXe au XIe siècle représente l'âge d'or de Tagrît chrétienne. On y trouve une pléiade d'écrivains dont les noms ont mérité de figurer dans les littératures syriaques et dans les dictionnaires de théologie ou d'histoire ecclésiastique. Cependant, pour plusieurs, il n'est pas toujours facile de savoir s'ils ont pratiqué leur art à Tagrît même (et l'on pourrait alors parler d'une « école de Tagrît ») ou s'ils étaient simplement originaires de la ville.

Le premier en date est CYRIAQUE DE TAGRIT, patriarche d'Antioche de 793 à 817, dont le corps reviendra reposer dans sa ville natale [119]. Son activité théologique, canonique et apologétique est évidemment plus en relation avec son siège qu'avec son lieu d'origine.

Après lui il faut citer ḤABÎB BN ḲADMA, dit ABU RAʾITA [120] dont les auteurs coptes des XIIIe et XIVe siècles ont fait un évêque de Tagrît et qui figure comme tel dans les ouvrages de tous ceux qui les ont suivis, c'est à dire dans presque tous les modernes [121]. Il apparaît en 829 parmi les

---

116. *Barsauma*, cit. p. 149, n. 4, avec réf. à WHITE, *Monasteries of Wâdi n-Natrûn*, II, p. 309 s., 313.

117. Le catalogue de la bibliothèque du Couvent des Syriens n'existant pas encore, on ne peut connaître que les livres qui en proviennent. Il sortirait de notre sujet de relever ces livres dans les catalogues des bibliothèques.

118. Bibliothèque : cf. *Lû'lû'*, p. 32-33, n° 13.

119. *Lû'lû'*, p. 410-412, § 144 et *Mašriq*, p. 133-134.

120. *Lû'lû'*, p. 136, 197, 413-414 ; *Mašriq*, p. 169.

121. *Lû'lû'*, p. 411 n. ; id. LE QUIEN, *O.C.*, II, col. 1599-1600. n° 2 des évêques de Tagrît.

accusateurs de Philoxène de Nisibe [122]. Le pseudo Denys de Tell Maḥré, reproduit par Michel le Syrien, l'appelle « homme éloquent et philosophe ». Sept lettres théologiques en arabe, dont une sur la Trinité, lui sont attribuées [123]. Elles sont datées de 821.

Rabban Antoine le Rhéteur, de la famille ǧorǧîn (ou Korǧîn), mort vers 840/850, fut un linguiste syriaque fameux, en prose et en poésie [124]. En plus de son principal ouvrage, « De Scientia Rhetorica » [125], il est aussi l'auteur de poésies, de prières et de traités sur la Providence et sur le Saint Chrême. Une allusion, dans une de ses lettres, aux réponses de son contemporain, le vieux moine Joseph de Râ's-ul-ʻAïn, ouvre un aperçu sur les discussions religieuses courtoises entre chrétiens et musulmans qui avaient été le passe-temps favori des classes cultivées du Bagdad d'Al-Manṣûr [126], et dont Tagrît, maintenant pacifiée, pouvait à son tour jouir.

Ainsi, dans le premier quart du siècle, al-Masʻûdi rencontrait-il souvent à Bagdad Abû Zakarîya Denḥa, dont il nous dit qu'il était « jacobite » [127]. Il eut avec lui un échange de vues à Tagrît même, dans l'Eglise Verte, en 925. Cet Abû Zakarîya était l'auteur d'un livre « Sur les rois des Romains et des Grecs, leurs philosophes, leurs manières de vivre, leur histoire ». Al-Masʻûdi dit aussi avoir reproduit les discussions qu'ils eurent sur la Trinité et sur d'autres sujets, dans ses ouvrages « Al masâ'il wal-

---

122. M. S., III, p. 50.

123. Cf. *B. O.*, II, p. 154.

124. *Lû'lû'*, p. 418-421, § 153 et p. 71 n. 1, 73 n. 1, etc. avec réf.

125. En partie édité par Mgr Rahmani, d'après le ms Charfet, Fonds patriarcal n° 171, de 1403 ; cf. *Orient Syrien*, II/1957, p. 100, 101, 106.

126. Cf. communication de M. Fuâd Afrâm al-Bustâni au congrès du millénaire de Bagdad-Al-Kindi, Bagdad, Décembre 1962.

127. *At-Tanbîh*, éd. Bagdad 1938, p. 132-133 ; trad. Carra de Vaux, p. 213.

'alal fîl-madâhib wal-melal », et « Sir al-ḥayât ». Il décrit son interlocuteur comme un philosophe dialécticien sagace.

De moindre importance, mais méritant une brève mention, sont deux auteurs du IXe siècle. Le métropolite de Tagrît SIMON II (vers 805-815) dont on connaît un panégyrique en vers de l'Apôtre Thomas [128], et le moine tagritain JEAN BN GAZWI, qui vivait vers la fin du siècle et que Moïse bar Kipha cite, dans son Livre de la Cause des Fêtes, comme l'auteur d'un traité sur l'encensoir de cuivre. Mgr Barsaume, qui ne lui consacre qu'une note [129], signale que les passages connus de ce traité prêtent à discussion.

Avec Yaḥia bn 'Adî (893-974) nous entrons dans le cercle des traducteurs et apologètes brillants de ce siècle [130]. Son nom complet était Abû Zakarîya bn 'Adi, bn Ḥamîd, bn Zakarîya, et il était surnommé « le dialecticien ». Né à Tagrît, il s'épanouit à Bagdad, où il fut le disciple de Ya'qûb bn Isḥaq al-Kindî ; il eut à son tour de nombreux disciples, chrétiens et musulmans. On lui attribue soixante-dix ouvrages, parmi lesquels dix traductions du syriaque en arabe de traités philosophiques grecs.

Enfin, aux alentours de 1070, on trouve deux frères, tous deux médecins, Abû-l-Faḍl bn ǧarîr, auteur de deux ouvrages perdus sur l'Eucharistie et sur le sacerdoce [131],

---

128. Cod. Seert n° 52, cf. *Lû'lû'*, p. 405 § 142.

129. *Lû'lû'*, p. 441 n. 3.

130. IBN AN-NADÎM donne une liste de ses œuvres dans *Al-Fihrist* (éd. du Caire, sans date, p. 383). L'abbé A. PERIER a publié à Paris, en 1920, une thèse sur *Yahya ben 'Adi, un philosophe chrétien du Xe siècle*, et ses *Petits traités apologétiques*, texte ar. et trad. fr., dont certains (p. 118-128) sont repris et corrigés de *R.O.C.*, XXII/1920, p. 3-14. L'un de ces traités est une défense du dogme de la Trinité contre les objections d'Al-Kindi. (Cf. également RICHARD MC CARTHY, *At-taṣânîf al-mansûba ila failasûf al-'Arab*, Bagdad, 1962, p. 52 et 70-71, n° 38. — A la bibliographie de Yahia ajouter maintenant : *Lû'lû'*, p. 444-445, § 180 ; CARD. TISSERANT, *D.T.C.*, col. 3030, s.v. *Syrienne (Eglise)* ; G. FRITZ et A. MICHEL, *D.T.C.*, XIV/2/1941, col. 1715 ; s.v. *Scholastique* ; MGR ARMALET, *Catal. Mss. Charfet*, Jounieh 1935, cod. ar. 5/5, p. 345-347, etc.

131. *Lû'lû'*, p. 136 n. 1 et p. 202 n. 17.

et surtout le fameux Abû Naṣr ad-Dîn Yaḥia bn ğarîr, († 1079) auteur du livre de théologie intitulé Al-Muršid [132]. Ses autres ouvrages incluaient un Zîğat attawârîḵ, ou Harmonie des Histoires, dont nous ne pouvons que regretter la perte.

IXe, X^e^ et XIe siècles.

Quel était le contexte historique de cette floraison intellectuelle ? Le IXe siècle se termine au milieu des petits ennuis quotidiens. Le métropolite Thomas (mort en 837) connaît encore un peu de difficultés, puisque, sur l'accusation des gens de Karma mécontents de son administration, il passe huit mois en prison [133]. Basile II, métropolite en 848, échange les traditionnelles excommunications avec son patriarche, Jean V, mais perd son siège en 857 par décision du calife Al-Mutawakkil [134]. A la mort de son remplaçant, Melchisédech, quarante jours après Basile, le patriarche essaie par le concile de Kaphartutha, en 869, de bien préciser (une fois de plus) les droits réciproques du patriarche et du métropolite de Tagrît, ainsi que les droits de celui-ci vis à vis de Mâr Matta et des autres évêques. Toutes ces belles décisions n'éviteront pas de nouveaux ennuis dès le règne de Sarkîs (872-883) ; cette fois, le tribunal civil donne tort au patriarche Ignace II, (sacré en 878) qui est emprisonné jusqu'à rançon [135].

Dans les interrègnes qui suivent la mort de Melchisédech et celle de Sarkîs, une personnalité éminente gère le siège de Tagrît ; c'est le fameux Moïse bar Kîpha (mort en 903), évêque de Bâ Rimma et de Bâ Kiyûna, et plus tard de Mossoul [136]. Nous avons dit comment ses ho-

---

132. *Lû'lû'*, p. 136 n. 1 et p. 202 n. 18 ; ARMALET, *Catal-Charfet*, cod. ar. 5/5, p. 347-349.

133. M. S., III, p. 87 ; B. H., II, col. 195, etc.

134. M. S., III, p. 124 ; B. H., II, col. 195 et *D.H.G.E.*, s.v *Basile II*, n° 129, col. 1145, par le Chan. A. VAN LANTSCHOOT.

135. B. H., II, col. 213.

136. *Lû'lû'*, p. 434-441, § 172.

mélies et son Histoire de l'Eglise, hélas perdues, auraient pu nous éclairer sur l'histoire de Tagrît. Il serait également intéressant de savoir pourquoi il ne devint pas lui-même primat.

Le métropolite Athanase 1er (887-903), pourtant lui-même tagritain, a encore maille à partir avec ses subordonnés du petit diocèse de Ḥaṣṣâṣa, près de Tagrît, qui se nomment un anti-patriarche. Celui-ci ne réussit pas à s'emparer, comme il le voulait, d'une église de Tagrît [137].

Puis le Xe siècle s'écoule presque tout entier à peu près sans drame. Même la prise de Tagrît par le turc Tûzûn, en 943, contre le calife Al-Muttaqi et son allié le prince de Mossoul, Nâṣer ad-Dawla, ne semble pas avoir eu de conséquences trop fâcheuses, malgré les excès commis dans la ville par les troupes victorieuses [138].

Les métropolites se succèdent, quelques fois après d'assez longs intervalles, mais on n'entend pas parler de difficultés majeures. Un des rares faits intéressants que la chronique trouve à noter est signalé par Ibn ǧarîr [139]. « Il y avait des chrétiens parmi les Arabes, dit-il, tels que les Banî Taġlib et une tribu du Yémen, et d'autres ; avec eux il y avait un évêque qui les accompagnait en habits ecclésiastiques dans leurs déplacements et transportait avec lui l'autel, c'est-à-dire le « ṯablîṯo » de place en place. Jusqu'à ce que, en 300 H. (= 912 A.D.) arrivât à Tagrît un groupe de chrétiens arabes, pour y renouveler leurs provisions. Il y avait parmi eux un homme religieux, de conduite exemplaire. Le métropolite de Tagrît lui conféra l'épiscopat. Il leur célébrait la messe en arabe, et officiait sur l'Evangéliaire ».

On aura remarqué trois choses dans ce texte : il restait des Arabes chrétiens nomades au début du Xe siècle.

---

137. B. H., II, col. 213.

138. *Chronique* de Ṯabit bn Sinan, citée par Elie de Nisibe, *Chronographie*, trad. Delaporte, p. 130 ; id Canard, cit., p. 449.

139. *Al-Muršid*, ms. de Charfet, p. 326, ch. 54 ; *Catal. Armalet*, p. 348.

De plus, Ibn ǧarîr emploie encore ici le titre de « métropolite », et non de « maphrien » pour désigner le chef de l'éparchie de Tagrît. Enfin, l'évêque nomade disait la messe en arabe, alors que les traductions [140] des liturgies syriennes en cette langue ne se feront à nouveau qu'au XVIIe siècle. On a dit que certains écrivains tagritains rédigeaient leurs ouvrages, les uns en arabe, les autres en syriaque ; on voit ici qu'à Tagrît la langue liturgique était le syriaque.

C'est à cette époque également, en 925, qu'eut lieu dans l'Eglise Verte la discussion dont nous avons parlé, entre Al-Mas'ûdi et le philosophe chrétien Abû Zakarîya Denḥa. Tout ceci fait deviner un siècle de paix relative, comme la description contemporaine par Aṣ-Ṣûli du port fluvial de Tagrît reflète une ère de prospérité commerciale retrouvée. Al-Iṣṭaḵri, au milieu du Xe siècle, dira que la plupart des habitants de Tagrît sont chrétiens [141].

Décadence.

L'avènement comme métropolite de l'impie Ignace Marc bar Qîqî, en 991, marque à peu près le début de la décadence de Tagrît. Juste auparavant, c'est-à-dire avant l'accession au trône d'Abû-l-'Abbâs al-Qadîr, de lourdes taxes avaient commencé à peser sur les riches marchands de la ville [142], ce qui causa l'exode de certains d'entre eux, notamment vers Mélitène. Les agissements du métropolite prévaricateur, qui volait les vases sacrés et les ornements des églises de Tagrît [143], n'aidèrent pas la communauté à

140. *Lû'lû'*, p. 87 ; Mgr Barsaume remarque la piètre qualité des nouvelles traductions.

141. *B.G.A.*, 1927, p. 77.

142. M. S., III, p. 145 ; *Chron. Syr.* de B. H., éd. Bedjan, p. 197 ; id. trad. Budge, *Chronography*, p. 178.

143. M. S., III, p. 134-135 ; Mari, lat. p. 102, ar. p. 115-116 ; *Eliæ Metropolitæ Nisibeni opus chronologicum*, trad. E. W. Brooks, C.S.C.O., 63*, I/1910, p. 111 ; trad. Delaporte, p. 142 ; A. 58 ; *Lû'lû'*, p. 453-454, § 189, etc.

se relever des coups qui lui venaient de l'extérieur. On sait comment le lamentable métropolite se fera musulman en 1016 et, méprisé par Al-Qadîr, se repentira. Ses poèmes de pénitence lui valent une place dans la littérature syriaque. Le trône de Tagrît resta vacant pendant onze ans.

Un interlude pacifique semble coïncider avec le règne du métropolite Athanase II (1027-1041), bien que celui-ci se soit brouillé puis réconcilié avec son patriarche [144]. En 1031 en effet, après la prise d'Edesse par les Grecs, c'est à Tagrît que viennent se réfugier une partie des chrétiens arabes de cette ville, « parce qu'ils étaient habitués aux Arabes dans la langue et l'écriture » [145].

Une brève tentative de résistance au Sultan, en 1057, permet d'entrevoir le statut de la ville à toutes les époques, tiraillée entre le libre désert qui constitue son hinterland, et rivée par la route aux administrations. Tagrît refusa d'abord l'obéissance, alléguant appartenir aux Arabes nomades (Maʿdâyé) et ne pouvoir rien faire sans l'ordre de leur chef, Basarîri [146]. Une petite démonstration de force suffira pour mettre la ville à la raison.

Sauf une légère brouille avec le patriarche Jean IX, on ne trouve rien à signaler sous le règne du métropolite Basile IV [147]. Mais les troubles reprennent sous son successeur, Jean IV Ṣalîba (1075-1106). Pour une raison que l'on ignore, une crise de violence se déclancha à l'arrivée du prélat à Tagrît. Son cortège fut assailli à coups de

---

144. M. S., III, p. 137 ; B. H., II, col. 295 ; A. 59.

145. M. S., III, p. 280. — C'est ici que devrait s'insérer, s'il était prouvé qu'elle concerne Tagrît, une notule incomplètement copiée par Mgr Barsaume dans un colophon de l'évangéliaire n° 13 du Dayr az-Zaʿfarân (*Lû'lû'*, p. 168, n° 10). On y voit qu'en 1064 le chammas Théodore de Tagrît « construisit » (c'est-à-dire restaura) à ses frais les trois églises de la Vierge, des Apôtres et de Mâr Aḥûdemmeh. Jusqu'ici on n'a pas rencontré les deux premiers titres à Tagrît.

146. *Chronogr.*, p. 210.

147. B. H., II, col. 297-301 ; A. 60 ; *D.H.G.E.*, s.v., col. 1146, etc. — Pour sa chronologie voir *Barsauma*, p. 106-107.

pierres, et il dut se réfugier à l'église de Mâr Aḥûdemmeh[148]. Le métropolite essaya tous les moyens de conciliation, y compris les dîners offerts aux notables musulmans, mais un « méchant scélérat » se chargeait de jeter de l'huile sur le feu. Il s'appelait Kaiqobâḏ bn Haḏârasp et était originaire du Dailam[149]. Ce persan, gouverneur de la ville, commença par détruire la Grande Mosquée des Arabes, qui était près de la citadelle. Les Arabes s'étant révoltés contre lui, il prit la grande église des chrétiens et la donna aux musulmans. C'est ainsi qu'en 1089 « la grande et magnifique église de Tagrît, qu'on appelait l'Eglise Verte, avec ses superbes ornements, tout son trésor, ses maisons et ses boutiques, fut prise et donnée aux Ṭayyâyé ». Par la même occasion l'église des SS. Serge et Bacchus, « située sur une hauteur », fut détruite ; le métropolite dut quitter la ville pour se réfugier à l'église de Mâr Zêna à Mossoul ; les fidèles se dispersèrent dans les localités plus ou moins lointaines, et il ne demeura à Tagrît qu'un petit reste, qui courba le dos sous l'orage.

Comme les troubles se multipliaient en ville entre Arabes musulmans et chrétiens, le Grand Sultan, Gyâṯ ad-Dîn envoya l'émir Aqsonqor al-Bursuqi mettre la ville à la raison. Après un siège de sept mois, le gouverneur, réduit à l'extrémité, céda la place au « roi des Arabes », Saif ad-Dawla Ṣadaqa bn Manṣûr bn Dubais (en 1106) et se retira, pour mourir quatorze jours plus tard. Gyâṯ ad-Dîn lui-même, aidé de ses troupes turques, vint alors déloger Ṣadaqa, qui fut vaincu et tué[150].

C'est donc en face d'une situation difficile que se trouvait le nouveau métropolite, Denys Moïse, quand il fut sacré en 1112, après une vacance de sept ans[151]. Originaire de Tagrît, et chassé de partout ailleurs par son

148. Sur ce métropolite, cf. M. S., p. 174, 175, 180 ; B. H., II, col. 303-310 ; A. 61 ; *Barsauma*, p. 138 et n. 9.

149. D'après un « livre arabe » cité par M. S., III, p. 214.

150. Sur Ṣadaqa, cf. *E. I.*, IV, p. 37, par K. V. Zerrersteen.

151. B. H., II, col. 318, 331 ; A. 62 ; *Barsauma*, p. 45 n. 7, etc.

peuple, (il avait été assailli à l'autel par les moines de Mâr Matta), le métropolite essaya de réoccuper son siège. Grâce à un émir de Tagrît, l'arménien Muğâhid ad-Dîn Bahrûz, qui l'accompagna à Bagdad, le prélat obtint du calife le diplôme lui permettant de reconstruire et de restaurer les églises.

Le métropolite rassembla donc une partie de ses fidèles dispersés et se mit vaillamment à la tâche. Nous avons vu plus haut que ce fut probablement à cette résurrection de Tagrît qu'il dut son titre de « maphrien ». La pierre d'autel de 1123/4 est la seule relique qui ait subsisté de ces restaurations [152]. Après toutes sortes de déboires, notamment ses démêlés avec les moines de Mâr Matta qui lui valurent une amende de 150 livres, Denys Moïse mourut à Bagdad en 1142. Ses os furent ramenés dans la ville qu'il avait essayé de sauver.

Pas pour longtemps ; car son successeur, Ignace Lazare, qui n'avait pas les mêmes raisons de s'attacher à Tagrît puisqu'il était originaire de Mélitène, décida bientôt de transporter à Mossoul le siège du Grand Métropolite. Il y avait d'ailleurs à ce transfert bien des raisons valides : Tagrît était amoindrie, et le diocèse de Mossoul florissant [153], il était plus logique que le Grand Métropolite résidât à Mossoul, et il n'était même plus nécessaire d'avoir un évêque à Tagrît.

Les Tagritains, sentant que le départ du métropolite consacrerait le déclin de leur ville, luttèrent de toutes leurs forces pour arrêter l'approbation de la décision du métropolite par le patriarche Athanase. Ils réussirent à retarder le verdict de 1152 à Janvier 1156 ; à cette date le synode du monastère de Mâr Barsaume entérina la dégradation de Tagrît et son annexion à Mossoul. Comme pour donner raison à Ignace Lazare, la même année Ta-

---

152. La pierre fut achetée par le consul de France à Mossoul, Nicolas Siouffi, qui la donna à Pognon en 1893. (Pognon, *Inscriptions Sémitiques*, p. 127-128, inscr. n° 73).

153. M. S., III, p. 307, 313, 335 ; B. H., II, col. 335-338 ; A. 63 ; *Lû'lû'*, p. 471, n° 205, etc.

grît était complètement détruite par le calife Al-Muqtafi [154]. Celui-ci se serait également emparé de la citadelle, défendue par Muḥammad Šâh, fils du Sultan Seldjoucide Mas'ûd bn Muḥammad, si l'armée de Mossoul n'était venue au secours de ce dernier et n'avait causé la retraite du calife.

Crépuscule.

Tagrît, privée de son métropolite, n'est plus que l'ombre d'elle-même. Une habitation chrétienne s'y prolongera cependant encore pendant plus de deux siècles.

En 1164, l'émir Muǧâhid ad-Dîn [155] poursuit un de ses subordonnés, Asad ad-Dîn Širkûh, un kurde de Dvîn, qui avait tué un secrétaire chrétien, ami de l'émir. Ce Širkûh, qui s'enfuira à Mossoul auprès de Zengui, et dont Nûr ad-Dîn fera un émir d'Emèse et de Réhobôt, n'est autre que l'oncle paternel de Saladin, lui-même originaire de Tagrît.

Désormais les voyageurs, tels Ibn ǧubair (1184) [156] et Ibn Baṭṭûṭa (1355) [157] pourront mentionner la ville sans parler de ses chrétiens ni de ses églises, alors qu'ils parlent de ses souqs et de ses mosquées.

Les métropolites exilés garderont cependant la nostalgie de leur siège légitime. Ignace David, vers 1218, voulut voir cette ville de Tagrît « où jadis les métropolites habitaient ». Mal lui en prit, car après sa réception officielle par sa communauté, il fut accusé au calife Aẓ-Ẓâher Billah et, non seulement dut payer une amende de 20.000 livres, mais encore fut emprisonné, lui et les notables. L'intervention du prince de Mossoul, Badr ad-Dîn

---

154. B. H., *Chr. Syr.*, p. 321-322 (Bedjan).

155. B. H., *Chr. Syr.*, p. 328 s. ; trad. *Chronogr.*, p. 288.

156. *Raḥla,* p. 211.

157. *Voyages d'Ibn Batoutah,* trad. DEFREMERY-SANGUINETTI, Paris 1917, t. II, p. 133.

Lû'lû', qui avait plusieurs fois profité des largesses du prélat, le fit délivrer, et il rentra dare-dare à Ninive [158]. On comprend qu'après cela son successeur Denys Ṣalîba II (1222-1231) « ne verra jamais Tagrît » [159]. C'est pendant son règne, en 1227, qu'une série de secousses sismiques, étalées sur un mois, dévastèrent plusieurs villes, dont Tagrît [160]. On ne sait dans quelle mesure les églises en souffrirent.

C'est alors que l'on trouve un personnage, le célèbre Ya'qûb bar Šakko de Barṭelli, évêque de Mâr Matta, bien connu dans la littérature syriaque [161], qui porte également le titre d'évêque (pas métropolite) de Tagrît. On explique que ce titre lui fut donné pour lui permettre de s'acquitter des fonctions pontificales comme vicaire du maphrien. Il ne sera donc pas maphrien lui-même, et il ne semble pas qu'il ait résidé à Tagrît. Il mourut en 1231 ; on ne trouve personne qui ait porté le titre d'évêque de Tagrît après lui [162].

1258 voit la prise de Bagdad par les Mongols et l'assassinat du calife Al-Mu'taṣim. Grâce au catholicos nestorien, ami des Mongols, les chrétiens de Tagrît obtiennent un gouverneur pour les protéger. Malheureusement, sans qu'on puisse les accuser d'avoir aidé les Mongols dans le massacre des nobles Arabes de la ville, les chrétiens n'en participèrent pas moins au pillage de leurs biens. Un certain Ibn Dûri les dénonça aux maîtres du moment, les accusant d'avoir détourné la part du Roi des Rois. Attaqués, les chrétiens se réfugièrent dans l'Eglise Verte de Mâr Aḥûdemmeh, où ils résistèrent à un siège en règle, depuis le début du Carême. Aux Rameaux, le roi lui-même avait pris l'affaire en main et condamné les chrétiens, bien qu'ils aient rendu les biens détournés.

---

158. B. H., II, col. 390.

159. B. H., II, col. 404.

160. *Muniat al Udabâ'*, de Yasîn Al-'Omarî († 1744), éd Mossoul 1955, p. 171.

161. V.g. *Lû'lû'*, p. 501-504, § 228.

162. *B. O.*, II, p. 234, 455, 477 ; cp. *Dissertatio*, p. 112.

Hulâgu envoya un de ses généraux « pour exterminer les chrétiens », dit Bar Hébræus [163]. En fait, et pour faire bonne mesure, ils commencèrent par massacrer d'abord les musulmans, puis, faisant sortir les chrétiens de l'église par groupes de vingt, ils les mirent à mort. Très peu échappèrent, en plus des vieillards et des prêtres qui furent épargnés, et la grande église fut à nouveau prise. Seuls, quelques gens de Karma revinrent à Tagrît pour prier dans ce qui restait des églises.

Quelque temps plus tard, un ancien gouverneur chrétien de Tagrît, nommé Bihram, ayant tué Ibn Dûri, le calme revint ; cependant on devine que beaucoup de chrétiens ne purent supporter toutes ces épreuves et abandonnèrent leur foi. On retrouve l'un d'entre eux à Bagdad, dix ans plus tard, en 1268. L'attitude imprudente du patriarche nestorien Denḥa à l'égard de ce Tagritain ancien chrétien provoquera une émeute et la fuite de Denḥa de Bagdad ; il se réfugiera à Erbil [164].

Le maphrien Grégoire abûl-Farağ Bar Hébræus se risqua encore à passer deux mois à Tagrît en 1278. Il y avait alors soixante ans que la ville n'avait pas vu de maphrien. La visite se déroula sans encombre et causa une grande joie à « tous les nobles Tagritains partout » [165].

Du temps de son frère et successeur, Barsaume aṣ-Ṣâfi Bar Hébræus, nous trouvons de Tagrît chrétienne une vision de paix dans le carnet de route d'un Frère Prêcheur, Ricoldo da Montecroce, un des quatre ou cinq Dominicains qui séjournaient alors à Bagdad. Revenant de Mossoul, il descend le Tigre en « kelek » et s'arrête à Tagrît, en 1290/1 [166]. « Dans la même ville, dit-il, il y a de nombreux Jacobins, qui nous reçurent comme des anges de Dieu et nous offraient des églises et de très

---

163. *Chronography*, t. I, p. 433 ; A. 69, notice du maphrien Ignace Ṣalibâ.

164. *Chronography*, t. I, p. 447.

165. *B. O.*, II, p. 254-255.

166. *Il libro della peregrinazione...*, Ugo Monneret de Villard, Rome 1948, p. 73-75.

beaux monastères ». D'où l'on voit que les Syriens avaient rebâti les églises qui étaient encore en leur possession, mais essayaient de s'accrocher à ce « Franc » de passage (on était alors au plus fort des Croisades), peut-être dans l'espoir secret qu'il amènerait jusque là ses compatriotes. Vision de paix, mais combien lourde de sous-entendus !

Fra Ricoldo ajoute deux paragraphes mystérieux, que je livre à la sagacité du lecteur.,

D'abord, il rencontra à Tagrît, et c'est même la première chose qu'il y mentionne[167], de « nombreux Maronites du Mont Liban, qui disent qu'il n'y a qu'une seule volonté dans le Christ ». Les vrais Maronites objecteront tout de suite qu'ils n'ont jamais été monothélites ; de plus, on n'a jamais entendu parler d'une colonie maronite à Tagrît.

Faudrait-il donc lire « Arméniens », en supprimant « du Mont Liban » considéré comme une glose de copiste ? Seule une étdude des manuscrits de Ricoldo pourrait répondre à cette question. On a vu qu'il y avait certainement des Arméniens à Tagrît ; l'émir Muğâhid ad-Dîn était arménien. De plus, Ibn Ḥawqal (978) dit : « Toutes les sortes de chrétiens y sont réunies »[168]. Ceci s'entendrait mal s'il n'y avait à Tagrît que des Nestoriens et des Syriens.

Si cette hypothèse est exacte, ce fut dans l'église des Arméniens de Tagrît que Ricoldo prêcha « sur l'ambon » (in ambico)[169]. Cependant, cette communauté était-elle assez nombreuse pour avoir un « archevêque », qui « signa de sa propre main une profession de foi et d'obéissance au Pape et à la Sainte Eglise Romaine, comme nous le voulions » ? Il semble plutôt que le prélat

---

167. J. C. M. Laurent, qui a publié le texte latin de l'*Itinerarium* dans *Peregrinationes Medii Aevi Quatuor*, ici p. 124-126, est si impressionné par les Maronites, qu'il intitule le ch. XVIII, « *De Maronitis* ».

168. *Ṣûrat al-'Arḍ*, éd. J. H. Kramers, 1938, p. 228.

169. La correction à Laurent est dûe au P. Mandonnet, *R. B.*, 1893, p. 193.

arménien se soit trouvé par hasard à Tagrît au moment du passage de Ricoldo. Ici aussi, des recherches dans les archives romaines pour retrouver cette profession de foi permettraient peut-être d'élucider la question.

Le second paragraphe est encore plus mystérieux : Mais les Jacobins de cette ville ont bâti jadis une certaine église « du chien », en dehors de la ville, près du fleuve paradisiaque. Tous les ans ils y célèbrent la fête du chien (sic !). Ils disent en effet que — littéralement — ils eurent un chien de grande vertu ». Je suis navré de devoir avouer que ce chien ne figure pas dans mes tablettes hagiographiques.

Il faut alors attendre près de soixante-dix ans pour retrouver une mention de Tagrît, la dernière dans les annales chrétiennes. En route pour Bagdad, l'intrus Bar Qinâya, chassé de Barṭelli, passa par Tagrît ; alors que le maphrien légitime, Athanase III Abraham, élu en 1365, est accepté par les différents groupes de son troupeau, parmi lesquels figurent nommément les gens de Tagrît [170].

Ceci est l'ultime date où l'on parle de chrétiens à Tagrît. Le dénouement arriva en fin 1393 — début 1394, quand Tamerlan vint de Bagdad à Tagrît pour arracher la citadelle aux brigands arabes qui s'en servaient comme base d'opérations pour piller les caravanes. Après deux mois [171] de résistance, une nouvelle pyramide de crânes s'ajouta à celles que le terrible conquérant laissait sur son passage ; on devine qu'il ne resta pas grand'chose de la ville basse à la suite de ce siège, bien que Timour ait donné l'ordre de séparer les soldats des habitants, et de ne pas molester ces derniers. Ce qui put s'échapper de chrétiens ne revint jamais à Tagrît [172] ; quand la ville se

---

170. A. 73 ; *B. O.*, II, p. 461.

171. Textes cités par *Mašriq*, p. 39-40, réf. dans n. 1 et 2. — Cf. *E. I.*, IV, p. 818-820, s.v. *Ṭimûr* ; et *Tamburlaine, the Conqueror,* par Hilda Hoskham, Londres 1962, p. 150-151.

172. Kramers dans l'*E. I.*, s.v. *Takrît*, (éd. fr. t. IV, p. 664 ; trad. ar. t. V, p. 436), dit que Tavernier (texte fr., t. II, p. 87), au milieu du XVIIe s., aurait encore mentionné des chrétiens à

reconstituera péniblement, elle sera toute entière musulmane.

On retrouve des Tragitains chrétiens, émigrés pour garder leur foi, à Qaraqôš et à Ba'šîqa, villages syriens des environs de Mossoul. A Qaraqôš, les familles 'Isso, Naggâra, Ḥabaš, Momîka, et leurs nombreuses branches, se souviennent encore de leur origine tagritaine[173]. En 1888, on voit un Ḥabaš signer fièrement[174] : Le prêtre Ya'qûb,... de la ville de Tagrît, habitant au village de Ḵûdaida », alors que ses ancêtres avaient émigré à Qaraqôš peut-être cinq cents ans auparavant. Inversement, il y a encore à Takrît des musulmans qui se rappellent l'origine chrétienne de leur famille, par exemple Maḥmûd aṯ-Ṯuwaini, ou des Tagritains musulmans émigrés à Sâmarrâ', la famille 'Issâwi, qui se considèrent comme des cousins des 'Isso de Qaraqôš.

Les églises de Tagrît.

Tous les auteurs répètent après Rich[175] qu'il y avait dix églises à Tagrît. Certaines de ces églises ont paru au cours de notre récit ; qu'elles aient été au nombre exact de dix, cela n'a pas d'importance, il n'y a jamais lieu de s'hypnotiser sur un chiffre. Les modernes qui ont étudié ces églises[176] ont pu tout au plus en aligner cinq. On ar-

---

Takrît. Le texte même du voyageur ne présente rien de tel ; cf. remarque de ses traducteurs arabes, B. Francis et G. 'Awwad, *L'Iraq au XVIIe siècle*, Bagdad 1944, p. 74 n. 1.

173. Mgr Ephrem 'Abdal, *Al lû'lû' an-nadîd*, Mossoul 1951, p. 215, n. 3.

174. Ms. Charfet, *catal. Armalet*, p. 133 ; cp. Add. 2019 de Cambridge, *catal. Wright*, p. 582, écrit en 1452.

175. *Residence in Koordistan*, vol. LL/1836, p. 147 ; Mgr Barsaume, *Aperçu*, in *Revue Patriarcale*, Jérusalem, III/1936, p. 198-199 ; *Mašriq*, p. 89, etc.

176. Le schéma de cette liste, avec les principales indications, a été donné par Mgr Barsaume, dans *Aperçu*, loc. cit. Mgr P. Behnam le reprit dans les articles cités du *Mašriq*, p. 89-

rive à six si on ajoute la petite église des Nestoriens, sept avec la problématique église arménienne. Il faut donc ajouter les couvents pour faire le compte. La carte de la Direction générale des Antiquités d'Iraq montre justement trois « Kanisa » sur l'autre rive du Tigre, face à Tagrît. Si nous avions le fétichisme des chiffres, nous nous arrêterions là, car nous sommes maintenant arrivés à dix. En fait il faudra mentionner encore d'autres monastères, sans être toujours sûrs si un nom syriaque et un nom arabe ne font pas double emploi et ne recouvrent pas la même chose. Essayons donc maintenant d'organiser en très résumé autour de chaque lieu les données qui le concernent, en commençant par les églises.

Ibn Ḥawqal avait vu à Tagrît « des églises et des couvents qui remontent presque au temps de ʿIssa (Sur Lui soit la paix !) et aux jours des disciples, et leur construction n'a pas diminué de force et de solidité. La plus grandiose, par son site et son antiquité est l'Eglise Verte ».

En réalité, les églises de Tagrît ne sont peut-être pas tout à fait aussi anciennes. La plus vénérable semble être celle dans laquelle furent ramenées les reliques de Mâr Aḥûdemmeh. On ne donne pas le nom de son titulaire. Si vraiment il n'y avait à Tagrît même que les cinq églises recensées par les auteurs, une simple élimination des autres nous conduit à identifier l'église la plus ancienne avec l'EGLISE DE S. GEORGES, d'autant plus que Georges est bien un nom antérieur au schisme, à la différence des noms syriens occidentaux types qui seront bientôt populaires.

On ignore l'année de fondation de cette première église de Tagrît. Probablement était-elle petite, à la taille de la communauté primitive, car elle ne suffira pas à Mârûṯâ. Il en bâtira une plus grande, dans la citadelle. Que cette nouvelle église ait été appelée « la grande église

---

90, puis dans *Lisân al-Mašriq*, (Mossoul), I/1948, n° 3-4, p. 13-16. U. MONNERET DE VILLARD dans *Il libro*, cit. p. 74 et notes, a recueilli la plupart des indications concernant les églises.

de la citadelle » nous fait penser que l'église de Saint-Georges était appelée désormais « la petite église de la citadelle », ce qui nous donne une indication, d'ailleurs conforme au développement de la ville, sur la position de cette première église.

Au XIIe siècle elle fut restaurée, avec addition d'une nef au nom de Mâr Barsaume (une autre indication qu'elle était petite). L'auteur de cette restauration, le métropolite Denys, y fut enterré en 1142. « Un certain temps après », l'église fut détruite par le gouverneur de Tagrît [177].

Au début de son gouvernement (629) Mârûṯâ bâtit la Grande Eglise de la Citadelle [178], qui devint primatiale et dans laquelle furent enterrés, en plus du fondateur (lequel était « dans un sarcophage, dans le saint baptistère ») ses successeurs : Denḥa, Bar Išô', et Paul [179]. Les restes du patriarche Cyriaque de Tagrît, mort à Mossoul en 817, y furent encore transférés [180]. On lit dans la vie du métropolite Ṣalîba que cette Eglise fut détruite par le gouverneur de Tagrît en 1089.

D'après la tradition locale, il y avait une « église » dans le coin Sud-Est de la Citadelle, du côté du Tigre, au bord du ravin qui sépare la forteresse de la ville moderne, à côté du pan de mur que Tamerlan laissa debout pour témoigner de l'inexpugnabilité passée de la place. Il y a également au coin Nord-Est de la même citadelle, sur le bord du Qâ'im aṣ-Ṣaġîr, des traces de constructions nommées « Ad-Dayr » [181]. Peut-être ces deux coins sont-ils les emplacements des deux églises de la citadelle, la petite ancienne et la grande nouvelle.

La troisième église de Tagrît, par ordre chronologique, est celle des SS. Serge et Bacchus, bâtie vers 675

---

177. B. H., II, col. 332 ; *Lisân*, cit. p. 15-16 ; *Il libro*, p. 74.

178. *Histoire de Marouta*, p. 95.

179. B. H., II, col. 129-131, 132, 134, etc. ; *Il libro*, p. 74.

180. *Chr. An. ad an. 819 pert.*, p. 15 ; *Chr. An. 846*, p. 180.

181. Ṣuli, († 947) *Akbâr*, p. 254, cité par Canard, *Hamdanides*, t. I, p. 130, n. 119, est le seul à parler d'un Dayr al-A'lâ, Couvent Supérieur, à Tagrît, à l'instar de celui de Mossoul.

par le métropolite Bar Išô', qui la décora richement [182] et en fit sa primatiale. Elle gardera le titre jusque vers la moitié du XIe siècle, où elle le perdra au bénéfice de l'église de Mâr Aḥûdemmeh. Y furent enterrés les métropolites : Jean le vieillard, Athanase, Serge et Cyriaque ; les noms étaient inscrits en caractères stranguélis sur leurs tombes, ainsi que les dates de sacre et de décès. L'église des SS. Serge et Bacchus fut probablement détruite en 1089. Elle se trouvait « sur une hauteur, en direction de la citadelle ». Cette localisation correspond peut-être à celle des maisons où habitaient en 1957 Maḥmûd aṯ-Ṯuwaini et Ḥâǧ Ṭâleb, sur le Tigre, au Sud-Est de la citadelle, en face de la centrale électrique. La tradition de Takrît voit dans le site de ces maisons une ancienne église, dont il ne reste plus de traces.

Vient ensuite la grande EGLISE DE MAR AHUDEMMEH, dite EGLISE VERTE, qui était la plus belle église de Tagrît [185]. Elle fut bâtie par le métropolite Denḥa II (688-728), au nom du grand métropolite des « orthodoxes », dont les reliques furent probablement transférées de la vieille église S. Georges. Elle reçut encore les corps du fondateur et de ses successeurs : Daniel, Thomas II, Basile III et Jean III, ce dernier mort en 988. Au milieu du XIe siècle, l'église devint primatiale, mais fut pillée en 1089, ruinée et transformée en mosquée en 1105 [184]. Rendue plus tard aux chrétiens, elle fut restaurée ; c'est là qu'un grand nombre se réfugièrent et furent assiégés pendant le Carême de 1258, avant d'être presque tous massacrés par les Mongols. On ne peut dire si cette église susbsista jusqu'à la fin, c'est-à-dire jusqu'en 1393. Je ne crois pas qu'il y ait lieu de la distinguer, comme on l'a fait, de l'EGLISE NOUVELLE, qui aurait été bâtie par le même Denḥa

182. B. H., II, col. 134, 146, 218, 254, 306.

183. B. H., II, col. 147, 149, 192, 236, 244, 248, 258, 305, 309.

184. Le *Bustân al-Ǧamî'*, chronique syrienne du XIIe s., copiant en cela Al-'Azîmî, place l'événement en 495 H. = 1101/2, publié par C. CAHEN in *Bull. d'Etudes Orientales*, (Inst. Fr. de Damas), t. VII-VIII/1937-38, p. 115 et n. 16.

II, et où l'on dit qu'il fut enterré, ce qui a été dit plus haut de l'église Mâr Aḥûdemmeh.

L'emplacement de l'Eglise Verte est marqué clairement sur le plan inédit de la Direction Générale des Antiquités d'Iraq. Il se trouve vers le milieu du côté Est de la ville, surplombant la rive alluvionale du Tigre, au Sud de la citadelle. Il est divisé actuellement, du Nord au Sud, entre une mosquée, la maison du Naqîb, et des décombres appellés « Tulûl al-Kanîsa ». Mgr Paulos Behnâm dit en avoir relevé le plan que, je l'espère, il publiera un jour. Les décombres auraient été égalisés lors de récents travaux d'urbanisme.

Ugo Monneret de Villard ajoutait à la liste des églises de Tagrît celle de Mâr Thomas, mentionnée au IXe siècle [185], et celle de « S. Zenone », au XIe [186].

En fait, on voit d'après le texte de Bar Hébræus que ces deux églises, si elles sont bien des églises des Tagritains, ne sont pas à Tagrît. La première est celle de Raqqa [187], et la seconde, en fait dédiée à Mâr Zêna [188], se trouve à Mossoul.

En plus des églises syriennes, nous avons mentionné la CHAPELLE NESTORIENNE. Bâtie eu 767, elle subsista jusqu'au temps de Bar Hébræus et donc probablement jusqu'à la fin de Tagrît chrétienne. Elle était située sur le Tigre, en dehors des murs [189]. La tradition a oublié sa localisation.

---

185. Avec réf. à B. H., II, col. 196.

186. Avec réf. à B. H., II, col. 310.

187. Dans sa table du *B. O.*, II, p. 545, il dit également : S. Thomæ Ecclesia Tagriti. De plus, corriger la réf. de 431 en 437.

188. J'étudie le cycle légendaire de ce personnage dans *Assyrie Chrétienne*, sous presse à l'Institut de Lettres Orientales de Beyrouth.

189. Le Card. TISSERANT dit « adossé au mur », *D.T.C.*, s.v. *Nestorienne, Eglise*, col. 192 ; voir également BUDGE, *Book of Governors*, II, p. 284, n. 1.

On a vu que si l'on essaie de donner un sens au passage de Fra Ricoldo cité plus haut, il faut peut-être ajouter une EGLISE ARMENIENNE, qui serait ainsi attestée à la fin du XIIIe siècle.

C'est donc au moins quatre églises syriennes qu'il semble y avoir eu à Tagrît, deux dans la citadelle et deux dans la ville, une petite église nestorienne hors des murs, et peut-être une église arménienne.

Couvents des environs de Tagrît.

S'il est déjà malaisé de situer les églises de la ville, il sera encore plus difficile de localiser les couvents mentionnés dans l'histoire, et réciproquement d'identifier les ruines qui se présentent à nous sous le nom désespérément vague de « kanîsa » (église).

Ce qui complique encore notre tâche est le préjugé indéracinable des chrétiens d'Iraq de voir d'anciennes églises ou couvents dans tous les temples musulmans ou yézidis. Pour Tagrît, on m'avait signalé le Mazâr des Quarante, dont j'ai parlé plus haut et dans l'état actuel duquel on ne trouve rien qui puisse faire penser à une église, et aussi « une église avec puits » sur la route de Bagdad, à gauche en sortant de Takrît, avant d'arriver au cimetière anglais. Je n'ai pu vérifier ce dernier renseignement.

La carte de la Direction Générale des Antiquités note trois « kanîsa » à l'Est de Takrît, sur la rive gauche du Tigre, alignées entre le fleuve et le canal de Nahrawân, respectivement au Nord-Est, Est et Sud-Est de Takrît. Alors que celle du Nord se contente du nom de « kanîsa », la ruine de l'Est est désignée un peu plus explicitement sous le nom de « Kanîsat al-'Obaid », celle du Sud comme « Kanîsat albû 'Ağîl » [190].

J'ai pu également reconnaître, à trois kilomètres au Nord de Takrît, à environ un kilomètre à l'Ouest du Tigre,

---

190. Il y a une tribu des Albû 'Ağîl près de Takrît, cf. 'AZZAWI, cit., t. III, p. 179.

à hauteur de la première « kanîsa » de l'autre rive, un bâtiment en ruines appellé « Ṭuwayba »[191] ou « Ṭôb Ḵâna », parce qu'il servit naguère de quartier à l'artillerie ottomane. Le coin Sud-Est de cette construction, avec abside semi-circulaire sortant du mur vers l'Est, peut faire penser à une église ; l'ensemble aurait donc pu être jadis un monastère ?

Au Sud de ce bâtiment, « juste en dehors de la partie Nord de la ville », C. J. Rich[192] signale une ruine dont il transcrit le nom arabe comme « Dar al-benat », qu'il traduit « la résidence de la jeune fille », et il ajoute : « Ceci peut avoir été un couvent de femmes ». Certains auteurs ont transcrit le nom « Dayr al-Banât », le Couvent de Religieuses, et ont suggéré d'y voir[193] le couvent fondé à B. Ebré par Abraham bar Išô', gouverneur de Tagrît au temps de Mârûṯâ (629-649)[194].

On n'a pas toujours distingué, comme il faut le faire, ce couvent de Tagrît du Dayr al-'Aḏârâ, situé au Sud de la petite ville de Al-Ḥazîra, elle-même localisée au Sud de Al-'Aleṯ, entre Sâmarrâ' et Bagdad, donc bien au Sud de Tagrît[195]. La littérature arabe est très abondante sur ce dernier couvent où, notamment, Abû-l-Farağ al-Iṣfahâni situe l'incident qui fut à l'origine du Jeûne des Vierges

---

191. Le nom est employé ailleurs en Iraq pour désigner un fort. D'après le *Dossier 444/40* (inédit) de la Direction Générale des Antiquités d'Iraq, on y a trouvé de la poterie sassanide.

192. *Residence*, II, p. 147 ; id. Petermann, *Reisen in Orient*, II, p. 58 s.

193. V.g. *Mašriq*, p. 131.

194. Sur *Abraham*, cf. *D.H.G.E.*, I/1912, col. 164, n° 14, par Nau ; Mgr Barsaume, *Aperçu*, p. 203, a l'air de dédoubler ce couvent.

195. V.g. H. Zayat, *Couvents chrétiens en terre d'Islam*, *Machriq* — Beyrouth, p. 42. — Sur « *Chadira* », voir *D.H.G.E.*, s.v. XII/1953, col. 263, par le Chan. A. Van Lantschoot.

chez les Nestoriens[196] ; mais ceci nous emmène trop loin de Tagrît[197].

La situation du DAYR 'ALUK, dont un moine nommé Serge devint primat de Tagrît en 872[198], n'est pas précisée par les textes. On sait seulement qu'il était « à Tagrît ».

De même on ignore la position du DAYR AL-GORAB, le couvent des corbeaux[199], où demeura pendant un temps, en 685, le vieux métropolite Jean de Mâr Matta. Le couvent devait être alors important, puisque quatre-vingts moines y moururent de la peste[200]. D'après certains, le couvent[201] se serait trouvé au Nord de Takrît, mais on ne précise pas davantage. Par ailleurs, il y a un village de Abû Gorbân à environ 18 kilomètres au Sud de Takrît.

Le COUVENT DE ṢABBA'É[202] devrait être plus facile à localiser, car les sources arabes qui le concernent sont nombreuses. Et cependant, alors que Aš-Šâbuštî le place « à l'Est de Takrît, en face d'elle, sur le Tigre »[203], Al-'Oma-

196. Cf. AL-QAZWÎNI, *Kilâb aṯâr al bilâd wa aḫbâr al-'ibâd*, éd. WÜSTENFELD, 1848, p. 248 ; ŠABUŠTÎ, *Kitâb ad-Diyârât*, éd. 'AWWAD, Bagdad 1951, p. 23, 25, 69, 70, 71, 105 ; 'AMR, *Liber Turris*, ar. p. 120, etc.

197. *Salma*, cit. p. 45, plaçait Dayr al-Ḥazîra dans les vignes à un parasange au Sud-Est de la ville. — Pour la situation de 'Aleṯ et Ḥazîra, cf. CANARD, cit., t. I, carte p. 145, inspirée de Le Strange.

198. B. H., II, col. 206 ; *Aperçu*, p. 204 n° 21 ; *Mašriq*, p. 131-132.

199. = Bâ 'Urba, cf. *Aperçu*, p. 205 n° 32 ; *Mašriq*, p. 132.

200. B. H., II, col. 144.

201. ADAM METZ, *Histoire de la civilisation musulmane au IVe s. de l'Hégire*, t. II, p. 344, cité par Mašriq.

202. DE VILLARD, p. 74, avait hésité entre Dubâ'é et Ṣabbâ'é. Cette dernière version, due à YAQÛT, *Mu'ǧam*, II, p. 673, est plus exacte. G. 'AWWAD a corrigé *Aš-Šâbuštî*, p. 111 et app. 12, p. 235. Cf. également H. ZAYAT dans *Al-Machriq* (Beyrouth) 42/1948, p. 301, rectifiant l'édition des *Masâlek* de AL-'OMARÎ.

203. Ce qui conduit l'auteur de *Salma* à l'identifier (p. 200) à l'une des « kanîsa ».

rî[204] le met « en amont de Takrît ». Pour brouiller encore les affaires, Aš-Šâbuštî lui-même rapporte un détail qui contredit sa première localisation, quand il ajoute : « les terres qui l'entourent sont arrosées par le canal Al-'Isḥâqi ». Ce canal est bien connu, il quitte le Tigre en aval de Takrît, sur la rive Ouest, et va le retrouver en face de Al-Maṭîra. Il faut donc choisir : l'Est, le Nord, ou le Sud ? Comme ces auteurs n'ont probablement pas vu tous les lieux qu'ils décrivent, car Aš-Šâbuštî était égyptien et Al-'Omarî ne fait que répéter ses prédécesseurs quand il parle de sites un peu éloignés de sa Mossoul natale, on peut, je crois, retenir le nom propre « Al-Isḥâqi » qu'ils n'ont pu inventer, et négliger les autres coordonnées, pour chercher le couvent de Ṣabbâ'é au Sud de Takrît, près du canal.

Or, il y a, sur la rive Ouest du Tigre, à 2 km 500 au Sud de Takrît, des ruines appellées Ar-Rḵaiba, à l'Est desquelles passe Al-'Isḥâqi ; peut-être représentent-elles les restes du couvent que nous cherchons ? L'histoire de ce couvent est totalement inconnue[205]. Même le poète cité à son propos, qui traite le supérieur de « 'ifrît », n'est pas nommé et ne peut donc être daté. Tout ce que l'on peut dire, c'est que sa fondation est antérieure à l'an 1000, puisqu'il est cité par Aš-Šâbuštî.

Mais nous n'avons toujours pas identifié les « kanîsa » qui se trouvent sur la rive Est, en face de Takrît. Traversons donc le Tigre pour aller les explorer.

La « kanîsa » du Nord, à environ trois kilomètres de la ville, est située en dessous du village de As-Sûq et de son tell archéologique. Elle se présente comme un grand carré de ruines d'environ 120 mètres de côté. Pour autant que le plan soit discernable, on peut retrouver l'entrée au milieu de la façade Ouest. On passe alors entre deux chambres, dont l'une était probablement la loge du

---

204. *Masâlek*, p. 305.

205. G. 'Awwad (*Šâbuštî*, p. 236) attribue le nom au patronage de Simon bar Ṣabbâ'é, le patriarche martyr. En fait, ce peut aussi bien être le « Couvent des Teinturiers ».

portier, pour pénétrer dans une grande cour rectangulaire entourée de chambres. Sur le côté Est de la cour, face à l'entrée, des bâtiments plus importants semblent bien représenter l'église et ses annexes. Le plan est donc le plan type des couvents syriens occidentaux.

Au Sud de cette première église en vient une seconde, appelée Kanîsat al-'Obaid, probablement à cause de la proximité d'un village de 'Obaid appelé Al-Bâyôza. En fait, cette deuxième « église » a complètement disparu ; il ne reste là qu'un tell assez élevé et donc antérieur à l'époque chrétienne, en partie surmonté d'un cimetière musulman récent, et sans aucune trace apparente de constructions.

Quant à la dernière église, celle qui est située plus au Sud et appelée sur la carte Kanîsat Albû-'Ağîl, je me suis laissé dissuader de m'y rendre car mes guides (peut-être parce qu'il faisait vraiment trop chaud) m'ont assuré qu'il n'y avait absolument rien à y voir. Je le regrette maintenant, car la forme des ruines aurait pu au moins nous dire si le couvent était syrien occidental ou oriental.

Tels sont donc les renseignements archéologiques provisoires, qui seraient évidemment à vérifier en détail et à compléter par qui voudrait écrire une histoire exhaustive de Tagrît.

Quant aux documents écrits, ils fournissent encore deux couvents, le premier est un couvent nestorien, et ne peut donc certainement être identifié avec la première « église », celle du Nord. Peut-être la Kanîsat Albû-'Ağîl aurait-elle pu convenir ? Ce couvent est celui de MAR YÔHANNAN, que les auteurs arabes appellent DAYR MARIHNA[206]. Aš-Šâbuštî[207], copié par Yâqût[208], se contente de le localiser « à côté de Takrît, près du Tigre ». Il fait de ses cellules, de ses champs, de ses vignes, de ses jardins,

---

206. H. ZAYAT, dans *Machriq* (Beyrouth), 42/1948, p. 300 a bien distingué ce couvent du monastère égyptien de Marḥanâ. — Cf., du même auteur : *Les couvents en terre d'Islam*, p. 59, n° 3 et n. 2.

207. Ed. 'AWWAD, p. 109-110.

208. *Mu'ğam*, II, p. 701, et *Masâlek*, p. 309.

une description enthousiaste. La mention de toute cette verdure évoque plutôt la rive Est, alluviale, basse et bien irriguée, que la rive Ouest, autour de la ville. Le Kitâb ad Diyârât loue également la réception accordée aux visiteurs par le supérieur de son temps, le moine ʻAbdûn, dont la cellule est au-dessus de la porte, et qui a bâti un hospice pour les voyageurs [209]. Le poète ʻAmr bn ʻAbdul-Malik al-Warrâq, cité ici, vivait au début du IXe siècle.

On ne sait lequel de ces couvents, Ṣabbâʻé ou Marîḥnâ, al-Maqdassî (985) a à l'esprit quand il dit laconiquement [210] : « Les chrétiens y ont un couvent que l'on visite » [211].

L'histoire profane (très !) du couvent nestorien de Mâr Yôḥannân s'étale donc du début du IXe siècle au début du XIe. On ne sait quand et par qui il avait été fondé.

Mais un nouveau candidat s'ajoute à Dayr ʻAlûk pour l'attribution de la première « kanîsa » que nous venons de reconnaître. C'est l'Eglise du Chien, dont Ricoldo de Montecroce a raconté l'histoire merveilleuse, et qui se trouvait hors de la ville, « in casali juxta fluvium paradisi ». Dans son premier article sur Ricoldo [212], U. Monneret de Villard avait été catégorique : « Le récit m'a l'air d'une pure fable », disait-il. Dans l'édition de 1948, il sera plus réservé : « De l'église du chien, citée par Ricoldo, je ne trouve pas mention ».

Il y avait encore beaucoup de couvents dans la région de Tagrît : Dayr Bâta, entre Tagrît, Mossoul et Hît ; Dayr al-ʻAǧâǧ, entre Tagrît et Hît ; le deuxième Dayr al ǧâ-

---

209. Šâbuštî en fait un « melchite », alors que, plus haut, il a dit que le couvent était nestorien.

210. *Aḥsan at-taqâsîm*, p. 123 ; certains mss. ajoutent « dans sa magnificence ».

211. Tavernier, qui visita plusieurs fois l'Iraq au milieu du XVIIe s. vit, à un demi parasange de la ville, les ruines d'une grande église, dont une partie de la tour restait encore debout. On voyait par ses restes qu'elle avait été grandiose dans le passé. Cf. trad. ar., *L'Iraq au XVIIe siècle*, cit., p. 74.

212. *O.C.P.*, 1944, p. 257.

ṯalîq, aujourd'hui Tell ad-Dayr à six kilomètres au Sud-Ouest de la gare de Smêtša ; le couvent de Ga'tâni ; ou de Mâr Aḥûdemmeh, près de 'Aqrunta, qui est peut-être le même que celui de B. Asâ ; le couvent de Mâr Ṣlîwa, au village de Tella, sur le Ṣerṣer, aujourd'hui Tell entre Takrît et Sâmarrâ', près de 'Aïn al-Faraṣ ; la grotte et le premier couvent de Rabban Siméon, dans la montagne de Sin, au Nord de Takrît ; le deuxième couvent du même, plus près de la ville ; et l'on pourrait probablement en ajouter d'autres, mais nous devons nous limiter aux environs immédiats de Tagrît.

Tous ces couvents, toutes ces églises mériteraient une étude topographique et archéologique détaillée. Il faudrait passer plusieurs semaines dans la région, avec les moyens de transport appropriés et toutes les permissions nécessaires, de la Direction Générale des Antiquités d'Iraq et des autres services concernés. C'est une véritable petite expédition qu'il faudrait monter. Tant que cela n'aura pas été fait, on ne peut espérer écrire « une histoire satisfaisante » du centre oriental de l'Eglise d'Antioche pendant plus de cinq siècles.

Mossoul — Iraq

X

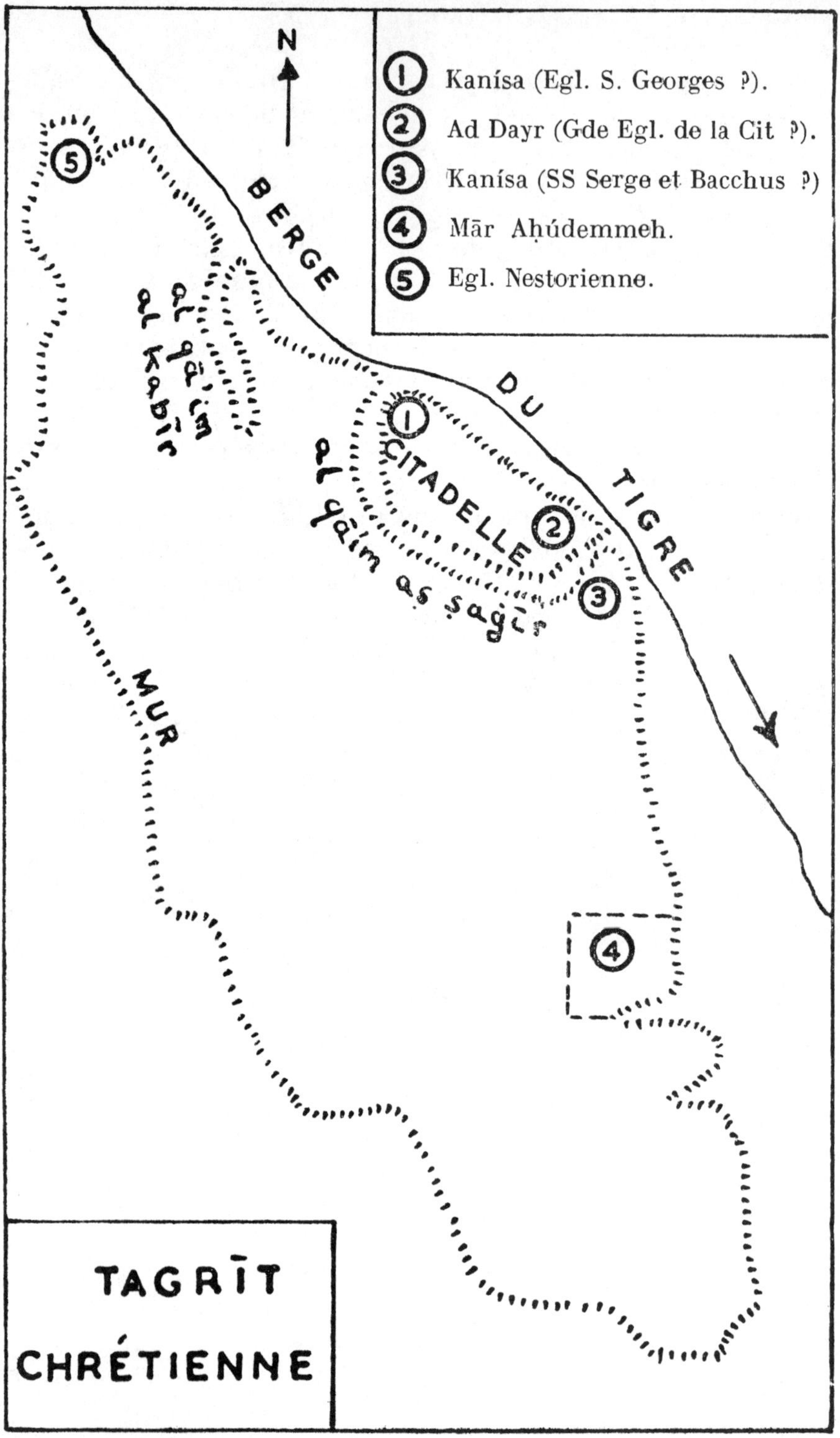
N
1 Kanísa (Egl. S. Georges ?).
2 Ad Dayr (Gde Egl. de la Cit ?).
3 Kanísa (SS Serge et Bacchus ?)
4 Mār Aḥúdemmeh.
5 Egl. Nestorienne.
BERGE DU TIGRE
al qāʾim al kabīr
CITADELLE
al qāim aṣ ṣagīr
MUR
TAGRĪT CHRÉTIENNE

NOTES ADDITIONELLES

II

p.187 J'ai publié la vie d'Isho'yahb III dans *O.C.P.* XXXV (1969) p.305-333 et XXXVI (1970) p.5-46.

p.189 note 79 Déja Isho'yahb III, au milieu du VIIe siècle, se plaignait: "Où sont les sanctuaires du Karman et de tout le Fars?", R. DUVAL, *Liber Epistularum* p.179-182, 192.

p.201 note 150 Voir: *Siraf, a Medieval Port in the Persian Gulf*, dans *World Archaeology*, II (oct.70) p.141-157. Plan du site fig.2. (British Inst. of Persian Studies).

p.204 note 167 La mosquée creusée dans le rock, Masjid-i Sang, près de Darab, en laquelle certains (dont D. WRIGHT, in *Iran*, Tehran 1969, p.77-78 et pl.23) voudraient voir une église, semble plutôt à l'origine un monument sassanide cruciforme, cf. *Iqlim-i Pars*, par M. T. MUSTAPHA, I, p.92-93 (A.H.1343).

p.207 note 181 *Topographie chrétienne*, ed. *Sources chrétiennes*, No.141, par W. WOLSKA-CONUS, I, p.502.

p.208 note 188 Voir maintenant JEAN DORESSE, *Histoire sommaire de la corne orientale de l'Afrique*; Paris 1971, p.155-161. La référence principale est M. ESTEVES PEREIRA, *La chrétienté de l'île de Socotora*, dans *Aethiops*, 1923, 1, p.1-4.

p.213 note 230 Darin est le village central de l'île de Tarut, cf. *Looking for Dilmun*, par G. BIBBY, *Aramco Magazine*, janv.-fév. 1970, p.24-29.

IIIa

p.227 note 22 Sur le diocèse, voir *DHGE*, VIII (1935) p.1233-1235, s.v. par A. VAN LANTSCHOOT, et E. SACHAU, *Ausbreitung*, p.38-42.

p.250 note 148 Cf note additionnelle à I, p.187.

p.259 IBN AL-FAQIH, *Abrégé du Livre des pays*, tr. H. MASSÉ, Damas 1973, p.254, range Duraq parmi les dix endroits les plus fertiles que Kavat trouva dans son domaine. Des tapis du lieu ornaient le palais califal lors de la réception d'un ambassadeur sous al-Muqtadir, G. SALMON, *L'introduction topographique à l'Histoire de Bagdad*, Paris 1904, p.131-141.

IIIb

p.135 note 6 D'après IBN AL-FAQIH, p.255-256, Kavat déporta à Suse et à Tuster des tisserands du Fars et du Khurasan.

p.140 note 37 Un évêque Hananisho' de "Beshtadar" assiste au sacre d'Elie II en 1111, MARI, ar. p.152; SLIWA ar. p.103.

IV

p.370 Remplacer les deux premières lignes par:
ABRAHAM "le Mède", surnommé par Siméon de B. Arsham "inflammator balneorum", devint "évêque des Mèdes" après son expulsion de l'Ecole d'Edesse en 457[80a]. Il assista au synode d'Acace en 486[81]; c'est peut-être l'un des destinataires de la première lettre de Barsaume de Nisibe[82]. Assémani[82a] le confond avec Abraham de B. Rabban. Le Quien[82b] surenchérit en le faisant évêque d'Adharbaydjan.

(80a) *B.O.*, I, p.352-354 (81) *Syn.or.* p.299, 306
(82) *Ibid.* p.531 et n.4 (82a) *B.O.*, I, p.352, 354; III.I, p.71
(82b) *O.C.*, II col.1283-1284 (83) *Syn.or.* p.310, 311, 316

p.371 Les églises de Hamadan furent détruites en 1296, *The Monks*, p.223.

p.373 (Masabdan) Kavat y avait déporté, à Sirawan, des médecins du Fars et du Khurasan, IBN AL-FAQIH, p.255-256.

p.381 (Rayy) Son métropolite, YOHANNAN, assiste en 1111 au sacre d'Elie II. SLIWA ar. p.103.

p.383 ajouter un troisième évêque de Gurgan, PIERRE, renégat puis déposé par Mar Aba en 540, *Chron. de Seert*, II p.67; *Vie de Mar Aba*, p.249.

p.384 Sur la ville de Gurgan, ne pas tenir compte de la délirante *Statistique inédite* publiée par Mgr P. Aziz.

V

p.330 Vers 250, Vahram Ier, alors Gilan-Shah, fait enseigner les rudiments du syriaque à son fils, le futur Vahram II; *Chron. de Seert*, I p.27.

p.338 Avec ou sans diocèse, il y avait encore des chrétiens au Mazandéran (Tabaristan) à la fin du XIIIe siècle, puisque Muzaffar Iwanis de Tabriz leur envoya une copie de son *Diatessaron* persan.

p.340 note 53 Supplément *E.I.*[1] (1938), p.164-165, par V. MINORSKY.

VI

p.75 note 1 IBN AL-FAQIH, p.379, a gardé le souvenir que "les gens de Merw sont des *Nabat* déplacés par Ardashir".

p.76 note 7 Résumé de sa légende par F. NAU, dans *P.O.*, X, p.45 n.1, d'après Oxford, Marsh 13, fol. 61 sq.

p.86-87 Lire Sarakhs au lieu de Sarkhas.

p.89 Dans le même *Diatessaron* le couvent de Nishapour a pour patron Mar Sarkis.

p.96 (Ségestan) Une mission archéologique dirigée par M. REUT a visité en 1971 et 1973, au nord du Lut, un village au nom syriaque de Basinan. Au site appelé *kilisa* (église) elle a trouvé des bases de colonnes; *Studia iranica* II (1973), p.119-125.

p.100 Le ms. du British Museum syr.469 (*Catal.* p.373-374) livre le nom du dernier évêque syriaque occidental connu du Ségestan: JEAN, en 1210. Copistes et moines, notamment en 1254, B.M. syr. 963 et 147. (*Catal.* p.1145, 94).

VII

p.409 note 78 RUBENS DUVAL, J.A. VIII. V (1885), p.39-62.

p.413 note 109 Dans le *Safwat al-safa* analysé par B. NIKITINE dans *J.A.* 245 (1957) p.389, on indique qu'à Maragha une église a été transformée en mosquée sous le shaykh Safi al-Din (m.1334); éd. Bombay, 1911, p.43-44.

p.417 note 143 Cette tente était un cadeau de saint Louis. Elle était d'écarlate et on y suspendait des panneaux brodés illustrant la vie du Sauveur, notamment les trois rois des Tatares trouvant Notre Seigneur. Le roi avait également remis, en décembre 1248, aux ambassadeurs mongols, des parcelles de la Vraie Croix destinées à Aldjigidaï et à Guyuk; PELLIOT, *Mongols et Papauté*, p.175.

p.418 note 153 J'ai développé la condition des *Chrétiens syriaques sous les Mongols, Il-Khanat de Perse, XIIIe-XIVe siècles*, dans *CSCO* vol. 362, *Subsidia 44*, Louvain 1975.

p.421 note 173 H. A. MANANDIAN, *The Trade and Cities of Armenia*, Lisbon 1965, p.146-147.

p.426 note 207 *Parole de l'Orient* V (1974), p.145.

p.435 note 257 Déjà en 1827 un groupe important d'habitants d'Urmi émigra au Caucase, où les Arméniens les appellent Aissori; E. CHANTRE, *Recherches anthropologiques sur les Aissores*, Lyon, 1891, 28p. – *Mémoire sur les massacres survenus dans les diocèses de Salmas et d'Ourmiah*, par Mgr P. AZIZ, Le Caire 1922, 12p. – Voir H. DE MAUROY, *Chrétiens en Iran*, dans *P.O.C.* XXIV (1974) p.139-162 et 296-313.

VIII

p.217 M. de Mauroy, qui a revisté le site, a bien voulu confirmer mon opinion, *Parole de l'Orient*, III (1972), p.349-351 et pl.VIII.

IX

p.404 Rabban Bar Sawma et son disciple Rabban Marc la visitent vers 1280; le second y est consacré sous le nom de Yahwalaha III en 1281; *The Monks*, p.142; 155.

p.405 Consécration de Hananisho' II: 1089 G = 780 A.D.

p.407 Parmi les maîtres de l'Ecole: Gabriel, maître de Hananisho' Ier, BAUMSTARK, *GCAL*, p.200-201.

p.408 Sliwa Zkha († 728).

p.418 Dans la vie du martyr Anastase-Magundat (m.22 janv.628), on voit que le couvent de saint Serge était à un mille du lieu du supplice, lequel était près de la ville d'Assyrie (Asorestan) appelée Beth Saloé (la nouvelle Séleucie, Veh Ardashir) où les martyrs avaient été détenus. Ce lieu était à la sixième borne de Dasqarta, où résidait le roi. On aurait plus tard changé son nom en Sergiopolis(?); *Acta SS. Rom.*, II, p.430,435,436, cité dans HOFFMANN, *Auszüge* p.120.

p.419 C'est au couvent de saint Serge "hors la ville" que le catholicos Isho'yahb II de Gdala (628-644/6) consacra Barsaume, l'Interprète de l'Ecole de Hira, comme métropolite de Nisibe; GUIDI, *Chron. anon.* tr. *CSCO* p.26.

X

p.297, ligne 7, au lieu de "sud", lire "nord-ouest".
p.325, dernier §, ligne 2: au lieu de "vers 1218", lire "après 1225".
p.328, dernier §, lignes 2 et 3, au lieu de "sur l'ambon (in ambico)", lire "en arabe (in arabico)".
pp.313,334,335 (église nestorienne) "hors les murs", lire "contre le mur".

INDEX

La graphie des noms propres a été unifiée pour éviter l'utilisation de caractères speciaux. Dans les articles, cette graphie a pu varier d'un texte à l'autre, selon les possibilités techniques des revues.

B. = Beth
b. = bar/ibn
cath.= catholicos syriaque oriental de Mahozé-Mada'in
év. = évêque
fond.= fondateur
gv. = gouverneur
M. = Mar (saint)
m. = martyr
mét. = métropolite
mo. = moine
pat.A.= patriarche d'Antioche, syriaque occidental
pr. = prêtre

Aba I,cath.(544-549): I 286; II 186,190,200,205;IIIa 237, 242-245,260;IIIb 128,133,136, 143,145;IV 370;V 332;VI 80, 94,95;VII 399,401;IX 404,407, 413
Aba II,cath.(741-751): VI 90; IX 408
Aba,mét.Gondisapor: IIIa 261
Aba,rebelle Gondisapor: IIIa 258
Aba,archidiacre (ca.605): IX 412
Abadqawan (v.Abaskun)
Aban,émir: IIIa 252
Abaqa,khan: VII 419,430
A'bar Sanai: I 291;VI 86,88
Abaskun: I 286;II 197-198;V 332-334
'Abda,ev.m.: IIIb 131
'Abd Allah b.Muhammad: X 313
'Abd Allah b.Mu'tam: X 310-311
'Abd al-Azim: IV 382
'Abd al-Masih,mét.Hulwan: IV 367, 381
'Abd al-Masih,laïc Hira: IX 404
'Abd al-Qays: II 217,218
'Abd al-Satih de Tagrit: X 312
'Abdun,laïc Tagrit: X 314
Abgar,hagiographe: IX 411
Abhari: I 297
Abisho',év.Shushter: IIIb 135
Abiward: VI 87
Abraham II,cath.(837-850): IIIa 261,262;IIIb 139
Abraham III,cath.(906-937);IIIa 264
Abraham,mét.Aprah: VI 101
Abraham,év.B.Madayé: IV 370; VII 398
Abraham,év.Bih Shahpuhr: II 200
Abraham,év.Gay: I 290;IIIa 248
Abraham,év.Gurgan (424): V 332
Abraham,év.Gurgan (497): IV 383
Abraham,év.Hamadan: IV 371
Abraham,év.Hérat (818/845): VI 98
Abraham,mét.Hérat (847/874): VI 98
Abraham,év.Ispahan (497): IIIb 149-151
Abraham,év.Ispahan (554): IIIb 149-151
Abraham,év.Gay-Ispahan (794): IIIb 149
Abraham,év.Mashmahidj: II 213
Abraham,év.(?) Shushter: IIIb 137-139
Abraham,év.Ushnukh: VII 405, 407
Abraham,év."Vehdonfores" (?): II 194
Abraham b.'Awdmihr: IIIa 243-244; IIIb 132
Abraham b.Bawaï: IIIb 136
Abraham b.Isho',gv.Tagrit: X 309,336
Abraham b.Lipeh: II 219
Abraham b.Nuh: IIIb 139
Abraham (du B.Madayé ?) mo.: IV 373
Abraham de B.Rabban: VII 398
Abraham,pr.Hormizd Ardashir: IIIb 131

187;IIIa 229;IX 400,401,414-416;(v.Rumiya)
Antioche (La meilleure - de Sapor),v.Gondisapor
Antiochus III: IV 376
Antiochus,gv.Tagrit: X 310
Antoine le Rhéteur: X 317
Apamée: IX 415
Aphraat,roi parthe: IX 403
Aphraat,év.Ispahan: IIIb 149-151
Aphrid,év.Ségestan: VI 94
Apôtres: I 281
Aprah: VI 75,100-102
'Aqula (Kufa): X 309
'Aqulayé: X 297
Arabie: II 209;IIIa 123
Araméens: II 185
Arbèles (Erbil): I 280,292; IIIa 251;IV 359;VII 402,406, 413,424;X 292,327
Arc de Chosroès: VII 430;IX 400
Arcadius,mét.(?): IIIb 139
Archelaüs,év.Carrhès: IIIa 231
Ardabil: VI 415,424,426
Ardaq (Azdaq?),év.Gondisapor: IIIa 233
Ardashir I: I 282;II 180,184, 185,202;IIIb 135;IX 399
Ardashir II: VII 400
Ardashir Khurra: I 288;II 180, 200-202;IIIa 246
Ardishaï: VII 404
Arghun Khan: VII 409,412,418
Aristus,mét.Hérat: VI 90
Ariwdjan: IV 372
Arménie: I 283;IIIb 124,131; V 339;VII 401-403,414,419, 420,422,431
Arménie (Grande),v.Akhlat
Arménie (Première):I 291; v.Barda'a
Arméniens: I 294;IIIa 226;IIIb 136;IV 370-371;V 333;VI 90, 93,99,104;VII 401,410,411,429, 433;X 301,302,324,328,331
Armudaghadj: VII 404
Arob: I 283;IIIb 123
Arradjan: I 285,295;II 180,192, 194-198;IIIa 247
Arran (Alanie): I 292;VI 93; VII 401,419,420
Artaban (IV?): IX 402,403
Arzun: I 283;IIIb 124,146;X 313,315
Asad b.al-Qasri: VI 83
Ashga: IIIb 143
'Askar Mukram: IIIa 227;IIIb 130
Asorestan: I 282;IIIa 224;X 295
aspahbed (spahbedan): IV 380; VI 76
Aspanir (Aspanbar): I 295;IX 401,416-417
Asqutara,v.Soqotra
Assyrie (région de Mossoul): I 280,296;VII 430;(v.Athor)
Astarabad: V 332
Athanase I,pat.A.(595-531): X 307
Athanase V,pat.A.(987-1003): VI 98,101
Athanase VI,pat.A.(1091-1129): VI 99,100
Athanase VIII,pat.A.(1138-1166): X 324
Athanase I,mét.Tagrit (887-904): X 320,333
Athanase II,mét.Tagrit (1028-1041) X 322
Athanase III,mét.Tagrit (1365-1381): X 329
Athanase,mét.Aprah: VI 101
Athor (v.Assyrie,Mossoul): I 280;II 177;IIIa 227;VII 424; X 302
Auban (?) év.Hamadan: IV 370
aumônerie militaire (Mongols): VII 417
Awah: IV 371
'awda naqib edhna: IIIb 126
'Awdisho' I,cath.(963-986): I 192;IIIa 265;IV 371;V 340; VI 85
'Awdisho' II,cath.(1075-1092): IIIa 266;IV 367,381;VI 92; VII 422
'Awdisho' III,cath.(1139-1148): II 193
'Awdisho' IV,cath.(1555-1570): I 293;IIIa 267;VII 403,405-408,415
'Awdisho' V,cath.(1895-1899): VII 424
'Awdisho',m.gèle: V 330
'Awdisho',mét.Fars: II 193
'Awdisho',mét.Gondisapor: IIIa 238,267
'Awdisho',mét.Merw: IIIb 150-151; VI 85
'Awdisho',év.Ispahan: IIIb 150-151
'Awdisho' de Nisibe: I 292
'Awdisho',év.Shushter: IIIb 136
'Awdisho',év.Urmi: VII 403
'Awdisho',év.ermite: II 215
'Awdisho',diacre confesseur:

Elias b.Modhar: IIIa 246
Elie Ier,cath.(1028-1049): IX 408
Elie II,cath.(1111-1132): IIIa 266;IIIb 139-140,150;IV 368; VII 403
Elie III,cath.(1176-1190): II 193,194,204,212;IIIa 267; IIIb 126;IV 371,423
Elie VII,cath.(1576-1591): VII 403,408
Elie VIII,cath.(1591-1617): II 205
Elie XI, cath.(1722-1778): IIIb 140
Elie,mét.Barda'a: VII 422
Elie,mét.Gondisapor: IIIa 238, 267
Elie,év.Mashmahidj: II 213
Elie,mét.Merw: I 287;VI 82,85
Elie,mét.Mossoul: IIIa 265
Elie,év.Muqan: I 287;V 340-341, 342
Elie b.Shinaya,mét.Nisibe: II 192,193;IIIa 266
Elie b.Quzbayé,mo.: I 296
Elisée,cath.(524-537): II 186, 210;IIIa 238,242;IIIb 132,133, 136;IV 362,379;VI 80,95; IX 412
Elisée,év.Shushter: IIIb 136-137
Elisée,diacre Pushang: VI 92
Emèse: X 325
Emmanuel,cath.(937-960): IIIa 264;IV 367
Emmanuel,mét.Gondisapor: IIIa 265;IIIb 134
Emmanuel,mét.Hulwan: IV 366
Emmanuel,év.Karka d'Lédan: IIIb 128
Emmanuel,év.Shushter: IIIa 259; IIIb 139
Enos,cath.(877-884): II 191
Ephrem,mét.Fars: II 185
Ephrem,m.Hormizd Ardashir: IIIb 131
Ephrem,év.Caspienne: V 337
Ephrem,mét.Gondisapor: IIIa 238,254,255,256,257
Epiphane (de Salamine ?): IIIb 138,139
Eran Khurra Shahpuhr,v.Suse
Erbil (ou Irbil),v.Arbèles
Escinuc,v.Ushnukh
Eski Mossoul,v.Balad
Espurghan: I 293;II 193; VII 415-416
Etienne,pape: IIIa 235
Etienne de Damas: IIIb 149
Etienne,mét.Gondisapor: II 195; IIIa 266
Etienne,mét.Hulwan: IV 366
Etienne,év.Mazun: I 217
Etienne,mét.Ségestan: VI 100
Etienne,év.Shushter: IIIb 137
Etienne,mo.fond.Ségestan: VI 96
Eunomiens: VII 425
Ezéchiel,cath.(567-581): II 213; IIIa 245;IIIb 128,133,144,145; IV 362,373,383;VI 95;IX 406; X 301
Ezéchiel,év.Zabé: II 203

Fabius,év.Antioche: IIIa 229
Farabokht,cath.(421): II 200,202
Farah: I 286;VI 94,95,96,97,104
Fars (Perside): I 279,281,282, 284,287,294;II 177-204;IIIa 227; IIIb 152;VI 103
Farukh Adhor: VII 399
Feledj al-Suq: II 215
Filles de la Charité: VII 409
Firuz Abad (Péroz Abad): II 199, 201
Firuz Shahpuhr: II 217
fort de Lawarné: IX 411-412
fort des tourelles,v.citadelle de Kokhé
Franciscains: I 291;VII 407,415, 416
Frères de l'Ordre du Saint Esprit: VII 431

Gabriel,év.Badisi: VI 94
Gabriel,év.B.Garmaï: IIIa 250
Gabriel,mét.Fars: II 191,199
Gabriel,mét.Gondisapor: IIIa 264
Gabriel,mét.Hérat (585): VI 90
Gabriel,év.Hérat (486): VI 89-90
Gabriel,év.Hormuz: II 205
Gabriel,év.au Malabar: VII 424
Gabriel,év.Rustaq: VII 405
Gabriel,év.Shahpuhr Khwast: II 191,199
Gabriel b.Barkanshah: IIIa 248
Gabriel b.Bokhtisho': IIIa 253, 254,258,261;IIIb 146,149
Gabriel de Qatar: II 219
Gabriel de Sindjar: I 286;IV 364;IX 419-420
Gadyabh,mét.Gondisapor: IIIa 234-235;IIIb 141
Ganzak: I 284,285;VII 398-401, 419
Garmaï,év.M.Matta: X 301,308

Ishaï: IX 407
Isho',év.Suse: IIIb 144
Isho' 'Ammeh,mo.: IIIa 247
Isho' b.Nun,cath.(823-828): IX 407
Isho' b.Nun,év.Ram Hormizd: IIIa 254,259,260;IIIb 146
Isho'bokht,mét.Fars: II 186
Isho'bokht,mét.Rew Ardashir (ca 775): I 294,295;II 189-190
Isho'dad,év.Hira: IIIb 137
Isho'dad,mét.Hulwan: IV 367
Isho'dad de Merw,év.Haditha: VI 85
Isho'sawran,m.: IV 359
Isho'yahb Ier,cath.(582-595): II 187,213;IIIa 246;IIIb 133, 144,145;IV 362;VI 81,90,92,94
Isho'yahb II,cath.(628-646): IIIa 249,250;IIIb 129;IV 365, 373
Isho'yahb III,cath.(649-659): II 177,184,187-189,204,205,210, 213,216,217,219;IIIa 247,249, 250,251,253;IIIb 133,137;IV 383;V 342;VI 82
Isho'yahb IV,cath.(1020-1025): IIIa 265;IV 367
Isho'yahb,év.Dayrin: II 214
Isho'yahb,mét.Hulwan: IIIb 144; IV 366
Isho'yahb,év.Ninive: IIIa 255
Isho'yahb,év.Salmas: VII 408
Isma'il,pat.Mardin (1319): VII 429
Ispahan (v.Gay): I 284,290;II 180,188,198;IIIa 248;IIIb 139, 145,148-151;IV 358,366,377; VI 85
Israël,cath.(961): IV 367
Israël,év.Karkh Djuddan: IIIa 264
Israël,médecin m.: IIIa 252
Istakhr: I 279,283,284,285,291; II 180-181,182,184,188,191, 202-203
Ithalaha,m.gèle: V 330
Iwan-i Karkhah,v.Karka d'Lédan
Iwanis,év.Abaskun: V 334
Iwanis b.Hamza,év.Adharbaydjan: VII 427
Iwanis,mét.Hérat (818/845): VI 98
Iwanis,mét.Hérat (910/922): VI 98
Iwanis,mét.Hérat (965/986): VI 98
Iwanis,mét.Hérat (987/1003): VI 98
Iwanis,mét.Hérat (1032/1042): VI 98
Iwanis,év.Ségestan: VI 100
Iwanis,év.Tus: VI 88
Iyad (tribu): X 295,296,311
Izla,mont: IIIa 247;VI 81,83

Jacques,cath.(754-773): IIIa 252;IIIb 138;VII 402
Jacques,év.Abaskun: V 334
Jacques Baradée: I 279,286; X 298,301,302,306
Jacques de Bartelli,év.: VII 427
Jacques,év.Dayrin: II 213
Jacques,mét.Gondisapor: IIIa 238,242;IIIb 133
Jacques,mét.Hérat: VI 98
Jacques,év.Nisibe: IIIb 142
Jacques,év.Paidangaran: VII 401
Jacques,év.Suse: IIIb 144
Jacques d'Arles: VII 411
Jacques l'Intercis,m.: IIIa 240
Jacques le Notaire,m.: IIIa 240;IIIb 127;IX 411
Jamalabad: VII 415
Jean XXII,pape: VII 411,429
Jean III,pat.A.(631-649): V 333;VI 97;VII 425
Jean V,pat.A.(847-874): V 334; VI 98;X 319
Jean VI,pat.A.(910-922): VI 98
Jean IX,pat.A.(965-986): VI 98
Jean X,pat.A.(1004-1030): VI 98
Jean XII,pat.A.(1063-1073): VI 99
Jean XV,pat.A.(1129-1137): VI 100
Jean Ier,cath.(680-683): IIIa 247,251
Jean II,cath.(884-891): II 191; IIIa 263
Jean III,cath.(893-899): II 211; IIIa 263;IIIb 145;IV 381
Jean IV,cath.(900-905): IIIa 263;IIIb 144;IV 367;V 339; VI 84;VII 422
Jean V,cath.(1000-1011): II 200; IIIa 265;VI 85
Jean VI,cath.(1012-1016): IIIa 265;IIIb 134
Jean VII,cath.(1049-1057): IIIa 266
Jean de Dasen,cath.intrus: IIIa 251